ISBN 978-0-282-57684-4
PIBN 10480445

This book is a reproduction of an important historical work. Forgotten Books uses
state-of-the-art technology to digitally reconstruct the work, preserving the original format
whilst repairing imperfections present in the aged copy. In rare cases, an imperfection in
the original, such as a blemish or missing page, may be replicated in our edition. We do,
however, repair the vast majority of imperfections successfully; any imperfections that
remain are intentionally left to preserve the state of such historical works.

Theater

von

August v. Kotzebue.

***

Siebenundzwanzigster Band.

***

Rechtmäßige Original-Auflage.

***

Verlag von Ignaz Klang in Wien
und
Eduard Kummer in Leipzig.

1841.

Die
alten Liebschaften.

———

Ein Lustspiel
in einem Aufzuge.

Perſonen.

Der Baron.

Julie, ſeine Frau.

Eliſe, ihre Freundin.

(Der Schauplatz ein Park auf dem Landgute des Barons. Ein hohler
Baum ſteht im Vorgrunde.)

Erste Scene.

Julie (allein, mit einem Billet in der Hand).

Der Hauptmann mir so nah'? — Und hat mich nicht ver=
geſſen? —
Und ſchreibt mir ein Billet? — fürwahr, das iſt vermeſſen.
Fünf Jahre ſind es nun, als er zu Felde zog,
Und — leugnen will ich's nicht — mein Hoffen kühl betrog.
Ich liebt' ihn eben nicht, doch gern mocht' ich ihn ſehen, ⌐
Und fühlt', es könne wohl einſt Liebe d'raus entſtehen.
Er plauderte mir oft von meinen Reizen vor,
Und dafür hat ein Weib ja ſtets ein offnes Ohr.
Doch als die Trommel rief, da ſchwieg des Herzens Stimme.
Auf daß er ungeſtört den Pfad des Ruhms erklimme.
Gedacht' er meiner noch, ſo blieb mir's unbekannt;
Nur hat die Zeitung mir bisweilen ihn genannt.
Nnn bin ich längſt vermählt — und war mir's zu ver=
denken? —
Darf ein getäuſchtes Herz ſich keinem Andern ſchenken? —
Welch' hübſches Mädchen bleibt fünf Jahre lang verliebt,
Wenn ihm der ferne Held kein Lebenszeichen gibt! —
Auch hatte bei der Wahl mein Herz den freien Willen:
Ich liebe meinen Mann troß allen ſeinen Grillen.
In dieſer Einſamkeit, von der Natur geſchmückt,
Hier lebten wir bisher ſtill, freundlich und beglückt. ⌐
Der Satan, der daran ein Aergerniß genommen,
Ließ plötzlich Garniſon in's nächſte Städtchen kommen,
Und Garniſon, zu der ſich auch mein Hauptmann zählt,

Der, weil vermuthlich ihn die lange Weile quält,
Es militärisch keck versucht mich einzuladen,
Ob anzuknüpfen sei der längst zerriss'ne Faden? —
    Sag' ich es dem Baron? — das ginge schwerlich gut,
Das gäbe ein Duell — der Mann hat heißes Blut. — —
    Liebt mich der Hauptmann noch — J nun so ist das immer
Sehr schmeichelhaft, nicht wahr? Ich bin ein Frauenzimmer.
Zwar, ihm zu widersteh'n gebricht mir keine Kraft;
Wir sind ja Gott sei Dank gewaltig tugendhaft,
Und keusch und sittsam wie Susanne in der Bibel,
Doch daß ein Mann uns liebt, das nehmen wir nicht übel.
Nur bild' er sich nicht ein, man werd' etwa so leicht
Durch die Erinnerung an alte Lieb' erweicht. —
    In diesen hohlen Baum soll ich die Antwort legen? —
Fürwahr, die Zumuthung ist drollig — ist verwegen! —
Doch thu' ich's nicht, so quält mich wohl sein Ungestüm,
Er schreibt und schreibt — und mir wird keine Ruh' vor ihm. —
    Allein das Rendezvous, das er von mir begehret —
O, nein Herr Hauptmann, nein, so sind wir nicht bethöret;
Wir wissen was wir uns und andern schuldig sind.
Und vollends hier im Park? Ist mein Gemahl denn blind? — —
    Zwar, bleib' ich aus, so meint das Herrchen wohl ganz
                          ehrlich —
Man kennt ja das Geschlecht — er sei mir zu gefährlich;
Dem eig'nen Herzen dürf' ich tête à tête nicht trauen —
Denn zehnmal eitler sind die Männer als die Frauen!
Sie wissen Ja und Nein zum Vortheil auszulegen;
Nach ihrem Dünkel thun wir Alles ihretwegen;
Mit keiner Sylbe hat man oft an sie gedacht,
Sie aber kitzeln sich und haben's weit gebracht. —

Der Hauptmann ist nicht schlecht, doch eitel wie sie Alle.
Er könnte glauben — pfui! Das regt mir flugs die Galle.
Nein, lieber geb' ich ihm das kurze Rendezvous,
Und eine Lektion, wie sich's gebührt, dazu.
Statt der verbot'nen Frucht, die, lüstern zu benaschen,
Der junge Held vermeint, werd' ihm der Kopf gewaschen. (Ab.)

Zweite Scene.

Der Baron (schleicht hervor).

Ei ei, zu lang, zu lang war dieser Monolog!
Mir ahnet, daß ihr Herz sie auf den Irrweg zog;
Denn halten Weiber mit sich selber Conferenzen,
So folgen in der Regel derb' Inconsequenzen.
Was ihr Gefühl rasch thut, das ist gewöhnlich recht;
Was sie vernünfteln — ach! das ist gewöhnlich schlecht. —
    Der Hauptmann — leider ist er wirklich in der Nähe —
Und liebt sie auch wohl noch, denn alte Lieb' ist zähe;
Allein den Brief, der ihr das Köpfchen so zerbricht,
Den süßen Lockebrief — den schrieb der Hauptmann nicht;
Den hab' ich selber mit verstellter Hand geschrieben,
Denn wissen muß ich: Kann und wird sie ihn noch lieben? —
Sie schwur wohl freilich oft in Scherz und Ernst mir zu,
Das sei schon längst vorbei — doch hab' ich keine Ruh:
Denn was sich vor der Eh' begeben, davon pflegen
Die Ehrlichsten nicht ehrlich Rechnung abzulegen.
Mag auch wohl besser sein, daß man es gar nicht weiß,
So trifft das Sprichwort zu: es macht die Stirn nicht heiß;
Nun aber ist das Los geworfen — ich will's wissen!
Die Frau Gemahlin wird sich jetzt erklären müssen.

Dem Gatten treu zu sein in dieser Einsamkeit,
Wo höchstens der Besuch des Pfarrers uns erfreut,
Ja, das ist keine Kunst. Versucher müssen kommen.
Im Strome sinken kann nur wer zuvor geschwommen. — —
    Antwortet sie? — Vielleicht. Erscheint sie auch wohl
                           gar? —
Nicht doch, es warnt die Pflicht, die Liebe, die Gefahr.
Noch stört kein Argwohn mich in meinem süßen Traume,
        (Er schielt in den Baum)
Und noch liegt kein Papier in diesem hohlen Baume. — —
    Allein gesetzt sie würf' ein Zettelchen hinein?
Und räumte auch wohl gar das Rendezvous ihm ein? — —
Dann freilich würde man in der Geschichte lesen:
»Es ist der Herr Baron ein großer Narr gewesen;
Sich selbst zu quälen gab er sich verdammte Müh.«
Darum, mein armer George Dandin, tu l'as voulu. —
    Sie kommt — in ihrer Hand ein Zettel — alle Wetter!
Geschwind verberget mich, ihr breiten Ahornblätter! (Ab.)

Dritte Scene.

Julie.

Vermuthlich schleicht er schon hier irgendwo herum. —
Mir klopft und pocht das Herz — ich weiß doch nicht warum?
Ich mein' es gut, will nur den eitlen Geck bestrafen,
Und ein für alle Mal mir selber Ruhe schaffen.
Doch zuckt die Hand, die nach dem hohlen Baum sich streckt;
Als wäre — Gott behüt'! — ein Molch darin versteckt.
Etwa die Heimlichkeit? — Ach Gott! Die Männer müssen,
Auch in der besten Eh', nicht immer Alles wissen.

Ein kluges Schweigen dient zu ihrer eig'nen Ruh' —
Weg mit dem Skrupel! — sei es kühn gewagt — wirf zu —
(Sie läßt den Zettel in den Baum fallen.)
Es ist gescheh'n — nun wohl — bald wird die Stunde
schlagen,
Und ihm ein keuscher Mund die derbe Wahrheit sagen.
(Will gehen.)

Vierte Scene.

Der Baron. Julie.

Baron.

Ei, guten Abend.

Julie (erschrocken bei Seite).
Mein Gemahl!

Baron.
So ganz allein?

Julie.
Ja — ich ergetzte mich am letzten Sonnenschein.

Baron.
So so — auch ich seh' gern die Sonne untergehen,
Allein, erlaube mir, hier kann man's gar nicht sehen.

Julie.
Von diesem Hügel — hier hinaus — warum denn nicht?

Baron.
Hier ist zu viel Gesträuch, das gibt ein Zwitterlicht.
Besonders dieser Baum, der hohle, steht im Wege,
Ist ohnehin schon längst reif für den Zahn der Säge.
Was meinst du, lassen wir den Alten niederhauen,
Den Sonnenuntergang gemächlicher zu schauen?

XXVII. 2

Julie.

Hm — ja — warum nicht? — zwar, es wäre immer Schade —

Baron.

Dir sperrt er ohnehin die Lieblings-Promenade.
Hier muß nichts alterndes und auch nichts hohles steh'n,
Hier mußt du frei hinaus in Gottes Schöpfung seh'n,
Und die Gebüsche, die sich um den Hügel ziehen,
Sie sollen Alle frisch, so wie du selber, blühen.

Julie.

Ei wie galant.

Baron.

Es ist im vollen Ernst gemeint.
Aufmerksamkeit geziemt dem Eh'mann wie dem Freund.
Und um dir auf der Stelle den Beweis zu geben,
Soll dieser Baum fürwahr den Morgen nicht erleben.
He! Thomas! eine Axt!

Julie.

Halt! Ueberleg' es doch —
Er ist so schön belaubt — und steht wohl Jahre noch —
Es wäre mir doch leid, wenn er um meinetwillen
Sein Plätzchen in der Welt nun nicht mehr sollte füllen —
Er hat noch Saft und Kraft — ein kühles Blätterhaus,
In seinem Schatten ruht noch mancher Schnitter aus.
Ein alter Baum — die Axt wirft freilich bald ihn nieder,
Allein das junge Holz wächst langsam, langsam wieder!
Verglichst du selber nicht noch gestern mancherlei,
Was neues jetzt geschieht, mit solcher Gärtnerei?
Wo Alles weichen muß, was Schatten einst gegeben,
Um nur das Neue, nicht das Bessre hin zu kleben?
D'rum Gnade für den Baum!

Baron.

Nun, wie du willst, mein Schatz.
Um deinetwillen gönn' ich ihm den Ehrenplatz,
Und wünschte nur, es möcht', um dir den Dienst zu lohnen,
Ein luftig Völkchen von Dryaden ihn bewohnen;
Es wär' hier Raum genug —

(Er stellt sich als wolle er hinein schauen.)

Julie (ihm schnell zuvorkommend).

O ja, das geht wohl an.

Baron.

Noch besser, wenn's ein Baum, der auch mit s p r e ch e n kann,
Aus dem famösen Walde von Dodona wäre.

Julie.

Ei ei, du bist ja recht belesen, wie ich höre.

Baron.

Das war 'ne gute Zeit! Manch Sprüchlein Goldes werth
Hat damals solch ein Baum den Gläubigen beschert.
Und die Verliebten gar, die kamen oft verstohlen,
Um in der Dämmerung sich Räthes zu erholen.

Julie (bei Seite).

Ich steh' auf Nadeln!

Baron.

Nun, dazu brauchst du ihn nicht,
Du hast ja einen Mann, der nur zu viel oft spricht,
Und seh' ich recht, so fall' ich eben jetzt beschwerlich?

Julie.

Wie kannst du glauben?

Baron.

Nun warum denn nicht? Entbehrlich
In mancher Stunde kann selbst der Geliebte sein,

2 *

Man ist ja dann und wann auch gern einmal allein.
Jetzt darf ich ohnehin dich länger nicht begleiten,
Ich muß da noch hinaus auf unser Vorwerk reiten.

Julie.

So spät?

Baron.

Es gibt zu thun. Wir haben Mondenschein.
Zum Abendessen find' ich wohl mich wieder ein.
Leb' wohl indeß.

Julie.

Adieu!

Baron.

Du wirst den Schnupfen holen
Im kühlen Thau. (Ab.)

Fünfte Scene.

Julie (allein).

Ach nein! Ich steh auf brennenden Kohlen!
Wie hat er mich gequält mit dem verdammten Baum,
Als wüßt' er Alles schon haarklein — ich hielt mich kaum —
Bin noch ein Neuling in der Kunst mich zu verstellen,
Der unentbehrlichen, so bald man auf die Schwellen
Von Hymens Tempel tritt! Wohl kenn' ich manche Frau,
Die jeden Zug am Draht regiert, bald klug, bald schlau
Die Thränen henchelt und der Wange Farben wechselt,
Und mit Besonnenheit die schönsten Phrasen drechselt;
Geboren werden soll der Mann, der sie erräth.
Mir mangelt leider noch die Virtuosität. (Ab.)

Sechste Scene.

Der Baron (schleicht hervor).

Fort ist sie. Nun, Madam, jetzt wird sich's offenbaren.
Gewisse Dinge muß man schnell oder nie erfahren.
Mir ahnet Schlimmes, denn daß sie verlegen war,
Recht sehr verlegen — o! das sah man nur zu klar!

(Er schielt in den Baum.)

Ist's richtig? — Ja, o ja! Den Zettel seh' ich schimmern.
Ein Eva's Töchterlein, gleich allen Frauenzimmern:
Wenn der Versucher lockt — die Welt mag untergeh'n —
Sie müssen wenigstens die Schlange sich beseh'n.
Keusch sind sie, fromm und keusch — auf einer wüsten Insel.
Genug! Hier helfen nicht Sarkasmen noch Gewinsel,
Greif zu und lies.

(Er holt das Billet aus dem Baume und liest es.)

   Scharmant! — Da haben wir's! — Du Tropf! —
Nun weißt du Alles — na, nun schieß dich vor den Kopf! —
Sie hat zum Schreiben sich gar wenig Zeit genommen;
Drei Worte nur — doch Zentner schwer — Sie mögen

        kommen. —

Der Lapidar=Styl, er gefällt mir ungemein!
Um so gesprächiger wird wohl die Zunge sein.
Es wär' auch Ueberfluß, die Feder abzunutzen,
Verlor'ne Zeit, man muß zum Rendezvous sich putzen —
Sie mögen kommen. — Ha! jetzt reißt mein Ankertau!
Denn diese Worte schrieb — schrieb meine eig'ne Frau!
An einen fremden Mann! — Nun wohl! Er hat's vernommen;
Nur zu Madame! Die Stund' ist nahe — er wird kommen!
Ja kommen wird er, um das Possenspiel zu seh'n,

Und sie beschämt, zerknirscht, vernichtet vor ihm steh'n.
Die Frau Gemahlin wird er höhnisch, kalt begrüßen,
Sich erst todt lachen und — sich hinterd'rein todt schie-

ßen! (Ab.)

_____

Siebente Scene.

Elise (in Reisekleidern). Julie.

Julie.

Willkommen abermals! Welch glücklich Ungefähr
Bringt mir so unverhofft die Jugendfreundin her?

Elise.

Die Ueberraschung ist mir ganz nach Wunsch gelungen.
Ich habe mir vom Schlaf drei Stunden abgedrungen,
Um zeitig hier zu sein.

Julie.

Sprich, welch' ein günst'ger Wind
Führt dich zu mir auf's Land? Erzähle mir geschwind:
Ist in der Residenz ein Fieber ausgebrochen?
Hat aus Verzweiflung dein Verehrer sich erstochen?
Kam mit der letzten Post die neu'ste Mode nicht?
Was trieb dich aus der Stadt?

Elise.

Die Gicht.

Julie.

Du hast die Gicht?

Elise.

Bewahre Gott! Ich nicht, nur meine alte Tante,
Die, weil sie sterben will, zur Erbin mich ernannte.
Die gute Frau, sie kann nicht scheiden von der Welt,

Bevor ich noch einmal mich vor ihr Bett gestellt.
Verdrießlich machte mich der Wunsch der alten Base,
Da fiel zum Glück mir ein, du wohnst an dieser Straße,
Und weil wir uns nun schon seit Jahren nicht geseh'n,
So dacht' ich mir einmal das Plaudern gar zu schön.
Flugs rief ich: angespannt! und hüpfte in den Wagen.
Nun sollst du mein Geschwätz die ganze Nacht ertragen.

Julie.

Dich hat ein Engel mir zu rechter Zeit gesandt.

Elise.

Ein Engel? Ei, wie so? Das klingt ja recht pikant?
Komm' ich von ungefähr zu einer Ehestands = Scene? —
Trübselig stehst du da wie eine Magdalene?

Julie.

Von Reu' und Buße spür' ich etwas, in der That.
Ich steh' auf glattem Eis und brach e Hilf' und Rath.

Elise.

Aha, ich merke schon, die lieben Flitterwochen,
Mit denen ist's vorbei? Was hat er denn verbrochen?

Julie.

Du irrst. Ich werde noch von meinem Mann geliebt,
Wenn er auch dann und wann durch Grillen mich betrübt.

Elise.

Die Grillen müssen wir verzeih'n als gute Christen,
Wenn nur die Wespen nicht im Ehestands = Garten nisten.

Julie.

Ein kleines Abenteu'r stört deiner Freundin Ruh'.

Elise.

Ein Abenteuer? O das hör' ich gern! nur zu!

Julie.

Erinnerst du dich noch des Hauptmanns, der vor Jahren,
Als wir der Gouvernante kaum entlaufen waren,
Mich anzubeten mir die Ehr' erwies?

Elise.

O ja!

Er ging nach Spanien —

Julie.

Und ist nun wieder da,
Und steht, zwei Meilen kaum von hier, schon im Quartiere.

Elise.

Ein günst'ger Zufall. Nun, mein Kind, ich gratulire.
Ein guter Nachbar ist an sich schon angenehm;
Liebhaber obend'rein! Mich dünkt, das sei bequem.
Hat er dich schon besucht?

Julie.

Weit schlimmer! Hat geschrieben!
Er sei auch in der Ferne stets mir treu geblieben,
Begehrt ein Rendezvous —

Elise.

Ei, ei.

Julie.

Und stellt sich an,
Als wüßt er nicht ein Wort von meinem lieben Mann.

Elise.

Es pflegen solche Herrn den Mann zu ignoriren.

Julie.

Nicht eine Sylbe wollt' ich anfangs d'rum verlieren;
Verachtend schweigen —

Elise.

Recht! Es war nicht delikat.

Julie.

So meinst du auch? —

Elise.

Ja wohl! Zu schweigen ist mein Rath.

Julie.

Dann fiel mir wieder ein: er nimmt ein solches Schweigen —
So wie die Herrn nun sind — wohl gar für Beifallszeichen —

Elise.

Und ließest dich herab, ihm schriftlich kund zu thun,
Er sei ein Unverschämter?

Julie.

Ich bereu' es nun. —
Die Bitt' um ein Gespräch —

Elise.

Auch die?

Julie.

Ließ ich zwar gelten,
Allein natürlich nur um ihn brav auszuschelten.

Elise.

Das hast du dumm gemacht.

Julie.

Meinst du?

Elise.

O ja, recht dumm.
Ein Rendezvous ist nur ein Privilegium
Für den Begünstigten; du magst die Pille würzen
So scharf als dir beliebt, das wird ihn nicht bestürzen;
Genug, daß er, von dir geduldet, zu dir schlich,

Und was du nicht gestehst, je nun, das denkt er sich.
Du wirst sehr ernsthaft, dich zu meiden, ihm befehlen,
Er wird sehr spaßhaft ganz was anders laut erzählen;
Und bei dem Widerspruch, mein Kind verlierst nur du,
Denn sprich so viel du willst, es bleibt ein Rendezvous.
Gib du der bösen Welt das kleinste Stückchen Zunder,
Und eh' der Mond sich füllt, hörst du dein blaues Wunder:
»Frau Nachbarin! Mein Gott! Was sagen Sie dazu? —
Ja stellen Sie sich vor! Ein förmlich Rendezvous!
Zwar gibt sie vor, sie hab' ihm nur den Text gelesen,
Allein du lieber Gott! Wer ist dabei gewesen?
Der Hauptmann lächelt, wenn man diesen Text berührt,
Und kurz, dahinter steckt was, wie man deutlich spürt —
Ja wohl, Frau Nachbarin, was kann man sonst vermuthen?
Wer in die Fluten springt, ertrinkt auch in den Fluten,
Und eine solche Frau — ich sage weiter nichts,
Allein die arge Welt, der böse Leumund spricht's.«

Julie.

Du machst mir bang — ich bin zum Glück noch nicht gebun=
ben —

Ich eile — (Sie geht zu dem Baume.)
Ach! zu spät! Mein Zettel ist verschwunden!

Elise.

Was? Die Korrespondenz ging durch den hohlen Baum?
Das gibt dem bösen Spiel der Zungen vollends Raum!

Julie.

Es war ein dummer Streich. Er ist einmal begangen!
Hilf mir heraus!

Elise.

Ja wie? Wie ist es anzuf (((

Julie.

Geh' du an meiner Statt.

Elise.

Ich? Bist du wunderlich?

Julie.

Du wagst ja nichts dabei, repräsentirst nur mich,
Sagst ihm die Wahrheit derb, empfiehlst in meinem Namen
Ihm künftig mehr Respekt vor unbescholt'nen Damen.

Elise.

Den Hauptmann kenn' ich zwar, allein du forderst viel.

Julie.

Bedenk! Mein Ruf, mein Glück, mein Alles auf dem
Spiel!

Denn ich vergaß dir noch zu sagen: diese alte
Vergeß'ne Liebe hat schon manche böse Falte
Auf meines Mannes Stirn gelockt.

Elise.

Er weiß davon?

Julie.

Ach! Leider sagt' ich es ihm vor der Hochzeit schon.

Elise.

Das war recht albern. Wer wird Männern so was sagen?
Sie pflegen's hinterd'rein uns lange nachzutragen.

Julie.

Ach freilich! Besser wär's, hätt' ich den Scherz verhehlt.
Du glaubst nicht, wie er mit dem Hauptmann oft mich
quält.

Elise.

Wahrhaftig? Seht doch! Ei! So quäle du ihn wieder.
War er denn besser sonst als seine Herren Brüder?

Er hat m i r, unter uns, eh' er an dich gedacht.
Ein ganzes Vierteljahr recht stark die Cour gemacht.

Julie.

Dir?

Elise.

Mir. Davon hat ihm wohl nichts beliebt zu sagen?

Doch künftig, auf mein Wort, kannst du mit m i r ihn plagen.

Julie.

Du hast mich recht erschreckt.

Elise.

Nu, nu, 's ist längst vorbei.

Julie.

Ja aber —

Elise.

Aber was? Meinst du etwa, es sei,
Wenn wir uns wiederseh'n, ein Rückfall zu besorgen?

Julie.

I nu —

Elise.

Sei ruhig, Kind, ich reise ja schon morgen.

Wo ist er?

Julie.

Nicht zu Haus, kommt auf den Abend spät.

Elise.

So nehmen wir indeß den Hauptmann in's Gebet.
Zu deiner Rettung muß ich doch wohl mich entschließen.

Julie.

Hab' Dank!

Elise.

Der saub're Herr soll mir die Kühnheit büßen.

Es wird schon dunkel. Komm und zeig' mir sein Billet.
Den Helden liefr' ich dann in Amors Lazareth. (Beide ab.)

Achte Scene.

Der Baron (im Offiziers Mantel und Hut).

So ausstaffirt, erkennt sie mich im Dunkeln nicht.
Doch meine Stimme? Wie? — Hm! Wenn man leise
spricht —
Bei einem Rendezvous spricht man gewöhnlich leise —
Ich komm aus Spanien, von einer weiten Reise —
Ich hab' es auf der Brust, und folglich lispl' ich nur. —
Mit alle dem — es ist so eine Art Tortur,
Vermummt in finst'rer Nacht herum zu patrouilliren,
Um seine eig'ne Frau zum Bösen zu verführen. —
Und wissen muß ich doch, woran ich mit ihr bin.
Die alte Liebschaft kommt mir nimmer aus dem Sinn.
Kein Spanier that mir nur einmal den Gefallen,
Den höchst fatalen Hauptmann vor den Kopf zu knallen.
Wie gern erbaut' ich ihm von Erz ein Monument! —
    Es raschelt — horch! — Ach, wenn sie mich nur nicht er=
kennt!
Am besten thu' ich wohl, wenn ich sie stumm begrüße,
Und gleich sie sans façon in meine Arme schließe.
Wird das geduldet — wird es wohl erwidert gar —
Dann braucht's der Worte nicht, dann ist die Sache klar. —
Sie kommt — mir ist zu Muth' als ob mir im Gehirne
Ameisen krabbelten, es brennt mir vor der Stirne.

Neunte Scene.

Elise. Der Baron. (Er will sie umarmen.)

Elise.

Gemach, mein Herr, gemach! Mich suchten Sie hier nicht?

Baron (bei Seite).

Was Teufel!

Elise.

Nicht ganz fremd ist Ihnen mein Gesicht,
Vielleicht auch meine Stimm' —

Baron (halb laut).

Es ist bei Gott Elise!

Elise.

Ganz recht, Herr Hauptmann, und in meinen Namen
grüße
Ich höflich Sie; dann aber zeig' ich schuldigst an,
Daß ich die Höflichkeit nicht länger üben kann.
Mich schickt die Freundin her, mit Vollmacht ausgerüstet,
Weil einem Jemand nach verbot'ner Frucht gelüstet,
Die in der Blüte, schon vor Jahren, ihn entzückt;
Ein And'rer hat indeß die schöne Frucht gepflückt;
Ihm gab die Lieb' ein Recht, dies Recht, es soll ihm bleiben.
Wie durften Sie, mein Herr, es wagen, so zu schreiben?

(Sie gibt ihm sein Billet zurück.)

An eine Dame, die auf Ehr' und Tugend hält?
Und ihren Gatten liebt?

Baron (bei Seite).

Scharmant! Ich bin geprellt.

Elise.

Beschlossen hatte sie, mit Ihnen selbst zu sprechen,

Und ein für alle Mal den Umgang abzubrechen.
Doch weil der Zufall mich nur g'rade hergeführt,
So übertrug sie mir, zu sagen, was gebührt. —
In Spanien vielleicht, da mag es sich geziemen,
Der längst erlosch'nen Gunst mit Keckheit sich zu rühmen,
Und bei Guitarrenklang, im kühlen Abendthau,
Zu seufzen unter dem Balkon der hübschen Frau;
In Deutschland aber sind, Gottlob! die Sitten strenger —

Baron (bei Seite).

Mit Nichten.

Elise.

Der Begriff von Pflicht ein wenig enger —

Baron (bei Seite).

Das wäre?

Elise.

Darum war's ein böser Geist, mein Herr,

Der Sie verleitete, so à la Jupiter,
Durch ein verkapptes Spiel der Liebe Glück zu stören;
Jetzt bitt' ich mit Geduld Ihr Urtheil anzuhören;
Es ist die Freundin, die durch meinen Mund es spricht;
Sie sind — vielleicht ein Held — doch auch ein Bösewicht,
Dem ich erklären soll, es werd' Ihm nie gelingen,
Den Dämon Eifersucht in dieses Haus zu bringen;
Denn Julie, mein Herr, verehrt in dem Gemahl,
Denn Sie beleidigen, des Herzens eig'ne Wahl —

Baron (bei Seite).

Ich bin entzückt!

Elise.

Und nur um Händel zu vermeiden,

Schweigt sie noch diesesmal, doch wenn Sie, unbescheiden,

In dieser Mäßigung etwa noch Hoffnung seh'n,
So wird sie Rach' und Schutz bei ihrem Mann erfleh'n.

Baron (bei Seite).

Weiß ich doch wahrlich kaum vor Freuden mich zu fassen.

(Laut mit verstellter Stimme.)

Verzeihung! — Julie wird einen Mann nicht hassen,
Der nur aus Liebe —

Elise (bei Seite).

Hm! die Stimm' ist mir bekannt —
Des Hauptmanns Stimme nicht —

Baron.

Von Julien verkannt,
Muß ich im Stillen nun der Kühnheit Strafe leiden,
Und jenen Glücklichen, wie er's verdient, beneiden.

Elise (bei Seite).

Es ist wahrhaftig der Baron.

(Laut.) Wie er's verdient?

Hm! das wohl eben nicht! den Männern blüht und grünt
Gar oft das schönste Glück ohn' ihr Verdienst und Würde.

Baron.

Ich dächte der Baron —

Elise.

Wenn s e i n e Sündenbürde
In Anschlag käme vor der Eh'stands=Kanzellei,
So wäre Julie wohl schwerlich ihm so treu.

Baron (bei Seite).

Ganz Unrecht hat sie nicht.

Elise (bei Seite).

Er hat s i e angefochten,
Zur Strafe werd' er jetzt im eigenen Netz verflochten.

(Laut.) Ja, mein Herr Hauptmann, wenn es alte Liebe gilt,
So hat er seinen Kelch bis an den Rand gefüllt.
Ich selber denke noch zu oft vergang'ner Zeiten,
Wo seine Hände mir den Weihrauch täglich streuten.

Baron (bei Seite).

Wohl wahr.

Elise.

Ein schöner Mann, verführerisch und klug —
Sie waren Zenge — (seufzend) doch genug von ihm! genug!

Baron.

Er hätt' Ihr Herz gerührt?

Elise.

Warum es nicht gestehen
Dem alten Freund'? ich hab' ihn gern, sehr gern gesehen.

Baron.

Ist's möglich? damals hat er doch mir oft geklagt,
Daß Sie durch kalten Spott —

Elise.

Bisweilen ihn geplagt?
Nun ja; verstand er sich so schlecht auf Weiberherzen?
Oft birgt sich warme Liebe hinter kalten Scherzen.

Baron (bei Seite).

Ich war ein Esel! (Laut.) Doch nun? — trifft ihn nun Ihr
Haß?

Elise.

Natürlich wär' der Groll, nicht wahr, Sie fühlen das?
Allein Verstellung ist mir fremd, ich sag' es ehrlich;
Mir ist und bleibt der Mann doch immer noch gefährlich.

Baron (ausbrechend).

Elise!

XXVII. 3

Elife (sich sehr erschrocken stellend).

Was ist das?

Baron.

Erkennen Sie den Mann,
Den blind Geschlagenen, der seinem Glück entrann?

Elife.

Sind Sie es, Herr Baron?

Baron.

Ich, der den Hauptmann spielte,
Weil ich zu lebhaft nur im eig'nen Busen fühlte,
Daß nie das heil'ge Feu'r der ersten Lieb' erlischt,
Die ihre Sehnsucht stets in nns're Freuden mischt!

(Wirft sich zu ihren Füßen.)

Elife.

Ich bitte — steh'n Sie auf — was ließ ich mir entschlüpfen!

Baron.

O nehmen Sie es nicht zurück! Elise! knüpfen
Sie jenes zarte Band auf's neue freundlich an,
Das nur ein Wahn zerriß!

Elife.

Mit einem Ehemann!

Hat Julie verdient —

Baron.

Verdient, daß ich sie achte;
Doch ist es meine Schuld, daß alte Lieb' erwachte?
Es werde Julie mit Zartheit stets geschont,
Wenn nur Elisens Blick im Stillen mich belohnt!

Elife.

Mißbrauchen Sie, mein Freund, in diesem Augenblicke
Nicht die Gewalt, die nur des Zufalls Spiel und Tücke

Und — Unbesonnenheit dem Manne eingeräumt,
Von dessen Liebe einst mein schwaches Herz geträumt!

Baron.
Kein Traum! noch lieb' ich Sie!

Elise.
    Ich kann, ich darf's nicht glauben,
Nur Ihre Eitelkeit will mir die Ruhe rauben.

Baron.
Ich schwöre —

Elise.
    Lassen Sie mich Aermste schuldlos zieh'n,
Mit Tagesanbruch will ich Sie auf ewig flieh'n!

Baron.
Sie wollten — könnten —?

Elise.
    Ach! ich muß es wollen — können!

Baron.
Und mir nicht Eine Stunde — nicht die letzte gönnen?

Elise.
Was fordern Sie von mir!

Baron.
    Es rühre Sie mein Fleh'n!

Elise.
Ich bin ein schwaches Weib — ich kann nicht widersteh'n! —
Wohlan — doch Julie — ihr war nicht wohl und eben
Hat sie ermüdet sich in's Schlafgemach begeben —
Find' ich sie schlummernd — nun — dann kehr' ich gleich
        zurück —
Doch fürchten Sie, Baron, den nächsten Augenblick! (Ab.)

———————

Behnte Scene.

Der Baron (allein).

Ich? fürchten? — o! mir ist ein Glücksstern aufgegangen!
Wornach vor Jahren schon mit glühendem Verlangen
Ich seufzte wie ein Thor, weil's unerreichbar schien,
Das gibt ein Zufall mir und — ohne mein Bemüh'n —
　　Da wär' ich wohl ein Narr, ließ ich das Glück entwi-
　　　　　　　　　　　　　　　　　　　　schen. —
Zwar — mein Gewissen will sich in den Handel mischen —
Es gab mir Julie so eben den Beweis
Von musterhafter Treu — und ich — zahl' ihr den Preis? —
　　Es ist wohl nicht ganz recht, das muß ich unterschrei-
　　　　　　　　　　　　　　　　　　　　ben —
Allein der Henker mag da kalt und ehrlich bleiben!
Wo lebt auf dieser Welt der Pinsel, der sich stemmt,
Wenn solch ein schönes Weib ihm selbst entgegen kömmt? —
Und was wird Julie denn auch dabei verlieren?
Sie weiß es nicht, wird nie Veränd'rung an mir spüren;
Im Grunde bleibt ja doch mein Herz nur ihr geweiht;
Die kurze Liebelei ist eine Kleinigkeit.
Wie bald verfliegt der Rausch, dann werd' ich mit Entzücken
Nur um so zärtlicher sie an den Busen drücken. —
　　Sie kommt! — Nur Schade, daß hier Dämm'rung, dick
　　　　　　　　　　　　　　　　　　　　belaubt,
Von ihren Reizen mir den Anblick neidisch raubt.
Doch gern empfang' ich blind den süßen Lohn der Minne,
Und wenn das Auge darbt, so schwelgen and're Sinne.

Eilfte Scene.

Julie. Elise. Der Baron.

Elise (die sich hinter Julien versteckt).

Hier bin ich —

Baron.

Meine Frau?

Elise.

Sie schlummert.

Baron.

Sanfte Ruh'
Sei ihr gegönnt und noch ein schöner Traum dazu.
Indessen nutzen wir die feierliche Stunde,
Und reichen uns die Hand zum neuen Liebesbunde!

(Während dieser Rede schleicht sich Elise auf die andere Seite hinter den
Baron, welcher zu Julien fortfährt.)

Elise an mein Herz! Elise! ich bin dein!
Wird deine Liebe dem Verblendeten verzeih'n,
Der schon als Jüngling von der reinsten Glut entbrannte,
Und der sein Glück verscherzt, weil er es nicht erkannte?
O grolle nicht mit ihm um blöde Albernheit!
Er ist gestraft genug durch den Verlust der Zeit.
Gewähre mir Ersatz!

Julie.

Ach!

Baron.

Laß sie wiederkehren!
Durch keinen Seufzer die erseufzte Stunde stören!
Erinnerst du dich noch des schönen Abends, wo
Ein Feuerwerk uns in den Prater lockte?

Julie.

O!

Baron.

Es lag der Sommer mit dem Frühling noch im Streite,
Es weht' ein lauter West, und dunkel war's, wie hente;
Nur dann und wann erschien dein holdes Angesicht
Blitzschnell erleuchtet im Racketen=Zauberlicht.
Wir beide standen so wie jetzt — allein — im Grünen —
Du vor mir, so wie jetzt —

Elise (schlägt ihn auf die Schulter).

Jetzt steh' ich hinter Ihnen.

Julie.

Und ich steh' vor dir.

Baron (in der drolligsten Verwirrung).

So? — ei wirklich! — nun — scharmant! —
Willkommen Julie — dich hab' ich gleich erkannt —
Dich wollt' ich necken —

Julie.

So?

Elise.

Er will uns noch betrügen.

Was gäb' ich d'rum, wenn jetzt ein paar Racketen stiegen,
Und hell erleuchteten des Sünders Angesicht.

Julie.

Treuloser!

Baron.

Julie —

Julie.

Auch Rene fühlst du nicht?

Baron.

O ja — ich bin —

Elise.

Ein Schelm!

Baron.

Ganz recht — etwas dergleichen

Bin ich wohl allerdings —

Elise.

In Amors Bubenstreichen

Sehr wohl erfahren.

Baron.

O — erlauben Sie —

Julie.

Ein Mann,

Der blos aus Eifersucht die schnöde List ersann.

Baron.

Ja, das bekenn' ich —

Elise.

Der die treuste Gattin kränkte,

Indessen er doch selbst auf einen Abweg lenkte.

Baron.

Das scheint wohl so — allein —

Julie.

Es ist auch leider so!

Baron.

Verführerisch war die Gelegenheit —

Elise.

Wie Stroh

Brennt so ein Männerherz.

Baron.

Es wurden von Elisen

Avancen mir gemacht —

Elise.

Am Ende muß ich büßen.

Julie.

Ein schöner Trost für mich. Dein schwaches Herz ergibt
Sich jeder Lockung.

Baron.

Ei, mit nichten! Doch geliebt
Hab' ich sie einst, und leicht kann alte Lieb' erwachen —

Julie.

Du würdest, sprech' ich so vom Hauptmann, bitter lachen.

Elise.

Nicht lachen, fluchen würd' er; denn, was Männern recht,
Was sie entschuldigen, das ist bei Weibern schlecht.

Baron.

Nun, nun —

Julie.

Weh' einer Frau, die, mitten in den Flammen,
Sich nur einmal versengt, man wird sie flugs verdammen.

Baron.

Ich —

Elise.

Aber wenn der Mann, geformt aus gröbern Thon,
Ein Sklav der Sinne wird, so spricht kein Mensch davon.

Baron.

Doch! Ich bekenne ja, ich habe mich vergessen,
Allein ich glaubte nur mit gleichem Maß zu messen,
Denn eine Gattin, die in einen hohlen Baum

Verstohlne Zettel wirft, mich dünkt, die hat wohl kaum
Ein Recht zu klagen —

Julie (etwas verlegen).

Doch wenn nur der reinste Zweck —

Baron.

Ein Wassertropfen wird nicht selten auch ein Fleck.
Mir hättest du vertrau'n, mich unterrichten sollen.
Du siehst, daß wenn wir streng Abrechnung halten wollen —

Elise.

Laßt's lieber bleiben. Wie? hebt mit einander auf.
Ein ew'ger Friedensschluß — gebt euch die Hände d'rauf.
Du zwar halb schuldig nur, und Sie, mein Herr ganz
schuldig;
Doch das ist unser Los, wir Frauen sind geduldig,
Wir hoffen Besserung, zur Milde stets geneigt,
Wenn nun der Reue Spur der arme Sünder zeigt.

Baron.

Vergib mir, Julie, den kurzen Rausch der Sinne.

Elise.

Ein schönes Kompliment, das ich dabei gewinne.

Baron.

Mein Herz blieb stets dir treu.

Julie.

Ich glaube dir so leicht,

Weil einer Gattin Herz die Zweifel gern verscheucht.

Elise.

Wohlan! der Friede ist geschlossen und besiegelt.
Heil Jedem, der sich still an dieser Scene spiegelt!
Was vor der Ehe sich begeben, davon sei
Kein Murmeln und kein Sticheln, keine Litanei;

Der alten Liebschaft geh' man klüglich aus dem Wege,
Und forsche nie, ob sich ein Fäserchen noch rege;
Denn, gleich dem Moschus, der oft lang verschlossen liegt,
Und doch nach Jahren noch im ganzen Hanse riecht,
Wenn man die Schachtel nur ein wenig wagt zu lüften,
Kann alter Liebe Dunst der Ehe Glück vergiften.
D'rum ruhe was da ruht! Am leichtesten erstirbt
Es ganz und gar, wenn nur der Mann sich Lieb' erwirbt.

Baron.

Sehr wohl; dasselbe gilt vermuthlich von den Frauen? —
Allein der hohle Baum — der wird doch umgehauen.

(Der Vorhang fällt.)

Das
Thal von Almeria.

Ein Schauspiel
in einem Aufzuge.

Personen.

Dom Fernando de Oliva.

Alexis, ein junger Bursche.

Der Graf von Kreuz, schwedischer Gesandter am spanischen Hofe.

Dom Carlos de Vellamare.

Valeria.

Fernando, ihr Sohn.

(Der Schauplatz ist in den Gebirgen von Alpujarras, ein enges, reizendes Thal von einem Strom durchschnitten. Unter einem Felsenabhang erblickt man eine ländliche Hütte, an deren Wänden viele Büschel von Kräutern zum Trocknen aufgehängt sind. Daneben ein Rasenbett unter einem Kastanienbaume.)

Erste Scene.

Der Graf und **Dom Carlos** (treten auf).

Graf.

Welche üppige Natur in diesen Thälern! Wir haben wohl gethan, mein Freund, die steilen Felsen nicht zu scheuen. Freilich haben wir brav klettern müssen, denn kaum für einzelne Maulthiere ist der Pfad gebahnt. Hingegen erquickten uns auch die Kastanien und der schlechte Wein, die uns der ehrliche Mönch in dem armen Kloster auf jenem Hügel gastfrei zum Besten gab. Jetzt sind wir reich belohnt durch den Anblick dieses Paradieses. Wär' ich ein Spanier, ich spräche: hier laßt uns Hütten bauen.

D. Carl. Auch im tiefsten Walde ist dem Glücklichen wohl.

Graf. Durch Reize der Natur wird jedes Glück erhöht.

D. Carl. Aber kein Gram gemildert, kein Gewissen beruhigt!

Graf. Freund, Ihre Schwermuth hat Sie heute — und ich möchte sagen erst seit einer Stunde — mit verdoppelter Gewalt ergriffen. Als der enge, steile Weg uns nöthigte, den Wagen zu verlassen, schienen Sie heit'rer; das Klettern that Ihnen wohl und auf dem Hügel schöpften Sie einigemal recht frischen Athem. Nur seitdem der hypochondrische Mönch uns seine Trauergeschichte erzählte, sind Sie düsterer geworden als jemals.

D. Carl. Ich leugne es nicht. Der Unglückliche hat seine Schwester und seinen Freund ins Verderben gestürzt; die Reue trieb ihn in's Kloster.

Graf. Seine Erzählung konnte rühren; doch Sie sind mehr als gerührt!

D. Carl. Ich bin vernichtet!

Graf. Mein Gott! Was ist Ihnen?

D. Carl. Hörten Sie, wie er mit dumpfem Ton sprach: kein Beten hilft! Gott hat mich verworfen!

Graf. Es erschütterte auch mich, aber —

D. Carl. Sahen Sie die hohlen Augen, in welchen Reue und Verzweiflung rangen, während die Kraft des Ge=betes auf den Lippen erlosch?

Graf. Ich empfand Mitleid, das tiefste Mitleid, aber —

D. Carl. (sich in seine Arme werfend). Ach Freund! in die=sem Spiegel habe ich meine Zukunft erblickt!

Graf. Sie?!

D. Carl. Wenn alle meine Nachforschungen vergebens wären, bildete ich mir ein, Trost und Ruhe in einem Kloster zu finden. Diese letzte Hoffnung hat der Mönch mir ent=rissen!

Graf. Freund, ich habe in Ihr Vertrauen mich nie ein=gedrungen. Ihre Schwermuth betrübte mich schon in Se=villa. Ich hoffte, eine Reise würde Sie zerstreuen, darum bat ich Sie, mein Begleiter zu werden. Nicht auf den Land=straßen wollte ich Spanien kennen lernen, weil die meisten Menschen, die an Landstraßen wohnen, verdorbene Men=schen sind. In den Gebirgen wollt' ich die Natur beobachten, die lebendige wie die leblose, und vor allen die Thäler besu=chen, die gleichsam Gottes Schatzkästlein sind, weil er da seine schönsten Gegenden und seine besten Menschen verbirgt.

D. Carl. Ja, seine besten Menschen hofft' ich wieder zu finden in irgend einer Einöde. Das hoffte auch mein traurender Vater, und darum nahm ich Ihr Anerbieten dankbar an.

Graf. Zwei Monden sind wir nun herumgestreift, und haben Tage lang in einem Wagen dicht neben einander gesessen. Ich pflege zu sagen: da entwickelt sich das Vertrauen schnell, wie ein Blumenkeim unter Glasfenstern. Nicht so bei Ihnen. Fragen durft' ich nicht. Nur im Stillen hab' ich geseufzt, wenn Sie so mit starren Blicken an Gottes schönsten Panorama's vorüber fuhren. Heute zum ersten Male hör' ich räthselhafte Klagen aus Ihrem Munde, und diese halbe Vertraulichkeit gibt mir ein halbes Recht, Sie freundlich zu bitten: erleichtern Sie Ihr Herz am Busen eines ehrlichen Mannes.

D. Carl. Nicht Mißtrauen verschloß mir den Mund, nur Scham. Jener Mönch hat Ihnen mein ganzes Geheimniß verrathen. Auch ich besaß eine Schwester, die ich zärtlich liebte, einen Freund, der sein Leben für mich wagte. Meines Vaters Stolz und meine Verblendung haben beide in's Verderben, vielleicht schon längst in die Gruft gestürzt! Ersparen Sie mir eine Erzählung, die mich nur beschämt, verwirrt und neues Blut aus ungeheilten Wunden preßt! Helfen Sie mir suchen! Ich suche meine Ruhe, die Ruhe meines bekümmerten Vaters!

Graf. Ich weiß genug und will treulich helfen. Darum also entschlüpften Sie mir so oft, um auf kaum betretenen Pfaden einsame Hütten zu belauschen? Darum kehrten Sie von solchen Wanderungen immer noch düsterer zurück?

D. Carl. Darum. Jeder Hoffnungsschimmer täuschte mich, und doch ist in meiner Brust der letzte Funke noch nicht erloschen. Als wir an der Klosterpforte standen, und diese

Thäler, von einem braufenden Strom durchfchnitten, fo
heimlich vor uns liegen fahen, da entglimmte er auf's neue,
und es war, als ob der laue Weft, wie er in den Blättern
der alten Korkeiche fäufelte, mir Troft zuflüftern wollte.

Graf. Wohlan, mein Freund, fo laffen Sie jeden Win=
kel uns emfig durchfpähen.

D. Carl. Mir ift plötzlich eingefallen, daß vielleicht
der arme Klofterbruder von den Bewohnern diefer Gegend
die befte Kunde geben kann. Ich will noch einmal hin zu ihm.
Wenn Unglückliche in diefen Thälern haufen, fo kennt er fie
gewiß.

Graf. Geh'n Sie. Ich erwarte Sie hier, und wer
weiß, was mir indeffen der Genius der Freundfchaft be=
fchert.

D. Carl. Ach! Ich habe ihn verrathen! mir hat er ge=
flucht! (Ab.)

Zweite Scene.
Der Graf (allein).

Ein fchöner junger Mann, aus dem ftolzen Haufe Vellamare entfproffen, mit Reichthum und Hofgunft überfchüttet,
und doch ein armer Mann! Wenn in Paläften die Reue
wohnt, fo fcheint die Sonne nicht hinein, wären auch die
Mauern von Kriftall. Ich möchte wetten, diefe Hütte, mit
Kräuterbüfchen verziert, birgt glücklichere Bewohner. (Er tritt
näher und betrachtet die Kräuter.) Sieh doch — fürwahr, diefe
Kräuter fcheinen mit Kenntniß gefammelt. Meine alte Lieb=
haberei, die Pflanzenkunde, wird hier Nahrung finden.

Dritte Scene.

Der Graf. Alexis (mit einem Korbe voll Kräuter heimkehrend).

Alex. He! Was macht der Herr? laß' Er die Kräuter zufrieden.

Graf. Hast du sie gesammelt?

Alex. Warum nicht gar! die wachsen nur auf Klippen.

Graf. Und klettern magst du nicht?

Alex. O ich möchte wohl, ich klett're wie eine Gemse; aber mein Herr erlaubt es mir nicht.

Graf. Warum denn nicht?

Alex. Dumme Frage! Damit ich den Hals nicht brechen soll. Nur im Thale darf ich Kräuter suchen. O ich verstehe mich darauf. Da seh' Er her, den ganzen Korb voll hab' ich gepflückt.

Graf. Und wer sammelt diese auf den Klippen?

Alex. Dom Fernando, mein guter Herr. O der stiege auf die Kirchthurmfahne, wenn ein seltenes Kräutchen oben wüchse.

Graf. Was macht er denn damit?

Alex. Er gibt sie den Leuten zu trinken, wenn sie krank sind. Aber viele legt er auch in große Bücher, und sieht sie manchmal an, ich weiß nicht warum.

Graf (bei Seite). Also wirklich ein Botaniker. Meine Neubegier wächst. (Laut.) Zeige mir doch ein solches Buch.

Alex. Da muß der Herr warten bis Dom Fernando heim kommt. Jetzt wandert er längs dem Strome.

Graf. Ist eure Familie groß?

Alex. Familie? Ich habe keine Familie, und ich glaube, mein Herr hat auch keine. Ich bin ein armer Waisenknabe.

Ich war verlaſſen von aller Welt, und — mußte betteln gehen; da hat er mich aufgenommen, gekleidet und geſpeiſt,
und iſt mein Vater geworden. Das iſt aber nichts beſonders,
denn er iſt aller Unglücklichen Vater und hilft gar zu gern,
wenn er nur immer könnte. Die Leute ſprechen, er würde
einmal ein Heiliger werden. Verſteht der Herr? ſo ein
Mann mit einem glänzenden Schein um den Kopf.

Graf. Lebt er denn hier ganz allein?

Alex. Sieht der Herr mich denn nicht? Hab' ich dem
Herrn nicht ſchon geſagt, daß wir beiſammen wohnen?

Graf. Alſo niemand außer dir?

Alex. Nicht einmal ein Hund. Er kann die Hunde nicht
leiden, ſo wenig als die Fremden — nehme Er mir's nicht
übel — die ſieht er gar nicht gern, und ich wollte Ihm rathen,
ſich bei Zeiten auf den Weg zu machen, wenn Er nicht etwa
krank iſt.

Graf. Ja, mein Sohn, ich bin krank.

Alex. Er ſieht mir eben nicht darnach aus.

Graf. Meine Krankheit iſt ein Stück von der Erbſünde,
die Neubegier.

Alex. Ei ja, ſo wär' ich auch immer krank, denn ich
möchte gern Alles wiſſen; aber ſchwatzen und fragen iſt meinem Herrn zuwider. Jetzt hab' ich einmal mehr als ſonſt in
einer ganzen Woche geſchwatzt. Nun muß ich die Kräuter
auf den Boden tragen und in kleinen Büſcheln aufhängen.
Doch wenn den Herrn etwa hungert oder dürſtet, ſo kann
Er mit herein kommen. Wir haben ſchöne Früchte, und Dom
Fernando hat mir befohlen, wenn er auch nicht zu Hauſe
wäre, jeden Wanderer zu erquicken. (Ab.)

Vierte Scene.

Der Graf (allein).

Den Mann muß ich kennen lernen und sollt' ich bis zum Abend ihn erwarten. Fürwahr es scheint, des bessern Menschen Bestimmung sei die Abgeschiedenheit. Wenn die Weltleute, wie Spinnen, alle Winkel durchkriechen, um ihre häßlichen Netze anzukleben, so schmiegt sich der Einsame wie ein Seidenwurm in sich selber und liefert still das köstliche Gespinnst.

Fünfte Scene.

Der Graf. Fernando (der einen ohnmächtigen Knaben auf den Armen trägt, und schon von ferne ruft:)

Alexis! wo bist du?

Alex. (von innen). Hier!

Fern. Geschwind komm heraus! (Er legt den Knaben sanft auf die Rasenbank.) Hier in der warmen Sonne wird das liebliche Kind sich bald erholen. Es athmet — es lebt. Gott! Ich will nicht murren, daß auch ich noch lebe.

Alex. (kommt aus der Hütte). Da bin ich, was soll ich? Ei was ist das?

Fern. Ein Knabe, der am jenseitigen Ufer spielte, in den Strom fiel, und von den Wellen verschlungen wurde. Ich sah es, sprang ihm nach, und war so glücklich, ihn zu retten. Noch sind seine Augen geschlossen, aber die Brust athmet sanft, und auf diesem weichen, warmen Lager werden die Lebensgeister wieder kehren. Wärme und Schlummer, sonst bedarf er nichts. Doch seine Eltern, seine armen Eltern! Sie werden ihn vermissen, ängstlich suchen, ihn verloren glauben. Geschwind, Alexis, eile an den Strom hinab, rufe, laß dich übersehen, frage, wem ein Kind entlaufen? sprich, es sei bei mir in Sicherheit. Der Vater soll kommen, es zu holen.

Alex. Juchhe! Wie werden die Eltern sich freuen! und ich bin der Glücksbote. Juchhe! (Springt fort)

Sechste Scene.
Fernando. Der Graf.

Fern. (das Kind betrachtend). Du holder Knabe! Danken wirst du mir, und wofür? einem Menschen das Leben retten, ist eine sehr zweideutige Wohlthat. Du hattest den bösen Augenblick schon überstanden. Du spieltest gleichsam mit dem Tode, und bewußtlos trug er dich im Scherz mit fort. Eine Welle hätte dich sanft an jenes unbekannte Ufer gespült; da entriß ich dem Strome die Beute, und warf dich zurück in den Strom der Welt, wo mehr als dein Leben, wo deine Unschuld — ach unvermeidlich! — den Untergang finden muß! Mir ist das klar, und doch freue ich mich deiner Rettung. Fürwahr, nicht um deinetwillen, sondern weil es mir Vergnügen macht. So ist der Mensch, der Eigensüchtige.

Graf (bei Seite). Die Stimme ist mir nicht unbekannt. (Laut.) Mein Herr —

Fern. (wendet sich und erblickt den Grafen nun erst). Ha! Ein Fremder!

Graf. Verzeihen Sie einem Reisenden, der von der schönen Gegend gelockt, hier unvermuthet Zenge einer schönen That geworden.

Fern. Der Zufall ist die Mutter solcher Thaten. (Bei Seite.) Hab' ich den Mann nicht irgendwo gesehen?

Graf. Freilich. Was wäre menschlicher Tugend Ruhm in den meisten Fällen, wenn man ihr den Zufall nicht anrechnen dürfte. Sollten darum solche Handlungen minder verdienstlich sein?

Fern. Anders urtheilt der Weltmann, anders der Einsiedler. Jenen verwirren tausend Stimmen, dieser vernimmt nur seine eig'ne, und er hat die Kühnheit erlangt, wahr gegen sich selbst zu sein. — Lassen Sie uns abbrechen, mein Herr. Die Einsamkeit macht eigensinnig, zum Disputiren ungeschickt. Darf ich Ihnen Erfrischungen anbieten? was meine Hütte vermag.

Graf. Vor allen Dingen möcht' ich fragen: Kennen Sie mich nicht mehr?

Fern. (erschrocken, nach einer Pause). Glauben Sie mich zu kennen?

Graf. Ja. Wir müssen irgendwo uns schon getroffen, in irgend einem Verhältniß mit einander gestanden haben. Doch mag es nur ein lockeres Verhältniß gewesen sein, weil mein Gedächtniß mir untreu geworden.

Fern. Ich will nicht leugnen, daß auch mir solche Erinnerungen vorschweben.

Graf. Mein Name wird vielleicht das Räthsel lösen. Ich bin der schwedische Gesandte am spanischen Hofe, Graf von Creutz.

Fern. (ihm die Hand reichend). Linné.

Graf. Ha! Jetzt erkenn' ich Sie. Dom Fernando de Oliva. Sie waren in Schweden. Der große Linné hat uns Beiden die Wunderwelt des Pflanzenreichs aufgethan.

Fern. Lebt er noch?

Graf. Er schlummert unter seinen Freunden, den Blumen.

Fern. Ich segne sein Andenken. Er war mein größter Wohlthäter. Ihm verdank' ich die Bekanntschaft mit der Natur; durch sie den Muth zu leben.

Graf. Schon damals hat Ihre Schwermuth mich an=gezogen, und oft schwebte eine Bitte um Ihr Vertrauen auf meine Lippen. Fast will eine Ahnung mich ergreifen, es sei nicht bloßer Zufall, der die beiden Schüler des großen Linné heute wieder zusammen führt. Mich dünkt, sein Geist schwebe über den blühenden Thälern, und senke sich herab unter die Blumen, und lausche, ob die sanfte Wissenschaft, die er lehrte, nicht gegenseitiges Wohlwollen in uns erwecket habe.

Fern. Sie würden das Ihrige verschwenden. Mir den Mund zu öffnen, möchte Ihnen leicht werden; denn ein Un=glücklicher, der sieben Jahre lang nur Gott und der stummen Natur seine Qualen vertrauen durfte, schließt gern und schnell sein Herz einem theilnehmenden Wesen auf. Sie sind ein Fremder, ach! und darum schon mir näher verwandt als die Bewohner meines Vaterlandes.

Graf. Das meinige grenzt an Lapplands Schneetriften, aber in dem warmen Gefühl für fremde Leiden nimmt es der Schwede mit jedem Südländer auf. (Er ergreift Fernandos Hand.) Ich beschwöre Sie im Namen unsers verewigten Lehrers, fassen Sie Vertrauen zu mir.

Fern. Ich spreche ein Wort, und Sie entreißen mir schaudernd diese Hand, deren Druck mir wohl gethan.

Graf. Nicht doch. Sprechen Sie.

Fern. Ich bin ein Mörder. O das ist mein kleinstes Verbrechen. Ich war ein Verführer der Unschuld.

Graf. Sie verleumden sich selber.

Fern. Unwillkürlich zuckt Ihre Hand. Jetzt hören Sie

alles, und laſſen mich dagegen den erſten Seufzer des Mit=
leids in dieſer Einöde hören. Ich bin von edler Geburt. Mein
Degen war mein ganzer Reichthum. Doch der alte, nicht
unberühmte Name, den ich trug, erwarb mir ſchon als Jüng=
ling eine Hauptmannsſtelle im Regiment Zamora. Einſt,
in Sevilla, wohnte ich zum erſten Male einem Stiergefecht
bei. Sie wiſſen, daß unſere Damen dies grauſame Mord=
ſpiel nicht ſcheuen. Im glänzendſten Schmucke füllten ſie
auch hier die Logen. Nur Eine erſchien im einfachen Ge=
wande, ſchöner als ſie alle, durch die Reize der Natur ge=
ſchmückt. Der Schauplatz ſchwand vor meinen Augen, ich
ſah nur ſie. Das Volk jauchzte, die Stiere brüllten, ich hörte
es nicht. Sie flüſterte einige Worte zu ihrer Nachbarin, nur
die glaubt' ich zu hören. Indeſſen kämpfte ein wackerer Jüng=
ling in den Schranken mit einem der unbändigſten Stiere,
verwundete und reizte ihn zur höchſten Wuth. Des jungen
Mannes Leben kam in Gefahr, ich hatte es nicht geſehen.
Aber plötzlich ſtreckte die ſchöne Unbekannte ihre Arme gen
Himmel, und ſchrie verzweifelnd: Ach, mein Bruder! mein
Bruder! Ihre Stimme drang in das Mark meiner Gebeine.
Ohne zu wiſſen was ich that, ohne eine andere Waffe als
meinen Degen, ſprang ich in die Schranken, ſtürzte auf das
Ungeheuer, verwundete es, zog ſeine ganze Wuth auf mich,
und der bedrängte Jüngling gewann Raum zu entweichen.
Andere Kämpfer eilten herzu, und ich, zu ſolchem Gefecht
unvorbereitet, zufrieden, daß es mir gelungen, des ſchönen
Mädchens Bruder zu retten, zog mich ſtill zurück, ungerührt
von dem lärmenden Beifall, den das Volk mir zuklatſchte.
Aber wie wurde mir, als ich einen Blick nach jener Loge
warf, und die holde Unbekannte ſich dankend gegen mich

verbeugte! mit einer Freundlichkeit, die mein Herz auf ewig fesselte! — —

Werde ich sie jemals wieder sehen? so seufzte ich am andern Morgen, als ihr Bruder in mein Zimmer trat, mich als den Retter seines Lebens an die Brust drückte, und mir eine Einladung von seinem Vater, dem alten Grafen von Vellamare, brachte.

Graf. Vellamare!?

Fern. Kennen Sie ihn?

Graf. Vielleicht. Nur weiter.

Fern. Sie errathen zum Theil die Folge. Der wackere Vater umarmte mich als den Retter seines Sohnes. Valeria dankte mir mit niedergeschlagenen Blicken. Es war die schönste Stunde meines Lebens! Ich wurde das Kind vom Hause, der Bruder mein Freund, die Schwester meine Geliebte. Als ich zum ersten Male schüchtern meine Empfindungen laut werden ließ, und ihr Rang, ihr Reichthum, ihres Vaters Stolz mich verzagt und kleinmüthig machten; da sprachen ihre Lippen die tröstenden Worte: Hoffnung ist die Begleiterin des Muthes. Mehr als einmal wiederholte sie den süßen Spruch, der mein Herz in Hoffnung wiegte. Ach! selige Tage der ersten, unschuldvollen Liebe! die noch keine Gefahr, noch kein Verbrechen ahnete. Romantisch, nach der alten Ritter Sitte, die in meinem Vaterlande noch hin und wieder heimisch ist, war unsere stille Neigung. Scherzend ernannte mich Valeria zu ihrem Ritter, scherzend erlaubte sie mir, ihre Farben zu tragen, himmelblau und weiß. Auch einen Wahlspruch für mein Schild begehrte ich von ihr. Unter dreien sollte sie wählen. Jeder war bedeutend. Das ganze Leben für einen Augenblick — oder: Alles

für Liebe und Ehre! — oder: Rechtlichkeit, Liebe
und Beständigkeit. Sie wählte den letztern. Von ihrer
Hand geschrieben empfing ich ihn. Ach! er ruht auf meiner
Brust, an diesem Bande von ihrem Haar geflochten, unter
diesem Kristall, der minder rein ist als ihr Herz.

Graf. Und wurden Sie durch Ihre Geburt, mehr noch
durch Ihre edle Handlung, nicht berechtigt, um Valeriens
Hand zu werben?

Fern. Wohl träumte ich das einen Augenblick, zumal
da ihr Bruder unsere wachsende Liebe sah, billigte, ihr Vor-
schub that. Ich wagte es, meine kühnen Wünsche ihrem
Vater zu öffnen. Er rühmte meine Tapferkeit, erkannte sich
mir hoch verpflichtet, doch einer bestimmten Antwort wich
er aus, und bald erfuhr ich mit Entsetzen, Valeria sei dem
reichen Grafen Oviedo zugesagt.

Von nun an sahen wir uns selten. Jede Zusammenkunft
wurde erschwert und argwöhnisch bewacht. Kaum durften
meine Augen klagen, die ihrigen kaum verstohlen mir antworten: ich theile deinen Schmerz. Der Bräutigam erschien
und raubte mir den letzten Trost, die Freundschaft von Valeriens Bruder. Denn auch Oviedo hatte eine Schwester, ein
schönes, verführerisches Mädchen. Sie fesselte den jungen
Vellamare, und gewann ihn ganz für die Zwecke ihrer Familie. Seine Leidenschaft, vielleicht auch sein geschmeichelter
Stolz, machten ihn kühn gegen mich, verlöschten die Erinnerung an jene ewige Dankbarkeit, die er so oft mir zugeschworen. Das empörte mein Gemüth, der Gram machte
mich bitter. Eines Tages wechselten wir Stachelreden und
schieden als Feinde.

Doch Valeria, die bisher so schüchterne Valeria, fand

plötzlich in ihrer Liebe einen männlichen Muth. Sie schwur nie einem Andern als mir anzugehören. Ihre Kühnheit und die Treue ihrer Zofe bahnte mir bei Sternenschimmer den Weg zu einem kleinen Tempel in ihrem Garten, wo ein alter Mönch, durch Thränen gewonnen, durch Geschenke für sein Kloster bestochen, uns auf ewig vereinte. Unter manchem schlauen Vorwand wußte Valeria die Vermählung mit Oviedo aufzuschieben, während ich unsere Flucht vorbereitete. Allein man hatte Verdacht geschöpft, meine nächtlichen Besuche waren verrathen worden. Als ich einst gegen Morgen von meiner Gattin kam, mit der ich die letzten Maßregeln um sicher zu entweichen verabredet hatte, wurde ich auf der Straße von zwei Verlarvten wüthend angegriffen. Kaum blieb mir Zeit mein Schwert zu ziehen. Das Glück stand mir zur Seite, die Liebe machte mich stark. Ich streckte Einen zu Boden, der Andere entwich verwundet. Jener war mein Nebenbuhler, dieser Valeriens Bruder.

Die mächtigen Häuser Oviedo und Vellamare vereinten sich zu meinem Untergange. Ich mußte fliehen. Damals kam ich nach Schweden, und, während **Linné** in die Arme der Natur den Flüchtling führte, mich vor Verzweiflung schützte, wurde ich zu Sevilla als Meuchelmörder zum schimpflichen Tode verdammt.

Graf. Und Valeria?

Fern. Ach! Nie hab' ich ihr Schicksal erfahren! Dem Tode trotzend, kehrt' ich verkleidet in mein Vaterland zurück. Ich wagte mich sogar nach Sevilla. Meine Gattin war verschwunden! Ach! als ich zum letzten Male sie sah, vertraute sie mir mit holder Scham, daß eine süße Hoffnung unter ihrem Herzen lebe. Gewiß hat Mutterliebe ihr den Muth geliehen, dies Bekenntniß gegen ihren harten Vater zu wiederholen. Gewiß hat sein Stolz sie verstoßen — vielleicht getödtet!

Als ein Bettler verkappt bin ich Jahre lang vergebens um alle Nonnenklöster geschlichen, wo ich sie eingekerkert vermuthen durfte. Keine Spur fand ich von ihr. Ach! sie ist im Elend verschmachtet, ehe sie noch Mutter wurde, und nicht einmal auf ihrem Grabe darf ich weinen!

Graf. Warum wollten Sie jeder Hoffnung den Eingang in Ihr gequältes Herz versperren?

Fern. Hoffnung? Ach, mein Freund! Diese vertrockneten Kräuter werden nie wieder blühen.

Graf. Diese Kräuter sind entwurzelt, Sie aber leben noch, und jeder neue Morgen kann neues Glück bringen. Wer weiß, ob nicht der heutige es schon gethan; ob nicht der Fremdling aus dem fernen Norden, den sein guter Genius zu ihrer Hütte geführt, des Schicksals erkohrenes Werkzeug ist, um Sie mit dem Leben auszusöhnen.

Fern. Schaler Trost! Valeria ist todt! ach! wüßt' ich nur, daß sie sterbend dem Verführer nicht geflucht!

Siebente Scene.

Der Knabe (erwacht). Die Vorigen.

Knabe. Wo bin ich?

Fern. Ha! der Knabe ist erwacht.

Knabe. Fremde Männer.

Fern. Fürchte dich nicht.

Knabe. Fürchten? wofür? Hab' ich doch nichts Böses gethan.

Fern. Wer bist du?

Knabe. Ich heiße Fernando.

Fern. Und deine Eltern?

Knabe. Ich habe nur eine Mutter.

Fern. Wo wohnt sie?

Knabe. In der kleinen Hütte unter den drei Kastanien=
bäumen.

Fern. Jenseit des Stromes?

Knabe. Ja — wo bin ich denn? Wie bin ich über den
breiten Strom gekommen? Zum ersten Male in meinem
Leben? Ist mir's doch als hätt' ich geträumt. Ein Fischlein
wollt' ich fangen, es glänzte wie Silber. Ich hatte ein Körb=
chen von Weiden geflochten, die gute Therese hat es mir
gemacht. Da hinein wollt' ich das Fischlein schöpfen. Mein
Arm war zu kurz. Ich bog mich über und glitschte aus und
fiel in den Strom, das weiß ich noch. Aber als die Wellen
über mir zusammen schlugen, da ist mir Hören und Sehen
vergangen.

Graf. Dieser brave Mann hat dich gerettet.

Knabe. Ich danke dir, du braver Mann. Hast du auch
mein Körbchen gerettet?

Fern. Dein Körbchen ist verloren gegangen.

Knabe. O weh! da wird die gute Therese mich schelten.

Fern. Ist Therese deine Mutter?

Knabe. Ei nicht doch. Therese ist — ja, was sie ist, das
weiß ich nicht, aber gut ist sie, sehr gut, das weiß ich wohl.

Fern. Und deine Mutter?

Knabe. Ei die ist noch besser. Die ist besser als alle
Menschen auf der ganzen Welt. Nur blaß, sehr blaß.

Fern. Krank vielleicht?

Knabe. Ach ja! oft krank, weint immer, und ich weine
mit, denn die Leute sagen, wer so bleich aussähe, müßte bald
sterben. Ist das wahr?

Fern. Nicht immer.

Knabe. Mir ist doch bisweilen recht bange. Ein frommer Mönch hat mir erzählt, daß Gott die besten Menschen am frühsten sterben ließe, damit sie Engel würden. Nun, meine Mutter ist gewiß nicht viel schlechter als ein Engel. Aber was würde dann aus mir?

Fern. Mache ihr täglich Freude, so verlängerst du ihr Leben.

Knabe. Ach! Heute hab' ich ihr wohl Angst gemacht. Ist es schon spät?

Fern. Mittag vorüber.

Knabe. Ja, dann hat sie mich gewiß überall gesucht. Guter Mann, wie komm ich heim?

Fern. Sei ruhig, mein Bursche ist hinüber. Der wird sie finden, ihr sagen, wo du bist, und dann holt sie dich wohl ab. Erquicke dich indessen in meiner Hütte mit Speis' und Trank.

Knabe. Ach ich habe weder Hunger noch Durst, bis ich meine freundliche Mutter sehe.

Achte Scene.
Alexis. Die Vorigen.

Alex. Da bin ich wieder. Das war eine Freude! Du lieber Gott! Ich habe gemeint, sie wird mich erdrücken.

Knabe. Von wem redest du?

Alex. Von deiner Mutter. Ein Fischer setzte mich über. Schon von fern sah ich eine Frau am Ufer sich ängstlich geberden. Ihre Haare flohen in den Wind. Sie schluchzte und rang die Hände und rief: Fernando! Fernando!

Knabe. Da bin ich, Mutter! Da bin ich!

Alex. Bis ihre Stimme heiser wurde, ihre Füße wankten und sie kraftlos in den Sand fiel.

Knabe. Hilfe! Hilfe!

Alex. Die bracht' ich ihr.

Knabe. Habe Dank!

Alex. Gute Frau, sagte ich zu ihr, sucht ihr Euren Sohn? — Sie sah mich starr und ängstlich an. — Drüben ist er in Sicherheit. Mein Herr hat ihn aus dem Wasser gerettet. — Da wurde sie wie wahnsinnig, lachte und weinte, fiel mir um den Hals, segnete mich, segnete meinen Herrn, betete zu Gott, dankte der heiligen Jungfrau, wollte mir schenken was sie hatte.

Knabe. Ach! sie hat nicht viel.

Alex. Nun wollte sie gleich herüber. Mein ehrlicher Fischer war verschwunden. Sein Boot stand noch am Ufer. Sie sprang hinein, sie ruderte selber aus allen Kräften. Ich half so viel ich konnte. Aber der Strom war uns doch zu stark, trieb uns weit hinunter, bis wir endlich in der Felsenbucht das Ufer betraten. Nun war aber auch ihre Kraft erschöpft, sie mußte im Grase ruhen, sich erholen. Ich bezeichnete ihr den Weg und sprang voran. Lange wird sie nicht mehr ausbleiben. Sie wollte mir folgen, sobald ihre Füße nur sie trügen.

Knabe. O führe mich hin zu ihr!

Fern. Freund, geben Sie den Knaben seiner Mutter zurück.

Graf. Warum wollen Sie nicht selber dieses himmlische Vergnügen genießen?

Fern. Ich habe es schon genossen, und will ihrem Danke mich entziehen. Ungern trenne ich mich von dem holden Knaben. Leb' wohl, Fernando, besuche mich bisweilen.

Knabe. Recht oft, du braver Mann. Ich habe eine Ziege, die will ich dir bringen. Ich habe sonst nichts.

Fern. Behalte deine Ziege. Bleibe fromm und gut, und liebe deine Mutter, und liebe auch mich ein wenig, so hast du mich bezahlt. (Ab mit Alexis.)

Neunte Scene.
Der Graf. Der Knabe.

Knabe. Wenn er weiter nichts von mir begehrt; ich kann ja ohnehin nicht anders.

Graf. Ist deine Mutter arm?

Knabe. Ach ja, sehr arm. Sie hat weder Feld noch Wiese, nicht einmal eine kleine Herde.

Graf. Wovon lebt ihr denn?

Knabe. Therese spinnt Wolle und Seide. Meine Mutter macht die niedlichsten Arbeiten in Stroh; sie mahlt auch kleine Heiligenbilder. Ich fange Vögel in Schlingen, und Fische an der Angel, mehr kann ich nicht. Aber wenn ich groß werde, o, da will ich die Schafe mit über die Berge treiben, da will ich mir Geld verdienen, und alles meiner Mutter bringen. Das wird ihr Freude machen. Ach! sie hat so wenig Freude!

Graf (reicht ihm seinen Beutel). Gib ihr das.

Knabe. Geld? Nein, mein Herr, das darf ich nicht nehmen. Meine Mutter könnte glauben, ich hätte gebettelt. Pfui! Aber wenn der Herr mir doch etwas schenken will, so schenke er mir die kleine Büchse, die er da in der Hand hält. (Auf des Grafen Dose zeigend.)

Graf. Die ist ja nur von Horn. Was willst du damit machen?

Knabe. Ei, sie ist doch weit schöner als die von Stroh, in welcher meine Mutter das Liebste verwahrt. Ihr wollt' ich sie bringen.

Graf. Das Liebste, was ist das?

Knabe. Es ist nur ein Zettelchen. Ich weiß nicht, was es bedeutet. Sie spricht, wenn ich größer werde, will sie mir's erklären.

Graf. Weißt du denn, was auf dem Zettel steht?

Knabe. O ja. Rechtlichkeit, Liebe und Beständigkeit.

Graf. Großer Gott!

Knabe. Meint der Herr, ich könnte nicht lesen? O ich lese schon die Geschichte vom kleinen Moses und von Joseph, den seine häßlichen Brüder verkauften.

Graf (für sich). Wär' es möglich! — Und warum nicht? — Ein Gott hat die treue Liebe geprüft und bewährt gefunden, ein Gott will heute sie belohnen!

Knabe. Ha! Ich sehe meine Mutter!

Zehnte Scene.
Valeria. Die Vorigen.

Knabe (fliegt ihr in die Arme).

Val. Mein Kind! (Sie fällt auf die Knie und preßt ihn an ihre Brust.) Mein einziges, geliebtes Kind!

Knabe. Mutter, hast du Angst um mich gehabt?

Val. Es ist vorüber — ich habe dich wieder! — O mein Herr! Wo nehm' ich Worte her! Sie haben ihn gerettet?

Graf. Nicht ich, gute Frau. Ein edler Mann, der hier wohnt; mein Freund, der sich entfernte, um Ihnen den Dank zu ersparen.

Val. Wie? Ich soll meinem Wohlthäter nicht einmal danken? Er hat auch mir das Leben gerettet!

Graf. Er ist ein Sonderling, sieht ungern fremde Men=

schen. Aber lassen sie ihm nur Zeit; dieser holde Knabe wird sie schon einander näher bringen.

Val. So möge Gott den Segen hören und erfüllen, den ich an seiner Schwelle über ihn ausspreche!

Graf. Wenn meine Ahnung mich nicht trügt, so hat Gott ihn schon gehört und erfüllt. Sie haben da ein liebliches Kind. Es wird einst Glück und Ehre über seine Mutter bringen.

Val. Das stille Glück der Einsamkeit. Ehre ist in seinem Stande ihm nicht beschieden.

Graf. Warum nicht? **Hoffnung ist die Begleiterin des Muthes.**

Val. (fährt zusammen).

Graf (für sich). Sie bebt. Die meinige wächst. (Laut.) Des Himmels Wege sind dunkel wie des Knaben Geburt. Sollte er darum nicht einst fühlen und sagen dürfen: **Alles für Ruhm und Liebe?**

Val. (noch bewegter). Mein Herr —

Graf. Fürwahr, er sieht mir darnach aus, daß er als Jüngling, die Bahn der Ehre betretend, fröhlich rufen wird: **Das ganze Leben für einen Augenblick!**

Val. Um Gottes Willen! — Sie vergessen meines Standes —

Graf. Man darf Sie nur sehen, um gewiß zu sein, daß Sie nicht für diesen Stand geboren wurden.

Val. Sie irren — ich bin eine arme Bäuerin —

Graf. Und wenn auch, in jedem Stande findet man **Rechtlichkeit, Liebe und Beständigkeit.**

Val. Ha! Das ist zu viel! Sie kennen mich, mein Herr —

XXVII.   5

Graf. Gottlob, ich kenne Sie. Valeria.

Val. Sind Sie gekommen mich zu verderben? Mein Leben war mir längst eine Last, aber um dieses Knaben Willen, Barmherzigkeit!

Graf. Durch welchen Verdacht kränken Sie den Freund Ihres Fernando?

Val. Seinen Freund?

Graf. Aus wessen Munde hätte ich sonst erfahren —

Val. Er lebt!?

Graf. In meinem Vaterlande lernten wir uns kennen. Ich bin ein Schwede.

Val. Dort lebt Er? O meine Armuth! Ich kann nicht zu ihm — uns trennen Meere — mich wird kein Schiffer um Gottes Willen zu ihm führen. — Doch halt, Schweden ist ja keine Insel — nur weit, sehr weit von hier — man kann zu Fuße dahin gelangen — nicht wahr, mein Herr? — Vielleicht nach Jahren erst — doch endlich! endlich! Und ein Augenblick wird die mühseligen Jahre reich vergelten! Freue dich, Fernando! Wir wandern zu deinem Vater!

Knabe. Ich habe noch einen Vater? Gott sei Dank! Wir wandern? Das ist schön! Zu ihm? Das ist herrlich!

Graf. Er trug mir auf zu erforschen, ob Sie noch am Leben?

Val. Jetzt leb' ich wieder!

Graf. Diese frohe Botschaft wird ihn beflügeln.

Val. Nein, er soll nicht nach Spanien zurückkehren, um Gottes Willen nicht! Hier lauern die Dolche der Mörder auf ihn! Ach! Hier erwartet ihn das Beil des Henkers! Lieber dort eine Höhle im Schnee, von der sichern Liebe erleuchtet und erwärmt.

Graf. Aber durch welches Wunder sind Sie der Verfolgung entgangen?

Val. Durch die Flucht. Als mein Vater meine geheime Verbindung erfuhr, wollte er mich in ein fernes Kloster senden. Willkommen wäre mir die heilige Freistatt gewesen, da ich in seinem Hause nur eine Gefangene war; allein er wußte nicht Alles. Ich hatte nicht den Muth ihm zu sagen, daß mein Leben einem zweiten Leben angehöre. Für dieses noch ungeborne Kind mußte ich jeder Gefahr, jedem Elend trotzen. Mein Kammermädchen — so nannte ich damals meine Freundin, Therese, die edelste ihres Geschlechts — hatte einen verschwiegenen Bruder, einen armen Fischer. Sein Nachen führte uns nach San Lucar. Dort nahm eine Barke uns auf, die längst der Küste nach Carthagena segelte. Als wir auf der Fahrt diese Bucht erblickten, und in der Ferne dieses reizende Thal, von hohen Gebirgen begränzt und verschlossen, da stiegen wir an's Land, und hier, unter gutmüthigen Bewohnern, fanden wir ein stilles Plätzchen, wo ich mein Schicksal beweinen, aber auch meines Kindes mich freuen durfte. Mein Vater, mein Bruder und die Welt haben mich vergessen.

Graf. Und hier bereitet im Stillen der schützende Genius der Liebe eine glückliche Zukunft für Sie.

Val. Ich wage nicht zu hoffen, denn ich bin strafbar! Die pflichtvergessene Tochter trägt des Vaters Fluch!

Graf. Reue versöhnt mit Gott, Reue entwaffnet den Vater. Verweilen Sie einen Augenblick, um vielleicht im nächsten den Triumph der Liebe zu feiern. (Ab in die Hütte.)

Eilfte Scene.
Valeria. Knabe.

Val. Was bedeuten diese räthselhaften Worte? Sein Gesicht glänzte wie eines Engels Antlitz.

5 *

Knabe. Mutter, gewiß wird er den braven Mann holen, der mich aus dem Waſſer gezogen.

Val. Ich empfinde eine ſonderbare Angſt. Mir iſt, als wolle die Hoffnung ſich aus dem Grabe hervorarbeiten.

Zwölfte Scene.
Dom Carlos. Die Vorigen.

D. Carl. (finſter und in ſich gekehrt). Vergebens all' mein Forſchen! Der ehrliche Mönch wußte nichts; konnte nur die eigenen Klagen wiederholen, und mir den Stachel tiefer in die Bruſt ſenken.

Val. Welche Stimme! — Ha! (Sie ſchlägt die Hände vor das Geſicht und wanket.)

Knabe (bemüht ſie zu halten). Mutter? Biſt du krank?

D. Carl. Was iſt das? Bedürft Ihr Hilfe?

Val. (läßt die Arme kraftlos ſinken und taumelt auf die Raſenbank). Ich kann nicht mehr!

D. Carl. Meine Schweſter!

Val. Sei barmherzig! Laß mich in dieſer Einöde ruhig ſterben!

D. Carl. Gott! Meine leidende Schweſter!

Val. (bittend). Warum verfolgſt du mich? Ich habe dich immer geliebt — ich habe dich nie beleidigt —

D. Carl. Du durchbohrſt mein Herz! Ein reuiger Bruder liegt zu deinen Füßen!

Val. Wie? Carlos! Ich darf dich Bruder nennen!?

D. Carl. Längſt ſchon irr' ich gramvoll umher, ein Opfer meiner Verblendung! Längſt ſchon hab' ich nach dir geforſcht in jedem Winkel Spaniens, um dir Troſt zu bringen und deine Verzeihung zu erbitten!

Val. Süße Töne! meine frohe Kindheit, meine erste Jugend ziehen noch einmal lächelnd an mir vorüber. Mein Bruder ist mir nun geschenkt! Er weint an meiner Brust!

D. Carl. Thränen der Reue! Thränen der Freude!

Val. (bebend). Unser Vater — darf ich nach ihm fragen?

D. Carl. Er lebt und verwünscht seine Härte gegen dich. Als eine unwürdige Leidenschaft mein Herz nicht mehr vergiftete, als mein spätes Zeugniß die Unschuld deines Gatten erwies; da eilte unser Vater nach Madrid, warf sich dem Könige zu Füßen, erlangte die Vernichtung des beschimpfenden Urtheils, und ließ in allen Zeitungen Dom Fernando de Oliva und dessen Gemahlin auffordern, in seine Arme zurück zu kehren. Lange hoffte er. Angst und Sehnsucht verzehrten ihn. Am Fenster nach dem Thore war sein Platz, von dem er selten wich. Jedes Rasseln eines Reisewagens trieb das Blut auf seine blassen Wangen, und wenn der Wagen vorüber fuhr, senkte er sein Haupt in stummen Schmerz. Nach und nach schwand ihm die letzte Hoffnung — er hielt dich für todt. Jetzt bewohnt er dein Zimmer und verläßt es nie.

Val. Hin zu ihm! Daß er mich segne! Daß er seinen Enkel segne!

D. Carl. Dieser Knabe? —

Val. Ist mein Kind!

D. Carl. Und sein Vater?

Val. Fern von hier in fremden Landen!

D. Carl. Er wird wiederkehren. Die Stimme der Liebe und Freundschaft wird sein Ohr erreichen; und, bis er kommt, will ich des Kindes treuer Vater sein.

Knabe. Ist dieser Mann mein Oheim?

D. Carl. (ihn umarmend). Holder Knabe!

Val. Mein Kind in meines Bruders Armen! O Gott! Wenn es ein Traum ist, so laß mich träumend sterben!

Dreizehnte Scene.

Der Graf, der **Dom Fernando** (nach sich zieht). **Die Vorigen.**

D. Carl. (dem Grafen entgegen). Freund! Ich habe meine Schwester gefunden.

Graf. Und Ihre Schwester hat ihren Gatten gefunden. (Fernando, Dom Carlos und Valeria erkennen einander, und stehen einige Augenblicke versteinert. Dann rufen sie fast zugleich)

Val. Er ist's!

D. Carl. Fernando!

Fern. Geister?

Val. (in seine Arme stürzend). Ich lebe.

Fern. Sie lebt!

Knabe. Dieser Mann hat mich aus dem Wasser gezogen.

Val. Du hast dein Kind gerettet!

Knabe. Vater!

Fern. (mit wahnsinniger Freude). Mein Kind! Meine Gattin! Mein Kind!

D. Carl. Und ein Bruder, der des Vaters Segen dir bringt.

Fern. Gott erhalte mir meine Sinne!

Graf (gerührt). Engel schweben über dem Thale von Almeria!

(Der Vorhang fällt.)

Der Lügenfeind.

Ein Lustspiel
in einem Aufzuge.

Personen.

Lord Derby.

Evelina, seine Tochter.

Hannah, ihr Mädchen.

Baronet Oldcastle.

Ralph, sein Bedienter.

Thomas, Kutscher
Heinrich, Bedienter } des Lord Derby.

Huntington, ein junger Maler.

(Der Schauplatz ist auf einer Insel an der schottischen Küste. Ein Gartensaal zu dem Schlosse des Lord Derby gehörig. Im Hintergrunde Glasthüren, durch welche man in den Park blickt.)

Erſte Scen.

Hannah und Ralph (von verſchi...

Hannah.

Ralph! Biſt du es wirklich?

Ralph. Kennſt du mich noch?

Hann. Narr, es iſt ja kaum
Edinburgh von einander ſchieden.

Ralph. Schon drei Monate? un...
Du biſt die Krone aller getreuen Mädch...

Hann. Scherz bei Seite, ich habe...
ſehnt, wie ein Kranker nach dem Tode.

Ralph. Sehr verbindlich.

Hann. Es iſt in dieſem Jammerthal...
zuhalten.

Ralph. Ei wie ſo, du dienſt ja bei...

Hann. Und wenn der Sand an unſern...
ſand wäre, ſo möchte ich länger nicht bleiben...
auf einer Inſel, ſchauen rechts und links in...
haben vor uns Klippen, hinter uns Felſen,...
jahr die wilden Gänſe ſchnattern, und benei...
ſon Cruſoe, der doch wenigſtens menſchlich...
im Sande fand.

Ralph. Iſt denn dein Herr ſo menſchen...

Hann. Lügenſcheu iſt er. Er würde di...
Tauſenden um ſich verſammeln, wenn ſie nur...
heit redeten.

Ralph. Eine curioſe Prätenſion.

Perſonen.

Lord Derby.

Evelina, ſeine Tochter.

Hannah, ihr Mädchen.

Baronet Oldcaſtle.

Ralph, ſein Bedienter.

Thomas, Kutſcher
Heinrich, Bedienter } des Lord Derby.

Huntington, ein junger Maler.

(Der Schauplatz iſt auf einer Inſel an der ſchottiſchen Küſte. Ein Gar-
tenſaal zu dem Schloſſe des Lord Derby gehörig. Im Hintergrunde
Glasthüren, durch welche man in den Park blickt.)

Erſte Scene.

Hannah und **Ralph** (von verſchiedenen Seiten).

Hannah.

Ralph! Biſt du es wirklich?

Ralph. Kennſt du mich noch?

Hann. Narr, es iſt ja kaum drei Monate, als wir in Edinburgh von einander ſchieden.

Ralph. Schon drei Monate? und du kennſt mich noch? Du biſt die Krone aller getreuen Mädchen.

Hann. Scherz bei Seite, ich habe mich nach dir geſehnt, wie ein Kranker nach dem Tode.

Ralph. Sehr verbindlich.

Hann. Es iſt in dieſem Jammerthal nicht länger auszuhalten.

Ralph. Ei wie ſo, du dienſt ja bei einem Cröſus?

Hann. Und wenn der Sand an unſerm Seeufer Goldſand wäre, ſo möchte ich länger nicht bleiben. Wir ſitzen da auf einer Inſel, ſchauen rechts und links in die offene See, haben vor uns Klippen, hinter uns Felſen, hören im Frühjahr die wilden Gänſe ſchnattern, und beneiden den Robinſon Cruſoe, der doch wenigſtens menſchliche Fußtapfen im Sande fand.

Ralph. Iſt denn dein Herr ſo menſchenſcheu?

Hann. Lügenſcheu iſt er. Er würde die Menſchen bei Tauſenden um ſich verſammeln, wenn ſie nur alle die Wahrheit redeten.

Ralph. Eine curioſe Prätenſion.

Hann. Das hat ihn eben hieher in die verdammte Ein=
öde getrieben. In der Welt mochte niemand mehr mit ihm zu
thun haben.

Ralph. Sehr natürlich.

Hann. In seiner Jugend galt er viel, ich weiß nicht
mehr bei welchem Fürsten, bis ihn das Wahrheitsfieber so=
gar am Hofe ergriff.

Ralph. Da war's vorbei mit der Gnade.

Hann. Er liebte einmal eine hübsche Frau und wurde
wieder geliebt. In einer Anwandlung von edler Laune fällt
es ihr ein ihn zu bitten, eine getreue Liste von allen ihren
Fehlern zu entwerfen. Er läßt sich nicht zweimal bitten —

Ralph. — Und — wird zum Henker gejagt. Sehr na=
türlich.

Hann. Einer seiner besten Freunde schrieb ein schlechtes
Buch —

Ralph. Das wird er ihm doch nicht gesagt haben?

Hann. Freilich.

Ralph. Nun, da war's mit der Freundschaft aus.

Hann. Als er London verließ, wurde er von Räubern
angefallen. Sie nahmen, was sie fanden, bedankten sich
höflich und fragten spottweise: ob er nicht noch etwas von
Werthe bei sich führe? — O ja, antwortete er ganz gelassen.
— Was denn? — Ein Kästchen mit Diamanten. Sie mein=
ten, er wolle sie necken, aber es war wirklich da, sie erbeu=
teten es und lachten über den Thoren, der nicht einmal Räu=
ber betrügen wollte.

Ralph. Ist der Mann im Monde geboren?

Hann. Aus diesen wenigen Zügen magst du seinen Cha=
rakter dir zusammen setzen. Er liebt die Wahrheit wie die

Holländer die Reinlichkeit; sie essen lieber kalte Speisen, ehe sie einen Topf am Feuer schwärzen; er behilft sich lieber auf dieser elenden Insel, ehe er seine Lippe durch die kleinste Lüge entweiht. Das möchte noch hingehen, aber er verlangt noch obendrein, daß Alle, die ihm nahe kommen, mit eben der thörichten Schwärmerei seinen Götzen verehren sollen.

Ralph. Ei, wie kommst denn du dabei zu rechte?

Hann. Ich lüge ihm die Haut voll, aber mit Manier. Indessen muß ich täglich meinen Geist auf die Folter spannen, um ihn zu täuschen, denn er ist nicht dumm. Und was hab' ich am Ende davon? Die erfreuliche Aussicht, in dieser Wüste als eine steinalte Jungfer umher zu wandeln. Diese Insel ist die langweiligste im ganzen Ocean, dieses Schloß das langweiligste auf der ganzen Insel, und mein Herr die langweiligste Person in diesem Schloße. Begreifst du nun, warum ich in Edinburgh deines Herrn Liebe so eifrig unterstützte? Fort will ich von der verdammten Insel! Erlöst will ich sein aus diesem Wahrheitstempel, und sollt' ich aus Verzweiflung dich heirathen.

Ralph. Ei ei — du hast schon profitirt wie ich höre. Ist denn die Tochter auch eine so wüthende Wahrheits-Person?

Hann. Sie ist ein Kind, ihres Vaters Affe. Der neuliche Besuch in Edinburgh war ihre erste Ausflucht. Haben wir sie nur einmal dort für immer, so will ich sie schon bearbeiten.

Ralph. Sie wird unter d e i n e r Leitung glänzende Fortschritte machen.

Hann. Das hoff' ich. Wenn nur dein Herr — ist er denn gekommen?

68

Ralph. Freilich, er sendet mich voraus, um seine Em=
pfehlungsschreiben zu überreichen.

Hann. Nun, wenn er nur den Alten gehörig zu fas=
sen versteht. Denn ich muß dir sagen, es hat schon mancher
hier ein Körbchen eingeschifft. Schmeicheln muß er ihm bei=
leibe nicht.

Ralph. Mein Herr ist ein alter Höfling, der wird ihm
schon die Blößen ablauern. Er findet doch keinen Neben=
buhler?

Hann. Ach lieber Gott! Hieher verirrt sich kein vernünf=
tiger Mensch. Höchstens einmal ein Reisender, der die Grille
hat, am Ende der Welt die wildesten Gegenden zu be=
schauen. Das sind aber keine Leute von Stande, nur Ma=
ler, Mineralogen, Geologen, und wie das Volk sonst hei=
ßen mag. Wir haben jetzt hier einen jungen Maler, der um
der schroffen Felsen willen sich herüber gewagt hat. Meine
Lady hat sich von ihm malen lassen, vermuthlich für deinen
Herrn.

Ralph. Liebt sie meinen Herrn?

Hann. Ich glaube ja, sie hat einigemal von ihm gespro=
chen. Auf jeden Fall wird sie herzlich froh sein, diesem Käficht
zu entrinnen.

Ralph. Und mein Herr wird herzlich froh sein, das
Vöglein mit den goldenen Federn zu erhaschen. Denn ich
muß dir sagen, unsere Finanzen sind schlecht bestellt. Wir
schreiben Wechsel so viel wir nur können, aber unsere Papiere
stehen sehr niedrig im Kurse, und wenn diese Spekulation
uns fehlschlagen sollte —

Hann. Still! Ich sehe den alten Herrn. Er hat Ge=
schäfte wie es scheint. Verzieh' ein wenig, und wenn du dei=
ne Worte anbringst, so hüte dich ja vor jeder Lüge.

Ralph. Das ist eine fatale Zumuthung. (Beide ziehen sich in den Hintergrund.) _____

Zweite Scene.
Lord Derby. Thomas. Heinrich.

L. Derby. He! Thomas!

Thom. Gnädiger Herr!

L. Derby. Das Pferd, das ich neulich kaufte, hat den Koller.

Thom. Das hab' ich wohl gemerket.

L. Derby. Warum sagtest du mir nichts?

Thom. Es war ja doch einmal gekauft.

L. Derby. Du lobtest den Gaul sogar?

Thom. Weil er dem gnädigen Herrn gefiel.

L. Derby. Dir gefiel er also nicht?

Thom. Ich hätte ihn nicht geschenkt haben mögen.

L. Derby. Und doch lobtest du ihn? — Du hast deinen Abschied.

Thom. Wie?

L. Derby. Empfange deinen Lohn und geh'.

Thom. Hab' ich doch dem Herrn nicht zu dem Kaufe gerathen.

L. Derby. Der Roßkamm war ein Betrüger und du bist ein Lügner.

Thom. Ei beim Pferdehandel ist Lug und Trug erlaubt: die vornehmsten Leute machen sich kein Gewissen daraus. (Ab.)

L. Derby. Es ist unglaublich, aber der Kerl hat Recht. Heinrich!

Heinr. Gnädiger Herr!

L. Derby. Der Bettler, den ich gestern anfuhr — weil

ich eben verdrießlich war — ich habe mich nach ihm erkun=
digt, er ist ein armer fleißiger Weber, der seine Hütte und
seinen Weberstuhl im Feuer verloren.

Heinr. Ja, so ist's.

L. Derby. Wußtest du das schon gestern?

Heinr. O ich kenne den ehrlichen Kerl schon lange.

L. Derby. Und schwiegst als ich ihn anfuhr?

Heinr. Eben weil Euer Gnaden verdrießlich waren.
Ich wollte eine bessere Stunde abwarten.

L. Derby. Eine bessere Stunde um mir die Wahrheit
zu sagen? Du hast deinen Abschied.

Heinr. Ich hab' es gut gemeint.

L. Derby. Geh' mein Sohn, ich kann solche Gutmei=
ner nicht um mich leiden.

Heinr. Wenn das meine selige Mutter wüßte! Die hat
mir immer gesagt, der Herrschaft soll man nach dem Munde
reden. (Ab.)

L. Derby. Verdammter Grundsatz! In meinem Hause
soll er nicht Wurzel fassen. Fort mit jedem Lügner! Und
wenn ich am Ende mich selber bedienen müßte.

Ralph (leise). Das ist ein curioser Herr. Kaum getraue
ich mich meine Depeschen zu überreichen.

Hann. (leise). Sei nur keck, das hält er auch bisweilen
für Wahrheit.

———

Dritte Scene.
Lord Derby. Ralph. Hannah.

Ralph. Mylord —

L. Derby. Wer seid Ihr?

Ralph. Ich habe die Ehre, im Dienste des Herrn

Baronet Oldcaſtle zu ſtehen, der ſo eben an's Land geſtie=
gen iſt.

L. Derby. Was weiter?

Ralph. Mein Herr wünſcht die Ehre zu haben, Euer
Herrlichkeit aufzuwarten —

L. Derby (in ſich brummend). Aufwarten — dumme Re=
densart.

Ralph. Und überſendet vorläufig dieſe Empfehlungs=
ſchreiben.

L. Derby. Ich haſſe die Empfehlungsſchreiben, ſie wim=
meln von Lügen. (Er lieſt.) Ja, ja, auch ſo ein vollkomm'ner
Grandiſon. Nun, ich erwarte ihn.

Ralph. Er hat ſo viel Schönes und Großes von Euer
Herrlichkeit vernommen —

L. Derby. Das iſt nicht wahr. Schweigt und geht.

Ralph. Hu, welch ein Murrkopf! (Ab.)

─────────

Vierte Scene.
Lord Derby. Hannah.

L. Derby. Schon wieder ein Freier. Seit das Mädchen
vier Wochen in Edinburgh geweſen, hab' ich keine Ruhe mehr.

Hann. Kein Wunder. Eine ſo liebenswürdige junge
Dame —

L. Derby. Und ein ſo reicher Vater, wie?

Hann. Das mag freilich auch mitwirken. Aber dieſer
Baronet —

L. Derby. Kennſt du ihn?

Hann. Bin ich doch in der Hauptſtadt geboren und erzogen.

L. Derby. Wie ſpricht man dort von ihm?

Hann. Sehr verſchieden.

L. Derby. Zum Exempel?

Hann. Viele rühmen ihn als einen Mann von Ehre.

L. Derby. Ich kenne die sogenannten Ehrenmänner.

Hann. Viele tadeln seine rauhen Sitten.

L. Derby. Wie so?

Hann. Weil er den Leuten oft Dinge in's Gesicht sagt, die sie nicht hören mögen.

L. Derby. Wirklich?

Hann. Mylady Percy, die noch immer jung sein will, fragte ihn einmal: ob er wohl errathen könne, wie alt sie sei? Warum nicht, antwortete er, Sie haben auf meiner Großmutter Hochzeit getanzt.

L. Derby (den Kopf schüttelnd). Hm!

Hann. Der Bischof von Lincoln rühmte einmal die Stille in seiner Kirche, wenn er predige. Kein Wunder, sagte der Baronet, denn alle Zuhörer schlafen.

L. Derby. Das gefällt mir nicht. Die Wahrheit muß nicht witzig sein wollen.

Hann. (bei Seite). Hab' ich's doch nicht recht gemacht?

L. Derby. Geh', rufe meine Tochter.

Hann. (im Abgehen). Gott helfe uns aus der Gefangenschaft.

Fünfte Scene.

Lord Derby (allein).

Schon ein halbes Dutzend solcher Herren hab' ich abfertigen müssen. Eine verdrießliche Arbeit — obschon nicht mühsam, denn nichts leichter als die Freier auf Lügen zu ertappen. Sie halten gewöhnlich Hymens Tempel für eine Mäusefalle.

Bei Gott! Nur ein ehrlicher, wahrhafter Mann soll mein Eidam, oder meine Tochter eine Nonne werden.

Da schleicht der junge Maler die Allee herauf. Den Menschen hab' ich lieb gewonnen, er hat das Herz auf der Zunge. Wenn nicht etwa seine Kunst mein Urtheil besticht. Evelinens Portrait ist meisterhaft, und vor allen Dingen nicht geschmeichelt. Das ist um so rühmlicher, da ich wohl bemerkt habe, welchen tiefen Eindruck das Mädchen auf ihn gemacht.

————

Sechste Scene.

Lord Derby. Huntington.

Hunt. Mylord, meine Arbeit ist vollendet. Ich komme, um mich zu beurlauben.

L. Derby. Hab' ich Sie doch nicht gehen heißen.

Hunt. Sie ernähren ohnehin der Schmarotzer genug.

L. Derby. Gefällt es Ihnen bei mir?

Hunt. O ja.

L. Derby. So bleiben Sie länger.

Hunt. Gern, wenn ich Brot verdienen kann.

L. Derby. Das könnten Sie leicht, wenn Sie nicht so eigensinnig wären.

Hunt. Eigensinnig?

L. Derby. Hab' ich Ihnen nicht aufgetragen, das schöne Gemälde von Hannibal Caraccio zu copiren?

Hunt. Mylord, mit dem Gemälde sind Sie betrogen worden. Es ist nicht von Hannibal Caraccio. Es ist ein sehr mittelmäßiges Machwerk.

L. Derby (bei Seite). Bravo! (Laut.) Was kümmert das Sie, wenn Sie nur Geld dabei verdienen?

Hunt. Dürft' ich auf den Namen eines Künstlers An=

spruch machen, wenn es mir gleichgiltig wäre, was ich male?

L. Derby. Ein Künstler muß oft in den Geschmack der Leute sich fügen, die bezahlen können.

Hunt. Nein, Mylord.

L. Derby. Sonst geräth er in Gefahr zu hungern.

Hunt. Lieber hungern.

L. Derby. (bei Seite). Bravo! (Laut.) Sie sind stolz.

Hunt. Ja, Mylord.

L. Derby. Trauen Sie meiner Erfahrung, man kommt damit nicht durch.

Hunt. Oft ist der Platz, auf dem man stehen bleibt, mehr werth, als der, zu dem man durchbringen wollte.

L. Derby. Man sagt, ein wenig Biegsamkeit gezieme Ihrem Stande —

Hunt. Geradheit dem Künstler.

L. Derby. Und Ihrer Jugend.

Hunt. Freimuth dem Jünglinge.

L. Derby. Sie urtheilen über manches keck.

Hunt. Ich urtheile über nichts, was ich nicht verstehe.

L. Derby. Meine Gemäldegallerie finden Sie schlecht.

Hunt. Ja, Mylord.

L. Derby. Kein einziges Original darunter.

Hunt. Kein einziges.

L. Derby. Viele, denen ich sie gezeigt, waren doch entzückt.

Hunt. Die waren keine Kenner, oder wollten Ihnen schmeicheln.

L. Derby. Ich aber bin doch auch ein Kenner?

Hunt. Nein, Mylord.

L. Derby. Das sagen Sie mir in's Gesicht?

Hunt. Hinter Ihrem Rücken würd' ich aus Achtung schweigen.

L. Derby. Man hat mir doch in London oft Komplimente über meinen Geschmack in der Malerei gemacht.

Hunt. Komplimente, das ist möglich.

L. Derby. Mein Park mißfällt Ihnen auch?

Hunt. Das hab' ich nicht gesagt.

L. Derby. Aber gedacht? — Sie schweigen?

Hunt. Ja, Mylord.

L. Derby. Ich wünsche Ihr Urtheil über meinen Park zu hören.

Hunt. Er ist recht artig.

L. Derby. Recht artig? Die schroffen Felsen am Meere, die können ja nicht artig sein.

Hunt. Majestätisch ist die Natur auf dieser Insel; aber Sie haben jene Felsen so mit Tempelchen und Häuserchen verziert, daß sie mir vorkommen, wie die Säulen der Peterskirche, die auch ihre stille Erhabenheit unter kleinlichem Schmucke verlieren.

L. Derby (bei Seite). Mir aus der Seele gesprochen. (Laut.) Verschönerungstrieb, mein Herr, der ist dem Menschen eigen.

Hunt. Der Trieb, aber selten die Kunst; und oft besteht diese am meisten darin, die Natur mit jedem Zusatz zu verschonen.

L. Derby (bei Seite). Recht so. (Laut.) Ich merke wohl, es ist mir nicht gelungen, Ihre Achtung zu erwerben.

Hunt. Vollkommen, Mylord. Welch ein einseitiger Mensch wäre ich, wenn meine Hochachtung von dem Grade

6 *

des Geschmacks abhinge, den Sie in meiner Kunst beweisen. Um Sie mit Wärme zu verehren, muß man Ihre Dörfer besuchen, den Wohlstand Ihrer Bauern sehen, und Ihren Namen tausendmal gesegnet nennen hören.

L. Derby. Aber in meinem Park?

Hunt. Da seufzt die Natur.

L. Derby. Und in meiner Gallerie?

Hunt. Da seufzt die Kunst.

L. Derby. Wir wollen nicht länger darüber disputiren. Es wird sich doch wohl am Ende finden, daß ich das Ding am besten verstehe. Vor der Hand liegt mir daran, Sie hier zu behalten. Ich wünschte eine Landschaft nach der Natur gemalt von Ihnen zu besitzen.

Hunt. Eine Arbeit, die ich mit Vergnügen unternehme. Die Insel ist voll der malerischsten Gegenden. Ich habe sogar schon einige skizzirt, unter denen Sie wählen mögen.

L. Derby. Nein, nein. Ich habe ein Lieblingsplätzchen — da oben auf dem Hügel — sehen Sie — wo die Pyramide steht — dort zeichnen Sie die Gegend.

Hunt. Bin ich doch schon öfter an jener Pyramide vorübergegangen, ohne jedoch eine auffallende Schönheit zu bemerken.

L. Derby (bei Seite). Das glaub' ich wohl.

Hunt. Allein ich will sogleich versuchen —

L. Derby. Es hat keine Eile. Für's Erste copiren Sie mir das Porträt meiner Tochter.

Hunt. (stutzt). Sie schienen mit dem Original zufrieden?

L. Derby. Eben deßwegen. Ich will's behalten. (Ihn scharf beobachtend.) Da sich aber meine Tochter nächstens vermählen wird — und der Bräutigam doch wohl wünschen möchte, eine Copie zu besitzen —

Hunt. Mit dieser Arbeit muß ich bitten, mich zu verschonen.

L. Derby. Copiren Sie sonst nie?

Hunt. O ja, ich thue es wohl bisweilen.

L. Derby. Warum denn nicht das Portrait meiner Tochter?

Hunt. Verzeihen Sie — ich habe Gründe.

L. Derby. Die Sie mir verschweigen wollen?

Hunt. Ja.

L. Derby. Ich erinnere mich von Ihnen gehört zu haben, daß Sie bisweilen lieber in Miniatur malen; auch das könnte geschehen. Evelina soll Ihnen noch einmal sitzen.

Hunt. Verzeihen Sie, Mylord —

L. Derby (bei Seite). Sie hat ihm schon zu viel gesessen.

Hunt. Ich eile zu der Pyramide.

L. Derby. Nun wie Sie wollen. Aber das bitt' ich mir aus, daß Sie con amore malen.

Hunt. (wider Willen seufzend). Con amore! (Ab.)

Siebente Scene.

Lord Derby (allein).

Der ist mein Mann! Kein falsches Wörtchen hat er gesagt, obschon ich ihn der Kreuz und Quer auf's Glatteis führte.

Freilich, mit dem Bekenntniß seiner Liebe wollte er nicht heraus, doch verschmähte er auch jeden falschen Vorwand,

um das Portrait nicht zu copiren. Er sagte lieber: ich habe
Gründe, und die will ich verschweigen.

Achte Scene.
Lord Derby. Evelina.

Evel. Guten Morgen, lieber Vater.

L. Derby. Guten Morgen, Eveline. Ich habe dich
rufen lassen, weil eben wieder ein Freier bei dir anklopft.

Evel. So? Wer denn?

L. Derby. Der Baronet Oldcastle aus Edinburgh.
Kennst du ihn?

Evel. Ich habe mit ihm getanzt.

L. Derby. Nun, dann kennst du ihn ja. Selten weiß
eine Braut mehr von ihrem Bräutigam, als daß sie mit ihm
getanzt hat.

Evel. Bin ich denn schon seine Braut?

L. Derby. Noch nicht. Hat er dir gefallen?

Evel. O ja.

L. Derby. Mir muß er aber auch gefallen.

Evel. Freilich.

L. Derby. Und wenn er mir gefiele, nähmest du ihn gern?

Evel. Gern? Das weiß ich nicht.

L. Derby. Du hast mir doch oft gesagt: ein Mann,
der meinen Beifall hätte, würde dir willkommen sein!

Evel. Ja, das hab' ich gesagt.

L. Derby. Und auch gedacht? will ich hoffen.

Evel. O wahrhaftig!

L. Derby. Vielleicht denkst du aber jetzt anders?

Evel. Darüber müßt' ich zuvor mich untersuchen.

L. Derby. Wohlan, thu' das jetzt gleich. Ich will so lange hier auf= und niedergehen.

Evel. (steht in Gedanken).

L. Derby (für sich). Mancher Vater würde wünschen, in diesem Augenblicke in seiner Tochter Herz schauen zu können. Ich nicht. Weiß ich doch, daß sie ohnehin mir es öffnen wird. — Nun, Eveline! wie ist die Untersuchung ausgefallen?

Evel. Ich kann nicht recht damit fertig werden. Es kommt mir fast so vor, als ob ich ungern heirathen würde.

L. Derby. Nämlich diesen Baronet?

Evel. Ja, diesen Baronet.

L. Derby. Aber einen andern?

Evel. Wenn ein anderer sich meldet, so untersuch' ich mich wohl wieder.

L. Derby. Hast du vielleicht selber in Edinburgh eine Wahl getroffen?

Evel. Dann hätte ich es Ihnen ja gesagt.

L. Derby. Oder irgendwo einen Mann gesehen, der eines besondern Vorzuges dir würdig geschienen?

Evel. Ich wüßte nicht.

L. Derby. Besinne dich einmal.

Evel. (nach einer Pause). Mein Vater spricht ja nur von solchen Männern, die sich um mich bewerben könnten.

L. Derby. Jeder ehrliche Mann kann sich um dich bewerben.

Evel. Gewiß?

L. Derby. Ganz gewiß.

Evel. Ja, wenn das ist —

L. Derby. Nun?

Evel. Dann kenn' ich wohl einen Mann, der mir der beste von allen geschienen.

L. Derby. Der wäre?

Evel. (ohne alle Verlegenheit). Der junge Maler.

L. Derby. So? — Liebst du ihn?

Evel. Das weiß ich nicht.

L. Derby. Denkst du oft an ihn?

Evel. Ach ja, recht oft.

L. Derby. Suchst du seine Gesellschaft?

Evel. Nein, das schickte sich nicht.

L. Derby. Aber ungesucht ist sie dir willkommen?

Evel. Stets willkommen.

L. Derby. Wie ist dir zu Muthe, wenn er erscheint?

Evel. Recht wohl.

L. Derby. Klopft dir das Herz?

Evel. Anfangs, ja.

L. Derby. Und wenn er dich ansieht, wirst du roth?

Evel. Ich glaube fast.

L. Derby. Sieht er dich zärtlich an?

Evel. Das weiß ich nicht. Ich schlage gewöhnlich die Augen nieder.

L. Derby. Aber als er dich malte?

Evel. Ja, da durfte ich freilich die Augen nicht niederschlagen.

L. Derby. Das machte dich verlegen?

Evel. Gott weiß warum!

L. Derby. Hat er nie von Liebe mit dir gesprochen?

Evel. Beileibe nicht! Das hätt' ich Ihnen ja gesagt.

L. Derby. Höre, Evelina, ich will dir ein Geheimniß entdecken. Du liebst den jungen Maler.

Evel. Wirklich? Das wäre doch fatal.

L. Derby. Das wird vorübergehen. Empfange du jetzt
den Baronet Oldcastle. Hat er dir in Edinburgh gefallen, so
findet sich das wohl wieder. Er gehört zu einer der ersten Fa-
milien, und es wäre denn doch nicht übel, eine große Rolle
in der Hauptstadt zu spielen. Ueberlege das. Wir sprechen
mehr davon. (Ab.)

_____

Neunte Scene.

Evelina (allein).

Das wäre also die Liebe? — War ich nicht ein Kind,
mich so davor zu fürchten? Sie ist ein angenehmes, ruhiges
Gefühl. — Es würde bald vorüber gehen, meinte mein Vater? — Das wäre mir leid. — Der Baronet könne mir wohl
wieder gefallen? — Möglich, aber ich zweifle. — Und was
er von der Hauptstadt sagte, in der ich eine Rolle spielen soll?
Das wird nicht gehen. War ich doch nur wenige Wochen
dort, und haben die Menschen mich ausgelacht, weil ich re-
dete, wie mir um's Herz war, und haben mich die drollige
Insulanerin genannt; wie sollt' ich denn mein Lebelang eine
Rolle spielen? — Da kommt Herr Huntington. Nun will
ich doch recht genau auf mich Acht geben, ob ich ihn wirklich
liebe. — Herzklopfen? Ja, das meldet sich schon wieder.

_____

Zehnte Scene.

Huntington. Evelina.

Hunt. Verzeihen Sie, Miß, ich glaubte Ihren Herrn
Vater noch hier zu finden.

Evel. Was soll ich Ihnen verzeihen?

Hunt. Mein haſtiges Hereintreten. Ich ſtörte Sie in Betrachtungen —

Evel. O die kann ich auch ein andermal anſtellen. Was halten Sie da?

Hunt. Eine flüchtige Skizze von einer Landſchaft, die Ihr Herr Vater begehrte.

Evel. Laſſen Sie doch ſeh'n.

Hunt. Der angewieſene Standpunkt iſt ſehr ungünſtig. Ich begreife nicht, wie man ihn wählen konnte.

Evel. Das macht, Sie ſehen Alles nur mit den Augen der Kunſt, und denken nichts weiter dabei, als: wie wird ſich das auf der Leinwand ausnehmen? Wer weiß, welche Erinnerungen meinen Vater an dieſe Gegend feſſeln? Was würden Sie erſt ſagen, wenn ich Sie bäte, mein Lieblingsplätzchen zu malen?

Hunt. (haſtig). Wo iſt es?

Evel. Ha ha ha! Auf unſerm Hühnerhofe unter den Acacienbüſchen.

Hunt. Ich habe Sie da nie geſeh'n.

Evel. Ich komme jetzt auch ſelten hin; doch wenn ich hinkomme, empfinde ich jedesmal eine halb fröhliche halb wehmüthige Rührung, denn da war ich als Kind am liebſten.

Hunt. Sollten Sie jetzt minder glücklich ſein als damals?

Evel. Doch wohl. Ich hatte damals noch eine Mutter, eine ſehr gute Mutter.

Hunt. Mich dünkt, die unbegrenzte väterliche Liebe erſetze Ihnen Alles.

Evel. Eine Mutter läßt ſich nicht erſetzen. Ich liebe mei nen Vater unaussprechlich, aber er ist doch ein Wesen außer mir. Das schien mir meine Mutter nicht zu sein. Ist mir's doch öfter widerfahren, daß ich mit ihr gestritten, sie habe dieses oder jenes schon aus meinem Munde gehört, was ich, wenn ich mich recht besann, doch nur im Stillen gedacht hatte. Aber in meinen Gedanken war sie immer gegenwärtig.

Hunt. (bei Seite). Welche kindliche Reinheit!

Evel. (eine Thräne trocknend). Nun sind es schon zwei Jahre als sie starb.

Hunt. Verbannen Sie die traurige Erinnerung.

Evel. Ei nicht doch. Ich rede so gern von ihr. Mit meinem Vater darf ich nicht.

Hunt. Warum nicht?

Evel. Er hat sie zu sehr geliebt. Es greift ihn heftig an, es macht ihn düster und krank. Seitdem ich das erfahren, hüte ich mich von ihr zu sprechen. Aber wenn ich Jemanden finde, dem ich gut bin, so macht mein Herz sich Luft.

Hunt. Dem Sie gut sind?

Evel. Ja so sagt' ich.

Hunt. Und mir hat Ihr traurendes Herz sich geöffnet!

Evel. Ja.

Hunt. O Eveline! — Verzeihen Sie —

Evel. Was?

Hunt. Der Name entschlüpfte mir.

Evel. Ich heiße Eveline.

Hunt. Mir ziemet es nicht, Sie so zu nennen.

Evel. Sie meinten es ja nicht böse.

Hunt. Ich könnte mein Blut für Sie vergießen!

Evel. Ich wünschte, Sie wären mein Bruder.

Hunt. (bei Seite). Wo nehm' ich Kraft her! Ich vergesse mich — hier ist meines Bleibens nicht länger.

Evel. Da kommt ein Fremder die Allee herauf. Das ist gewiß der Baronet, der mein Gemahl werden will. Ja ja, er ist's.

Hunt. Ihr Gemahl?

Evel. Nämlich, wenn er mir gefällt.

Hunt. Kennen Sie ihn schon?

Evel. O ja, ich habe in Edinburgh mit ihm getanzt.

Hunt. Und hat er Ihnen da gefallen?

Evel. So ziemlich.

Hunt. Nun, so ist kein Zweifel —

Evel. Erlauben Sie, es ist noch ein großer Zweifel.

Hunt. (bei Seite). Mensch! Was kümmert's dich? (Laut.) O, möchten Sie nur recht glücklich werden!

Evel. Wünschen Sie das?

Hunt. Inbrünstiger als mein eig'nes Glück!

Evel. (zärtlich). Ich danke Ihnen, lieber Huntington.

Hunt. (bei Seite). Ich bin meiner nicht selbst mehr mächtig!

Eilfte Scene.

Der Baronet. Hannah. Die Vorigen.

Bar. Da ist sie ja, die schöne Lady, von der ganz Edinburgh noch schwatzt und träumt. Miß, ich bringe Ihnen die Huldigung der Hauptstadt, und vor Allen meine eigene.

Evel. Sein Sie willkommen, Baronet. Mein Vater wird gleich hier sein. Er hat mir aufgetragen, Sie zu empfangen.

Bar. Daran hat er, Gott verdamme mich! sehr wohl

gethan. Das Paradies ist doppelt reizend, wenn ein Engel
die Pforte öffnet. Nun meine holde Miß, wie haben Sie ge=
lebt, seitdem Sie der großen Welt Ihre Reize entzogen, um
in diese traurige Einöde sich zu begraben?

Evel. Sie nannten diese Einöde so eben ein Paradies?

Bar. Durch Ihre Gegenwart wird sie darein verwan=
delt; gleich wie Titania zwischen nackten Felsen ein liebliches
Thal schuf. Aber die Hauptstadt, Miß, der Hof, die Welt
haben Rechte auf Sie.

Evel. Woher?

Bar. So wie die Krone ein Recht auf den kostbarsten
Edelstein hat. Sie flohen, und unsere glänzendsten Zirkel trau=
erten, vor allen ich, der Sklave, den Sie gefesselt zurück lie=
ßen. Sollten Sie glauben, daß ich seitdem nur zweimal ge=
tanzt habe? Nur zweimal, Gott verdamme mich! und beide
Male wider Willen. Die junge schöne Herzogin von Albemarle
ließ mir keine Ruhe; ich mußte tanzen. Aber es waren nicht
mehr jene Füße, die das Glück errangen von Ihnen bewun=
dert zu werden! Nicht mehr jene leichten, beweglichen Fuß=
spitzen, in die mein ganzes Herz hinabgesunken schien! Es
waren schwerfällige Maschinen, von Ihren Blicken nicht mehr
beseelt.

Evel. Ha ha ha ha ha!

Bar. Sie lachen? Eine glückliche Vorbedeutung. Ja,
schöne Lady, ich bin gekommen, um die verlorne Freude hier
wieder zu finden. Ich habe die Blumenketten unserer Damen
zerrissen, ich habe mich in die Wellen gestürzt, ich habe die
Felsen erklimmt, und hier bin ich.

Evel. Ich fürchte, Sie werden hier keinen Ersatz finden.

Bar. Fürchten Sie nichts. Die Liebe vermag viel. Wir

wollen Blumen pflücken, Kräuter suchen, Schafe hüten, ja, wir wollen Arkadien auf diese Insel verpflanzen, bis der unfreundliche Winter sein beschneietes Haupt schüttelt, dann eilen wir nach dem stolzen Edinburgh, das in Ihnen seinen Schmuck entbehrt.

Evel. Verzeihen Sie der Insulanerin, die auf alle diese schönen Dinge nichts zu antworten weiß. Wir leben hier so einfach in Worten und Werken —

Hunt. Aber diese Einfachheit ist so edel und selig!

Bar. (der ihn nun erst gewahr wird). Wer ist diese redende Person?

Evel. Herr Huntington, ein Maler aus London.

Bar. So? Das ist mir lieb. Ich protegire die Künste. Ich bin selbst ein Kenner. In Edinburgh lasse ich bisweilen einige Künstler bei mir speisen. (Mit einer gnädigen Bewegung.) Wenn Sie dahin kommen —

Hunt. (verbeugt sich).

Hann. (zupft den Baronet und zieht ihn bei Seite). Erlauben Euer Gnaden Ihrer unterthänigen Magd einige Worte.

Bar. Was willst du, mein Kind?

Hann. Ich sehe den alten Herrn kommen. Hat Ralph Ihnen schon vertraut, wie man mit dem wunderlichen Manne umgehen muß?

Bar. Er hat mir allerlei vorgeschwatzt.

Hann. Um Gottes Willen keine Schmeichelei!

Bar. Gutes Kind, ich danke dir, aber das verstehst du nicht. Es lebt kein Mensch auf Erden, der die Schmeichelei im Grunde haßte; nur schämen sich manche ein wenig, wenn sie nackend erscheint. Ich will ihr schon ein Mäntelchen umhängen, von Schnitt und Farbe wie es ihm behagt.

Hann. Er ist schlau. Ich fürchte —

Bar. Und was bin ich denn? Bin ich etwa nicht schlau? Laß mich nur machen.

Hann. (schüttelt den Kopf).

Bar. Verzeihen Sie, schöne Lady, ich habe einen Raub an meinem Glücke begangen, indem ich eine Minute Ihrem Anschauen entzog.

Evel. Da kommt mein Vater. (Bei Seite.) Gott sei Dank!

Zwölfte Scene.

Lord Derby. Die Vorigen.

Bar. Mylord, Sie sehen einen Mann vor sich, der ent=schlossen ist, den Empfehlungen seiner Freunde Ehre zu machen.

L. Derby. Wenn diese Empfehlungen Ihnen nicht ge=schmeichelt haben, so reiche ich meine Hand einem wackern Manne, und heiße Sie willkommen.

Bar. Ich würde es meinen Freunden schlechten Dank wissen, wenn sie mir geschmeichelt hätten. Ich gebe mich wie ich bin, und mag nicht besser scheinen als ich bin; am wenig=sten hier.

L. Derby. Nirgend, nirgend Herr Baronet.

Bar. Ganz recht, nirgend. Fehlerfrei ist ja kein Mensch auf Erden, und doch möchten wir immer so gern in den Augen derer makellos erscheinen, deren Liebe wir suchen.

L. Derby. Wahr.

Bar. Da sollten wir gerade umgekehrt so bald als mög=lich uns entschleiern.

L. Derby. Wir sollten gar nicht verschleiert sein.

Bar. Ganz recht. Denn wo ist Täuschung peinlicher als in Lieb' und Freundschaft!

L. Derby (bei Seite). Er gefällt mir.

Bar. Darum, Mylord, erlauben Sie, daß ich die Unter=haltung auf eine seltsame Weise beginne, indem ich Sie so=gleich mit meinen Fehlern bekannt mache.

L. Derby. Wer seine Fehler kennt und bekennt, der ist auf dem Wege sie zu bessern.

Bar. Weiß Gott, es ist doch einer darunter, den man mir täglich vorwirft, und den zu bekämpfen mir schwerlich ge=lingen wird; meine verdammte Freimüthigkeit!

L. Derby. Verdammte? (Bei Seite.) Er gefällt mir nicht.

Bar. O Mylord! Wenn Sie wüßten, wie viel ich schon dadurch gelitten! In unsern Tagen will kein Mensch die Wahr=heit hören. Dem ist sie eine Thorheit, dem Andern gar ein Verbrechen; der nennt sie unzeitig, weil sie keinen Nutzen bringe; der Andere nennt sie kühn und warnet mit dem Zei=gefinger; ein Dritter schilt sie wohl gar eine Lüge.

L. Derby. O ja, es gibt solche Unverschämte.

Bar. Nun denken Sie, Mylord, wie einem ehrlichen Manne dabei zu Muthe ist. Wohin er sich wendet, sieht er Leute stehen, die ihre Finger in die Ohren stopfen. Er möchte schreien, aber die Welt ist taub.

L. Derby (bei Seite). Er gefällt mir doch.

Bar. Ich könnte schon längst Minister sein. Man hat mir eine sine cure Stelle von 3000 Pfund angeboten, wenn ich das Parlament verlassen wollte; aber Gott ver=damme mich! Ich thue es nicht.

L. Derby. Das ist honnet.

Bar. Ich weiß, man macht sich Feinde, man ist nicht glücklich dabei.

L. Derby. Nicht?

Bar. Man hadert mit sich selber, daß man nicht schweigen kann —

L. Derby (bei Seite). Er gefällt mir doch nicht.

Bar. Aber, c'est plus fort que nous, Gott verdamme mich!

L. Derby. Ist Ihnen vor dem Essen ein Spazirgang durch den Park gefällig?

Bar. Ich stehe zu Befehl.

L. Derby. Sieh' da unser Maler. Und wohl gar schon mit der Skizze in der Hand?

Hunt. Ja, Mylord. Allein die Wahrheit zu gestehen —

L. Derby. Die Wahrheit muß man nicht ge st eh en, sondern s a gen.

Hunt. Der Standpunkt scheint mir übel gewählt.

L. Derby. Herr, es ist mein Lieblingsplätzchen.

Hunt. Ich spreche nur in Hinsicht auf die Kunst.

Bar. O lassen Sie uns vor allen Dingen das Plätzchen besuchen. Auf Landschaften versteh' ich mich. Natur oder Malerei, ich bin vertraut mit beiden.

L. Derby. So werde ich Ihnen auch meine Gemälde-Sammlung zeigen.

Bar. Gemälde? Bravo, die weiß ich zu schätzen. Aber nehmen Sie sich in Acht! Ich bin ein strenger Richter.

L. Derby. Desto besser.

Bar. Schöne Lady, meine Augen muß ich leider mitnehmen, aber mein Herz lasse ich zurück.

L. Derby. Begleiten Sie uns, Herr Huntington. (Ab.)

Dreizehnte Scene.

Evelina. Hannah.

Hann. Nnn, holdes Fräulein? Was werden Sie mit dem zurückgelassenen Herzen anfangen?

Evel. Das weiß ich nicht.

Hann. Ich denke, wir nehmen es in gute Verwahrung, und machen Anstalten zum Brautkleide.

Evel. Erst müßte ich ihn doch lieben.

Hann. Was hindert Sie daran?

Evel. (bei Seite). Vielleicht die Liebe.

Hann. Und sollten Sie auch vor der Hand noch keine Neigung spüren, das findet sich nachher.

Evel. Wo denn?

Hann. Zwei Bäumchen, neben einander gepflanzt, fein dicht zusammen gebunden, verschlingen ihre Zweige.

Evel. Besser doch wohl, wenn die Natur sie neben einander wachsen ließ?

Hann. Alle Gleichnisse hinken. Halten wir uns an die Hauptsache. Sie haben hier seit sechzehn Jahren so ziemlich die Rolle der Miranda aus Shakespears Sturm gespielt. Ihr Herr Vater ist so eine Art von Prospero; es fehlt uns nur ein Kaliban. Glücklicher Weise findet sich endlich ein reizender Fremdling, vom Sturm der Liebe an diese Küste geworfen, der von der verwünschten Insel uns erlösen will. Greifen Sie zu mit beiden Händen.

Evel. Ich befinde mich aber wohl auf dieser verwünschten Insel.

Hann. Ja doch, wie ein Vöglein im Käficht erzogen, es kennt die Freiheit nicht. Aber man lasse es nur ein paarmal im Garten herumfliegen, zum drittenmale kommt es nicht wieder.

Evel. Bin ich denn nicht schon in Edinburgh gewesen?

Hann. Vier Wochen bei einer alten grämlichen Tante, die Sie wie ein Kind am Gängelbande führte. Jetzt erscheinen Sie als Lady Oldcastle und dürfen thun was Ihnen beliebt.

Evel. Mir würde nichts Böses belieben.

Hann. Ei wer spricht denn von Bösem? Aber die unschuldigen, lang entbehrten Freuden der Jugend —

Evel. Ich hätte die Freuden der Jugend entbehrt? Du irrst. Ich war stets fröhlich.

Hann. Nun ja, wie ein Kind.

Evel. Ach ja! wie ein Kind.

Hann. Es wäre wohl gut, wenn es immer so bliebe; aber solche Freuden werden uns gleichgiltig wie unsere Puppen.

Evel. Das ist wohl Schade!

Hann. Man tritt in die Welt, man putzt sich, man erobert. Die schönsten Männer schmachten, von den schönsten Weibern wird man beneidet. Man flattert von einer Blume zu der andern, man schwimmt im Blütenduft, und hat keine andere Mühe, als ihn täglich einzusaugen, keine andere Sorge, als die Wahl des morgenden Zeitvertreibes.

Evel. Und das Herz?

Hann. Das wiegt sich sanft in rosenrothen Träumen.

Evel. Und der Geist?

Hann. Der glänzt in Spielen des Witzes. Ueberall Gewinn und nirgend Verlust.

Evel. Ich meine doch, es könnte manches dabei verlo=

7 *

ren gehen, was mir jetzt eine süße Behaglichkeit gewährt.
Ich weiß es nicht zu nennen, aber es ist da, das fühl' ich
wohl. Dein Edinburgh kommt mir vor, wie ein reichge=
schmückter Ballsaal von tausend Wachskerzen erleuchtet —

Hann. Nnn? Ist so ein Saal nicht herrlich?

Evel. O ja, nur nicht für den, der eben die Sonne
hat aufgehen sehen. Kurz, jene große Insel hat keinen
Reiz für mich, und ich bleibe am liebsten auf der Kleinen.

Hann. Um Eider=Enten fangen zu sehen.

Evel. Um die Natur und meinen Vater zu lieben.

Hann. Und jeder andern Liebe für immer zu entsagen?

Evel. Warum das?

Hann. Meinen Sie, es werde jemals ein Mann, der
seinen Werth fühlt, auf dieser Insel sich begraben, und
wäre es auch in Ihren Armen?

Evel. Warum nicht? wenn er mich liebt. — Ach! ich
kenne Einen, mit dem ich hier bleiben möchte, und wenn
auch das Meer die ganze Insel bis auf einen einzigen Felsen
verschlänge! Doch ob er mich liebt — das weiß ich nicht! (Ab.)

——————

Vierzehnte Scene.

Hannah (allein).

Sie kennt Einen? Sie liebt Einen? und mir bleibt es
verborgen? mir, der schlauen Zofe? — Wen kennt sie denn?
— Ist doch ein Mannsgesicht auf dieser Insel eine Selten=
tenheit! nur die Heringsfischer ziehen vorbei. — Sollte sie
in Edinburgh sich verplempert haben? — Ach nein, sie konnte
ja kaum die Zeit erwarten, um ihre lieben Felsen zu beklet=
tern. — Halt! mir geht ein Licht auf — der junge Maler

— richtig! dem hat sie wohl zu tief in die brennenden Augen geguckt. Kinderei — hat nichts zu bedeuten. Man gibt dem Alten einen Wink, so setzt er den stolzen jungen Herrn auf ein Boot, und läßt ihn mit sammt seinen brennenden Augen hinüber nach Schottland segeln.

Fünfzehnte Scene.

Hannah. Ralph.

Hann. Sieh da, Ralph. Wo kommst du her?

Ralph. Ich bin mit den hohen Herrschaften ein wenig herumgeklettert. Jetzt führt der Alte meinen Herrn zu seinen Bildern, da schlich ich fort, um dein schönes Original zu suchen.

Hann. Wie steht's? Hast du nichts erlauscht? Wie benimmt sich dein Herr? Gewinnt er den alten Sonderling?

Ralph. O der ist sein mit Leib und Seele. Aber das muß ich auch meinem Herrn zum Ruhme nachsagen: er spielt seine Rolle meisterhaft.

Hann. Wenn er nur nicht zu viel lobt.

Ralph. Er lobt, aber wie? Er thut Salz in seine Limonade, weil der alte Herr einen so curiosen Geschmack hat, daß er nichts süßes vertragen kann. Er stellt sich hin und betrachtet — eine lange Pause — dann nickt er mit der Kenner Miene — dann schüttelt er zweifelnd das Haupt — schön! göttlich! ruft er entzückt, aber — fügt er hinzu, und deutet auf das Mangelhafte. Viel Geschmack — erklärt er dann wieder — eine tiefe Kunst hat hier gewaltet — und sogleich hinket wieder ein Aber hinterdrein. Indessen rauben seine Aber dem Lobe nur so viel, als ein

Gärtner dem Spalierbaume nimmt, damit er besseres Trag=
holz machen soll.

Hann. Gott gebe uns baldige Früchte!

Ralph. Sei unbesorgt, sie haben schon angesetzt.

Hann. Ich bewundere deinen Herrn. Die Rolle eines
W a h r h a f t e n spielt er wohl zum ersten Male.

Ralph. Es ist auch keine Rolle für vornehme Leute.
Die Wahrheit ist für unser einen gut genug; für den J o h n
B u l l.

Hann. Meinst du, daß man dem ehrlichen J o h n
B u l l die Wahrheit sage? der wird überall am ärgsten be=
logen. Kurz, sie taugt nirgends, nicht einmal in der Ehe;
denn wenn Eheleute sich immer sagen wollten, was sie von
einander denken, es gäbe täglich Spektakel.

Ralph. Recht, mein Schatz, wenn w i r verheirathet
sind, wir wollen uns wohl hüten.

Hann. Das versteht sich. — Schau' hin, da kommt
die personifizirte Wahrheit. Geschwind, wir wollen ihr aus
dem Wege gehen. (Ab)

Ralph. J nu, wenn sie doch in der Welt bleiben soll,
so ist hier wohl noch ihr schicklichster Aufenthalt. Diese Insel
sollte ein Botanybai für Wahrheitsprediger werden. Aber
wo würden die armen Kolonisten Weiber herbekommen? (Ab.)

S e c h z e h n t e S c e n e.
Lord Derby. Der Baronet. Huntington.

Bar. (zu Huntington). Ich bitte Sie, mein Herr, wie
mögen Sie doch einen Augenblick zweifeln, daß der Stand=
punkt neben der Pyramide der reizendste auf der ganzen In=
sel ist?

Hunt. Ich habe meine Meinung gesagt.

Bar. Diese Berge, diese Felsen, diese Klippen, diese Hügel —

Hunt. Dieser braune Sand, dieses dürre Gras; kein Baum, kein Strauch, kein Tropfen Wasser.

Bar. Freilich kann nur ein großes Talent solche einfache Gegenstände würdig behandeln. Aber Mylord, lassen Sie ja den Gedanken nicht fahren. Der Herr mag mir meine Freimüthigkeit nicht verübeln: ich sage, es ist eine herrliche Landschaft! so heimlich, so schauerlich —

L. Derby. Und mannigfaltig?

Bar. Ganz recht, mannigfaltig.

L. Derby (bei Seite). Das war die fünfte Lüge. (Laut.) Aber was urtheilen Sie von meinem Park?

Bar. Im ganzen groß gedacht, eine edle Anlage.

L. Derby (bei Seite). Die sechste Lüge.

Bar. Im einzelnen — nun freilich, die Wahrheit muß man sagen — da fehlt es noch hie und da.

L. Derby. Zum Exempel?

Bar. Wenn zum Exempel statt der alten Baumgruppe auf jenem Hügel ein kleiner Tempel stünde —

Hunt. Mein Gott, es sind der Tempel schon mehr als zu viele.

Bar. Und dann im Thale, wo der Strom die kleine Insel bildet, da möchte eine chinesische Pagode sich trefflich ausnehmen.

Hunt. Warum nicht gar!

Bar. (wirft einen großen, zermalmenden Blick auf den Maler, und wendet sich dann wieder zu Lord Derby). Sie sehen, das sind nur kleine, vergessene Zierrathen zu einem Werke von Mei=

sterhand. Nein wahrhaftig, ich schmeichle nicht, aber es hat mich ergriffen, begeistert!

L. Derby (bei Seite). Die siebente Lüge. (Laut.) Und meine Gemäldesammlung, was sagen Sie von der?

Bar. Ich sage, daß sie den Kenner verräth, Gott verdamme mich! Nur drei oder vier Copien hab' ich bemerkt. Nun, dergleichen verirrt sich auch wohl in die besten Sammlungen. Sie sehen, ich weiß nicht zu schmeicheln.

L. Derby (bei Seite). Die achte Lüge.

Bar. Ein anderer in meiner Lage würde vielleicht Ihren Park ohne Tadel, Ihre Gallerie ohne Copien gefunden haben; aber so bin ich nun einmal: die Wahrheit geht mir über alles.

L. Derby. Herr Huntington ist nicht Ihrer Meinung.

Hunt. Nein, Mylord.

Bar. Die Künstler geben sich bisweilen Airs, ich bin kein Freund davon.

L. Derby. Ich vergaß, Ihnen meiner Tochter Portrait zu zeigen. Dieser Herr hat es gemahlt. Holen Sie es doch. Es steht in der Gallerie.

Hunt. Ich habe es da nicht gesehen.

L. Derby. Sie haben Recht. Es steht in dem Saale gleich daneben. Hier ist der Schlüssel. Ich bitte —

Hunt. Mit Vergnügen. (Ab.)

Siebzehnte Scene.

Lord Derby. Der Baronet.

Bar. Der junge Herr gefällt mir nicht.

L. Derby. Warum nicht?

Bar. Er bekrittelt alles.

L. Derby. Wenn er nach Ueberzeugung spricht —

Bar. Nun, dann ist er kein Künstler. Denn dieser Park — diese Gallerie — ich wollte in seiner Gegenwart meine Empfindungen nicht überströmen lassen — er hätte glauben können, ich wollte Ihnen schmeicheln, und der bloße Gedanke ist mir eine Marter! Hingegen Sie, Mylord, Sie kennen mich nun schon —

L. Derby. Ja ja, ich kenne Sie nun schon.

Bar. Die Wahrheit im Herzen und auf den Lippen.

L. Derby. Einen solchen Eidam hab' ich mir längst gewünscht. Nur weiß ich nicht, ob mein Oheim — der alte Bischof von Durham — er hat meiner Tochter sein Vermögen zugedacht — sie würde dann gerade noch einmal so reich sein —

Bar. Ein wackerer alter Mann.

L. Derby. Aber eigensinnig. Ein großer Feind der Oppositionspartei, zu der Sie auch gehören.

Bar. Freilich.

L. Derby. Wenn Sie die nicht verlassen, so wird er schwerlich einwilligen.

Bar. Hm! Das ist allerdings ein wenig embarrassant.

L. Derby. Ihr Charakter, Ihre Wahrheitsliebe werden Ihnen nicht gestatten —

Bar. Lieber sterben, als gegen meine Ueberzeugung sprechen!

L. Derby. Darum thut es mir leid — ich kann doch meiner Tochter die reiche Erbschaft nicht entziehen.

Bar. Hm! hm! — Es ließe sich vielleicht ein Ausweg treffen.

L. Derby. Ei! welcher?

Bar. Die Wahrheit muß man sagen, wenn man spricht; aber muß man denn immer sprechen?

L. Derby. Ich verstehe, man kann auch schweigen.

Bar. Es ist bisweilen klug.

L. Derby (bei Seite). Bravo!

Bar. Um einen so respektablen Verwandten zu schonen —

L. Derby. Aber das Vaterland?

Bar. Ja, wenn ich der einzige Redner in der Opposition wäre, dann sollte keine Macht auf Erden mir den Mund verschließen. Aber es gibt derer so viele, und meine Talente sind so gering —

L. Derby. Sie könnten sich also entschließen —

Bar. Gott verdamme mich! Es kommt mir saner an. Doch um Ihretwillen, Mylord, um Ihrer schönen Tochter Willen —

L. Derby. Darf ich meinem Oheim versichern —

Bar. Daß er auf mich zählen kann.

L. Derby. Ich empfehle mich, Herr Baronet.

Bar. Wohin, Mylord?

L. Derby. Nirgend, aber Sie werden höflich ersucht, meine Insel zu verlassen.

Bar. Wie denn? warum denn?

L. Derby. Ersparen Sie mir jede Erklärung.

Bar. Hat meine Freimüthigkeit Sie beleidigt?

L. Derby. Ihre Freimüthigkeit ist falsche Münze.

Bar. Ei, wie können Sie glauben —

L. Derby. Schattenspiel an der Wand. Ich bin kein Kind, mich täuscht man nicht.

Bar. Aber Mylord, Gott verdamme mich —

L. Derby. Das mag er thun.

Bar. Ich bin ein Mann von Ehre.

L. Derby. Nach Ihren Begriffen, ja.

Bar. Ich will hoffen, auch nach den Ihrigen?

L. Derby. Die Ehre hat schon längst von der Gerech=
tigkeit die wächserne Nase geliehen, und paradirt damit nach
eines Jeden Belieben.

Bar. Mylord, Sie kennen meine Familie?

L. Derby. O ja. Lord Cobham, der 1418 unter Hein=
rich dem Fünften gehangen wurde, war der nicht auch ein
Oldcastle?

Bar. Allerdings. Ein Märtirer der Wahrheit gleich mir.

L. Derby. Ich gebe Ihnen mein Wort, Sie werden
um der Wahrheit willen nicht gehangen.

Bar. Ich denke, Mylord, wir treiben den Scherz nicht
weiter.

L. Derby. So leben Sie wohl.

Bar. Wie kann ich wohl leben ohne den Besitz Ihrer
schönen Tochter?

L. Derby. Meine Tochter bekommen Sie nicht.

Bar. Vermuthlich ein glücklicher Nebenbuhler?

L. Derby. Kann sein.

Bar. Dem brech' ich den Hals. Sie sehen, ich bin auf=
richtig.

L. Derby. Fort, mein Herr, oder Sie machen einen
Sprung von der nächsten Klippe. Sie sehen, ich bin auf=
richtig.

Bar. Auf unserer großen Insel nennt man das grob.

L. Derby. Nach Belieben.

Bar. Ich werde gehen, Mylord, aber nicht eher, bis

ich Ihnen den letzten Beweis meiner Wahrheitsliebe ge=
geben.

L. Derby. Es wird der erste sein.

Bar. Ihr Park ist abgeschmackt, Ihre Gemälde= Ga=
lerie taugt nichts, Ihre Tochter ist ein Gänschen, und Sie
sind unausstehlich. (Ab)

Achtzehnte Scene.

Lord Derby (allein).

Bravo! Nach seinen Ansichten hat er diesmal nicht ge=
logen. Schade nur, daß die meisten Menschen nicht eher die
Wahrheit sagen, bis sie in Zorn gerathen. Nur aus Rache
üben sie die Tugend. Und einem solchen Manne sollt' ich mein
einziges Kind opfern? Nimmermehr! — Diesen Schwarm
von Freiern will ich mir vom Halse schaffen. Am besten, wenn
ich sie je eher je lieber einem wackern Jüngling in die Arme
werfe. Möge er immerhin nur durch sein Herz geadelt sein.

Neunzehnte Scene.

Huntington. Lord Derby.

Hunt. (hastig). Mylord! Was hab' ich geseh'n!

L. Derby. Nun, was haben Sie denn geseh'n?

Hunt. Meisterwerke der Kunst!

L. Derby. Wo? wo?

Hunt. Sie verspotten mich durch diese Frage. Wo an=
ders als in dem Saale, zu dem Sie mir den Schlüssel gege=
ben? Welche Schätze liegen da vergraben!

L. Derby. Das Bild gleich neben der Thüre ist nicht übel.

Hunt. Eine Madonna von Raphael nicht übel! ich bitte Sie!

L. Derby. Das Bild, dem zweiten Fenster gegenüber, scheint mir ziemlich kräftig.

Hunt. Ziemlich kräftig! ein Rembrand! nur ziemlich!

L. Derby. Das Nachtstück an der Ecke wird gerühmt.

Hunt. (spöttisch). Wirklich? ein Rubens! wird er doch gerühmt?

L. Derby. Es hat aber einen schlechten Rahmen.

Hunt. Hole der Henker den Rahmen! das Bild ist ein Schatz! -

L. Derby. Sie sind ja ganz außer sich?

Hunt. Und Sie, Mylord, sehr kühl. Verzeihen Sie, es ist Jammerschade, daß eine solche Sammlung in diesem Winkel der Erde und in Ihren Händen ist.

L. Derby. Ei warum denn das? Kann ich denn nicht auch meine Freude daran haben?

Hunt. Ich weiß wohl, daß Ein Kenner von Gefühl mehr werth ist, als tausend Gaffer — aber — verzeihen Sie, Mylord, meine empörte Kunstliebe preßt mir die Wahrheit heraus —

L. Derby. Die Wahrheit bedarf nie der Verzeihung.

Hunt. Sie wissen Ihren Reichthum nicht zu würdigen. Einen Saal voll Pfuschereien zeigen Sie Jedermann mit Wohlgefallen, und Ihre kostbaren Originale verschließen Sie.

L. Derby. Es wäre ja wohl möglich, daß ich mich allein im Stillen daran ergetzte.

Hunt. Das würd' ich glauben: aber wer von einem Raphael sagen kann: er sei nicht übel, und von einem

Rembrand: er sei so ziemlich — erlauben Sie — der versteht es nicht.

L. Derby (bei Seite). Bravo! (Laut.) Nun, es freut mich, daß ein Kenner in meinem Schlosse etwas Merkwürdiges gefunden hat. Nun werden Sie ohne Zweifel um so lieber noch einige Monate hier verweilen? vielleicht dies und jenes copiren?

Hunt. In welche Versuchung führen Sie mich?

L. Derby. Sie können da täglich nach Belieben arbeiten und sind ganz ungestört.

Hunt. Ja, wenn ich hinter Schloß und Riegel nur der Kunst leben dürfte.

L. Derby. Hinter Schloß und Riegel nun eben nicht. Sie werden das Fortepiano bemerkt haben, das mitten im Saale steht; da pflegt meine Tochter mehrere Stunden sich zu üben. Aber das wird Sie ja nicht stören, und außer ihr kommt Niemand dahin.

Hunt. Doch. Mylord, das würde mich allerdings stören, und ohnehin hatte ich schon fest beschlossen, Ihr Haus und die Insel zu verlassen.

L. Derby. Ei, vor Kurzem waren Sie ja noch anderes Sinnes?

Hunt. Freilich, aber nun —

L. Derby. Darf man wissen, warum Sie Ihren Vorsatz geändert?

Hunt. Verzeihen Sie, Mylord —

L. Derby. Vielleicht hat der Baronet Ihnen Briefe mitgebracht?

Hunt. Nein.

L. Derby. Oder Sie haben das Heimweh bekommen?

Hunt. Auch nicht.

L. Derby. Oder —

Hunt. Ich bitte, Mylord — Sie werden die Ursach' nicht errathen, und sagen kann ich Sie nicht.

L. Derby. Warum denn nicht? die Wahrheit muß man nie verleugnen.

Hunt. Nie verleugnen, ganz recht. Aber mich dünket, es sei ein Unterschied zwischen Schweigen und Verleugnen.

L. Derby. Kein großer.

Hunt. Wenn Wahrheit nur mir und andern schaden würde —

L. Derby. So halten Sie für erlaubt zu schweigen?

Hunt. Ja.

L. Derby. Ich bin nicht ganz Ihrer Meinung. Doch es mag gelten. Es ist zum wenigsten kein Verrath an der Wahrheit, folglich auch schon selten genug. Aber wie, mein Herr, wenn man Ihre Gründe erriethe? würden Sie dann noch die Wahrheit verheimlichen?

Hunt. Wenn man sie erriethe —

L. Derby. Ja. Wenn ich zum Exempel spräche: Sie sind in meine Tochter verliebt! — Was würden Sie antworten?

Hunt. Ich würde sagen: Ja, Mylord.

L. Derby (bei Seite). Bravo! Bravo!

Hunt. Ich würde Sie bitten, eine Neigung, die ich vergebens zu bekämpfen gestrebt, für keine Verletzung des heiligen Gastrechts zu achten, sondern mich — den vor sich selber Fliehenden — mit Güte zu entlassen.

L. Derby. Nun, nun, meine Tochter ist hübsch. Ich finde das ganz natürlich. Aber darum brauchen Sie nicht zu gehen.

Hunt. Ja darum.

L. Derby. Sie sind ein ehrlicher Mann, und wenn Sie mir nur versprechen, meine Tochter nie errathen zu lassen —

Hunt. Das k a n n ich nicht versprechen.

L. Derby (bei Seite). Bravo!

Hunt. Ich bin Herr über meine Zunge, aber nicht über mein Auge.

L. Derby. Ein braver Mann beherrscht beide.

Hunt. Und wenn er, nach redlichem Kampfe, doch zu unterliegen fürchtet, so flieht er die Gefahr.

L. Derby. Soll ich minder gut von Ihnen denken?

Hunt. Es wird mich schmerzen, doch lieber das, als Sie hintergehen.

L. Derby. Hm! hm! ich lasse Sie ungern von mir. Freilich, Ihr Stand befestigt eine Kluft zwischen Ihnen und meiner Tochter —

Hunt. Das weiß ich.

L. Derby. Aber vielleicht sind Sie von Adel?

Hunt. Nein.

L. Derby. Wer weiß. Der Name Huntington ist alt und berühmt.

Hunt. Nicht durch mich.

L. Derby. Ein Huntington wurde im Jahre 1397 unter Richard dem Zweiten zum Herzog von Exeter erhoben.

Hunt. Ich habe nicht die Ehre von ihm abzustammen.

L. Derby. Vielleicht doch, von einer Seitenlinie?

Hunt. Schwerlich.

L. Derby. Besinnen Sie sich. Denn wenn Sie mir darüber einige Beweise bringen könnten. — Einige nur, ich würde es so genau nicht nehmen.

Hunt. Nein, Mylord, das kann ich nicht. Es wäre mir freilich ein leichtes, ein halbes Dußend Taufſcheine zu fabriziren, aber laſſen Sie mir den Stolz, daß wenigſtens mein Herz Ihrer würdig blieb.

L. Derby (ausbrechend). Du ſollſt ſie haben! und kein Anderer auf der Welt.

Hunt. Mylord —

L. Derby. Willſt du ſie nicht haben? Willſt du nicht?

Hunt. Mein Gott ja —

L. Derby. Nun, du ſollſt ſie haben. Seit zwanzig Jahren hab' ich in meiner Einöde auf einen wahrhaften Men=ſchen gewartet; endlich iſt einer gekommen! ich werde kein Narr ſein, ihn wieder fort zu laſſen.

Hunt. Iſt's ein Traum!

L. Derby. Ein Traum iſt eine Lüge, und mit Lügen gebe ich mich nicht ab. Vier Monate biſt du hier, täglich hab' ich dich geprüft und immer rein erfunden. Stamme du meinetwegen von einem Kohlenbrenner ab. Du wirſt Lord Derbys Eidam.

Hunt. Großer Gott! Wodurch hab' ich verdient —

L. Derby. Durch deine Redlichkeit.

Hunt. Was mir ſo oft Paläſte verſchloß —

L. Derby. Das öffnet dir hier die Herzen. Du haſt mich wohl bisweilen für einen verdammten Sonderling gehalten? Ich ſpielte nur Komödie mit dir; denn leider hat man mich ſo oft betrogen, daß ich endlich wider Willen zu ſolchen Künſten mich erniedrigen mußte, um die Menſchen zu entlarven. Siehſt du, darum hab' ich einen elenden Park angelegt; hätteſt du ihn ſchön gefunden, ſo ſchrieb ich deinen Namen auf die große Liſte. Darum hing meine Gallerie voll ſchlech=

ter Copien; hätteſt du ſie gelobt, ſo wäreſt du ein Schmeich=
ler. Darum hab' ich den Rembrand ſo ziemlich, und den
Raphael nicht übel genannt; wäreſt du nicht in's Feuer
gerathen, ſo hätte ich dich zum Teufel gejagt. Nun, du magſt
dir ſelber in's Gedächtniß rufen, auf wie mancherlei Weiſe
ich, während deines Aufenthalts, dir auf den Zahn gefühlt.
Jetzt bin ich meiner Sache gewiß. Du wollteſt geh'n, um
meine Tochter nicht zu verführen. Du wollteſt dir auch keine
Verwandtſchaft andichten, um durch eine Lüge, die ich dir ſo
leicht machte, mein Schwiegerſohn zu werden. Darum
ſollſt du ſie haben, Gott verdamme mich! Du und kein Anderer!

Hunt. Edler Lord! die gute Meinung, die Sie von mir
hegen — ich fühle, daß ich ſie nicht ganz verdienen würde,
wenn ich die Erinnerung unterdrückte: was wird die Welt
dazu ſagen?

L. Derby. Ei, das iſt nicht meine Sorge, ſondern die
elende Sorge der Welt. Möge ſie ſagen, was ihr beliebt. Ich
ſitze hier auf meiner Inſel, und höre es nicht; und wenn ich's
auch hörte, was kümmert's mich? ſollt' ich darum dem Glück
entſagen, einen Freund, einen Sohn zu gewinnen, dem ich
unbedingt vertrauen darf? — Vertrauen, des Lebens
ſchöne Blüte! Der junge Baum iſt überſchneit damit, aber
zähle im Herbſte die Früchte. Mir iſt das höchſte Glück auf
Erden, von wahrhaften Menſchen mich geliebt zu wiſſen;
wenn nicht bei jedem Blick, bei jedem Worte ſich der Arg=
wohn aufbringt: meint er's auch ſo? ſpricht er mir nicht nach
dem Munde? wenn ich die ſüße Ueberzeugung hege: wie er
geſprochen hat, ſo denkt er auch!

Hunt. Das genügt Ihnen, aber Ihrer Tochter?

L. Derby. O, mit der bin ich ſchon fertig. Und du? willſt du mich zum erſten Male hintergeh'n? Haſt du nicht in ihren Augen geleſen?

Hunt. Liebende ſchmeicheln ſich ſo leicht.

L. Derby. Ihre Augen ſind ſo wahr als ihre Zunge. Du haſt recht geleſen.

Hunt. Ich war ſo kühn es zu vermuthen, und eben darum wollte ich meine Abreiſe beſchleunigen.

L. Derby. Jetzt bleibſt du hier, aber für immer. Nicht wahr, du wirſt dieſe Einöde nicht verlaſſen, bis mich der Tod in's ſchöne Land der Wahrheit führt?

Hunt. Mein Vater! nie!

Zwanzigſte Scene.
Evelina. Die Vorigen.

L. Derby. Eveline, du kommſt wie gerufen. Unſer Gaſt will fort.

Evel. Will fort?

L. Derby. Du erſchrickſt?

Evel. Ja.

L. Derby. Es betrübt dich?

Evel. Ja.

L. Derby. Bravo! Sehen Sie, Freund, alle die londner Puppen hätten ſich geziert, ſie aber iſt meine Tochter, ſie ſpricht, wie ſie fühlt. — Nun, Eveline, es gibt noch ein Mittel, ihn hier zu behalten, und das Mittel ſteht in deiner Hand.

Evel. O, dann bleibt er gewiß.

L. Derby. Du mußt dich entſchließen, ihn zu heirathen. — Nun? Du erſchrickſt ja ſchon wieder?

Evel. Ja, aber —,

L. Derby. Was aber?

Evel. Lieber Vater, muß ich auch das sagen?

L. Derby. Freilich, heraus damit.

Evel. Es war ein freudiger Schrecken.

L. Derby. Recht so.

Hunt. Miß, Ihres Vaters Güte erlaubt mir die kühnsten Hoffnungen.

Evel. Ja, mein Vater ist sehr gut!

Hunt. Sie bestätigen mein Glück?

Evel. Mein eig'nes.

L. Derby. Na, das nenn' ich doch Wahrheit. Aber, Eveline, von der verwünschten Insel kommst du nicht weg.

Evel. Wo könnt' ich lieber als bei ihm sein?

L. Derby. Und bei mir, will ich hoffen?

Evel. Und bei meinem Vater.

L. Derby. Das kam so nachgehinkt, ich will es aber doch für wahr halten.

Evel. Es ist wahr.

L. Derby. So möge es denn auf dem festen Lande stürmen! Glück und Wahrheit finden ihre Freistatt auf dieser kleinen Insel. D r e i wahrhafte Menschen, die sich lieben, auf Einer Quadratmeile. Wahrlich! Eine Bevölkerung, deren kein Land in Europa sich rühmen darf!

(Der Vorhang fällt.)

Die Quäker.

———

Ein Schauspiel.

in einem Aufzuge.

Personen.

Der englische General Howe.

Lieutenant Howe, sein Sohn.

Sein Adjutant.

Walther Mifflin,
Eduard Mifflin, } Quäker.
Maria Milford,

(Das Stück spielt in der Zeit des amerikanischen Krieges. Der Schauplatz ist in Pensylvanien, unweit Philadelphia, im englischen Hauptquartier, ein Zimmer des Generals mit einem daran stoßenden Kabinete.)

Erste Scene.

Der General. Der Adjutant.

General (zu dem Adjutanten, der eben hereintritt).
Nun, Herr Adjutant, noch keine Nachricht von meinem Sohne?

Adj. (zuckt die Achseln). Noch nicht.

Gen. Keine Spur von dem ganzen Detaschement?

Adj. Keine.

Gen. Es sollte schon gestern im Lager wieder eintreffen.

Adj. So lautete die Ordre.

Gen. Mir ahnet Schlimmes.

Adj. Woher die Gefahr? Feindliche Truppen sind nicht in der Nähe, und die ganze Gegend ist nur von Quäkern bewohnt.

Gen. Die auch Männer sind.

Adj. Nicht doch. Wenn man einem dieser Männer einen Backenstreich gibt, so hält er den andern Backen hin und erbittet sich noch einen.

Gen. Auch die Geduld hat ihre Grenzen. Das Fouragiren ist ohnehin ein gehässiges Handwerk, und ich fürchte meines Sohnes Wildheit.

Adj. Er ist ein braver junger Mann.

Gen. Oft ausgelassen.

Adj. In seinen Jahren —

Gen. (lächelnd). Ja ja, Herr Adjutant, die Menschen wissen sich immer zu trösten, wenn sie Thoren oder Verbrecher sind. Zu jung — zu' alt — ein Rausch — eine Leidenschaft — lauter Entschuldigungsgründe für dumme oder ſchlechte Streiche. Ich wünſchte, daß mein Sohn deren nicht bedürfte, und doch fange ich an, es zu fürchten.

Adj. In Feindes Lande hält man ſich freilich manches für erlaubt. —

Gen. Feindes Land iſt Gottes Erdboden; den ſollte man nie mit Verbrechen beſudeln. Und nun vollends dieſes Penſylvanien! Das einzige Land in Amerika, das ſeinen Urbewohnern nicht geraubt, ſondern mit deren freien Zuſtimmung erworben worden; vielleicht das einzige Land auf der Welt, in dem kein Fluch den Urſprung der Herrſchaft belaſtet. Dennoch höre ich täglich von Exceſſen.

Adj. Der engliſche Soldat betrachtet jeden Einwohner als einen Rebellen gegen ſein Vaterland; das bringt ihn auf, das macht ihn wild. Noch vor wenigen Minuten kam ein alter Quäker ohne Paß in's Lager, den ich nur mit Mühe vor Mißhandlungen ſchützen konnte.

Gen. Was wollte er?

Adj. Mit Euer Excellenz begehrt er zu ſprechen. Noch nie ſah ich einen Menſchen, der Spott und Uebermuth mit ſolcher Gelaſſenheit ertrug.

Gen. Führen Sie ihn herein. (Adjutant ab.)

Gen. (allein). Um dieſer Gelaſſenheit willen verhöhnte man ihn? — Auch eine Verkehrtheit der Menſchen, daß ſie ihres Gottes Lehren mit denſelben Lippen bekennen und verſpotten.

Zweite Scene.

Der General. Walther Mifflin. Der Adjutant.

Gen. Wer ſeid Ihr?

Walth. Walther Mifflin.

Gen. Ein Quäker?

Walth. Ja, Freund Howe.

Gen. Wo kommt Ihr her?

Walth. Aus der Grafschaft Kent.

Gen. Was wollt Ihr?

Walth. Mit dir reden.

Adj. (reißt ihm den Hut vom Kopfe). Unverschämter! Den General duzt man nicht, und behält auch nicht in seiner Gegenwart den Hut auf dem Kopfe.

Walth. Eure Gebräuche sind mir unbekannt. Ich habe noch nie einen General geseh'n; aber ich weiß, daß jeder Mensch mein Bruder ist. Den Hut hab' ich mein Lebelang auf dem Kopfe getragen. Er ist ein Stück meiner Kleidung, und wenn ich vor einem Könige stünde, würde ich ihn nicht abzieh'n. Hab' ich dich dadurch beleidigt, Freund Howe? Das wäre mir leid. Ich trage meinen Hut vor Gott, warum nicht vor dir?

Gen. Ich kenne eure Sitten. Geben Sie ihm den Hut zurück. (Der Adjutant gehorcht. Walther setzt den Hut gelassen wieder auf.)

Gen. Jetzt rede, weß Standes bist du?

Walth. Ich bin ein Bauer aus der Grafschaft Kent.

Gen. Wer schickt dich her?

Walth. Die Gemeinde der Quäker.

Adj. (spöttisch). Einen Bauer?

Walth. Wir sind einander alle gleich.

Gen. Was verlangt die Gemeinde?

Walth. Du weißt, daß wir Quäker in keinen Streit uns mischen, am wenigsten mit den Waffen. Alle Menschen sind unsere Brüder, auch ihr. Bewaffnet seid ihr zu uns gekommen, wir haben uns nicht widersetzt. Wir speisen und tränken euch freiwillig, das thun wir jedem Hungrigen oder Durstigen. Warum plündern uns deine Soldaten?

(Während dieser Rede ist eine Ordonnanz herein gekommen, und hat dem Adjutanten einige Worte in's Ohr geflüstert Bestürzt geht er ab.)

Gen. Ihr seid Rebellen.

Walth. Mit nichten. Wir gehorchen der Obrigkeit, der Gott Macht über uns verliehen. Hat er euch diese Macht beschieden, so dulden wir es und schweigen. Will dein König unser Vater werden, so trete er die Kinder nicht mit Füßen. Darum bitten wir. Das Uebrige stellen wir Gott anheim.

Gen. Warum bist du ohne Paß gekommen?

Walth. Ein Mensch darf gehen wohin er will.

Gen. Auch im Kriege?

Walth. Wir kennen den Krieg nicht.

Gen. So schafft ihr selber aus Eigensinn euch Hindernisse.

Walth. Wenn wir Pässe von euch nehmen, so hieße das: die sogenannten Rechte des Krieges anerkennen, und das wäre sündlich.

Gen. Seltsame Grundsätze.

Walth. Wenn du sie nicht billigest, so verachte sie nicht, denn sie gründen sich auf Recht und Menschenliebe.

Gen. Wenn du meinen Schutz verschmähst, wie kann ich dir bürgen für jeden Unfall?

Walth. Was mir zustößt, werde ich tragen mit Gelassenheit und Muth.

Gen. Und die Quelle dieses Muthes?

Walth. Mein Glaube, mein Gewissen.

Gen. Wie aber, wenn ich vor eure Bethäuser Soldaten stellte, und euch bei Lebensstrafe den Eingang untersagte?

Walth. Wenn der Geist mich triebe, so ginge ich doch.

Gen. Dem Tode entgegen?

Walth. Ja.

Gen. Ihr haltet euch für begeistert?

Walth. Warum nicht, Freund Howe? Alle guten Gedanken kommen von Gott. Das wußten schon die Heiden, das wußten Marc-Aurel und Epictet.

Gen. Du bist kein Bauer.

Walth. Ein Bauer aus der Grafschaft Kent.

Gen. Du bist ein Spion.

Walth. Nein.

Gen. Schwöre mir.

Walth. Wir schwören nie.

Gen. Soll ich euren bloßen Worten trauen?

Walth. Ja, denn wir lügen nie.

Gen. Im Schatten eurer Bäume mögen solche Grundsätze ein Häuflein Menschen beglücken, für einen Staat wären sie verderblich.

Walth. Ich bin nicht gekommen, Freund, um mit dir zu disputiren. Wir lassen Jeden bei seinem Glauben. Mußt du das Schwert in deiner Rechten schwingen, so trage wenigstens in der Linken den Oelzweig der Barmherzigkeit. Es wird dir Ehre bringen, wenn deine Krieger keine Räuber sind.

Gen. Du redest sehr verwegen.

Walth. Ich rede nur die Wahrheit.

Gen. Hat das Schicksal deinen Muth schon oft durch Leiden geprüft?

Walth. Gott hat mir diese Gnade noch nicht erwiesen.

Gen. Und dennoch glaubst du, in der Prüfung zu besteh'n?

Walth. Das glaube ich.

Gen. Geiſtlicher Stolz.

Walth. Der ſei ferne!

Dritte Scene.
Der Adjutant. Die Vorigen.

Adj. Herr General, ich bringe eine Trauerbotſchaft.

Gen. (haſtig). Mein Sohn —

Adj. Leider betrifft ſie ihn. Faſſen Sie ſich.

Gen. Herr Adjutant, ich bin Soldat. Keine Vorrede.

Adj. Das Detaſchement iſt zurück gekommen, allein Ihr Sohn —

Gen. Nun?

Adj. Er iſt geblieben.

Gen. Ha! — Mein William! (Er ſucht ſich zu faſſen.) Wo? Wie?

Adj. Die Quäker haben ihn erſchlagen.

Gen. Die Quäker?!

Walth. Freund, du irrſt. Die Quäker vergießen kein Blut.

Adj. Die Soldaten bezeugen es einſtimmig. Noch mehr, ſie haben den gefangen, der an Ihrem Sohne die That verübte.

Gen. Der Mörder meines Sohnes in meiner Gewalt!

Walth. Aber kein Mitglied unſerer Gemeinde.

Gen. Das wird ſich finden. Du ſiehſt, Walter Mifflin, daß dieſer Augenblick deiner Botſchaft ungünſtig iſt. Der nächſte wird entſcheiden, was ich von dir und deiner Gemeinde denken, und wie ich euch behandeln ſoll. Bis dahin biſt du mein Gefangener.

Walth. Ich bin ein freier Mann.

Gen. Ohne Widerrede. Du gehſt in dieſes Kabinet und

erwarteſt dein Schickſal. Wehe dir! Wehe euch Allen, wenn meines Sohnes Blut Rache von mir heiſcht!

Walth. Freund, übereile dich nicht.

Gen. Geh', du bleibſt in meiner Gewalt.

Walth. Nur in Gottes Gewalt. (Ab.)

Gen. Jetzt führen Sie den Mörder her.

Adj. Warum wollten Sie durch ſeinen Anblick Ihr Herz zerreiſſen?

Gen. Ich muß ihn ſeh'n! Ich muß erfahren, ob ich meinen Sohn beweinen darf. (Adjutant ab.)

Gen. Ein ſchwerer Kampf ſteht mir bevor. Ich ſoll den Vater vom Richter trennen. O William! William! Dein blutiger Schatten ſoll dieſe Heuchler entlarvt erblicken!

Vierte Scene.

Der General. Eduard Mifflin. Der Adjutant (mit einem Degen unter dem Arm).

Gen. Biſt du meines Sohnes Mörder?

Ed. Ich bin kein Mörder.

Gen. Sprich, was geſchah? Und rede wahr bei deinem Leben!

Ed. Ich log nie. In einem ſtillen Thale ſtehen zerſtreute Hütten von fleißigen Landleuten bewohnt. Geſtern, als die Morgenröthe anbrach, weckte mich ein Gekreiſch aus dem Schlummer. Ich fahre auf — ich ſtürze hinaus — die Jammertöne ſchallen aus einem nahen Hauſe, das meine Braut bewohnt. Ich renne hin — mehrere, gleich mir geweckt, folgen mir. Das Haus wird von Soldaten geplündert. In einer verſchloſſenen Kammer höre ich die kreiſchende Stimme meiner Braut. Ich ſprenge die Thür mit einem Fußtritt — ich er=

blicke einen jungen Offizier, der ihre wehrlose Unschuld miß=
handeln will. Mich ergreift die Wuth — ich reiße ihm den
Degen von der Seite — er zieht ein Pistol — in dem Augen=
blicke, da er es auf mich abdrücken will, stoß' ich ihn nieder.
Ich bin kein Mörder.

Gen. (nach einer schmerzlichen Pause zu dem Adjutanten). Ist
das wahr?

Adj. (zuckt die Achseln).

Gen. (schlägt die Hände vor das Gesicht. Nach einer Pause spricht
er mit Scham und Wehmuth). Wo ist meines Sohnes Degen?

Adj. Hier.

Gen. (nimmt ihn seufzend und legt ihn auf den Tisch. Dann wen=
det er sich zu Eduard). Sprich weiter.

Ed. Meine Brüder hatten sich indessen bewaffnet mit
Allem, was ihnen unter die Hände kam. Ich gesellte mich
zu ihnen. An Zahl waren wir den Plündernden nicht ge=
wachsen, aber Räuber sind feige. Sie flohen — wir verfolg=
ten sie — ich der Erste. Die Hitze führte mich zu weit. Ich
wurde gefangen. Nun weißt du Alles.

Gen. Junger Mensch, gesetzt, du hast verzeihlich gehan=
delt, als du deiner Braut zu Hilfe eiltest —

Ed. Nur gesetzt?

Gen. Was mag dich entschuldigen, als die Gefahr von
ihr abgewendet war, daß du mit dem Degen in der Faust mei=
nes Königs Truppen verfolgtest?

Ed. Ich that Unrecht vor Gott.

Gen. Bist du ein Quäker?

Ed. Ja.

Gen. Hast du die Lehren deiner Gemeinde befolgt?

Ed. Nein.

Gen. So bist du doppelt strafbar. Als Rebell stehst du vor meinem Richterstuhl. Du hast gegen deinen König die Waffen getragen. Du mußt sterben.

Ed. Ich habe den Tod verdient. Nicht als Rebell, aber als Uebertreter von Gottes Gesetzen. Du bist nur das Werkzeug der gerechten Strafe. Vollziehe sie.

Gen. Wie nennst du dich?

Ed. Eduard Mifflin.

Gen. Mifflin? Wie? — Ich kenne einen Walther Mifflin —

Ed. Der ist mein Vater.

Gen. Ha! Diese Rache hab' ich nicht herbei geführt, aber sie ist süß! — Weißt du, wo dein Vater in diesem Augenblicke sich befindet?

Ed. Er ging nach Philadelphia, um mit den Brüdern sich zu berathen.

Gen. Er ist hier.

Ed. Hier?!

Gen. Im nächsten Zimmer.

Ed. Ach! zum ersten Male in meinem Leben muß ich meines Vaters Antlitz scheuen! — Doch nein! Er wird mich bedauern! Ich werde mit seinem Segen aus der Welt gehen. Freund! Laß mich meines Vaters Knie umfassen, ehe ich sterbe.

Gen. Ja, du sollst ihn sehen. Ich werde nicht mehr allein den Vaterschmerz tragen. Auge um Auge ist eure Lehre, Sohn um Sohn. Ich werde seine Klagen hören, seine Thränen sehen, und sein Jammer wird den meinigen lindern. (Er öffnet das Kabinet.) Heraus, Walther Mifflin.

Fünfte Scene.

Walther Mifflin. Die Vorigen.

Gen. Jetzt beweise deinen starken Glauben. Das Unglück hat an deine Thür geklopft.

Walth. (ohne noch seinen Sohn gewahr zu werden). Ich rufe nicht h e r e i n! Aber ich erschrecke nicht, wenn es die Thür öffnet.

Gen. D e i n Sohn ist m e i n e s Sohnes Mörder.

Walth. Nein.

Gen. Da steht er. Frag' ihn selber.

Walth. (stutzt). Eduard! Bist du hier?

Ed. Ja, mein Vater.

Walth. Wie kommst du hieher?

Ed. Ich wurde gefangen.

Gen. Mit den Waffen in der Hand.

Walth. Ist das wahr?

Ed. Ja, mein Vater.

Walth. Erzähle mir Alles.

Ed. Die Wohnung meiner Braut wurde geplündert, sie selbst gemißhandelt.

Walth. Da grifft du zu den Waffen?

Ed. Ja.

Walth. Hast du Blut vergossen?

Ed. Den Offizier streckt' ich zu Boden, die Uebrigen flohen.

Walth. Wie wurdest du gefangen?

Ed. Ich verfolgte die Fliehenden zu hitzig.

Gen. Nun, Walther Mifflin?

Walth. Armer Verirrter! Du hast das Schwert gezuckt, du hast einen Menschen erschlagen — die Gemeinde stößt dich aus — du bist mein Sohn nicht mehr.

Ed. Wehe mir!

Walth. Wehe dir!

Gen. Wie steht es jetzt um deinen Gleichmuth?

Walth. Ich bin ein Mensch. Gott züchtigt mich.

Gen. Du seufzest?

Walth. Ich seufze, aber ich halte still.

Ed. Walther Mifflin, ich darf dich nicht mehr Vater nennen, aber auch der Irrende bleibt dein Bruder.

Walth. Ja, Eduard Mifflin.

Ed. Verzeihe deinem Bruder!

Walth. Ja, ich verzeihe dir.

Ed. Ich gehe zum Tode.

Walth. Versöhne dich mit Gott.

Ed. Versöhne du mich mit der Gemeinde.

Walth. Sie wird für dich beten.

Ed. Schütze Marien.

Walth. Sie bleibt meine Tochter.

Ed. Du weißt, ich war ein guter Mensch, bis zu diesem unseligen Tage.

Walth. Ja, Eduard Mifflin, du warst ein guter, frommer Mensch.

Ed. Und ein gehorsamer Sohn.

Walth. Ja, das warst du.

Ed. Erinnere dich meiner ohne Schmerz.

Walth. Mit Wehmuth.

Ed. Nur einen Augenblick überwältigte mich das Böse.

Walth. Ich verdamme dich nicht.

Ed. Und Gott wird mir ein gnädiger Vater sein!

Walth. Das wird er.

Ed. Warum nicht du?

XXVII.   9

Walth. (von diesem Vorwurfe ergriffen, breitet seine Arme nach ihm aus). Mein Sohn!

Ed. (in seinen Armen). Ich darf noch einmal dich Vater nennen! Nun will ich gern sterben!

Walth. (auf den General deutend). Suche zuvor dieses Bruders Verzeihung.

Ed. Vergib mir, mein Bruder!

Gen. Nimmermehr!

Ed. Ich bitte nicht um mein Leben, nur fluche mir nicht!

Gen. Ja, ich fluche dem Mörder meines Sohnes!

Ed. Und ich segne dich sterbend.

Gen. (zum Adjutanten). Führen Sie ihn fort. Nach einer Stunde zum Tode.

Ed. Leb' wohl, Vater!

Walth. (legt die Hände auf ihn und betet still). Jetzt geh', mein Sohn.

Ed. Wir sehen uns nicht wieder!

Walth. Dort! — Bald!

Ed. Grüße meine Mutter und Marien. (Ab mit dem Adjutanten.)

Walth. (betet still).

Gen. Nun, Walther Mifflin? Du bist erschüttert?

Walth. Gott schenkt mir Kraft!

Gen. Du bittest nicht einmal für deinen Sohn?

Walth. Nein.

Gen. Hartherziger!

Walth. O Freund! Du siehst das Blut in meinem Herzen nicht! Aber ich ringe, und Gott schenkt mir Kraft!

Gen. Hast du der Söhne mehrere?

Walth. Nur diesen Einzigen.

Gen. Er geht zum Tode und du verlierſt kein Wort um ihn?

Walth. Er hat's verſchuldet.

Gen. Ich habe noch drei Söhne, aber dieſe fromme Kälte iſt mir ein Gräuel.

Walth. Ich bedaure dich.

Gen. Du zwingſt mir eine Art von Bewunderung ab. Wir wollen Freunde ſein.

Walth. Wir ſind Brüder.

Gen. Wir wollen mit einander das Schickſal unſerer Kinder beweinen.

Walth. Freund Howe, mich ſendet die Gemeinde der Quäker. Ihre Bitte hab' ich dir vorgetragen; gib mir eine gute Antwort, und laß mich ziehen.

Gen. Wie mag ich in dieſem Augenblicke dir eine gute Antwort geben? Ich bin Vater.

Walth. Ich auch.

Gen. Verweile noch in jenem Kabinete. Ich will mich ſammeln.

Walth. (indem er geht). Ich bin geſammelt. Gott iſt mir gnädig!

––––––––

Sechſte Scene.
Der General (allein).

Mich nennen die Schmeichler einen Helden, weil ich mit kaltem Blute zwanzig tauſend Bajonete zum Würgen kommandire; doch wer iſt hier der Held? — Nicht auf dem Bette der Ehre iſt mein Sohn gefallen — ſtrafbar muß ich ihn nennen — und dennoch kann ich den blutigen Groll gegen ſeinen Mörder nicht bekämpfen. Hingegen dieſer Quäker, dieſer ſchlichte Landmann, der ſein einziges Kind durch meines

Sohnes böse That verliert, und dennoch seinen Feind segnet
— wahrlich! Er ist der Held! — Was brüsten wir uns denn
mit Philosophie, wenn in der Prüfung nur der
Glaube besteht? — ———

Siebente Scene.
Der General. Der Adjutant (athemlos).

Adj. Herr General — Ihr Sohn — er lebt — ver=
wundet zwar, doch nicht gefährlich.

Gen. (außer sich). Um Gottes Willen! Täuschen Sie mich
nicht!

Adj. Wie dürft' ich wagen? Ich hab' ihn geseh'n.

Gen. Er ist hier?

Adj. Eben als ich vom Profos komme, zu dem ich den
Gefangenen geführt, seh' ich von ferne die Straße herauf
ein Menschengewühl sich wälzen, in dessen Mitte ein blaßer
junger Mann, auf einem Pferde sich mühsam haltend, her=
vorragte. Ich trete näher, und höre mit Entzücken von tau=
send Stimmen den freudigen Zuruf wiederholen: Willkom=
men! Willkommen! Der Sohn unsers wackern Generals!
Ich dränge mich durch bis zu dem Rosse. Nun werd' ich erst
gewahr, daß ein junges Mädchen es beim Zügel führt, und
sittsam um sich schaut, und freundlich bittet, ihr Platz zu
machen. Ich helfe ihr aus dem Getümmel. Ihr Sohn er=
kennt mich. Es standen Thränen in seinen Augen. Er ist in
der rechten Seite verwundet. Viel Blut hat er verloren, doch
seinem Leben droht keine Gefahr. Ich selber habe ihn vom
Pferde gehoben. Er bittet um Erlaubniß, vor seinem Vater
erscheinen zu dürfen.

Gen. O, warum fliegt er nicht in meine Arme? Warum

ihn erst melden? — Doch Sie hatten Recht. Ihn erinnerte sein Gewissen, daß er seines Vaters Zorn verschuldete. Er soll kommen. Er soll keinen weichherzigen Thoren an mir finden.

Adj. Da ist er schon.

Achte Scene.
William Howe. Die Vorigen.

Gen. (ihm mit offnen Armen entgegen stürzend). Ha! William! Du lebst! — (sich plötzlich besinnend.) Ihr Diener, Herr Lieu= tenant. Wo haben Sie Ihren Degen?

Will. Mein Vater!

Gen. Ich bin General.

Will. Wenn der Vater mich verstößt, wie soll ich vor dem General bestehen?

Gen. Rapport, Herr Lieutenant.

Will. Ich verdiene Ihren Zorn — aber ich ertrage ihn nicht! (Er wankt.)

Adj. (ihn unterstützend). Schonung dem Verwundeten.

Gen. William, du wankst? — Du wirst noch bleicher? — Setze dich — nun ja, ich bin dein Vater noch. Verdiene meine Nachsicht durch Aufrichtigkeit. Verhehle mir nichts.

Will. Ihren Auftrag hatt' ich erfüllt, keinen Feind getroffen. Wir kehrten im Dunkeln heim. Hunger und Durst peinigte die murrenden Soldaten. Wir kamen gegen Morgen an zerstreute Hütten. Meine Leute klopften an eine derselben, um Brot und Wein zu fordern. Ein junges schönes Mädchen that auf. Sie und eine alte Muhme waren die einzigen Be= wohnerinnen des kleinen Hauses. Sie gab, was sie hatte, und mehr als sie hätte geben sollen; denn der Wein berauschte die Soldaten. Sie achteten der wehrlosen Weiber nicht, und fingen an zu plündern.

Gen. Aber du?

Will. Ach mein Vater! Nicht der Wein, aber des Mädchens Schönheit hatte mich berauscht. Während meine Leute die Schränke und Kasten aufschlugen, verfolgte ich die Weinende in ihre Kammer. Sie riß das Fenster auf, und schrie mit der Stimme der Verzweiflung, dann fiel sie betend auf ihre Knie. Mich Trunkenen rührte es nicht! Ich wollte sie umschlingen, sie rang mit mir in Todesangst.

Gen. Bösewicht!

Will. Ihr Engel wachte. Ein Jüngling stürzte herein, unbewaffnet, aber mit Löwenstärke riß er mir den Degen von der Seite. Ich griff nach meiner Pistole. Doch mein guter Genius verhütete, daß ich nicht zum Mörder wurde. Ein Stoß in die Seite streckte mich nieder. Ich blieb ohnmächtig in meinem Blute liegen. -

Gen. Und wenn du nie erwacht wärest, welch ein schimpflicher Tod!

Will. Als ich wieder zu mir kam, lag ich auf einem Bette. Meine Wunde war verbunden, und dasselbe Mädchen, das ich beschimpfen wollte, saß neben mir mich sorgsam pflegend.

Gen. William! Was empfandest du da?

Will. Eine Scham, die mir glühende Thränen aus den Augen preßte.

Gen. Gott sei Dank!

Will. Ich fühlte bald, daß meine Wunde nicht gefährlich sei; allein die guten Menschen, die sich um mich sammelten, wollten mir nicht gestatten, früher als in einigen Tagen

aufzubrechen. Ich wäre gern geblieben, doch meine Wohlthäterin, die zuvor so heiter lächelte, sah ich plötzlich in den
tiefsten Kummer versunken. Ich forschte nach der Ursach, und
erfuhr, daß ihr Verlobter, ihr Retter, von meinen Leuten
gefangen worden. Mehr noch als sie kannte ich die Gefahr,
die über seinem Haupte schwebte. Mein Vater wußte nicht,
was diesen Jüngling gegen uns bewaffnet hatte; mein Vater konnte ein rasches Urtheil sprechen. Der Gedanke erregte
mir Schaudern — ich hatte keine Ruhe mehr. Nun bestand
ich darauf, sogleich in's Lager gebracht zu werden. Ich, der
einzige Strafbare, wollte mich vor meinem Richter stellen,
ehe ein Unschuldiger um meinetwillen blutete. Des Mädchens
Angst gab meinen Bitten Kraft. Zu Fuße den weiten Weg
zurück zu legen, vermochte ich nicht. Aber sie sattelte mit
eig'nen Händen ihr Roß, und bereitete mir einen bequemen
Sitz, und führte es sanft am Zügel und ermüdete nicht. So
bin ich nun hier durch dieses Engels Beistand, und umfasse
meines Vaters Knie, und begehre Gnade für den wackern
Jüngling, dessen Verbrechen nur auf meinem schuldigen
Haupte lastet.

Gen. Geh' — doch ohne Degen — führ' ihn her —
und dann — so bald du von deiner Wunde genesen — nimm
seinen Platz im Gefängniß ein.

Will. Gern unterwerf' ich mich der strengsten Züchti-
gung, wenn ich meines Vaters Herz nur nicht verloren
habe. (Ab.)

Gen. Herr Adjutant, ich will das Mädchen sehen. (Adjutant ab.)

Gen. (allein). Ist mir's doch als sollt' ich meine Tochter
empfangen. — Auch sie gehört zu jener wundersamen Ge-

meinde. Laß' seh'n, ob jener fromme Heldengeist auch in eines Mädchens Busen wohnt.

Neunte Scene.

Der General. Marie (ganz grau gekleidet, mit einem weißen Mützchen auf dem Kopfe. Sie nähert sich schüchtern, und steht mit gesenktem Haupte).

Gen. Wie nennst du dich?

Mar. Marie Milford.

Gen. Hast du noch Eltern?

Mar. Ich bin eine Waise.

Gen. Unter wessen Schutze?

Mar. Unter dem Schutze Gottes und der Gemeinde.

Gen. Wovon lebst du?

Mar. Von einem kleinem Acker.

Gen. Den baust du selber?

Mar. Die Nachbarn helfen mir.

Gen. Vermuthlich deine Verwandten?

Mar. Nicht durch das Blut, aber durch den Glauben. Sie sind alle meine Brüder.

Gen. Und helfen einer solchen Schwester gern?

Mar. Gern.

Gen. Die Schönheit findet überall dienstbares Mitleid.

Mar. Wie meinst du das?

Gen. (bei Seite lächelnd). Seltsame Frage. (Laut.) Kleiden alle deine Schwestern sich wie du?

Mar. Alle.

Gen. Die Kleidung ist eben nicht die vortheilhafteste.

Mar. O, gewiß! Bequem und warm und anständig.

Gen. Aber nicht erhebend.

Mar. Wie meinst du das?

Gen. Für die Schönheit.

Mar. Nur das Gute ist schön.

Gen. Kennt man in eurer Gemeinde die Liebe nicht?

Mar. Ei wohl! Unsere Gemeinde ist ja nur auf Liebe gegründet.

Gen. Ich meine jenes süße Gefühl, das den Jüngling zu dem Mädchen zieht.

Mar. Du meinst die Ehe?

Gen. Nun ja, wenn du willst.

Mar. Sie ist Gott wohlgefällig.

Gen. Und Liebe stiftet eure Ehen?

Mar. Liebe bis in den Tod.

Gen. Hast du schon einen Gatten gewählt?

Mar. Ich bin Eduard Mifflins verlobte Braut.

Gen. Dann bedaure ich dich, denn er muß sterben.

Mar. O nein. Du wirst kein unschuldiges Blut vergießen.

Gen. Unschuldig? Er ist ein Rebell.

Mar. Das ist er nicht.

Gen. Er hat meinen Sohn verwundet.

Mar. Ich habe deinen Sohn geheilt.

Gen. Dafür dank' ich dir.

Mar. Und Eduards Mutter.

Gen. Warum der?

Mar. Meine Hütte hatten deine Soldaten geplündert. Ich konnte deinem Sohn keine Bequemlichkeit verschaffen, keine Erquickung, aber meine gute Nachbarin, Eduards Mutter —

Gen. Die half?

Mar. Die brachte was sie hatte.

Gen. Und wußte was geschehen war?

Mar. Das wußte sie.

Gen. Und sah in meinem Sohne keinen Feind?

Mar. Wir haben keine Feinde, wir haben nur Brüder.

Gen. (bei Seite). Sollen auch diese Weiber mich be=
schämen?

Mar. Freund, gib mir meinen Verlobten zurück.

Gen. Der Vater darf verzeih'n, der General muß
strenge richten.

Mar. Gott ist. ein gnädiger Richter.

Gen. Mit den Waffen in der Hand wurde er ergriffen.

Mar. Nur zu meinem Schutze hat er sich bewaffnet.

Gen. Standest du nicht in Gottes Schutz?

Mar. Ja.

Gen. Warum verzweifelte er an diesem mitten unter
euch Starkgläubigen?

Mar. Das war sein Unrecht.

Gen. Dafür muß er büßen.

Mar. Die Gemeinde wird ihn strafen.

Gen. In einer Stunde leidet er den Tod.

Mar. Sei barmherzig!

Gen. Ich darf nicht.

Mar. O, daß mich Gott einer Begeisterung würdigte!
Daß ich reden könnte mit seinen Zungen!

Gen. Wolltest du mein Gewissen beschwatzen?

Mar. Wäre Gnade gegen dein Gewissen?

Gen. Allerdings.

Mar. Dann muß ich schweigen. Auch das Gewissen
unserer fremden Brüder ist uns heilig. Gott sei seiner Seele
gnädig!

Gen. Du schenkst ihm keine Thräne?

Mar. Ich will für ihn beten.

Gen. Ist deine Liebe so kühl?

Mar. Freund, spotte meiner nicht.

Gen. Was wird nun aus dir?

Mar. Ich werde ihn nicht überleben.

Gen. Du willst dich umbringen?

Mar. (schaudernd). Bewahre mich Gott vor solchen Ge=
danken! — Nein, bitten will ich ihn kindlich, daß er seine
Magd zu sich rufe, dorthin, wo Eduards Stimme mit der
meinigen zu seinem Lobe sich vereinigen wird. (Mit Innigkeit
und steigender Angst)

> O verzweifle nicht hienieden,
> Wenn der Stab der Hoffnung bricht!
> Jenen süßen Himmelsfrieden
> Rauben dir die Menschen nicht!
> Nur das Leben mögen sie rauben;
> Deiner Unschuld sei bewußt,
> O so tilgt den festen Glauben
> Nicht der Tod aus deiner Brust:
> Ade! Du meines Lebens Leben!
> Friede schweb' um deine Gruft!
> Frieden wolle Gott mir geben,
> Bis auch mich sein Engel ruft!

Gen. (gerührt). Mädchen, halte mich für keinen Unmen=
schen. Nur prüfen wollt' ich deine Standhaftigkeit. Eduard
Mifflin lebt, und wird für dich leben.

Mar. (überrascht: will in freudiges Entzücken ausbrechen, doch
ihre stille Frömmigkeit gewinnt die Oberhand, sie kreuzt die Arme über
der Brust, neigt das Haupt, und spricht leise:)

> Gott ist groß! Gott ist gut!
> Wenn über dir in Leidenstagen,

Schon die Wellen zusammen schlagen,
Halt' am Glauben! Fasse Muth!
Gott ist groß! Gott ist gut!

Gen. Frommes Mädchen, sieh' da ist er.

Mar. (bleibt in ihrer Stellung).

Zehnte Scene.
William. Eduard. Die Vorigen.

Gen. Komm, junger Mann, dir ist verziehen, und hier steht deine fromme Marie.

Will. Mein Vater, vergönnen Sie mir — ich habe das edle Paar getrennt, durch mich soll es wieder vereinigt werden — Marie! Wohlthäterin deines Feindes! Du hast mir verziehen, als ich noch keinen Dank dir stammeln konnte, empfang' ihn jetzt, und aus meiner Hand deinen Verlobten zurück.

Ed. Marie!

Mar. (ihm verschämt die Hand reichend). Gott grüße dich, Eduard!

Ed. Ich habe mich schwer an dir versündigt.

Gen. (lächelnd). Er hat sein Leben für sie gewagt.

Mar. Nicht an mir, Eduard, aber an Gott und an der Gemeinde.

Ed. Reue versöhnt.

Mar. Ja, Eduard.

Ed. Halte mich deiner nicht unwerth.

Mar. Ich habe dir vergeben.

Gen. Welche Menschen! Unsere Jünglinge würden stolz sein auf eine solche That, und unsere Mädchen auf eine solche Liebe. (In das Kabinet rufend.) Komm, Walther Mifflin!

Eilfte Scene.

Walther Mifflin. Die Vorigen.

Gen. Der Sturm ist vorüber, die Sonne scheint; da stehen unsere Kinder.

Walth. Dein Sohn lebt?

Gen. Er lebt.

Walth. Gott sei gedanket! Die Blutschuld wird geringer.

Gen. Dieses fromme Mädchen, das er beleidigte, hat ihn gerettet.

Walth. Sie hat ihre Pflicht gethan.

Gen. Und dein Weib hat ihn erquickt.

Walth. Sie hat dem Evangelium gehorcht.

Gen. Ich schenke deinem Sohne das Leben.

Walth. Freund, du thust Recht.

Gen. Deiner Gemeinde verkünde, sie solle hinfort ungekränkt bleiben.

Walth. Freund, das bringt dir Ehre.

Gen. Auch in der Freude diese Fühllosigkeit?

Walth. Mein Herz jauchzt, aber im Stillen.

Gen. Laute Fröhlichkeit ist Herzerhebend.

Walth. Wir stören sie nicht und freuen doch uns still.

Gen. So ziehe hin in Frieden.

Walth. Komm, meine Tochter.

Ed. Vater, darf ich dir folgen?

Walth. Nein, Eduard Mifflin, du gehst in die Einöde, bis Gott und die Gemeinde dir verziehen haben.

Ed. Marie, bitte für mich.

Mar. Mit blutigen Thränen.

Ed. Ich will büßen, aber laß mich hoffen —

Walth. Hoffe mein Sohn. (Zum General.) Freund, lebe wohl.

Gen. Sage der Gemeinde, daß auch ich für deinen Sohn bitte.

Walth. Ich will es sagen.

Gen. Und daß ich väterlich für ihn sorgen werde, bis er zurückkehren darf.

Walth. Ich will es sagen.

Gen. Werden deine eignen Bitten meine Worte unterstützen.

Walth. Nein.

Gen. Starker Mann, reiche mir deine Hand.

Walth. Hier hast du meine Hand.

Gen. Könntest du mit diesem Händedruck mir auch deinen Glauben einflößen.

Walth. Wollte Gott, mein Bruder! Dann stündest du fest in Leid und Freuden. Es gehe dir wohl! Und kommst du in die Grafschaft Kent, so besuche Walther Mifflin.

Gen. Gott geleite dich!

Walth. Das thue Er. Komm, Marie. (Beide ab.)

Gen. Ha! Welche Menschen! Könnt' ich diesen Welttheil erobern, würde ich so glücklich sein, als Walther Mifflin?

(Der Vorhang fällt.)

Das
unsichtbare Mädchen.

———

Ein Intermezzo.

Personen.

Goldangel, der Besitzer des unsichtbaren Mädchens.

Suschen, das unsichtbare Mädchen.

Stoffel, der Lampenputzer beim Theater.

(Die Bühne ist getheilt. Rechter Hand ein größeres Zimmer, in welchem die Glaskugel aufgehängt ist, aus der die Unsichtbare spricht. Links ein kleineres, in dem dicht an der Wand hinter der Glaskugel ein Stuhl für die Unsichtbare steht. Aus der Wand geht ein Trichter in das kleinere Zimmer.)

Erste Scene.

Suschen (allein in dem großen Zimmer).

Ach! es gibt der Leiden viele,
Mancher heißen Thräne werth;
Bald die Untreu' des Geliebten,
Bald ein Shawl, den man entbehrt!
O wie schmerzlich, wenn der Schooßhund
Plötzlich zu verscheiden droht!
Oder ein Verlust der Spitzen,
Oder einer Freundin Tod!
Aber bitterer als Alles
Nagt ein schönes Weib Verdruß,
Wenn es stets vor hundert Augen
Die Unsichtbare spielen muß.

Ich fange an zu glauben, daß ich nicht den klügsten Streich gemacht, als ich meinen ehrlichen Lampenputzer verließ, um mit einem sogenannten Professor der Physik in der Welt herum zu zieh'n. Mir hat das Schicksal fürwahr ein seltsames Los beschieden: ich darf nicht reden, sondern nur antworten, und muß mich täglich quälen, jedem Narren auf seine Fragen etwas Witziges zu erwidern. Wo soll der Witz denn immer herkommen? Andere hübsche Weiber haben den Vortheil, daß man in einem schönen Munde Alles witzig findet; aber meinen Mund sieht kein Mensch; ich muß durch einen verdammten Trichter sprechen. Was hilft es mir, daß ich schön bin? ich darf mich vor niemanden sehen lassen. Was hilft es mir, daß ich so viele berühmte Städte durchreise? Ich werde überall so vorsichtig als Kontrebande eingeschlichen, und muß mich so ängstlich verbergen, als ob die Steckbriefe in allen Zeitungen hinter mir wären. Da war es doch ein anderes Leben mit meinem ehrlichen Stoffel; ich konnte reden wann ich wollte, so viel ich wollte und was ich wollte. Er fand Alles klug und witzig, und wenn er Abends im Theater die Lampen putzte, so konnt' ich nach Belieben gute Freunde bei mir empfangen.

Ach ja! ich sehne mich recht nach dem wackern Stoffel! Besonders seitdem ich weiß, daß die Schauspielergesellschaft, bei der er sein Ehrenamt verwaltet, jetzt in dieser Stadt befindlich ist.

––––––

Zweite Scene.
Goldangel. Suschen.

Gold. Ich weiß nicht, wo der Thomas bleibt. Er hat mir die gestrige Einnahme noch nicht abgeliefert.

Susch. Sie ist ziemlich groß gewesen.

Gold. Eben deßwegen. Es waren der Narren eine Menge hier, die eine Glaskugel wollten schwatzen und singen hören, oder ein Licht ausblasen sehen. Wenn mir der Keil nur nicht davon gelaufen ist.

Susch. Nicht doch. Ein armer Teufel, den Sie halb nackend von der Straße aufgerafft —

Gold. Desto schlimmer. Er ist ein Pfiffikus, und solche Leute sind nie dankbar. Hat er mich bestohlen, so verdank' ich es Ihnen, Madame, denn sie ließen mir keine Ruhe, bis ich ihn vor die Thür an meine Kasse setzte.

Susch. Mein Gott, es ist doch ein Mensch, mit dem ich dann und wann ein Wort reden kann.

Gold. Reden Sie denn nicht den ganzen Tag mit hundert Menschen?

Susch. Zu meiner Qual.

Gold. Ich denke, für ein Frauenzimmer, und wenn es

die Schwatzhaftigkeit selber wäre, gäbe es keine glänzendere
Rolle auf Erden, als die des unsichtbaren Mädchens.

Susch. Sie irren, mein Herr Professor. Wir schwatzen
gern, aber nur nach unserm eigenen Belieben, und nur mit
Leuten, die uns gefallen. Einem jeden Narren für sein Geld
Rede steh'n, ist eine verdrießliche Arbeit. Und auch Sie, mein
werther Herr Prinzipal — mich dünkt, einem so klugen Manne,
wie Sie, muß es am Ende höchst langweilig werden, die
Menschen täglich auf dieselbe Weise bei der Nase herum zu
führen.

Gold. Mein gutes Kind, ich habe vormals auf die ehr=
lichste Weise von der Welt meine Kenntnisse geltend zu ma=
chen gesucht, aber es waren lauter Dinge, die man begriff,
und folglich trugen sie mir nichts ein, und folglich mußt' ich
hungern. Aber nun —

> Warst du lange ein armer Teufel,
> Kamst durch Ehrlichkeit in Noth,
> Suche dir nur etwas Geheimes,
> Denn das gibt ein sich'res Brot.
> Mit der Wünschelruthe finde
> Quellen tief in der Erde Schooß;
> Die allgemeine Sprache verkünde,
> Magnetisire Lahme und Blinde,
> Kalkulire das große Los;
> Oder schwinge dich in die Lüfte
> Zu der neu'sten Poesie,
> Oder steige in die Grüfte
> Der Natur=Philosophie!
> Lange wirst du dann nicht harren,
> Bis der goldene Regen fällt;
> Denn du findest gläubige Narren
> In der ganzen Welt.

Susch. Man hört es wohl, daß Sie kein Professor der Moral sind; sonst würden Sie doch einigen Anstoß daran nehmen, durch das simpelste Kunststückchen von der Welt den Leuten — wie soll ich sagen? — die Beutel zu fegen.

Gold. Allerdings, Madame, bin ich auch ein Professor der Moral, und eben weil ich mich von der großen praktischen Wahrheit überzeugt habe, daß der heiligste Beruf der Menschheit darin besteht, die Beutel zu fegen, eben darum hab' ich diese Glaskugel mir zugelegt.

Susch. Mir haben Sie gut predigen, ich bin von dieser Wahrheit schon längst überzeugt.

Goldangel.

Als der Schöpfer den Menschen,
Sein non plus ultra, schuf,
Macht' er das Beutelfegen
Zu dessen hohen Beruf.

Suschen.

Was unterschiede den Menschen
Vom Affen oder Bär,
Wenn nicht den Beutel zu fegen
Die Kunst ihm eigen wär'?

Beide.

Eitel! Eitel
Ist jede andere Wissenschaft,
D'rum gab die Natur zum Fegen der Beutel
Den Menschenkindern Lust und Kraft.

Goldangel.

Aber nur —
O Natur!
Durch verschied'ne Gaben
Du das Glück der Menschen baust!

Suschen.

Manche haben,
Wie die Raben,
Still gemauſt.

Goldangel.

Manche fegen
Mit dem Degen
In der Fauſt.

Beide.

Doch des hohen Berufes
Alle ſich bewußt,
Fegen ſie Alle um die Wette
Nach Herzensluſt.

Susch. Wie kommt es denn aber, daß die zeitliche Ehre ſo ungleich vertheilt iſt, da doch alle Handlungen der Menſchen nur aus einer Quelle, aus der des Eigennutzes entſpringen?

Gold. Das kommt daher, daß die Quelle ſich in tauſend Arme vertheilt. Der eine dieſer Arme wird zum brauſenden Strome, der mit Gewalt die Häuſer fortreißt, und den bewundert man. Der Andere ſchlängelt ſich ſtill durch die Wieſen, begnügt ſich mit Gras und Blumen, und den verachtet man. Im Grunde läuft Alles auf Eins hinaus. Im Grunde beſitzt jeder Menſch nur ein unſichtbares Mädchen, das er durch eine hohle Glaskugel bald auf dieſe bald auf jene Weiſe ſchwatzen, ſingen und blaſen läßt.

Wenn Philoſophen vom Katheder
Das Höchſte und das Tiefſte ſeh'n,
So ſpürt man nur aus hohler Kugel
Den Wind ſich um die Naſe weh'n.
Wenn der Prophet mit großen Worten
Dir eine herrliche Zukunft preiſ't,

So ist der Wind aus hohler Kugel,
Der dich mit warmen Dünsten speist.
Aufklärer spuken hoch verworren
Von Kopf zu Kopf, von Haus zu Haus,
Es ist der Wind aus hohler Kugel,
Er bläst das letzte Lichtchen aus.

Susch. Aber wie kommen die Dummen dabei zu rechte?

Gold. Die Dummen haben von Gott eine andere, herrliche Gabe empfangen, nämlich die Einbildung klug zu sein, die entschädigt für Alles — Aber ich muß doch sehen, wo Thomas bleibt. Fast wird mir das Ding verdächtig. Er gehört leider zu den Klugen, folglich ist ihm nicht zu trauen. (Ab.)

Dritte Scene.

Suschen (allein).

Nicht doch, Herr Professor; in Einem Falle ist den Klugen wohl zu trauen, wenn sie nämlich einander brauchen. Ich selber — würde ich denn Ihnen schon seit Jahr und Tag mein Vertrauen schenken, wenn ich nicht wüßte, daß Sie mich brauchen? recht nothwendig brauchen? O da darf man sich schon auf den Klügsten verlassen. Darum bin ich auch so ziemlich sicher; denn wo fände mein Herr Professor ein Frauenzimmer, das incognito, gleichsam in seine Schatulle verschlossen, mit ihm durch die Welt zöge? — Ja, wenn es etwas zu glänzen und zu schimmern gäbe, da wären sie alle bei der Hand.

Vor alten Zeiten war gebräuchlich,
Daß man die Weiber zu Hause fand;
Doch rüstig zieh'n sie heut zu Tage
Von Stadt zu Stadt, von Land zu Land.
Hier eine magere Professorin,
Die gewaltig deklamirt;
Dort eine schöne Musenschwester,
Die sich mimisch producirt;

Hier eine Dichterin aus Norden,
Die fremde Briefe drucken läßt;
Dort eine Dichterin aus Süden,
Die deutsche Kompliment' erpreßt.
Die eine trägt den schönen Körper,
Die And're den schönen Geist zur Schau;
Kurz, man komme wo hin man wolle,
Man findet eine reisende Frau.

Vierte Scene.
Goldangel. Suschen.

Gold. Nun da haben wir's! Der Thomas ist richtig mit dem Gelde davon gelaufen.

Susch. Der Spitzbube!

Gold. Der Spitzbube, Madame, war Ihr Protégé.

Susch. Das ist in der Regel, mein Herr. Seh'n Sie denn, daß die ehrlichen Leute in der Welt protegirt werden?

Gold. Ueber vierzig Thaler hat er mitgenommen.

Susch. Ei nun, der Verlust ist ja so gar groß nicht. So viel schwatze ich Ihnen in ein paar Stunden wieder zusammen.

Gold. Aber wo nehm' ich nun in der Geschwindigkeit einen Andern her, den ich an die Thür stellen kann? Sie wissen, ich darf mich hier nicht entfernen.

Susch. Freilich, Sie müssen mir allerlei Signale geben. Wissen Sie was? Der eine Kellner hier im Hause scheint mir ein pfiffiger Mensch zu sein. Nehmen Sie den.

Gold. Nein, Madame. Gott bewahre mich in Zukunft vor allen pfiffigen Burschen! Einen dummen Teufel will ich mir aussuchen, den Dümmsten, den ich auf der Welt finden kann; denn nur von solchen wird man ehrlich bedient.

Dein Haus wirst du mit Glück regieren,
Ist für Einfalt nur gesorgt;
Dann wird ohne Raisonniren,
Ohne Murren bir gehorcht.
Laß den Henker die Schlauen holen,
Schenke der Einfalt deine Gunst;
Stiehl und werde nicht bestohlen, —
Das ist in nuce die ganze Kunst.

Susch. Dann wüßte ich Ihnen keinen bessern zu empfeh=
len als meinen Mann.

Gold. Ihren Mann? Den Lampenputzer Stoffel? der
steht eben draußen im Vorzimmer, und will für seine vier
Groschen — wie er sich ausdrücket — das unsichtbare Mädchen
sehen.

Susch. Mein Stoffel steht im Vorzimmer? ha ha ha
ha ha! Ich glaube wahrhaftig, ich bekomme Herzklopfen.
O, mein werther Herr Prinzipal! ich brenne vor Begierde,
mich mit ihm zu unterhalten. Nur diesmal noch befolgen Sie
meinen Rath, Sie werden wohl dabei fahren. Machen Sie
ihn zu Ihrem wohlbestallten Kassirer. Höchstens stiehlt er
Ihnen dann und wann einige Groschen; an Thaler wagt er
sich nicht, dazu ist er zu dumm.

Gold. Aber bedenken Sie doch, Madame, wenn ich ihn
engagire, so muß er Sie ja seh'n?

Susch. Nnn, er wird eine herzliche Freude über mich
haben.

Gold. Und Sie wollten sich mit ihm versöhnen?

Susch. Warum nicht? Die Versöhnungsscenen sind so
rührend.

Gold. Aber haben Sie mir nicht oft gesagt, Sie hätten
ihn verlassen, weil er ein gar zu dummer Teufel wäre?

Susch. Freilich, aber nachher hab' ich gefunden, daß die dummen Teufel die besten Ehemänner sind.

Gold. Nach Belieben. Ich will ihn herein rufen.

Susch. Halt! halt! Lassen Sie mich erst auf meinen Platz.

Gold. Wollen Sie zuerst durch die Glaskugel mit ihm sich unterhalten?

Susch. Allerdings. Ich werde die Versöhnung gehörig einleiten. Bei der Gelegenheit lernen Sie meinen Stoffel auch ganz kennen, und überzeugen sich, daß er verdient, Ihr Schatzmeister zu werden. (Sie schlüpft durch eine Tapetenthüre in das Nebenzimmer, und setzt sich hinter den Trichter.)

Gold. Wohl dem, dessen Schatz im Kopfe liegt, so bleibt er immer sein eig'ner Schatzmeister, und hat sich blos vor dem Herzen zu hüten, welches mit dem Kopfe bisweilen davon läuft. (Er öffnet die Thür.) Nur herein!

———

Fünfte Scene.
Stoffel. Die Vorigen.

Stoff. Nehmen Sie es nicht übel, ich habe gehört, daß Sie den Teufel im Leibe haben, und wollte doch auch seh'n, was unsichtbar ist.

Gold. Wer ist der Herr?

Stoff. Ich heiße Stoffel und bin die Hauptperson beim hiesigen Theater.

Gold. Spielen Sie Heldenrollen?

Stoff. Beileibe nicht!

Gold. Oder edle Väter?

Stoff. Nein, ich spiele blos den Vater zu meinen Kindern.

Gold. Aber die Hauptperson beim Theater — welche nennen Sie denn so?

Stoff. Den Lampenputzer, mein Herr, ja, ja, den Lam=

penpußer. Ohne mich kann das Theater nicht eine Minute
lang bestehen. Die Zuschauer kommen gar nicht eher bis ich
erscheine, und gehen auch nicht eher wieder weg, bis ich zu=
leßt einen Wink mit meiner Lichtpuße gebe. Sie wissen, mein
Herr, ein Stück ohne Dekorationen ist ein dummes Stück;
was sind aber Dekorationen ohne mich? Und was wären selbst
die neuesten Dichter ohne mich?

> Weiße Lilien und Karfunkel
> Werden zierlich aufgestußt,
> Aber Alles scheint nur dunkel,
> Bleiben die Lampen ungepußt.
> Doktor Luther und Moses zeigen
> Ihr verklärtes Angesicht;
> Aber wenn ich die Lampen nicht puße,
> Hä! hä! hä! so sieht man's nicht.

Gold. So ist denn auch wohl Ihr wichtiges Amt sehr
einträglich?

Stoff. Ach nein, mein Herr! die Kunst geht nach Brot.
Das hat ein gewisser Lessing gesagt, von dem wir aber jeßt
keine Stücke mehr spielen. Zum Glück hab' ich ein paar Kin=
derchen, die nach und nach heran wachsen, und weil jeßt in
den Schauspielen immer eine Menge Kindlein vonnöthen sind,
so hoffe ich bald ein Stück Geld durch sie zu verdienen. In
den Hussiten vor Naumburg haben sie schon mit gewinselt.

Gold. Also sind Sie verheirathet?

Stoff. Vermuthlich.

Gold. Nur vermuthlich?

Stoff. Nämlich wenn meine Frau noch lebt. Die un=
dankbare Person hat mich verlassen. Ich habe ihr an jedem
Morgen den Cichorienkaffee gekocht; ich habe ihr an jedem
Abend ein ganzes Schnupftuch voll Lichtstumpfen gebracht —

(Er weint). Alles vergebens! Bei Nacht und Nebel ist sie davon gezogen. Hi! hi! hi!

Gold. Ich glaube gar Sie weinen?

Stoff. Man soll freilich heut zu Tage in Trauerspielen nicht weinen, aber ich liebe die schlechte Person noch immer, sie war so hübsch!

Gold. Machen Sie es wie ich; halten Sie sich künftig an eine unsichtbare Frau.

Stoff. Meinen Sie?

> Es ist fürwahr eine schöne Sache
> Um eine unsichtbare Frau,
> Denn immer bleibt sie jung und reizend,
> Bei Nacht sind alle Katzen grau.
> Und dann die lüsternen Gesellen,
> Die gern in fremdes Gehege geh'n,
> Suchen vergebens ihr nachzustellen,
> Weil sie sie nicht seh'n.
> Aber auf Lampenputzers Ehre!
> Unsichtbar ist wohl gut und fein,
> Doch wenn sie auch unhörbar wäre,
> Das möchte besser sein.

Gold. Ei ei! Herr Stoffel, Sie fangen sogar an, witzig zu werden?

Stoff. Was wird man nicht alles, wenn man die Lampen seit zwanzig Jahren geputzt hat? Aber hochgeneigter Herr Professor und respektive Hexenmeister, ich trage ein rasendes Verlangen nach dem unsichtbaren Kobold, den Sie in eine Glaskugel gesperrt haben. Die Lente sagen, er wüßte Alles und könnte auf Alles antworten. Nun möcht' ich gar zu gern von meiner lieben Frau, dem Satan, etwas erfahren.

Gold. Wohlan, hier hängt die Kugel.

Stoff. Ei ei, die ist ja durchsichtig?

Gold. Und dennoch stecket das Mädchen darin.

Stoff. Ein ganzes Mädchen, das wär' der Teufel!

Gold. Belieben Sie nur Ihren Mund an den kleinen Trichter zu halten, sie wird Ihnen gleich einen Kuß geben.

Stoff. Hä hä hä! Das möcht' ich doch seh'n.

Gold. Sehen werden Sie es nicht, aber fühlen.

Stoff. (spitzt den Mund, und hält ihn an den Trichter. Suschen küßt. Er prallt erschrocken zurück). Ja wahrhaftig! ein ordentlicher Schmatz. Das ist zum ersten Mal in meinem Leben, daß ich den Teufel geküßt habe.

Gold. Fragen Sie nun was Ihnen beliebt.

Stoff. (in den Trichter redend). Wissen Sie auch wer ich bin.

Susch. (in ihren Trichter sprechend). Herr Stoffel, der Lampenputzer.

Stoff. Richtig, das weiß sie. — Aber meine merkwürdigsten Schicksale?

Susch. Du bist geboren, du bist gewachsen, du hast ein Weib genommen.

Stoff. Es ist erstaunlich! Alles weiß sie auf ein Haar. — Aber nun wollen wir sie einmal auf eine kitzliche Probe stellen. — Meine Liebesgeschichte, he? weiß die unsichtbare Jungfer die auch?

Suschen.

Es lief das Volk zum Rabensteine,
Wo man zwei Diebe aufgehängt;
Da sahst du sie zum ersten Male
Und wurdest mit ihr zum Galgen gedrängt.

Stoff. Das ist wahr, und ich sagte ihr auf der Stelle: dem Kerl, der eben die Leiter hinaufstieg, könne das Herz unmöglich so stark pochen als mir.

Suschen.

Dann hast du sie zum Ehrentanze
In den gehörnten Esel geführt,
Und sie am Faschingsabend herrlich
Mit Krapfen und mit Wein traktirt.

Stoff. Ja, das kostete mich sechsunddreißig Kreuzer,
und ein Fiaker zwei Siebzehner, die bin ich dem Theater=
Schneider noch schuldig.

Suschen.

So vieler Pracht, so vieler Liebe
Konnte sie nicht widersteh'n;
Man sah dich bald an ihrer Seite
Zum Altare geh'n.

Stoff. Ach du lieber Gott! Sie trug ein Kränzchen auf
dem Kopfe, das stand ihr so gut. Unser Souffleur sagte, das
Kränzchen wäre nicht recht frisch; aber das war Ver=
leumdung, ich hatte es selber frühmorgens vom Gärtner
geholt.

Suschen.

Ihr lebtet wie die Turteltauben,
Und erst am andern Morgen früh
Gab's eine kleine Ehstandsscene,
Da schlug sie dich und du schlugst sie.

Stoff. (sehr gerührt). Es waren die seligen Tage der ersten
Liebe!

Suschen.

Dann haben eifersucht'ge Grillen
Sie baß gequält bei Tag und Nacht,
Bis sie, verzweifelnd, ganz im Stillen
Sich plötzlich unsichtbar gemacht.

Stoff. Unsichtbar!' leider ja! dem Kobold ist nichts
verborgen. Aber lebt sie noch?

Susch. Sie lebt.

Stoff. Hat sie ihren getreuen Stoffel denn ganz vergessen?

Susch. Sie denkt wöchentlich zweimal an dich.

Stoff. Vermuthlich Mittwochs und Sonnabends, da pflegten wir mit einander in den gehörnten Esel zu gehen.

Susch. Sie seufzt um dich.

Stoff. Seufzt? (Aus tiefer Brust.) Ach!

Susch. Sie bereut.

Stoff. O!

Susch. Sie weint.

Stoff. Still! still! Das Herz fängt an zu schmelzen.

Susch. (sie schluchzt).

Gold. Hören Sie wie sie schluchzt?

Stoff. Ach ja, ich höre. Genug liebe Jungfer! Hu hu hu hu!

Susch. Sie wünscht Versöhnung.

Stoff. Im Ernst?

Susch. Sie will sich noch heute in deine Arme stürzen.

Stoff. Ach, wie wird mir!

Gold. Nun, was sagen Sie dazu, Herr Stoffel?

Stoffel.

Ha ich bin Gatte, ich bin Vater!
Der Groll verschwindet, der Zorn ist stumm,
Mich dünkt, ich steh' auf dem Theater
Vor einem geehrten Publikum.
Es ist kein Wunder, wenn auf's Neue
Gleichsam mein Herz in Wonne schmarutzt,
Ich hab' in Menschenhaß und Reue
Ja oft genug die Lampen geputzt.

Gold. Wenn Sie sich mit Ihrer Frau fein christlich wieder vereinigen wollen, so will ich Sie in meine Dienste nehmen, und Ihren bisherigen Gehalt verdoppeln.

Stoff. Das wäre!

Gold. Nur müssen Sie künftig Ihre Frau mit eifer=
süchtigen Grillen nicht mehr plagen.

Stoff. Ach! ich meine, ich käme nun auch viel zu spät
mit der Eifersucht.

Gold. Wohlan, der Handel ist geschlossen.

Stoff. Ja, wenn meine Frau nur schon da wäre.

Gold. Wir wollen das unsichtbare Mädchen bitten, daß
sie sie herschafft.

Stoff. Kann sie das auch?

Gold. Sie kann Alles.

Stoff. Nnn, meine wehrteste Mademoiselle, haben
Sie die Güte für einen armen Lampenputzer! Ersuchen Sie
Ihren Papa, den Teufel, daß er mir mein Suschen flugs
zur Stelle schaffe.

Susch. (die unterdessen herbeigeschlichen, schlägt ihn auf die
Achsel). Du bist erhört. (Das folgende sprechen beide mit Karikatur.)

Stoff. Ha!

Susch. Ha!

Stoff. Sie lebt!

Susch. Ich lebe!

Stoff. Kein Gespenst?

Susch. Fleisch und Bein.

Stoff. Ich halte dich in meinen Armen —

Susch. Ja du hältst mich.

Stoff. Ich drücke dich an meinen Busen —

Susch. Ja, du drückst mich.

Stoff. Du bist auf ewig mein!

Susch. Für's erste, ja.

Stoffel.

So sanft wie Oel sind meine Triebe,
So weiß wie Talg mein Herzenskleid;

Wie Zucker aus der Runkelrübe
Schmeckt der Versöhnung Süßigkeit.
Was soll das Eifersüchteln nutzen?
Der Ruhe bringt es oft Gefahr!
Man darf die Lampen nur nicht putzen,
So bleibt sein Alles unsichtbar.

Suschen.

Die Sucht zu glänzen, zu gefallen,
Spielt nur ein längst verrath'nes Spiel;
Die fade Huldigung von Allen,
Die ist ihr unverhohl'nes Ziel.
Doch anders wird die Lieb' erscheinen,
Wenn sie gleich mir, verborgen war;
Denn sichtbar ist sie nur für Einen,
Für alle And're unsichtbar.

Goldangel.

Es droht mit unverdientem Schimpfe,
Der Neid mir täglich den Prozeß;
Allein wer weiß, ob Numas Nymphe,
Der Dämon eines Sokrates
Und Mahommets berühmte Taube
Nicht auch ein solches Mädchen war?
Denn wahrlich! fester steht der Glaube,
Bleibt nur das Ding fein unsichtbar.

Alle.

Die große Welt ist auch eine Kugel,
Vor der ein Jeder die Ohren spitzt,
Doch ohne zu ahnen im Gedränge,
Daß hinter der Wand die Thorheit sitzt.
Sie treibt mit euch nur ihr Gespötte,
Doch was sie flüstert, dünkt euch wahr;
Ihr rennt und klettert um die Wette,
Allein das Glück bleibt unsichtbar.

(Der Vorhang fällt.)

Pachter Feldkümmel

von

Tippelskirchen.

—————

Ein Fastnachtsspiel

in fünf Aufzügen.

—————

Erschien 1812.

—————

Personen.

Pachter Feldkümmel.

Wilhelm Blond.

Schmerle, ein Pfiffikus aus Berlin.

Sabinchen, seine Frau.

Madame Lasond, Erzieherin.

Henriette, \
Louise, \
Justine, } ihre Pensionairinnen. \
Caroline, \
Bärbchen, /

Doktor Jurjus, Narrenarzt.

Rührey, \
Merks, } drei Narren. \
Schuppenpelz, /

Hans, genannt Jean Petit, Garçon bei dem Restaurateur Monsieur
     Pompée le Grand.

Ein Polizei-Beamter.

Zwei Portechaisen-Träger.

Ein Bedienter.

(Der Schauplatz ist in Wien)

Erſter Act.

(Straße. Rechter Hand die Wohnung der Madame Lafond. Linker Hand ein Reſtaurateur, daneben die Wohnung des Doktor Jurjus.)

Erſte Scene.

Wilhelm (allein, mit einer Violine unter dem Arme).

Er iſt da! ich hab' ihn geſehen! das Ungeheuer iſt glück=
lich angekommen! — Nun kann ich in Gottes Namen mit
dem Kopfe gegen die Mauer rennen, oder mir eine Zelle bei
dem Herrn Doktor Jurjus miethen. Henriette iſt für mich
verloren! Henriette! mit dem ſchönen, ſüßen Namen Lilien=
hain, in acht Tagen wird ſie Madame Feldkümmel
heißen, o weh! — Sie liebt mich, aber es iſt keine Helden=
liebe; ſie will nicht ſterben — nicht einmal mit mir davon lau=
fen. — O du verdammter Schmerle! du Ausbund aller
pfiffigen Berliner! warum haſt du deinen alten Herrn im
Stich gelaſſen? habe ich dir nicht die beweglichſten Briefe
geſchrieben? und, was noch mehr iſt, hab' ich dir nicht Rei=
ſegeld geſchickt? Seit vierzehn Tagen ſchon könnteſt du in die=
ſen Mauern ſein, in dieſen Schranken des Ruhms für dein
koſtbares Talent. Du Barbar biſt ausgeblieben! und meine
letzte Hoffnung ſchwindet. (Er kaut an den Nägeln.)

Zweite Scene.
Schmerle. Wilhelm.

Schm. Eine hübſche Stadt. Alle zehn Schritte ein Re=
ſtaurateur, oder ein Weinhaus oder eine Chokoladen=Bude —
und alle Straßen voll Philoſophen, die nichts weiter thun,

11 *

als den Lauf der Welt betrachten. Da steht auch so Einer. Wenn er mir doch sagen könnte, wo mein Herr Blond zu finden sein möchte. — Verzeihen Sie, mein Herr — Ach da sind Sie ja selber!

Wilh. Schmerle! bist du endlich da?

Schm. Mit Leib und Seele zu Ihren Diensten.

Wilh. So eben hab' ich dich zu allen Teufeln gewünscht.

Schm. Ich habe alle Teufel mitgebracht.

Wilh. Warum kamst du nicht früher?

Schm. Ei, von Berlin nach Wien ist kein Katzensprung.

Wilh. Aber Postpferde sind auch keine Katzen?

Schm. Mitunter nicht viel besser. Doch diesmal hab' ich versuchen wollen, wie weit mich meine eigenen Füße tragen würden.

Wilh. Du bist zu Fuß gekommen?

Schm. In England wäre das eine Schande, in Deutsch= land gehen die Genies zu Fuße.

Wilh. Hab' ich dir nicht Reisegeld geschickt? und reichlich?

Schm. Aber meine Schulden waren noch reichlicher. Unser eins hat eben so wohl Schulden als vornehme Leute. Die guten Berliner wollten mich nicht aus ihren Mauern las= sen, bis ich förmlich liquidirt hätte. Vergebens erbot ich mich, meine schöne junge Frau zu verpfänden. —

Wilh. Wie? du bist verheirathet?

Schm. Freilich. Mit dem hübschen Kammermädchen von dem hübschen Fräulein, dem Sie in den letzten vier Wochen die Cour machten. Sie hat nichts, ich habe auch nichts, und so kommen wir ganz vortrefflich mit einander fort. Ich habe sie mitgebracht, sie ist keck und schlau. In meinem Umgang

haben ihre Talente sich noch mehr ausgebildet, vielleicht kön=
nen wir sie brauchen.

Wilh. Und auch sie hat zu Fuß gehen müssen?

Schm. Sie ging nicht, sie schwebte vor mir her wie ein
schalkhafter Genius.

Wilh. Wovon habt ihr denn gelebt?

Schm. Meine Frau hat deklamirt, und ich habe ver=
traute Briefe geschrieben.

Wilh. Ach Schmerle, du kommst zu spät!

Schm. Das ist heut zu Tage Manchem widerfahren.
Aber lassen Sie hören, wovon ist denn die Rede?

Wilh. Ich bin verliebt.

Schm. Schon wieder? Ich wollte Ihnen eben erzählen,
wie Ihre sechs verlassenen Schönen noch immer in Verzweif=
lung sind.

Wilh. Ich bin zum ersten Mal verliebt.

Schm. Das sagen Sie mir zum siebenten Male.

Wilh. In einen Engel, den ich heirathen wollte.

Schm. Ach ja, der heirathbaren Engel gibt es Gott sei
Dank eine große Anzahl. Nun, was steht im Wege?

Wilh. Sieh, hier wohnt Madame Lafond, die Witwe
eines berühmten Schneiders, die hat seit einigen Jahren eine
Erziehungsanstalt nach pestalozzischen Grundsätzen angelegt.
Unter ihren Pensionairinnen ist auch meine Henriette.

Schm. Also noch ein Kind?

Wilh. Kindlich, aber kein Kind mehr. Eine Waise, die
ein großes Vermögen besitzt. —

Schm. Papier oder klingende Münze?

Wilh. Die mich liebt mit einer Zärtlichkeit —

Schm. Das ist Nebensache. Belieben Sie von der
Hauptsache zu sprechen.

Wilh. Ihre sterbende Mutter hat sie mit einem albernen Vetter verlobt.

Schm. Daß doch die Menschen, während ihres Lebens, nicht Zeit genug haben, dumme Streiche zu machen! so mancher verspart den dummsten auf die Sterbestunde.

Wilh. Kurz, heute ist der Bräutigam angekommen.

Schm. Wie heißt denn der Glückliche?

Wilh. Feldkümmel!

Schm. Puh! ein gewürzreicher Name.

Wilh. Er ist ein reicher Pachter, wohnt dreißig Meilen von hier, mißt fünf Ellen im Umfange und sieht aus wie ein Kürbis.

Schm. Vermuthlich ein h o h l e r Kürbis?

Wilh. Er soll sich einmal verwundert haben, daß den Katzen gerade an der Stelle, wo ihnen die Augen sitzen, zwei Löcher in den Pelz geschnitten sind.

Schm. Bravo. Nun kenne ich meinen Mann. Und Sie fürchten sich vor einem solchen Stockfisch?

Wilh. Als ob die reichen Stockfische nicht gewöhnlich die liebenswürdigsten Frauen wegschnappten!

Schm. Nun hab' ich den ganzen Status causae begriffen. Ihre Geliebte ist eine Andromeda, die ein Monstrum zu verschlingen droht. Sie sind der Perseus, der sie befreien will, und ich soll die Ehre haben, Ihren Pegasus vorzustellen.

Wilh. Ganz recht. Aber du kommst in dem Augenblicke, wo das Ungeheuer schon seinen Rachen aufsperrt.

Schm. Desto mehr Ehre bringt der Sieg.

Wilh. Du hoffst?

Schm. Liebe und Schlauheit im Bunde, welche Macht widersteht?

Wilh. Wenn es dir gelänge — ich würde dich an mein Herz drücken.

Schm. Sonst nichts?

Wilh. Und deine hübsche Frau obendrein.

Schm. Viel Ehre.

Wilh. Und eine Pension empfängst du von der dankbaren Liebe bis an deinen Tod.

Schm. Wenn aber die Liebe früher stirbt als ich?

Wilh. Das hast du hier nicht zu befürchten.

Schm. Man hat Exempel. Eine runde Summe wäre mir lieber.

Wilh. Wohlan, tausend Thaler.

Schm. Uf! das ist eine Prämie! so viel zahlt keine Akademie für eine gelehrte Abhandlung.

Wilh. So laß den Preis dir ein Sporn sein.

Schm. Ich setze mich schon in Galopp. Der dicke Herr muß noch diesen Abend wieder aus der Stadt.

Wilh. Das wäre ein Meisterstück.

Schm. Vor allen Dingen muß ein guter General den Kriegsschauplatz kennen. Hier also Madame Lafond, die Schneiderswitwe? und hier ein Restaurateur?

Wilh. Monsieur Pompée le Grand. Sein Garçon ist auch ein Pfiffikus, mit Namen Jean Petit.

Schm. Den schreib' ich mir hinter's rechte Ohr. Und hier?

Wilh. Doktor Jurjus, der die Narren kurirt.

Schm. Hu! Der wird großen Zulauf haben.

Wilh. Ja, wenn die Narren kurirt sein wollten?

Schm. Den schreib' ich mir hinter's linke Ohr.

Wilh. Da drüben wohnt ein Polizei=Beamter.

Schm. Der kann auch gelegentlich mitspielen. Nun weiß

ich vor der Hand genug. Aber in die Hand gehört noch ein schwerer Bentel.

Wilh. Wozu?

Schm. Ei! zu geheimen Ausgaben, die werden im Budget nicht namhaft gemacht. Ohne Geld wäre selbst der Satan nur ein armer Teufel.

Wilh. Da, da, (gibt ihm Geld) du sollst mir keine Rechnung ablegen.

Schm. Sie kennen meine Ehrlichkeit.

Wilh. Nur von Hörensagen.

Schm. Wo find' ich aber unsern Feldkümmel?

Wilh. Er ist im grünen Ochsen abgetreten, und leider wird er wohl bald genug vor dieser Himmelspforte erscheinen.

Schm. Er soll seinen Petrus an mir finden.

Wilh. Ich muß eilen, Henrietten vorzubereiten.

Schm. Was zum Henker machen Sie mit der Violine? Sind Sie ein Tanzmeister geworden?

Wilh. Errathen. Ich fand kein anderes Mittel, um Zutritt in der Pension zu erhalten.

Schm. Bravo! nun erkenn' ich Sie für meinen Schüler.

Wilh. Welche Rolle theilst du mir zu?

Schm. Spielen Sie für's erste Ihren Tanzmeister, und lassen Sie mich allein mit meinem Genius. Ich werde schon zu rechter Zeit Ihre Talente prüfen.

Wilh. So gehab' dich wohl, und möge Amor in seiner ganzen Schalkheit sich dir offenbaren. (Er klingelt an der Hausthür, es wird ihm aufgethan, er geht hinein.)

Dritte Scene.

Schmerle (allein).

Gott sei Dank! ich bin wieder in meinem Beruf. In Berlin war nichts mehr für mich zu thun — Alle Mädchen tugendhaft, alle Frauen treu — ich mußte am Ende die Pauken in der Jungfrau von Orleans tragen, um nur ein Stück Brot zu verdienen. Jetzt öffnet sich mir eine neue Laufbahn, durch mein début muß ich das Publikum gewinnen. Lachen soll es, aber nicht auf meine Kosten. — Siehe, da wälzt sich ein Gebirge die Straße herauf. Wer ihm begegnet, bleibt steh'n und schaut ihm verwundert nach. — Was gilt's, mein Pachter Feldkümmel naht auf den Flügeln der Liebe?

Vierte Scene.

Pachter Feldkümmel. Schmerle.

Feldk. (sich den Schweiß trocknend). O weh! das ist eine große Stadt, und obend'rein Häuser eine gewaltige Menge.

Schm. Vermuthlich sind der Herr ein Fremder?

Feldk. Ja, mein Freund. Ich bin der Pachter Feldkümmel von Tippelskirchen, habe eine Ladung Wolle zu verkaufen und will auch heirathen.

Schm. So? Schafwolle?

Feldk. Ja, mein Freund, bei mir zu Lande tragen die Schafe keine Baumwolle.

Schm. Das wäre der Henker! und haben Ew. Gnaden die Braut schon ausgelesen?

Feldk. Jungfer Henriette Lilienhain mit vierzigtausend Thaler.

Schm. Gratulire.

Feldk. Schönen Dank. Ich bin selber ein reicher Kauz; aber des lieben Geldes hat man nie genug.

Schm. Tiefe Weisheit liegt in diesen Worten.

Feldk. Wahrhaftig? nun das ist mir lieb. Das kommt bei mir so von selber.

Schm. Vermuthlich ist die Fräulein Brant auch sehr schön?

Feldk. Ich habe sie in meinem Leben nicht gesehen. Sie ist einmal durch Tippelskirchen gefahren, da war aber gerade Heuernte, ich konnte nicht abkommen. Na, aus dem Lärvchen mache ich mir nicht viel, wenn sie nur fein korpulent ist, keine Weihnachtspuppe. Denn sieht Er, wo ich anfasse — (Er zeigt ihm seine Fäuste.)

Schm. Sehr begreiflich.

Feldk. Da ging ich eben durch ein enges Gäßchen, da saß eine Frau, die hatte einen Korb voll Eier vor sich steh'n. Ich schlenkerte nur ein wenig mit der Hand — prdauz! lag der Korb im Kothe. Ich mußte die Eier bezahlen.

Schm. Das war verdießlich.

Feldk. Hernach begegnete mir einer mit einen Sonnenschirme, der stieß drei Stäbe an meinem Kopfe entzwei. Ich sollte den Sonnenschirm bezahlen.

Schm. Ei das war hart.

Feldk. Der Mensch sagte, mein Kopf wäre hart, solche Köpfe gäbe es in der ganzen Stadt nicht mehr.

Schm. Nun freilich, da hat er Recht. Es ist in der That ein selt'ner Kopf, und harmonirt so schön mit dem ganzen Körper. Diese Fülle der Arme, diese fleischichten Hände, dieser gewölbte Bauch —

Feldk. (faltet andächtig die Hände über dem Bauche). Gott sei gedankt!

Schm. Ihre Braut wird entzückt sein bei Ihrem Anblick.

Feldk. Ich will sie auch sogleich entzücken. Sie ist in Pension bei einer französischen Madame, wo deutsche Fräulein erzogen werden; kann Er mir nicht sagen, wo die wohnt?

Schm. Etwa Madame Lafond?

Feldk. Richtig.

Schm. Die wohnt hier.

Feldk. Gottlob, ich war auch schon recht müde.

Schm. In einer fremden Stadt bedarf man oft dergleichen Nachweisungen; wenn Sie einen Lohnbedienten brauchen, so steh' ich zu Befehl.

Feldk. (bedenklich). Einen Lohnbedienten? das soll wohl heißen: einen Bedienten, der Lohn bekommt?

Schm. Gewöhnlich ja, aber ich diene par honneur.

Feldk. Par honneur? ist das viel?

Schm. Bisweilen ist es verdammt wenig.

Feldk. Nun, wenn es recht wenig wäre —

Schm. Ich verlange keinen Heller. Blos die Ehre, einen so wackern Mann zu bedienen —

Feldk. Ach so! ja diese Ehre soll Er haben, mein Freund, warum nicht? Also, ich ernenne Ihn zu meinem Lohnbedienten. Beköstigen mag Er sich selber.

Schm. Das versteht sich.

Feldk. Wie heißt Er denn?

Schm. Johann Friedrich Kochlöffel.

Feldk. Kochlöffel? sehr wohl. Der Name ist mir angenehm, ich werde ihn leicht behalten.

Schm. Ich bin in der ganzen Stadt als ein ehrlicher Mann bekannt.

Feldk. Wohlan mein ehrlicher Kochlöffel, ich will ihm sogleich ein Geschäft übertragen, wozu es mir an Zeit gebricht.

Schm. Befehlen Sie.

Feldk. Ich habe da einen Paß; es ist nur ein Stück Papier, aber wo man hinkommt, sind die Leute neugierig und wollen es besehen. Der Wirth zum grünen Ochsen hat nur gesagt, ich müßte das Ding in der Polizei abliefern. Was weiß ich von Polizei? ich weiß von nichts.

Schm. Geben Sie nur her, ich werde das schon besorgen.

Feldk. Thu' Er das, mein lieber Kochlöffel, und hole Er mich dann wieder ab.

Schm. Vermuthlich werden Sie bei Ihrer Braut speisen?

Feldk. Speisen? ja ich speise wohl recht gern; aber in Pensionen soll es wenig zu essen geben, und ich esse gern viel.

Schm. So dürfen Sie ja nur zweimal zu Mittag essen!

Feldk. (sehr freundlich). Zweimal? geht das an?

Schm. Warum nicht? Ich führe Sie nachher zu einem Restaurateur.

Feldk. Was ist das für ein Mensch?

Schm. Man nannte dergleichen Leute vormals Garköche.

Feldk. Ach das versteh' ich. Ja, ja, mein lieber Kochlöffel, zweimal will ich zu Mittag speisen, dabei bleibt es. — Also hier in diesem Hause?

Schm. Sie dürfen nur klingeln.

Feldk. Das will ich thun. (Er zieht an der Klingel und behält sie in der Hand.)

Schm. Sie haben ein wenig allzu herzhaft an der Klingel gezogen.

Feldk. Das ist so meine Art und Weise. Wie komme ich aber nun hinein?

Schm. Es wird schon aufgemacht. (Ein Bedienter öffnet die Thür.)

Feldk. Nun so will ich in Gottes Namen meine Braut heimsuchen. Wenn es nur keine magere Person ist. (Ab.)

Fünfte Scene.
Schmerle (allein).

Ha ha ha! mein lieber Schmerle, da verdienst du ein Sündengeld. Um mit dem Popanz fertig zu werden, brauchte der junge Herr wahrhaftig kein Genie von Berlin zu verschreiben. (Der Polizei=Beamte erscheint.) Da schleicht ein Mann herum mit einer weitriechenden Nase und einem Paar Augen, die aussehen wie Fragezeichen. Ich wette, er ist ein Appendix von der hochlöblichen Polizei. Die Physiognomie dieser Herren hab' ich studirt, sie gleichen sich überall. Vermuthlich hat er schon gewittert, daß ich ein Fremder bin. Wir wollen doch versuchen, ihn zu gewinnen. Wer durch ein fremdes Dorf geht, sans comparaison, der thut wohl, sich mit den Hunden zu befreunden. (Er zieht einige Dukaten aus der Tasche.) Pst! pst! mein Herr!

Sechste Scene.
Schmerle und der **Polizei=Beamte.**

Pol. B. Was steht zu Ihren Diensten?

Schm. Verzeihen Sie meine Zudringlichkeit. Sie sind doch ein hiesiger Einwohner?

Pol. B. O ja.

Schm. Sonder Zweifel ein Mann in Amt und Würden?

Pol. B. Ich habe die Ehre für die Sicherheit und Ruhe dieses Stadtviertels zu wachen.

Schm. (bei Seite). Richtig vermuthet. (Laut.) Ich bin ein Fremder, mein Herr.

Pol. B. Das hab' ich Ihnen auf hundert Schritte angesehen.

Schm. Ich befinde mich in einer kleinen Verlegenheit.

Pol. B. Hat man Sie bestohlen?

Schm. Im Gegentheil, ich habe Geld gefunden.

Pol. B. Gefunden? Wo? wann? viel?

Schm. Einige Dukaten, hier auf der Straße. Gott weiß, wer sie mag verloren haben.

Pol. B. Ei, Sie sind ein Glückskind.

Schm. Was denken Sie von mir, mein Herr? ich komme aus einem Lande, wo man ganz entsetzlich gewissenhaft ist. Die Dukaten würden mich auf der Seele brennen, wenn ich auch wüßte, daß ein Proviant=Commissär sie verloren hätte.

Pol. B. Sehr honnet.

Schm. Das macht der Geist der Zeit, mein Herr, wir leben in einer honneten Zeit. Darum bitte ich Sie, verwahren Sie dies Geld, bis der Eigenthümer sich meldet, oder schenken Sie es den Armen.

Pol. B. (nimmt es). Sie sind ein braver Herr. Wie heißen Sie? wo kommen Sie her?

Schm. Ich bin der Pachter Feldkümmel von Tippels=
kirchen.

Pol. B. Sonder Zweifel mit einem Paß versehen?

Schm. Das versteht sich. Hier ist er.

Pol. B. (liest). Hm! Hm! ganz recht. Alles in der
schönsten Ordnung. (Gibt den Paß zurück.) Werden Sie sich
lange hier aufhalten?

Schm. Nachdem es fällt. Ich habe eine Ladung Wolle
zu verkaufen und will auch heirathen.

Pol. B. Die Wolle gegen ein Schäfchen vertauschen?
wünsche Glück. Wo ich dienen kann, da befehlen Sie nur.

Schm. Ach, ich lebe so schlecht und recht.

Pol. B. Schlecht leben jetzt gar viele, aber recht nur
wenige.

Schm. Das muß ich leider auch erfahren. Da zieht ein
Kerl in der Welt herum, der hat die Unverschämtheit, sich
für mich auszugeben.

Pol. B. Ei!

Schm. Macht Schulden auf meinen Namen und allerlei
dumme Streiche.

Pol. B. Dem muß man aufpassen.

Schm. Dabei soll er die Kunst verstehen, sich anzustel=
len, als ob er der dümmste Esel wäre.

Pol. B. Mich soll er nicht betrügen.

Schm. Ach mein Herr! Sie würden mich außerordent=
lich verbinden, wenn Sie ihn ertappten.

Pol. B. Benutzt er vielleicht eine gewisse Aehnlichkeit
an Dero werthen Person?

Schm. Ganz und gar nicht. Sie sehen an mir keine
Spur von theuren Kornpreisen, die dermalen leider schlecht

genug sind; er hingegen soll aussehen, als ob er schon im Mutterleibe Rostbeef gegessen hätte.

Pol. B. Ich weiß genug. Läßt er in meinem Stadt= viertel sich blicken, so hat er seine Rolle ausgespielt. Ihr gehorsamer Diener, mein Herr. Sollten Sie wieder Du= katen finden, so bin ich jederzeit bereit, sie in Empfang zu nehmen. (Ab.)

———

Siebente Scene.
Schmerle (allein).

Ja das glaub' ich. Man erzählt viel von dem Kapell= meister Orpheus, wie schön er geleiert habe; doch ich wette, er hat dem Höllenhund eine Hand voll Dukaten in den Ra= chen geworfen, da ist er so zahm geworden, wie ein Schooß= hündchen. Hoffentlich hab' ich dem dicken Herrn ein Bad bereitet. Nnn will ich mit meiner Sabine zu Rathe gehen; denn Schelmenstreiche ohne Weiberlist haben keine rechte Politur. (Ab.)

(Der Vorhang fällt.)

———

Zweiter Act.
(Zimmer in der Wohnung der Madame Lafond.)

Erste Scene.

Louise (zeichnet). **Justine** (stickt). **Caroline** (liest). **Bärbchen** (rechnet auf einer Rechentafel). **Wilhelm** (lehret) **Henrietten** (tan= zen. Auf einem Sopha schläft ein Schooßhund. Auf einem Tische steht ein Rosenstock; auf der Diele Bärbchens Puppenkram).

Bärbch. Zweimal drei ist sechs, und zweimal sieben ist achtzehn.

Louise. Schäme dich, Bärbchen! zweimal sieben ist fünfzehn.

Just. Ha ha ha! Ihr werdet euren künftigen Männern eine schöne Wirthschaft führen.

Bärbch. Pfui! ich heirathe in meinem Leben nicht.

Louise. Man ist auch noch keine große Wirthin, wenn man ein Taschentuch sticken kann.

Wilh. (leise, indem er immer fort Lektion gibt und mit der Violine dazu accompagnirt). Sie erschrecken nicht einmal über diese Nachricht?

Henr. Warum sollt' ich erschrecken? ist denn ein Bräutigam ein so fürchterliches Ding?

Car. Was redet ihr da von Bräutigam?

Wilh. (hastig spielend). Auswärts! auswärts! Mademoiselle.

Louise (leise zu Carolinen). Hast du nicht gemerkt, daß sie immer etwas mit ihm zu zischeln hat?

Car. Ich sag' es der Madame.

Wilh. (leise). Er wird bald hier sein.

Henr. Desto besser.

Wilh. Ich werde vor Angst vergeh'n.

Henr. Ich werde vor Lachen sterben.

Wilh. (ärgerlich). Takt gehalten, Mademoiselle!

Just. (leise zu den Andern) Er macht ihr die Cour.

Louise. Und sie hat nichts dagegen.

Car. Ich sag' es der Madame.

Wilh. Wollen Sie mich zur Verzweiflung bringen?

Henr. Ruhig! lieber Wilhelm, bauen Sie auf meine Treue.

Wilh. Darf ich das?

XXVII. 12

Henr. Ihr Nebenbuhler ist ja kein Adonis.

Wilh. Also wenn er ein Adonis wäre?

Henr. (neckend). Je nun, wer kann für sich steh'n?

Wilh. (ärgerlich). Takt gehalten, Mademoiselle!

Louise. Wenn der Puls schnell geht, so kommen gewisse Leute aus dem Takte.

Bärbch. Wenn ein Pfund Rosinen zwei Groschen kostet, wie viel Thaler kosten hundert Pfund?

Just. Armes Bärbchen, du zerbrichst dir gewaltig den Kopf.

Bärbch. Ach, wenn es nur keine Rosinen wären! wer kann denn vernünftig rechnen, wenn er an Rosinen den-ken muß?

Louise (stichelnd). Gerade so geht es mit dem Ver-plempern.

Wilh. (leise). Ich weiß, Sie scherzen nur, aber Sie kränken mich.

Henr. Sie sind ein krittlicher Patient.

Wilh. Wie wollen Sie es denn anfangen, ihn los zu werden?

Henr. Schaffen Sie mir ihn vom Halse.

Wilh. Ich werde mein Möglichstes thun.

Henr. Und bei mir soll er seines Lebens nicht froh werden.

Car. (steht auf). Henriette, ich bin die Aelteste, ich muß dich warnen.

Henr. Ach, liebe Caroline! deine Warnung kommt zu spät!

Car. Das wäre ja ganz entsetzlich!

Louise. Und fürchterlich!

Just. Und gräßlich!

Henr. Ha ha ha! solche furchtbare Dinge steh'n euch

Allen noch bevor. Kommt her, liebe Freundinnen, ich will euch zu Vertrauten machen.

Car. Ja, wenn du d a s thust, so entwaffnest du mich.

Louise. O ja, vertrau' dich uns. Geheimnisse hör' ich für mein Leben gern.

Just. (sehr neugierig). Was gibt es denn?

Bärbch. (legt ihre Tafel bei Seite). Darf ich auch zuhören?

Henr. Wenn du nicht plaudern willst?

Bärbch. Seht doch! bin ich denn ein Kind?

Wilh. Sie wagen viel.

Henr. Der Knoten muß sich ohnehin jetzt lösen. Schon drei Jahre sind wir Mädchen hier beisammen, folglich haben wir die zärtlichste Freundschaft gestiftet, nicht wahr?

Car. Bis in den Tod.

Louise. Bis über das Grab hinaus.

Just. Ewigkeiten trotzend.

Henr. Da hören Sie es.

Bärbch. Du mußt aber auch nicht wieder, wie neulich, über meine Puppe spotten, sonst —

Wilh. (bei Seite). Da haben wir's! solche Freundschaften währen so lange, bis eine Puppe dazwischen kommt.

Henr. Also darf ich auf eure Verschwiegenheit sicher bauen?

Car. Wie auf Marmorfelsen.

Henr. (breitet einen Sonnenschirm aus) Legt eure Hände auf diesen Sonnenschirm, und schwört.

Alle (thun es). Wir schwören!

Henr. Wenn ihr meineidig werdet, so soll die nächste neue Mode für euch nicht existiren.

Alle. Wir schwören!

Henr. Ihr sollt vier Wochen lang Mützen tragen, wie unsere alte Köchin.

Alle. Hu, wir schwören!

Henr. Nun so wißt, dieser junge Herr ist kein Tanzmeister.

Alle. Wie? was ist er denn?

Henr. Er ist mein Liebhaber, Wilhelm Blond.

Bärbch. So sieht also ein Liebhaber aus?

Car. Ei ei! wenn Madame Lafond das wüßte!

Alle. Ei! ei! ei!

Henr. Ich hätt' es ihr schon selber gesagt, denn ich bilde mir ein, an diesem jungen Herrn sei nichts auszusetzen — was meint ihr?

Bärbch. (macht einen Knir). Mir gefällt er recht gut.

Henr. Ihr Andern schweigt? das gilt für eure hohe Approbation.

Bärbch. Wirst du ihn denn heirathen?

Henr. Freilich, was denn sonst? wir sind Beide wohlhabend, wir werden ein hübsches Haus machen, da besucht ihr mich täglich —

Louise. Wirst du auch Equipage halten?

Henr. Ohne Zweifel.

Louise. O dann fahren wir mit einander in's Grüne.

Just. Wirst du auch eine Loge in der Komödie haben?

Henr. Das versteht sich.

Just. O dann nimmst du mich mit!

Car. Alles recht gut; aber hast du uns nicht erzählt, du hättest schon einen Bräutigam, Gott weiß, wie weit von hier?

Henr. Da liegt eben der Stein des Anstoßes. Dieser Bräutigam ist gekommen.

Louise. Ist er da?

Henr. Will mich holen.

Just. O weh!.

Henr. Wird gleich hier sein.

Bärbch. Der schlechte Mensch!

Henr. Leider bin ich förmlich mit ihm verlobt.

Car. Was wirst du anfangen?

Henr. Mit eurer Hilfe denke ich ihm den Kopf so toll zu machen, daß er froh sein soll, wenn er wieder auf dem Postwagen sitzt. Der Herr Tanzmeister hier behauptete neulich, Ein Frauenzimmer wäre genug dazu; aber ich setze ein bescheidenes Mißtrauen in meine Kräfte, und schließe daher mit euch ein Bündniß.

Car. Hand in Hand.

Louise. Auf Tod und Leben.

Just. Zu Schutz und Trutz. (Sie reichen sich die Hände.)

Bärbch. (reicht auch ihre Hand herauf). Auf Leben und Tod!

Wilh. Eine fürchterliche Coalition!

Henr. Entfesselt den Muthwillen, laßt jeder kleinen Bosheit den Zügel schießen, treibt euer Spiel nach Gefallen mit ihm, bis er die Flucht ergreift.

Louise. An mir soll's nicht fehlen.

Bärbch. Ich bin auch dabei.

Car. Wenn er es wagt, hier zu erscheinen —

Just. So gnade ihm Gott!

Zweite Scene.
Bedienter. Die Vorigen.

Bed. Draußen steht ein dicker Mann, er nennt sich Feldkümmel.

Alle. Willkommen! willkommen!

Bed. Er hat die Klingel von der Hausthür gerissen, und spricht, Mamsell Henriette wäre seine Braut.

Henr. Führe ihn herauf.

Bed. Wenn nur die Treppe breit genug für ihn ist. (Ab.)

Louise. Wie empfangen wir ihn?

Just. Wie wäre es, wenn wir uns Alle stellten, als ob wir schliefen?

Bärbch. Pfui, der Mensch wäre kapabel, uns zu küssen.

Car. Wir könnten das Chor aus dem Axur anstimmen: Heil dir, Tarar!

Henr. Ei was was besinnen wir uns lange? Wir haben ja den Tanzmeister hier, wir wollen tanzen.

Alle. Ja tanzen! tanzen!

Henr. Allons, mein Herr, spielen Sie auf. (Wilhelm geigt aus allen Kräften, die Mädchen tanzen.)

Dritte Scene.
Feldkümmel. Die Vorigen.

(Als Feldkümmel hereingetreten, bleibt er verwundert stehen. Die Mädchen tanzen noch ein Weilchen, dann halten sie plötzlich inne, rangiren sich zu beiden Seiten, betrachten ihn und fangen überlaut an zu lachen. Feldkümmel weiß anfangs nicht, wie er das nehmen soll, lacht aber endlich aus vollem Halse mit.)

Wilh. Was soll das heißen, meine Damen? warum unterbrechen Sie die Lektion? ich bitte fortzufahren. (Er geigt.)

Henr. Das dritte Paar ist nicht vollzählig.

Wilh. Nehmen Sie den fremden Herrn mit dazu; er wird schon so gefällig sein, ein paar Touren mitzumachen.

Feldk. Ich? ja da kommen Sie mir eben recht.

Wilh. Allons! allons! (er geigt.)

Henr. Ich bitte mir die Ehre aus, mein Herr (sie zerrt ihn vorwärts).

Feldk. Ich deprecire, mein schönes Mamsellchen; ich bin noch müde von der Reise. Eine Polonaise, wenn's ja nicht anders sein kann.

Henr. Ei, Sie werden doch die schottischen Pas versteh'n?

Feldk. Ich bin ja kein Schotte, ich komme von Tippels= kirchen.

Henr. Frisch darauf los! (Sie tanzen und walzen. Feldküm= mel fliegt aus einem Arme in den andern, abgebrochene Worte stöh= nend.) Ich bitte um Erbarmen — ich kann nicht mehr — ich hab' den Schwindel — die Seele fährt mir aus — (im Herum= taumeln zertritt er Bärbchens Puppe.)

Bärbch. O weh! o weh! meine Puppe! meine Puppe! Ach! Sie abscheulicher Mensch!

Feldk. Hol' der Teufel alle Puppen! ich habe keinen Athem mehr. — (Er plumpt auf einen Sessel, der unter ihm zer= bricht, wodurch er auf die Erde zu liegen kommt.)

Die Mädchen. Ha ha ha!

Feldk. (ärgerlich sie nachspottend). Hä hä hä! da ist nichts zu lachen. Will mir denn Niemand aufhelfen?

Henr. Rathen Sie erst, welche von uns Ihre Braut ist.

Feldk. Kann das nicht hernach gescheh'n?

Henr. Die Stellung ist fein demüthig, wie es sich für einen Bräutigam geziemt.

Louise. Geschwind, mein Herr, rathen Sie.

Feldk. Na — die kleine Dicke —

Just. (mit tiefem Knix). Nein, mein Herr, ich bin nicht so glücklich.

Feldk. Oder die hübſche Blonde —

Louiſe. (mit tiefem Knir). Leider hab' ich nicht die Ehre.

Feldk. Na gleich viel, das wird ſich gelegentlich wohl finden. Helfen Sie mir nur erſt auf die Beine.

Henr. Ein Bräutigam, und kann nicht einmal auf-ſteh'n?

Louiſe. Ach! ach! mir hat er mit den Sporen ein gro-ßes Loch in mein neues Kleid geriſſen! der fatale Menſch!

Feldk. Ei, wenn ich tanze, kann ich die Sporen nicht regieren.

Car. Was ſeh' ich! Um's Himmelswillen! mir hat er das Kleid mit Blut befleckt! der ſchreckliche Menſch!

Feldk. Iſt das ein Wunder? mein Goldfingerlein blu-tet ja noch immer.

Car. Wovon denn?

Feldk. Ei, da draußen im Vorzimmer ſtand ein grüner Rabe auf einer Stange — ich habe dergleichen Raben in meinem Leben nicht geſeh'n — meinte, er wäre zahm, wollt' ihn ſtreicheln, da biß mich das Beeſt in den Finger bis auf den Knochen; da gab ich ihm einen Schwinderling, daß er in ſeinem Leben nicht mehr beißen wird.

Juſt. Ich glaube, er ſpricht von meinem Papagei? ich will nicht hoffen, daß er ihm ein Leides angethan hat. (Stürzt hinaus.)

Feldk. Wenn ihn die Katzen nicht fortgeſchleppt haben, ſo liegt er wohl noch draußen. Aber ſoll ich denn hier auf der Erde logiren? Herr Tanzmeiſter, helfen Sie mir doch!

Wilh. Von Herzen gern. (Er ſpielt auf der Violine.)

Feldk. Ja, was ſoll mir das Geigen helfen? ich bin ja kein Tanzbär.

Wilh. Nicht? o so bitte ich um Verzeihung. (Er hilft ihm auf, wird aber das erste Mal selbst mit heruntergezogen, rafft sich wieder empor, bringt ihn endlich auf die Beine, allein er taumelt noch ein wenig, will sich halten, ergreift von ungefähr den nahe stehenden Rosenstock, bricht ihn entzwei, und wirft den Topf auf Louisens Zeichnung.)

Feldk. Hopsa! hopsa!

Henr. Mein schöner Rosenstock! ach Sie grausamer Mensch!

Louise. Und meine Zeichnung! Barbar!

Feldk. Nun, ich bin doch wohl am schlimmsten dabei ge= fahren, denn ich habe mir die Hand zerkratzt.

Henr. Die Angen möcht' ich Ihnen auskratzen.

Feldk. Sind Sie etwa meine Brant?

Henr. Leider ja!

Feldk. Na sein Sie nur ruhig. Rosen gibt es genug in Tippelskirchen, die wachsen wild im Busche.

Just. (kommt zurück mit dem todten Papagei). Ach ich armes unglückliches Mädchen! mein Jako! mein liebenswürdiger Jako!

Alle. Was ist ihm widerfahren?

Just. Da liegt er todt in meiner Schürze!

Feldk. Mausetodt, das wußt' ich wohl.

Alle. Der arme Jako!

Just. (schluchzend). Sie verruchter Mörder!

Feldk. Na, geben Sie sich nur zufrieden, ich schicke Ihnen ein paar Lachtauben, das sind sanftmüthige Kreatu= ren, die beißen nicht, wie der verfluchte Rabe.

Just. Was Rabe! es ist ein Papagei.

Feldk. So? das kann wohl sein. Ich habe in meinem Leben keinen Papagei geseh'n.

Juſt. Ich wollte, Sie ſäßen in Braſilien mitten im dick=
ſten Walde.

Feldk. Ei warum nicht gar!

Henr. Schämen Sie ſich nicht, mein Herr, ſo viel Un=
heil in fünf Minuten zu ſtiften?

Feldk. Ja du mein Gott! was hab' ich denn gethan?

Alle (umringen ihn ſchreiend). Mein Roſenſtock — meine
Puppe — meine Zeichnung — mein Kleid — mein Jako!

Feldk. Potz Velten! ich bin verflucht in der Klemme.

Vierte Scene.
Madame Lafond. Die Vorigen.

M. Laf. Mon dieu! Was geht hier vor?

Wilh. Da iſt ein fremder Herr gekommen, und hat
meine Tanzſtunde ganz in Konfuſion gebracht. Mes demoi-
ſelles! Wenn Sie ein andersmal bei einem ſo ernſthaf=
ten Studio nicht aufmerkſam ſein werden, ſo verklage ich Sie
bei Madame Lafond. (Ab.)

M. Laf. Was ſoll das bedeuten? Ihr weint? Ihr
ſchluchzt?

Louiſe. Mein Rock iſt zerriſſen, meine Zeichnung befleckt!

Bärbch. Meine Puppe zerbrochen!

Henr. Mein Roſenſtock geknickt!

Car. Mein Kleid beſudelt!

Juſt. Mein Papagei ermordet!

M. Laf. Mon dieu! woher all dies Unheil?

Bärbch. Alles durch dieſen dicken Herrn, der durchaus
mit uns tanzen wollte.

Feldk. Na, die hat das Lügen auch früh genug begriffen.

M. Laf. Wer iſt denn der dicke Herr?

Feldk. Ihr gehorsamer Diener, Madame. Ist mein Knecht mit den Schinken noch nicht bei Ihnen gewesen, um meine Ankunft zu vermelden?

M. Laf. Aha! vermuthlich der Herr Pachter Feld=kümmel?

Feldk. Ganz recht, der Bräutigam.

M. Laf. Sein Sie willkommen. Mademoiselle Hen=riette, Sie haben doch den künftigen Herrn Gemahl mit der gebührenden Achtung empfangen?

Henr. (stellt sich dicht vor ihm hin und macht drei tiefe Verbeu=gungen, deren jede er auf seine Art erwidert, bei der letzten erhält er sich mit Mühe auf den Beinen).

Feldk. Das ist also die liebe Jungfer Brant? Noch ein Bischen mager. Nnn, nun in einer Pension kann man frei=lich nicht fett werden. Die Madame sind auch verzweifelt ma=ger. Besuchen Sie mich einmal in den Hundstagen. Brin=gen Sie meinetwegen die ganze Bagage mit, in vier Wochen will ich Sie alle so fett nach Hanse schicken, wie die Gänse von den Stoppeln.

M. Laf. Außerordentlich verbindlich, mein Herr. Nun Mesdemoiselles, stellen Sie sich doch nicht an wie kleine Kinder! hören Sie endlich einmal auf zu weinen und zu schluchzen.

Alle. Aber sehen Sie doch nur!

M. Laf. Man muß die allzugroße Reizbarkeit unter=drücken; man muß sich von seinen Empfindungen nie überwäl=tigen lassen.

Just. Aber mein Jako!

M. Laf. Und vollends Sie, Mademoiselle, wie oft hab' ich Ihnen gesagt, daß man sein Herz nicht an unver=

nünftige Thiere hängen muß. Zeitvertreib, immerhin! den kann man sich wohl mit solchen Geschöpfen erlauben, aber man muß nie gestatten, daß sie Leidenschaft erregen, unanständige Ausbrüche von Zorn oder Betrübniß. Ueberhaupt muß ein wohlerzogenes Frauenzimmer sich hüten, selbst bei den traurigsten Vorfällen des Lebens, zerstörenden Leidenschaften den Zügel schießen zu lassen. Als mein seliger Gemahl starb — ich war sehr betrübt, aber ich ließ mir gar nichts merken, und Niemand konnte es mir anseh'n. Mit meiner gewöhnlichen Sanftmuth besorgte ich die Beerdigung und meine Küche. Da nehmen Sie ein Beispiel, Mademoiselle. Ein Papagei ist noch lange kein Mann.

Feldk. Ne wahrhaftig! die Madame spricht wie ein Buch.

M. Laf. Ich bitte, mein Herr, setzen Sie sich.

Feldk. O, von Herzen gern.

M. Laf. Und verzeihen Sie die Albernheit dieser kindischen Personen.

Feldk. Hat nichts zu bedeuten. (Er setzt sich auf den schlafenden Schooßhund.) Was quickt denn da?

M. Laf. Um's Himmelswillen! Sie werden sich doch nicht auf meinem Grigri gesetzt haben?

Feldk. Gott bewahre! wer ist denn Ihr Grigri?

M. Laf. Mein Hündchen! mein süßer Freund! so steh'n Sie doch auf!

Feldk. Gleich, gleich! das geht nicht so geschwinde.

(Die Mädchen kickern unter einander.)

M. Laf. (außer sich). Ach er ist erdrückt!

Feldk. (hebt ihn bei einem Fuße in die Höhe). Ja wahrhaftig, ein kleines Hundebeest — (wirft ihn auf die Erde) streckt alle viere von sich.

(Die Mädchen geben sich alle Mühe, nicht auszuplatzen)

M. Laf. (die Hände ringend). Todt! todt! mein Abgott! mein Grigri! mein Alles!

Feldk. Na sein Sie nur ruhig, ich schicke Ihnen Einen, der fünfmal so groß ist wie dieser.

M. Laf. Sie sind ein Tölpel, mein Herr, ein barbarischer Tölpel.

Feldk. Das kann wohl sein, aber es thut mir leid —

Die Mädchen. Ha ha ha!

M. Laf. Geh'n Sie mir aus den Augen und betreten Sie meine Schwelle nie wieder!

Feldk. Bei mir zu Hause darf kein Hund auf dem Sofa liegen.

M. Laf. (wirft sich bei dem Hunde nieder). O du treueste Seele! zu einer Zeit, wo es keine and're Trene mehr auf Erden gab als Hundetreue! du süßester Gefährte meines Lebens! nie werden meine Augen wieder trocken werden!

Car. Man muß sein Herz nicht an unvernünftige Thiere hängen.

M. Laf. War denn Grigri ein unvernünftiges Thier? hat er nicht die Menschen durch seinen Verstand beschämt?

Louise. Man muß sich vor Ausbrüchen der Leidenschaft hüten.

M. Laf. Schweigen Sie!

Henr. Man muß bei den traurigsten Vorfällen des Lebens die gewöhnliche Sanftmuth behaupten.

M. Laf. Unempfindliche!

Just. Ein Hund ist noch lange kein Mann!

M. Laf. Macht mich nicht rasend! — Ihr theuren Ueberreste! ich will euch den Blicken dieser Herzlosen entzie-

hen; ich will euch mit meinen Thränen waschen, euch aus=
stopfen, und den Mörder verfluchen, der mir auf ewig meine
Wonne raubte! (Sie stürzt fort mit dem Hunde.)

Fünfte Scene.
Die Vorigen ohne Mad. Lafond.

Henr. Den Mann hat sie nicht ausgestopft.

Feldk. (für sich). Das ist ein verfluchtes Haus. Nun ist
wohl gar nicht daran zu denken, daß man hier etwas zu essen
bekäme.

Henr. Sie sehen, mein Herr Bräutigam, welchen Jam=
mer Sie in dieses Haus gebracht haben. Lebendige und Todte
schreien Rache über Sie.

Feldk. Du mein Gott! ich bin unschuldig wie ein nenge=
bornes Kindlein.

Car. Wir müssen Gericht über das Kindlein halten.

Alle. Ja das wollen wir.

Louise. Henriette du sollst Richter sein.

Just. Ich trete als Kläger auf.

Car. Wir Andern sind Zeugen.

Henr. Man setze mir einen Richterstuhl.

Feldk. Das ist eine dumme Spielerei.

Henr. Damit auch der Beklagte nicht sprechen dürfe,
wir hätten ihn ungehört verdammt, so ernenne ich ihm ex
officio einen defensor. Du Louise magst ihn vertheidigen.

Louise. Wohlan, mein Herr, stellen Sie sich mir zur
Seite.

Feldk. Als ob ich ein armer Sünder wäre!

Car. Wir wollen diesmal an einem reichen Sünder
ein Exempel statuiren, das geschieht selten.

Henr. (ſitzend). Der Kläger bringe ſeine Klage vor.

Juſt. Ehrwürdiger Richter! der Caliban aus Shake-
ſpears Sturm iſt davon gelaufen, und hat in dieſer ruhigen
Wohnung einen zweifachen gräßlichen Mord begangen, auch
ſonſt viel Unheil angerichtet.

Henr. Könnt Ihr Eure Klage beweiſen?

Juſt. Das Blut der Ermordeten raucht noch, und hier
ſind Zeugen zum Jurament bereit.

Henr. Der Beklagte vertheidige ſich.

Louiſe. Ehrwürdiger Richter! Wenn gleich die doppelte
Mordthat nicht zu leugnen iſt, ſo kann ſelbige doch meinem
Klienten moraliſcher Weiſe nicht zugerechnet werden, da ſelbi-
ger mit dem gall'ſchen Mordorgan behaftet auf die Welt gekommen, folglich gezwungen iſt, Alles zu erwürgen, was
ihm unter die Fäuſte geräth.

Feldk. Ich verſtehe nicht ein Wort von dem ganzen
Schnickſchnack.

Henr. Könnt Ihr, zu Milderung ſeiner Verbrechen, ſonſt
nichts anführen?

Louiſe. Er ſchmeichelt ſich, daß der weiſe Richter auf
ſeine übrigen Verdienſte billige Rückſicht nehmen werde, in-
maßen er an Gewicht alle ſeine Zeitgenoſſen übertrifft.

Feldk. Hä hä hä! ich wiege 342 Pfund auf der tip-
pelskircher Wage.

Henr. Dieſer Umſtand iſt in magern Zeiten allerdings
von großer Bedeutung, und ſoll das Urtheil mildern. Die
Dolche der Gerechtigkeit, die bereits über ihn gezückt waren,
mögen ſich in Stecknadeln verwandeln. Mit dieſen ſoll man
den armen Sünder kitzeln, wie weiland die Liliputer den Ka-
pitän Gulliver; und dieſes gnädige Urtheil werde ſogleich
vollſtreckt.

Alle (ziehen Stecknadeln aus ihren Halstüchern). Auf zur Rache!

Feldk. Meine schönen Jüngferchen, lassen Sie mich zufrieden —

Henr. (hält ihre Stecknadel hoch empor, die übrigen gleichfalls). Der Geist des Redners Jako, die Manen des unsterblichen Grigri fordern ein Opfer!

Just. Es werde gebracht!

Feldk. Bleiben Sie mir mit den Stecknadeln vom Halse —

Louise. Die Tapferste wage den ersten Stich! (Sie sticht. Alle fallen über ihn her, Bärbchen sticht ihn in die Waden.)

Feldk. Au weh! — Ihr Satanskinder! — mein Bauch — meine Waden — Jungfer Braut — helfen Sie doch — au weh — das ist ein dummer Spaß — ich bin ja nicht mit Heckſel ausgestopft — Au weh! au weh! (Die Mädchen treiben ihn unter lautem Gelächter zur Thür hinaus.)

(Der Vorhang fällt.)

Dritter Act.
(Saal beim Restaurateur.)

Erste Scene.

Hans (schläft auf einer Bank). **Feldkümmel** und **Schmerle** treten ein).

Feldk. Ne, mein lieber Kochlöffel, mir gefällt es ganz und gar nicht in dieser berühmten Stadt. Wenn ich in Tippelskirchen erscheine, so grüßen mich alle Menschenkinder, und die schönsten Mastochsen geh'n mir aus dem Wege; hier fahren mir die Karrenschieber zwischen die Beine und die Kutschpferde flüstern mir in die Ohren.

Schm. Ja, es war ein Glück, als der verdammte Kar=
renschieber Ihnen so plötzlich beide Füße von hinten wegschob,
daß Sie doch mitten auf den Karren und ziemlich weich zu
sitzen kamen.

Feldk. O ja, weich genug.

Schm. Aber spaßhaft war es anzuschauen, wie der Kerl
nicht aus der Stelle konnte, sobald Ihre Last seine Ladung
verdoppelt hatte.

Feldk. Er fuhr mich doch wirklich einige Schritte zu
meinem großen Mißvergnügen.

Schm. Aber hörten Sie auch, wie der Pöbel ihn aus=
lachte?

Feldk. (lachend). Ja, das hört' ich.

Schm. Der Bäckerbursche mit dem nassen Besen schien
ein gutmüthiger Mensch zu sein.

Feldk. Ja, er strich mir unentgeltlich Alles wieder vom
Leibe, was nicht darauf gehörte.

Schm. O Sie sind nun wieder so sauber, daß Sie jeden
Augenblick Ihre Braut besuchen dürfen.

Feldk. Ich will aber meine Braut jetzt nicht besuchen.
Es ist mir dort gar wunderlich ergangen. Ich bin gebissen und
gestochen worden, und was das Schlimmste ist, ich habe tan=
zen müssen.

Schm. Tanzen? bei dem heißen Wetter? ja, wenn die
Weiber nur tanzen können, gleichviel ob am Eismeer oder
am Senegal.

Feldk. In Tippelskirchen tanzen sie auch, aber ich sitze
dabei und schmauche.

Schm. Für eine Braut thut man schon ein Uebriges.

Feldk. Beileibe nicht! Bräute muß man nicht verwöh=

nen; zumal wenn sie, wie die meinige, ohnehin etwas nase=
weis sind.

Schm. Ew. Gnaden scheinen nicht sonderlich erbaut von
Dero zukünftigen Ehehälfte?

Feldk. Im Vertrauen, mein lieber Kochlöffel, sie hat mich
sparsam kontentirt. Ihre Augen fackeln wie Johannisfeuer.

Schm. Das pflegt eine Pantoffel-Herrschaft zu bedeuten.

Feldk. Ihre Backen — ein wenig rosenroth. Da sollt'
er einmal die Mädchen in Tippelskirchen seh'n, das brennt
wie Scharlach, und dann der ganze Körper, da ist nichts festes,
nichts stämmiges; kein Gedeihen der lieben Nahrungsmittel.
Und ein Füßchen — du mein Gott, wenn ich zwanzig solche
Füße hätte, so müßt' ich stolpern bei jedem Schritte. Da sollt'
Er die Füße in Tippelskirchen seh'n; wenn da ein Mädchen
nur einmal durch's Gras geht, so ist der Fußsteig fertig.

Schm. Da Ew. Gnaden mich Ihres Vertrauens wür=
digen, so darf ich auch nicht verschweigen, daß von der Mam=
sell Braut wenig Gutes gesprochen wird.

Feldk. Ei, was spricht man denn von ihr?

Schm. Böse Dinge!

Feldk. Von wegen der Tugend?

Schm. Ach nein, das möchte noch hingehen; darauf wird
heut zu Tage so genau nicht mehr geseh'n.

Feldk. Gehorsamer Diener! in Tippelskirchen —

Schm. Aber ihre Grundsätze —

Feldk. Hat sie Grundsätze?

Schm. Sie soll mit Respekt zu melden, ein Freigeist sein.

Feldk. Das will so viel sagen als ein Ketzer?

Schm. Eine Materialistin —

Feldk. Eine Gewürzkrämerin? ei warum nicht gar!

Schm. Nicht doch, das heißt, eine Person, die keine Seele glaubt.

Feldk. Keine Seele? ha ha ha! es gibt sogar ein Fest aller Seelen, am 25. November wird's gefeiert, was kann sie dagegen einwenden?

Schm. Es ist gottlos.

Feldk. I nu, wenn sie nur sonst fromm ist, um die Seele bekümmere ich mich nicht. Man hat genug mit seinem Körper zu schaffen.

Schm. In der edlen Kochkunst ist sie eine krasse Ignorantin.

Feldk. Mein Gott! wofür ist sie denn drei Jahre in der theuren Pension gewesen?

Schm. Tanzen hat sie gelernt.

Feldk. Das verfluchte Tanzen!

Schm. Wär' ich an Ihrer Stelle, ich nehme mir eine stämmige Tippelskircherin, eine rechtschaffene Köchin.

Feldk. Freilich, der Rath ist weise. Aber das viele Geld! da muß man ein Auge zudrücken, und mit dem Andern blinzeln. Und dann die Liebe! mir hat die französische Madame geschrieben, man habe sogar von mir geträumt.

Schm. (bei Seite). Vermuthlich hat sie der Alp gedrückt.

Feldk. Indessen, wenn es mir zu bunt gemacht wird, so trete ich auf die Hinterbeine.

Schm. Ich mein' es ehrlich mit Ew. Gnaden; mir wäre es leid um den Hochzeitschmaus.

Feldk. Schmaus! ein prächtiges Wort! es füllt den ganzen Mund — Schmaus. Ich habe große Lust zu schmausen, denn in der verdammten Pension hat man mir nicht einmal ein Butterbrot mit Schinken angeboten.

Schm. Wir sind hier beim Restaurateur, Sie dürfen nur bestellen.

Feldk. Wird wohl brav theuer sein?

Schm. Die ersten paarmal wird gleichsam Probe ge=gessen, da bezahlt man keinen Heller.

Feldk. Das ist eine vernünftige Einrichtung. Wie heißt denn der ehrliche Mann?

Schm. Monsieur Pompée le Grand, eigentlich M a t z P u m p e r und sein Knecht H a n s, aber das klang so ent=setzlich deutsch, daß Niemand bei ihm einsprach. Nun hat er den P u m p e r in Pompée le Grand übersetzt, den H a n s zu Jean Petit und den Kellner zu einem garçon gemacht, seitdem geht es vortrefflich.

Feldk. Aber es läßt sich Niemand blicken?

Schm. Dort liegt der Kellner und schnarcht.

Feldk. He da! Musje Hans!

Hans (halb schlafend). Plait-il Monsieur?

Feldk. P l ä t i! P l ä t i! hier ist nichts von P l ä t i die Rede, sondern von einem tüchtigen Mittagsessen.

Hans. Eh bien, on sert à quatre heures.

Feldk. Potz Velten! er legt sich wieder zu rechte.

Schm. Lassen Sie mich nur mit ihm reden. Lesen Sie unterdessen die Komödienzettel.

Feldk. Ach, wenn ich hungrig bin, dann will's mit dem Studiren nicht recht fort.

Schm. Bei den Gelehrten ist das umgekehrt.

Feldk. Ja die Gelehrten, die sind dumme Teufel. (Er streckt sich auf dem Sessel und buchstabirt den Komödienzettel.)

Schm. (schüttelt Hans). Kamerad!

Hans (brummend). Laß mich zufrieden.

Schm. (leife). Steck' diefe zwei Dukaten Trinkgeld in die Tafche.

Hans (munter auffpringend). Da bin ich.

Schm. Die Wirkung des Magnetismus.

Hans. Was foll gefcheh'n?

Schm. St! St! (Zieht ihn bei Seite und unterrichtet ihn leife.)

Hans (nickt und lacht).

Feldk. Die Jungfrau von O, r, Or, O, r, l, Orl — Weiß der Teufel, was das für eine Jungfrau ift! Das mag mir auch die rechte fein, die ihre Adreffe beim Garkoch auf den Tifch legt.

Schm. Monsieur Jean Petit wird die Ehre haben Sie zu bedienen. Was meinen Ew. Gnaden, wenn ich unter= deffen eine Portechaife holte? fo könnten Sie nach vollbrach= ter Mahlzeit fich ein wenig in der Stadt herumfchaukeln laffen.

Feldk. Thu' Er das, mein lieber Kochlöffel, das Schau= keln ift eine gefunde Bewegung.

Schm. Und fehr in der Mode. Die neueften Portechaifen werden à l'espérance genannt. Es laffen fich eine Menge hübfche Leute darin fchaukeln, bis fie felig entfchlafen. (Bei Seite) Nun will ich ihm meine Sabine über den Hals fchicken. (Ab.)

Zweite Scene.
Feldkümmel. Hans.

Feldk. Schlafen ift gut, aber e n t fchlafen — wenn es auch felig gefchieht — bleibt immer eine fatale Sache. Von allen Wohlthaten des lieben Gottes erwart' ich keine mit mehr Geduld, als die ewige Seligkeit; hingegen mit großer Un= geduld ein tüchtiges Mittagseffen. Hört Er das, Musje Hans?

Hans. Ew. Gnaden follen bedient werden.

Feldk. Na, was ſteht Er denn?

Hans. Ich ſtehe da, weil es unſchicklich wäre, mich in Ew. Gnaden Gegenwart niederzuſetzen.

Feldk. Ei, ſo geh' Er in die Küche und hol' Er die Speiſen.

Hans. Ew. Gnaden irren ſich wohl in der Stunde? es iſt kaum Mittag.

Feldk. Na, eben weil es Mittag iſt, Hans Narr, ſo muß man ja zu Mittag ſpeiſen.

Hans. Bitte um Verzeihung, in der ganzen Stadt wird erſt Abends zu Mittag geſpeiſt.

Feldk. Abends? und wenn ſpeiſt man den zu Abend?

Hans. Am andern Morgen.

Feldk. O! das wäre der Teufel!

Hans. Ich verſichere Ew. Gnaden, wer nur etwas auf Ehre hält, der würde ſich ſchämen, früher als um fünf Uhr an die Tafel zu geh'n; es gibt ſogar Leute, die ſolches bis ſechs und ſieben Uhr zu verzögern wiſſen, und ſich dann mit Recht einbilden, ſehr vornehm zu ſein.

Feldk. Aber wenn nun Morgen der jüngſte Tag an= bräche, he? ſo kämen alle die vornehmen Leute um ihr letz= tes Abendeſſen?

Hans. Freilich.

Feldk. Sieht Er, ſchon darum taugt dieſe Einrichtung nichts, denn Niemand weiß, wann der jüngſte Tag erſchei- nen wird. Ich bin auch vornehm, aber ich ſchäme mich nicht zu eſſen, wenn mich hungert Alſo mach' Er Anſtalten.

Hans. In dieſer Stunde ein diner zu ſerviren, iſt ganz unmöglich, aber wenn Ihnen ein déjeûner à la fourchette beliebt —

Feldk. Was iſt das?

Hans. Ein Gabelfrühſtück.

Feldk. Meinetwegen. Es wird doch nicht aus lauter Gabeln beſteh'n? Schaff' Er das Gabelfrühſtück herbei.

Hans. Was befehlen Ew. Gnaden? pâtés de Perigord — jambon de Bayonne — poulards d'Alençon — pieds de porc de St. Ménézoud-Saucissons de Lyon — pâtisseries d'abbeville — langues de boeul de Limoges — fromage de Bries — Gigot à la fraise — ris de veau à la Cravatte — poupidon à la moutarde — fricandeaux à la reine —

Feldk. (hält ihm den Mund zu). Ich bitt' Ihn um Gottes= willen, halt' Er das Maul! bring' Er mir einen tüchtigen Schweinebraten und ein paar Göttingerwürſte, dann wollen wir weiter von der Sache reden.

Hans. Dergleichen gemeine Speiſen führen wir nicht.

Feldk. Nun ſo bring' Er, was Er will, aber bald! denn Er ſieht, daß ich vor Hunger ſchon ganz eingeſchrumpft bin.

Hans. Auf den Flügeln des Windes eile ich, Dero Be= fehle zu vollſtrecken. (Ab.)

———

Dritte Scene.
Feldkümmel (allein).

Dummer Schnack! der Wind hat keine Flügel. Wenn er noch geſagt hätte die Windmühlen, ja die haben Flü= gel; wenigſtens ſpricht man ſo, ich weiß nicht warum, denn ich habe in meinem Leben noch keine Windmühle fliegen ſehen. (Er ſetzt ſich gemächlich) Alſo, mein lieber Feldkümmel, wir wer= den eſſen, und viel eſſen, das heißt, wir werden den Beruf des Menſchen erfüllen; denn zum Eſſen wurde er geboren, das iſt klar, weil er nothwendig ſterben muß, ſobald er nicht

mehr essen kann. Zwar hat der Herr Pfarrer in Tippels=
kirchen mir allerlei vorgeschwaßt von moralischen Zwecken,
wie er es nannte — lauter Larifari! denn wenn ich einen
Menschen drei Tage hintereinander hungern lasse, so ist er
mausetodt mit allen seinen moralischen Zwecken.

Vierte Scene.

Feldkümmel. Hans (der auf einem großen Präsentirteller eine
Menge kleiner Tellerchen bringt, auf deren jedem sich ein klein wenig
Eßwaren befindet).

Hans. Hier bring' ich Ew. Gnaden acht Portionen,
lauter Leckerbissen. Sie haben die Wahl. Was Ihnen nicht
beliebt, das trag' ich wieder fort. (Er setzt die Tellerchen vor ihm hin.)

Feldk. Es wird mir schon belieben. (Er beguckt die Teller=
chen lange voll Verwunderung.) Na? das sind vermuthlich die
Salate? hol' Er nun auch die Braten.

Hans. Bitte um Verzeihung, das ist Alles.

Feldk. Meint Er denn, daß ich ein Kramsvogel bin?

Hans. Ei bewahre! ich unterstehe mich nicht, Ew.
Gnaden mit irgend einem Thiere zu vergleichen.

Feldk. Bei Tische bin ich ein Wolf, merk' Er sich das.
(Er ißt.)

Hans. Von welchem Weine befehlen Ew. Gnaden?

Feldk. Vom besten, das versteht sich. (Bei Seite.) Das
Probeessen wird ja nicht bezahlt.

Hans. Alle unsere Weine sind vortrefflich, wir beziehen
sie aus der ersten Hand. Chateau Margot, Chateau Lafite,
Hautbrion, Langeron, Vin de Beaune, Bourgogne,
Champagne, Frontignac, Tokaier, Würzburger, Ratzers=
dorfer, Madera und Naumburger.

Feldk. Vom Tokaier hab' ich immer viel gehört, der soll in Schweden wachsen, den bring' Er mir.

Hans. Sehr wohl. (Will geben.)

Feldk. He! Musje Hans! nehm' Er gleich die acht leeren Tellerchen wieder mit.

Hans. Soll ich sie noch einmal füllen?

Feldk. Na, was denn? aber messe Er nicht mit Thee= löffeln und Fingerhüten. (Hans ab) Was ich da gegessen habe, das mag Gott wissen. Es war so allerlei durch einander, und wenn ich es eben recht schmecken wollte, so war es schon zu Ende.

Fünfte Scene.

Feldkümmel. Sabine (mit der Harfe).

Sab. Ergebenste Dienerin, mein Herr.

Feldk. Ihr Diener.

Sab. Ich komme wohl eben zu rechter Zeit?

Feldk. Das weiß ich nicht.

Sab. Ew. Gnaden sind ganz allein.

Feldk. Das fehlte noch, daß ich einen Gast bekäme.

Sab. Der Mensch liebt die Gesellschaft, und wär' es auch nur ein brennendes Räucherkerzchen, hat irgendwo der berühmte Lichtenberg gesagt.

Feldk. Den kenn' ich nicht.

Sab. Er war ein großer General im siebenjährigen Kriege.

Feldk. Meinethalben.

Sab. Darf ich die Ehre haben, mit einer Tafelmusik aufzuwarten? Die höchsten Herrschaften haben mich schon mit ihrem Beifall beehrt, und ich hoffe, Ew. Gnaden nicht minder zu kontentiren. (Sie setzt sich und stimmt.)

Feldk. Wenn ich esse, hör' ich wenig.

Sechste Scene.
Hans. Die Vorigen.

Hans. Acht frische Portionen und eine Flasche Tokaier.

Feldk. Acht Mundbissen will Er sagen, Musje Hans! Na, schenk' Er ein!

Sab. (spielt und singt).

> Fort mit der Liebe! man schenke mir ein.
> Liebe macht traurig, fröhlich macht Wein!

Feldk. (trinkt). Aber dieser ist verdammt sauer.

Hans. Diese angenehme Säure macht ihn eben so berühmt.

Feldk. Hör' Er, mein Sohn, wenn ich künftig hier Geld verzehren soll, so muß Er mich zur Probe ganz anders bedienen. Mit dem Trinken nehme ich's nicht so genau, aber was das Essen betrifft, da laß ich nicht mit mir spaßen. Ich sitze nun schon eine halbe Stunde bei Tische, und mein Magen weiß noch nichts davon. Wenn Er einmal eine Gesellschaft von Kanarienvögeln zusammenbitten will, da kann Er mit so einem Gabelfrühstück abkommen. Kurz und gut, ich muß etwas Derbes haben, was sich nicht so zwischen den Zähnen verliert.

Hans. Wäre Ew. Gnaden etwa ein Plum=Pudding gefällig?

Feldk. Ein Pudding? allerdings, der ist mir wohl gefällig.

Hans. Mit Rum übergossen, in vollen Flammen, nach der neuesten Mode.

Feldk. Auf die Sauce kommt es mir nicht an, wenn nur der Pudding seine gehörige Konsistenz hat.

Hans. In fünf Minuten bring' ich ihn. (Er will den Tisch abräumen.)

Feldk. Laß Er den Zeitvertreib nur noch steh'n.

Hans. Ein artiger Zeitvertreib von acht Portionen. (Ab.)

Feldk. Ich habe einmal erzählen hören von Menschen, die in einem Boote auf der See herumtrieben, ohne Proviant, die mußten auch mit so schmalen Portionen vorlieb nehmen. (Er ißt mit großer Geschwindigkeit die acht Tellerchen leer.)

Sab. (spielt und singt)

> Spotte nicht der Triebe
> In der zarten Brust;
> Schmähe nicht die Liebe,
> Meide nicht die Lust.

(Sie liebäugelt mit Feldkümmel und rückt ihm etwas näher.)

> Wenn der Lippe Flüstern
> Mit den Sylben spielt,
> Und das Auge lüstern
> Durch die Wimper schielt.

(Sie rückt noch näher. Feldkümmel nimmt gar keine Notiz von ihr.)

> Wenn mit zarten Tropfen
> Sich das Aeuglein füllt,
> Und des Herzens Klopfen
> Sanft den Busen schwillt —

(Sie rückt ihm ganz dicht auf den Leib. Feldkümmel sieht sie kauend an.)

Sab. Wie gefällt Ew. Gnaden dieses Lied?

Feldk. I nu, es mag passiren.

Sab. Macht es keinen Eindruck auf Ihre Nerven?

Feldk. Ich habe keine Nerven.

Sab. Aber doch Gefühl für das Schöne?

Feldk. O ja, mitunter.

Sab. Ach! der ist glücklich zu nennen, dem die Natur dies Gefühl nicht im Uebermaß verliehen hat. Ich, mein Herr, ich habe das Unglück, allzu lebhaft für das Schöne zu empfinden.

Feldk. Das bedaure ich.

Sab. Wenn mein Schicksal Ihnen bekannt wäre —

Feldk. Ne, es ist mir nicht bekannt.

Sab. Es wurde mir nicht bei der Wiege gesungen, daß ich einst mein Brot so kümmerlich verdienen müßte.

Feldk. Ja lieber Gott!

Sab. Ich heiße Jungfer Nierenkalb.

Feldk. So?

Sab. Ich war ein junges, munteres Mädchen, die Freude meiner Eltern. Da führte mich der Zufall zu einem Kirch=weihfest in Tippelskirchen.

Feldk. In Tippelskirchen?

Sab. Ist Ihnen der Ort bekannt?

Feldk. O ja.

Sab. Ich lernte dort einen Jüngling kennen, er hieß Feldkümmel.

Feldk. Feldkümmel?

Sab. Er war schön und fand mich schön, eroberte mein Herz, schwur mir ewige Treue, versprach mir die Ehe —

Feldk. Hören Sie, Jungfer Nierenkalb, das ist nicht wahr.

Sab. (schluchzend). Ach, leider nur allzuwahr! der Grau=same hat mich sitzen lassen!

Feldk. Sie sind nicht wohl gescheit. In ganz Tippels=kirchen ist nur ein Feldkümmel, und der bin ich.

Sab. Was? Sie? Sie mein Feldkümmel?

Feldk. Nicht der Ihrige, sondern mein eigener.

Sab. Ja ich erkenne die Züge wieder, die mein Herz so mächtig rührten! zwar etwas mehr in die Länge und Breite gedehnt, die Wangen gepolstert, und über die ganze Gestalt eine üppige Fülle ausgegossen, aber es ist doch mein Feld=kümmel!

Feldk. Bleibe Sie mir vom Leibe! ich habe Sie in meinem Leben nicht geseh'n.

Sab. Wie, Barbar! auch jetzt noch könntest du leugnen? jetzt, da das Schicksal uns so wunderbar zusammenführt.

Feldk. Mache Sie mir den Kopf nicht warm!

Sab. So sind die Männer, wenn ihre Herzen erkalten, so erhitzen sich ihre Köpfe. (Sie springt auf.) Aber fürchte meinen Zorn, meine Rache! — O der Barbar! ich lieb' ihn noch! (Sie sinkt wieder auf den Sessel.)

Feldk. Die arme Person ist verrückt. Wenn ich nur nicht allein mit ihr wäre. Gott sei Dank! da kommt Musje Hans.

———

Siebente Scene.

Hans (mit dem brennenden Pudding). **Die Vorigen.**

Hans. Hier ist der Plum-Pudding, so heiß wie die Hölle.

Feldk. (springt auf und retirirt sich). Potz alle Hagel! Meint Er, ich wäre der lebendige Satan?

Hans (geht ihm nach). Essen Sie, mein Herr, essen Sie, so lange es brennt.

Sab. (faßt ihn von der andern Seite). Auch in meinen Adern ist Glut.

Feldk. (wirft dem Hans die Schüssel über den Hals) Geh' Er zum Teufel mit seinem Pudding!

Hans. Au weh! au weh!

Sab. Gib mir die Ruhe wieder, oder zitt're vor diesem Dolche.

Feldk. Bin ich denn unter Mörder gefallen? (Er ergreift einen Stuhl, mit dem er Sabinen von sich abhält.)

Hans. Au weh! au weh! meine Haare, mein Pudding!

Feldk. (die Augen stets auf Sabinen geheftet). Ein andresmal muthe Er einem ehrlichen Manne nicht zu, Feuer zu fressen.

Hans. Mein Gott! die niedlichsten Damen schlucken jetzt kleine brennende Pasteten hinunter, als wären es bonbons.

Sab. Tirann meines Herzens! mir ist bei deinem Anblick zu Muthe, als hätt' ich ein Dutzend solcher brennenden Pasteten verschluckt.

Feldk. Musje Hans, geb' Er mir meinen Hut, setz' Er mir ihn auf den Kopf; ich darf das verrückte Mensch nicht aus den Augen lassen, bis ich die Thür gewonnen habe.

Hans. Erst zahle der Herr die carte payante.

Feldk. Ei, ich brauche keine Karten, ich spiele in meinem Leben nicht.

Sab. Nur mit meinem Herzen hast du ein Spiel getrieben, Grausamer!

Hans. Herr, ich meine die Rechnung.

Feldk. Wofür? ich habe nur Probe gegessen.

Hans. Was Probe! hier kosten die Proben Geld. Sechzehn Portionen, eine Bouteille Tokaier, einen Plum-Pudding mit Flammen, und mein Schmerzgeld, Summa Summarum dreißig Thaler.

Feldk. Dreißig Pfifferlinge soll Er haben. Seht mir den unverschämten Bengel! bin ich denn satt?

Hans. Das ist nicht meine Schuld, da liegt der Pudding.

Sab. Theurer Feldkümmel! wenn die Menschen dich necken, flieh' in meine Arme!

Feldk. Hebe dich weg von mir, Satanas!

Hans. Den Hut kriegt der Herr nicht wieder, bis Er bezahlt hat.

Feldk. Ne, das wird mir zu bunt. Ich muß hinaus zum Kochlöffel.

Hans. Ich laß' Ew. Gnaden nicht fort, ich attakire Ew. Gnaden mit dem Besen.

Sab. Auch meine Wuth erwacht! (Sie zuckt den Dolch)

Feldk. Ihr Banditen! wer mir zu nahe kommt, den schiebe ich den Stuhl in die Zähne, daß ihm das Nußknacken auf ewig vergehen soll. (Er retirirt sich nach der Thür.)

Hans. Die carte payante!

Sab. Mein Herz! mein Herz! (Beide ihm nach mit Besen und Dolch.)

Feldk. Bezahle Sie die verfluchte Karte mit Ihrem Herzen, und seht ihr zu, wie ihr auseinander kommt. (Er schleudert ihnen den Stuhl entgegen und springt zur Thür hinaus.)

Beide (ihm nach). Diebe! Mörder!

Achte Scene.
(Straße.)
Schmerle und **die Portechaisen=Träger.**

Schm. Nur hieher, Kameraden, der dicke Herr wird gleich erscheinen.

Port. Tr. Sehr wohl. (Setzen die Portechaise nieder.)

Schm. Rüttelt ihn nur brav zusammen, und kehrt euch an kein Schreien, die doppelte Taxe hab' ich euch vorausbezahlt (Bei Seite.) Ich denke Monsieur Jean Petit und meine Sabine werden nun wohl bald mit ihm fertig sein. Herr Blond steht auch schon auf der Lauer mit seinem Puppenkram.

Neunte Scene.

Feldkümmel. Die Vorigen.

Feldk. Ach, mein lieber Kochlöffel! geschwind! geschwind! mach' Er, daß ich in die Portechaise komme.

Schm. Haben Ew. Gnaden so viel gegessen?

Feldk. Nicht so viel als ein Laubfrosch. Ich hung're wie ein Blutegel in der Apotheke. Aber es sind ein Paar Besessene hinter mir d'rein, die mich ermorden wollen.

Schm. Ermorden?

Feldk. Ich will Ihm das ein and'resmal erzählen. Mach' Er nur fort!

Schm. Wo ist denn Ihr Hut?

Feldk. Frag' Er lieber, wo mein Kopf ist? denn ich weiß nicht, wo er mir steht.

Schm. Ei, es haben schon viele ehrliche Leute ihre Köpfe verloren, das hat nichts zu bedeuten. Aber der Hut, der Hut —

Feldk. Ich schenk' Ihm den Hut, wenn Er ihn nicht wiederbekommt, schaff' Er mich nur von der Stelle.

Schm. Macht auf. Belieben Sie sich nur einzusetzen.

Feldk. Da hinein, das ist verdammt enge.

Port. Tr. Ew. Gnaden, das ist die breiteste Portechaise in ganz Wien.

Feldk. (versucht es). O weh! o weh! man könnte mich eben so wohl in einen Koffer packen.

Schm. Es wird schon geh'n, wenn Sie nur erst d'rin sind.

Feldk. Jetzt bin ich d'rin, mein lieber Kochlöffel, aber ich fürchte, ich komme in meinem Leben nicht wieder heraus.

Schm. Zugemacht! fortgetragen!

Feldk. Ich kann keinen Finger rühren.

Schm. Nur fort zum grünen Ochsen. (Bei Seite.) Ich mache mich aus dem Staube. (Ab.)

(Als die Portechaise aufgehoben wird, bricht der Boden und Feldküm= mels Füße kommen zum Vorschein)

Feldk. Halt! halt! der Boden ist gebrochen. (Die Trä= ger kehren sich an kein Schreien und tragen ihn einmal auf der Bühne herum, wobei er in der Portechaise laufen muß) Halt! in's Teufels Namen! seht ihr denn nicht? ich muß ja die Beine brechen. (Die Träger setzen nieder)

Port. Tr. Na, warum schreien denn Ew. Gnaden wie ein Zahnbrecher?

Feldk. (preßt die Portechaise aus allen Fugen, erhebt sich aus den Trümmern und bläst gewaltig)

Port. Tr. Potz alle Hagel! die ganze Portechaise geht zum Teufel!

Feldk. (trocknet sich den Schweiß) Gott sei's gedankt!

Port. Tr. Hundert Gulden muß der Herr zahlen.

Feldk. (heraussteigend). Hundert Stockprügel, die mögt ihr miteinander theilen.

Port. Tr. O da wollen wir bald Rath schaffen. (Sie greifen nach den Stangen der Portechaise.)

Behnte Scene.

Wilhelm (als Gipspuppen=Händler). **Die Vorigen.**

Wilh. (trägt auf dem Kopfe ein Bret voll Gipspuppen und Köpfe). Büsten! Statüen! Vasen! wer kauft!

Port. Tr. Kamerad, wir führen ihn auf die Polizei.

Feldk. (ſich immer noch erholend). Kochlöffel, ſchaff' Er mir die unverſtändigen Leute vom Halſe.

Wilh. Kaufen Ew. Gnaden keinen Sokrates? keinen Lykurg?

Feldk. Ich kaufe keine Puppen.

Wilh. Das ſind Kunſtwerke, Abgüſſe von den neueſten Antiken.

Feldk. Laß Er mich zufrieden.

Port. Tr. Komm der Herr nur mit.

Feldk. Tragen könnt ihr mich nicht mehr, und geh'n mag ich nicht mit euch.

Port. Tr. Die Portechaiſe muß Er hol' mich der Teu=fel bezahlen.

Feldk. Wo iſt denn nur der Kochlöffel geblieben? der wird meinen, ich ſäße in Abrahams Schooße. Hört ihr ver=fluchten Kerls, mit eurer Portechaiſe für Schwindſüchtige! nürnberger Ware. Wenn man d'rin ſeufzte, ſo ging ſie ſchon auseinander. Folglich bezahl' ich keinen Heller, und wenn ihr mir zu nahe kommt — ſeht ihr dieſe Fäuſte?

Wilh. Vaſen! Büſten! wer kauft!

Port. Tr. Ei, wir haben auch Fäuſte, vier gegen zwei.

Feldk. Ihr kennt meine zwei noch nicht, nehmt euch in Acht.

Port. Tr. Pack' an, Kamerad! fort auf die Wache! (Sie faſſen ihn jeder an einem Arme.)

Feldk. Und wären eurer ein halbes Dußend. (Er preßt ſie gegen einander, ſo daß ſie ſich umarmen müſſen, und ſchleudert ſie beide gegen Wilhelm, der ſich abſichtlich in den Weg ſtellt, und ſeinen ganzen Kram fallen läßt.)

Wilh. Tausend Himmel Sapperment! meine Büsten! meine Vasen!

Feldk. Ei, warum stellt Ihr Euch in den Weg?

Port. Tr. Der Kerl hat den Teufel im Leibe.

Wilh. Ich bin ruinirt!

Feldk. Der Kram ist ohnehin nichts werth.

Wilh. Was, mein Herr! es war eine mediceische Venus darunter, die ich nicht unter zehn Dukaten verkaufe.

Feldk. Eine medicinische Venus? das mag mir die rechte sein.

Wilh. Solon, der Gesetzgeber, und Cicero, der große Redner mit der Warze auf der Backe.

Feldk. Lauter hohle Köpfe.

Wilh. Sehr wohl, mein Herr. Meinen Sie, die hohlen Köpfe wären bei uns gar nichts werth? O mein Herr! sie gelten ihren Preis! sogar die allerneuesten mit tüchtigen Backenbärten! und vollends die antiken! ich kann Ihnen nicht helfen, mein Herr, Sie müssen mir hundert Dukaten bezahlen.

Feldk. Lirum larum! leime der Herr seine Scherben wieder zusammen, und laß Er mich ungehudelt. (Will gehen.)

Wilh. Nicht von der Stelle!

Port. Tr. Ziehe der Herr den Beutel.

Der Andere. Hier wird nicht gefackelt.

Feldk. Das ist eine verfluchte Stadt! wenn ich nur schon im grünen Ochsen säße.

———

Eilfte Scene.

Sabine. Hans. Die Vorigen.

Hans (mit dem Besen). Da ist er noch! nun soll er mir nicht entwischen.

Sab. (mit dem Dolche). Nein, Barbar, du entrinnst mir nicht!

Feldk. Die haben noch gefehlt.

Hans. Die carte payante, mein Herr —

Port. Tr. Die Portechaise —

Wilh. Die Venus —

Sab. Meine Unschuld! mein Herz!

Feldk. Hört, wenn ihr mir den Kopf toll macht, so schreie ich Feuer! daß alle Nachbarn zusammen laufen.

(Alle umringen ihn. Die Portechaisen = Träger erheben ihre Stangen. Wilhelm droht mit seinem Brete, Hans mit dem Besen, Sabine mit dem Dolche.)

Wilh. Erst zahle der Herr, dann schrei' Er, so viel ihm beliebt.

Hans. Dreißig Thaler!

Port. Tr. Hundert Gulden!

Sab. Ach, mein Herz hat keinen Preis!

Feldk. Hilfe! Diebe! Mörder! Feuer!

Zwölfte Scene.

Der Polizei = Beamte. Die Vorigen.

Pol. B. Was gibt's hier? welch ein Lärm auf der Straße?

Feldk. Ach, mein Herr! nehmen Sie sich eines Fremdlings an, der unter eine Räuberbande gerathen ist.

Pol. B. Fürchten Sie nichts, mein Herr. Was habt ihr mit dem Manne vor?

Port. Tr. Da seh'n sie nur unsere Portechaise, die hat er zertrümmert wie ein Kartenhaus.

Wilh. Da sehen Sie nur meine Antiken, es waren die klügsten Köpfe in der ganzen Welt.

Hans. Bei mir hat er sechszehn Portionen verzehrt, und will die Karte nicht bezahlen.

Sab. Mir hat er die Ehe versprochen und mich verlassen.

Feldk. Verdammte Lügen!

Pol. B. Ei, ei, mein Herr, das sind allerlei böse Händel. Indessen, da Sie ein Fremder sind, und ganz reputirlich aussseh'n, so wird man schon glimpflich mit Ihnen verfahren. Wie heißen Sie? wo kommen Sie her?

Feldk. Ich bin der Pachter Feldkümmel aus Tippelskirchen.

Pol. B. Aha! sind Sie der lustige Vogel? nun kenn' ich Sie schon.

Feldk. Gott sei's gedankt, daß sich doch Jemand meiner annimmt!

Pol. B. Ihr Leute, es ist mir sehr lieb, daß Ihr diesen Spitzbuben gefangen habt.

Feldk. Wie? was!

Pol. B. Er ist nichts weniger, als der Pachter Feldkümmel. Den braven wohlthätigen Mann habe ich noch vor zwei Stunden gesprochen; dieser ist ein Betrüger mit falschem Namen.

Feldk. Potz Velten und alle Hagel! nun soll ich nicht einmal mehr der echte Feldkümmel sein?

Pol. B. Hat der Herr einen Paß?

Feldk. Das versteht sich.

Pol. B. Heraus damit.

Feldk. Mein Lohnbedienter, Namens Kochlöffel, hat ihn auf die Polizei getragen.

Pol. B. Elende Ausflüchte! es gibt in ganz Wien keinen Lohnbedienten, der Kochlöffel hieße. Allons mein Herr, marsch auf die Wache!

Alle. So recht! so recht!

Feldk. Lassen Sie doch nur die französische Madame herunter rufen, der hab' ich noch diesen Morgen einen Schooßhund zerquetscht.

Pol. B. Marsch! ohne Umstände! oder ich versammle meine Häscher.

Feldk. (geht). Ach! wenn ich doch nimmermehr einen Fuß in die verdammte Stadt gesetzt hätte!

Pol. B. Wer zu klagen hat, der folge.

Alle. Wir Alle hinter ihm d'rein!

Feldk. Ein verfluchtes Gesindel! als ob ich zum Galgen geführt würde. (Alle ab.)

(Der Vorhang fällt.)

Vierter Act.
(Straße.)

Erste Scene.
Schmerle (allein).

Ziemlich mürbe ist er schon; noch ein paar solche Scenen, und er bittet mich um Gotteswillen, daß ich ihn zum Thore hinaus schaffe. — In der Komödie wird meine Frau ihn schon bearbeitet haben. Er muß wohl bald heraus kommen, wenn er nicht erdrückt wird. Unterdessen wollen wir ihm eine neue Suppe kochen. (Er klopft an das Haus des Doktor Jurjus.)

Zweite Scene.
Doktor Jurjus. Schmerle.

Dokt. (im Schlafrock und hoher Federmütze). Will mich jemand sprechen?

Schm. Hab' ich die Ehre, den berühmten Doktor Jurjus leibhaftig zu erblicken?

Dokt. So ist's.

Schm. Den großen Wohlthäter des Menschengeschlechts, der die verrückten Köpfe wieder gerade setzt?

Dokt. Ja, mein Freund, ich schränke meine Praxis blos auf Wahnsinnige ein, und bin so glücklich, Viele derselben der menschlichen Gesellschaft wieder zu schenken.

Schm. Vermuthlich ist Ihr Haus zu jeder Zeit stark besetzt?

Dokt. In den letzten zehn Jahren ist eine gewaltige Menge Menschen toll geworden, doch mit den eigentlichen Rasenden gebe ich mich nicht ab, auch werden die wenigsten derselben in's Tollhaus gebracht, sondern sie ermorden sich unter einander. Ich beschränke mich blos auf die stillen Wahnsinnigen, die gewisse fixe Ideen haben, sich für etwas Besonderes halten, oder auch von Gegenwart und Zukunft curiose Ansichten und Aussichten träumen; ein gutmüthiges Völkchen mit weichem Gehirn, das behandle ich nach meiner Manier. Jetzt sind nur noch drei solche Subjekte in meinem Hause, denn ihre Anzahl wächst mit jedem Tage so ungeheuer, daß man anfängt, sie für vernünftig zu halten, und daher Bedenken trägt, sie zu mir zu schicken.

Schm. Ja, ja, wenn die meisten Menschen toll werden, so sperren sie am Ende die paar vernünftigen in's Tollhaus.

Dokt. Ganz recht, solches könnten wir wohl erleben. Worin kann ich Ihnen dienen? Spüren Sie auch vielleicht einige Anwandlungen?

Schm. Ich noch nicht, aber mein armer Oheim. Ich bin ein Edelmann vom Lande. Die Familie von Zippelsdorf wird Ihnen bekannt sein?

Dokt. Ich erinnere mich nicht. —

Schm. Nun gleichviel. Mein Oheim hat das Unglück oder Glück gehabt, sein Bischen Verstand zu verlieren: denn fürwahr, mein Herr es ist bisweilen ein Glück.

Dokt. Wenigstens nicht immer das größte Unglück.

Schm. Er bildet sich ein, ein Pachter zu sein, der Feld= kümmel heißt. Wir ließen das eine Weile geh'n, denn er saß dabei ganz ruhig in seinem Sorgestuhle. Aber nun hat er sich in den Kopf gesetzt, er sei Bräutigam, ist uns entwischt, und geradezu in die Stadt gelaufen, um zu heirathen.

Dokt. Impulsus libidinum.

Schm. Das ist den sämmtlichen Verwandten außer dem Spaße. Er könnte hier leicht in die Hände einer Dirne fal= len, die seinen Wahnsinn benutzte.

Dokt. Allerdings. Die Frauenzimmer benutzen sehr gern den männlichen Wahnsinn.

Schm. Darum haben wir beschlossen, Sie um seine Auf= nahme in Ihr vortreffliches Institut zu bitten.

Dokt. Schicken Sie mir ihn nur unter irgend einem Vorwande.

Schm. Die Familie hat mir aufgetragen, einen Theil ihrer Dankbarkeit praenumerando zu entrichten. (Gibt ihm Geld)

Dokt. Gehorsamer Diener! ich werde mein Möglichstes

thun. Einer meiner Wahnsinnigen, der schon zwanzig Jahre in meinem Hause, und gleichsam mein Famulus ist, soll ihn empfangen, und sobald ich meine Geschäfte abgethan, werde ich selber die erste Prüfung mit ihm anstellen. (Ab.)

Schm. (allein). Das geht vortrefflich. Entweder der Doktor sperrt ihn ein, so sind wir ihn los; oder er läßt ihn laufen, so ist ihm wenigstens der Kopf so warm gemacht, daß er sich selber bald für närrisch halten wird.

Dritte Scene.
Feldkümmel. Schmerle.

Feldk. Gut, daß ich Ihn finde, mein lieber Kochlöffel, ich halte es nicht länger aus.

Schm. Ist Ihnen schon wieder etwas Unangenehmes widerfahren? Sie scheinen ganz erhitzt?

Feldk. Wäre es denn ein Wunder, wenn ich schon auf ewig eiskalt wäre? es ist ja gleichsam die Zornschale aus der Offenbarung über mich ausgegossen. Kaum hatte ich von der Polizei mich losgemacht — Dank sei es dem Wirth zum grünen Ochsen, der meinen ehrlichen Namen bezeugte — so wollte ich zur Erholung ein wenig in die Komödie geh'n —

Schm. Ganz recht, ich rieth Ihnen selber dazu.

Feldk. Es sollte da eine Jungfrau vorgestellt werden, und da man dergleichen nicht alle Tage sieht, so ging ich hin. Ach, mein lieber Kochlöffel! was hab' ich ausgestanden!

Schm. Ei, wie so?

Feldk. Erstens gab es da so viel Menschen! und so viel Ellenbogen! gleichsam lauter lebendige Portechaisen. Ich wäre gern wieder heraus gewesen, aber da hätte ich durch ein paar tausend Beine kriechen müssen, das kann ich nicht.

Schm. Hatten Sie denn keinen gesperrten Sitz?

Feldk. O ja, der Sitz war so gesperrt, daß ich meinen Nachbarn rechts und links auf den Schooß zu sitzen kam. Der Eine seufzte, der Andere fluchte; daraus hätte ich mir nichts gemacht, aber endlich fingen sie an mich zu kneifen, und das that weh. Lieber stand ich auf, so sauer mir auch das Stehen wird; da schrien sie hinter mir, ich sollte mich setzen, weil ich fünf Ellen breit wäre, und nicht durchsichtig. Nun gab es einen verfluchten Spektakel. Die hinten schrien immer fort: niedergesetzt! und wenn ich mich setzen wollte, so baten mich meine Nachbarn um Gotteswillen, ich sollte sie nicht zu Brei quetschen. Ich wußte meinem Leibe keinen Rath. Endlich proponirten die Herren Nachbarn, ich möchte mich lieber ganz allein auf die drei gesperrten Sitze pflanzen, so wollten sie beide sich auf meinen Schooß setzen. Das that ich nun, es war gerade Raum genug für mich, und ich würde recht bequem gesessen haben, wenn ich nur die beiden Herren nicht hätte tragen müssen, es waren zwei Dragoner-Offiziere. Da hab' ich geschwitzt! und die Leute sind mir auf den Füßen herummarschirt, wie auf einem Teppich.

Schm. Dagegen haben Sie ein's unserer schönsten Trauerspiele geseh'n.

Feldk. O ja, es war lustig genug, aber einmal gerieth ich in solche Angst! Die Leute da oben waren unvorsichtig mit dem lieben Feuer umgegangen, das ganze Lager fing an zu brennen. Ich wollte Feuer schreien, aber meine Schooßkinder hielten mir das Maul fest und sagten, es hätte nichts zu bedeuten. Ich befahl meine Seele dem lieben Gott, und der Todesschweiß rann mir von der Stirne.

Schm. Aber der prächtige Aufzug?

Feldk. Ja, der hat mir groß plaisir gemacht. Ich lachte aus vollem Halse. Da saß aber ein junges Herrlein vor mir, das kehrte sich um und sagte: ich müßte nicht lachen, es wäre da nichts zu lachen. Hernach, wie die arme Person, die Jungfrau, mit dem Gott sei bei uns in Konfusion gerieth, da fing ich jämmerlich an zu weinen, da kehrte sich das junge Herrlein abermals um, und sagte: ich müßte nicht weinen, es wäre da nichts zu weinen.

Schm. Ei, für Ihr Geld konnten Sie lachen und weinen nach Belieben.

Feldk. Das sagt' ich auch, aber er nannte mich verblümter Weise einen dummen gemeinen Menschen. Hätte ich nur die beiden Herrn Dragoner = Offiziere nicht auf dem Schooße gehabt, ich hätte ihm mit dem Knie einen Schneller gegeben, daß er mitten auf dem Theater sollte gesessen haben. Meine Nachbaren schienen ganz vernünftige Leute zu sein. Ich fragte sie, ob das so recht wäre, daß so ein junges unbärtiges Herrlein die übrigen Zuschauer belehren dürfe, wann sie lachen oder weinen sollten? Sie sagten: ja, das wäre überall so, die liebe Jugend verstünd' es am besten, und die alten Leute schwiegen still.

Schm. Da hat man Ihnen leider die Wahrheit gesagt.

Feldk. Zuletzt kam ein Regenbogen auf's Theater, den hab' ich aber in Tippelskirchen besser geseh'n. Als die Komödie endlich aus war, zu meiner großen Freude, da drohte mir das Herrlein noch beim Herausgehen, Händel mit mir anzufangen. Es war mir leid, daß wir im Gedränge aus einander kamen, sonst hätte ich ihm die dünnen Arme vom Leibe gebrochen.

———

Vierte Scene.

Sabine (in Mannskleidern). **Die Vorigen.**

Sab. Aha, mein Herr, finde ich Sie endlich wieder?

Feldk. Da hat ihn der Teufel doch auf meiner Spur.

Sab. Sie haben mich beleidigt, Sie haben mir allerlei Sottisen gesagt, Sie haben mich sogar wie ein Bär auf den Fuß getreten; ich fordere Genugthuung.

Feldk. Sie kommen mir eben recht, mein Herr Milch=bart. In der Komödie führten Sie das große Wort, weil ich keine Hand rühren konnte, aber hier sprechen wir aus ei=nem andern Tone.

Sab. Wir s p r e c h e n nicht, sondern wir s c h l a g e n uns.

Feldk. Holen Sie erst noch ein Dutzend solcher Bürsch=chen, wie Sie sind, damit es der Mühe werth ist, anzufangen.

Sab. Ich verachte solche Prahlereien.

Feldk. Für's Erste will ich dem Herrn einen Denkzettel geben. (Er wakelt auf ihn zu.)

Sab. (hält ihm plötzlich eine Pistole unter die Nase). Drei Schritt vom Leibe.

Feldk. (prallt zurück). Oho!

Sab. Sein Sie unbesorgt, ich werde Sie erst morgen früh todt schießen.

Feldk. Todt schießen? Morgen früh?

Sab. Ja, oder wollen Sie lieber todt gestochen sein? das hängt von Ihnen ab.

Feldk. Den Teufel auch! keins von Beiden.

Sab. Zu einem von Beiden müssen Sie sich schon ent=schließen. Morgen früh um sechs Uhr erwart' ich Sie im Prater. Einen Wundarzt werde ich mitbringen.

Feldk. Einen Wundarzt?

Sab. Einen geschickten Mann. Ich hoffe zwar, Sie auf der Stelle mausetodt zu schießen, damit Sie sich nicht lange zu quälen brauchen; aber es wäre doch möglich, daß ich statt des Herzens etwa nur die Lunge träfe, oder die Einge= weide —

Feldk. M e i n e Lunge? m e i n e Eingeweide? —

Sab. Und in diesem Falle könnten Sie noch einige Tage leben.

Feldk. Ich will noch fünfzig Jahre leben.

Sab. Dann hätten Sie sich hüten sollen, einen Mann wie mich zu beleidigen. Morgen früh um sechs Uhr! wenn Sie nicht erscheinen, so laure ich Ihnen überall auf, und ehe Sie sich's verseh'n — Paff! haben Sie den Schuß im Her= zen. (Ab)

––––––––––

Fünfte Scene.

Feldkümmel. Schmerle.

Feldk. Bin ich nicht erschrocken über sein verdammtes P a f f!

Schm. Ei, ei, Ew. Gnaden, zuvor so muthig, und nun auf einmal so kleinlaut?

Feldk. Mein lieber Kochlöffel, wenn von einer Faust= Collation die Rede ist, so steh' ich meinem Mann, aber Pi= stolen —

Schm. Sie können ja eben sowohl Ihren Gegner zu Boden strecken.

Feldk. Den Teufel auch! wenn so ein Mensch auf mich schießt, und nur halbwege der Nase nach zielt, Paff! hab' ich den Schuß im Leibe; aber so ein Häring, den mag der Henker treffen.

Schm. Ich bedaure Ew. Gnaden, Sie haben sich recht alterirt.

Feldk. Ich wollt', ich säß' in Tippelskirchen.

Schm. Ich fürchte für Ihre theure Gesundheit.

Feldk. Es wäre kein Wunder, wenn mich der Schlag rührte.

Schm. Bei Ihrer Corpulenz allerdings; und wenn ich unmaßgeblich rathen dürfte, so bauten Sie je eher, je lieber vor, denn in der That, Sie sehen recht erbärmlich aus.

Feldk. Meint Er?

Schm. Recht miserabel.

Feldk. Es ist mir auch ganz wunderlich zu Muthe.

Schm. Wenn Sie nicht bald zu einem Arzt Ihre Zuflucht nehmen, so stehe ich keine Minute für Ihr Leben.

Feldk. Der viele Verdruß, der große Hunger, die starke Motion — da möcht' einer ein Büffel sein, das hielt er nicht aus.

Schm. Eben deswegen. Eilen Sie. Glücklicherweise wohnt der berühmte Herr Doktor Jurjus hier auf diesem Platze.

Feldk. Ist der wirklich berühmt?

Schm. Oh! wenn die Seele schon auf dem nächsten Baume säße, so fängt er sie wieder ein und sperrt sie in den Käficht.

Feldk. Wird aber verflucht theuer sein?

Schm. Nimmt keinen Heller, kurirt aus lauter Menschenliebe.

Feldk. Das wird ihm der liebe Gott vergelten! folglich

werde ich ihm auch nichts geben. Er soll mir ein niederschla=
gendes Pulver und einen Kartoffelsallat verschreiben, das
wird wohl helfen. Bleibe Er indessen hier, mein lieber Koch=
löffel, ich habe noch schwere Dinge auf dem Herzen, die ich
ihm vertrauen will. Sorge er nur für ein gutes Abendessen,
aber ja nicht bei dem Musje Pumper, versteht Er mich?

Schm. Sehr wohl, Ew. Gnaden.

Feldk. Also hier?

Schm. Im ersten Stockwerk.

Feldk. (klopft. Schuppenpelz kommt heraus, und macht schwei=
gend viele Komplimente mit ihm, die er unbehilflich erwidert. Endlich
schiebt ihn Schuppenpelz mit beiden Händen vor sich in's Haus).

Schm. Ha ha ha! Schade, daß ich die Scene nicht mit
anseh'n kann; aber ich muß noch allerlei bestellen und mein
Wort lösen, ehe es dunkel wird. (Ab.)

Sechste Scene.
(Zimmer beim Doktor Jurjus.)

Merks und **Rührey** sitzen links und rechts, Merks ganz steif, mit
einer Krone von Goldpapier auf dem Kopfe, Rührey, ganz in sich
zusammengezogen, auch mit den Füßen auf dem Sessel. Nach einer
Weile schiebt **Schuppenpelz** den **Feldkümmel** herein, und bis
mitten auf die Bühne, wo er ihn abermals komplimentirt).

Schupp. Belieben Sie nur hier ein wenig zu verweilen.
Hier finden Sie Gesellschaft. Ich werde den Herrn Doktor
sogleich avertiren. (Ab.)

Feldk. (beguckt die Gesellschaft, die sich gar nicht rührt). Höflich
sind die beiden Herren nicht! Sie reden kein Wort, sie rühren
weder Hand noch Fuß, sie verdrehen kein Auge. Der Eine

hat eine Krone auf dem Haupte, wie König David. Am Ende sind's wohl gar nur Puppen? ich muß sie doch in der Nähe betrachten. (Er geht auf Rühren zu.)

Rühr. (schreit mit klarer Stimme). Kommen Sie mir nicht zu nahe.

Feldk. Warum denn nicht, mein schöner junger Herr?

Rühr. Seh'n Sie denn nicht, daß ich von Glas bin?

Feldk. Von Glas?

Rühr. Ja wohl, und noch dazu vom feinsten.

Feldk. Hm! es wäre gar nicht übel, wenn alle Menschen von Glas wären, daß man ihre Falschheit und Bosheit in ihren Leibern könnte cirkuliren seh'n; aber Sie, mein zarter junger Herr, scheinen mir eher aus Elfenbein zu besteh'n, als aus Glas. (Nähert sich ihm.)

Rühr. Ich bitte Sie um Himmelswillen, kommen Sie mir nicht zu nahe, oder ich schreie ganz entsetzlich.

Feldk. Ein kurioser Patron. Ich muß mich denn wohl an diesen ernsthaften Herrn wenden. (Geht auf Merks zu.)

Merks (aus hohler Brust, gespensterartig). Drei Schritte vom Leibe!

Feldk. Sind Sie auch von Glas?

Merks. Ich bin der alte König von Persien, Cambyses. Ich habe Egypten erobert.

Feldk. Gehorsamer Diener! allen Respekt.

Merks. Sklav! nieder auf deine Knie! oder ich zermalme dich!

Feldk. Erlauben Ew. Majestät, das Knien wird mir sehr beschwerlich.

Merks. Du sollst ein Priester der Isis werden.

Feldk. Gott bewahre! ich bin ein frommer Christ. (Bei

Seite.) Unter was für Menschen bin ich gerathen! es fängt
mir an zu grauen. Gott sei Dank! da kommt der höfliche
Herr, der mich hereingeschoben.

Siebente Scene.

Schuppenpelz. Die Vorigen.

Schupp. Der Herr Doktor wird gleich hier sein.

Feldk. (zieht ihn bei Seite). Sagen Sie mir doch, wer
sind denn die beiden Herren?

Schupp. Ein Paar Unglückliche, die den Verstand ver=
loren haben.

Feldk. Wahnsinnige?

Schupp. Bei dem Herrn Doktor in der Kur.

Feldk. (ängstlich). Ei, ich bitte, lassen Sie uns doch in
ein anderes Zimmer treten.

Schupp. Sein Sie unbesorgt, sie thun niemanden etwas
zu Leide. Ach! mein Herr, es ist ein großes Unglück, verrückt
zu werden. Man muß mit solchen Menschen Mitleid haben.

Feldk. Freilich, freilich.

Schupp. Lassen Sie uns Gott danken, daß wir Beide
so verständig sind.

Feldk. Ja, Gott sei Dank!

Schupp. Diesem Jüngling hat die Liebe den Kopf ver=
rückt. Er bildet sich ein, von Glas zu sein.

Feldk. Ja, so sagt er.

Schupp. Dieser hier war vormals ein gewaltiger Recen=
sent. Er schimpfte und lästerte viele Jahre lang, bis er end=
lich toll wurde.

Feldk. Er spricht, er wäre ein König von Persien.

Schupp. Das könnte er allenfalls wohl sein, nur nicht Cambyses; denn sehen Sie, mein werther Herr, das ist un=möglich, weil sonst sein Vater, der König Cyrus, darum wissen müßte.

Feldk. Vermuthlich.

Schupp. Aber dieser König Cyrus bin ich ja selber.

Feldk. (prallt zurück). Sie? — Sie sind der König Cyrus?

Schupp. Haben Sie mir das nicht gleich angeseh'n? (Er tritt ihm majestätisch näher.)

Feldk. (retirirt sich). O! auf der Stelle, das versteht sich. (Im Zurückweichen kommt er Rührey zu nahe.)

Rühr. Kommen Sie mir nicht zu nahe!

Feldk. Ei behüte!

Schupp. (geht ihm nach). Den König Crösus nahm ich gefangen.

Feldk. (retirirend). Daran haben Ew. Majestät sehr wohl gethan.

Schupp. Den babylonischen Juden habe ich erlaubt, in ihr Vaterland zurück zu kehren.

Feldk. Ich wollte, Sie hätten auch die unsrigen mitge=schickt. (Er kommt Merks zu nahe.)

Merks. Drei Schritt' vom Leibe!

Feldk. Ach Gott! ach Gott! ich bin in ein Tollhaus gerathen!

———

Achte Scene.

Doktor Jurjus. Die Vorigen.

Dokt. Ihr Diener, mein Herr, sein Sie willkommen.

Feldk. Sind Sie der Herr Doktor Jurjus?

Dokt. Aufzuwarten.

Feldk. Nun Gott sei gedankt! Sie haben da eine vornehme Hausgenossenschaft.

Dokt. Wünschen Sie vielleicht bekannter mit ihr zu werden?

Feldk. O nein, ich kenne die Herren schon zur G'nüge.

Dokt. Darf ich mir Ihren Namen ausbitten?

Feldk. Ich bin der Pachter Feldkümmel von Tippelskirchen.

Dokt. Ah so! nun weiß ich schon.

Feldk. Ich habe hier eine Braut, die ich abholen will.

Dokt. Ja, ja! ich weiß Alles. Mein lieber Schuppenpelz, bringe Er mir den Schlüssel zu dem Zimmer Numero 8. Die eisernen Stäbe vor den Fenstern sind doch in gutem Stande?

Schupp. O ja, Herr Doktor. (Ab.)

Dokt. Erschrecken Sie nicht, es ist nur für den Anfang. Wenn wir erst bekannter mit einander geworden sind, so werden Sie eben so viele Freiheit genießen, als diese Herren.

Feldk. Was? Sie werden mich doch nicht einsperren wollen?

Dokt. Mit Leuten in Ihren Umständen pflege ich anfangs vorsichtig umzugeh'n.

Feldk. In meinen Umständen? was hab' ich denn für Umstände?

Dokt. Wo fixe Ideen, so wie bei Ihnen, tiefe Wurzel geschlagen haben, da muß man imponiren durch Ernst und Strenge.

Feldk. Mein Gott, ich bin der ehrliche Pachter Feldkümmel —

Dokt. (ihn anfahrend). Sie sagen mir das zum letzten Male. Sie sind der Herr von Zippelsdorf. Sie hören, daß ich Sie kenne, also künftig kein Wort mehr davon.

Feldk. Ich bin der Herr von Zippelsdorf? (Bei Seite.) Ach, du lieber Gott! wenn doch endlich der Doktor käme! denn dieser ist auch Einer von den Wahnsinnigen. Solchen Leuten muß man nachgeben, sonst werden sie wüthend.

Dokt. Nun, mein Herr? wer sind Sie?

Feldk. (sehr freundlich). Ich bin der Herr von Zippelsdorf, ganz natürlich.

Dokt. Seh'n Sie, das wird schon geh'n.

Schupp. (kommt zurück). Da ist der Schlüssel von Numero 8.

Dokt. Belieben Sie mir zu folgen.

Feldk. (bei Seite). Ja, daß ich ein Narr wäre! (Laut.) Erlauben Sie, mein Herr Doktor — Sie sind ja der Herr Doktor?

Dokt. Freilich bin ich es.

Feldk. Vermuthlich Leibarzt bei dem König Cambyses?

Schupp. (klopft ihm auf die Schulter). Bei dem König Cyrus.

Feldk. Ach, gehorsamer Diener! ich tauge fürwahr nicht in so vornehme Gesellschaften, ich bin nur ein ehrlicher Bürgersmann und Pachter —

Dokt. (drohend). Wer sind Sie? wer?

Feldk. Ja so! der Herr von Zippelsdorf. (Für sich.) Ich schwitze meinen Todesschweiß. (Laut.) Erlauben Sie, daß ich meinen Stammbaum hole. (Fängt wieder an, sich zu retiriren.)

Rühr. Kommen Sie mir nicht zu nahe!

Feldk. Ach nein, nein, mein werther junger Herr von Glas, ich will mich lieber ganz und gar entfernen.

Dokt. Nicht von der Stelle! Sie sind meiner Obhut anvertraut.

Feldk. Ja, ja, ich befand mich nicht recht wohl, ich hatte mir den Magen durch Hunger und das Blut durch Galle verdorben. Belieben Sie mir nur ein Rezept zu verschreiben. Hier ist ein Dukaten.

Dokt. In den ersten Wochen pflege ich nichts zu verschreiben, sondern bloß zu beobachten.

Feldk. Sie meinen also, ich müßte mehrere Wochen hier bleiben?

Dokt. Wenigstens einige Monate.

Feldk. Das würde mir höchst erfreulich sein, in so angenehmer Gesellschaft; aber meine Geschäfte — Sie wissen, ein Pachter —

Dokt. (drohend). Wer sind Sie? wer?

Feldk. Nun ja, es weiß ja die ganze Welt, daß ich der Herr von Zippelsdorf bin. Erlauben Sie, daß ich meine Braut avertire, ehe ich das Vergnügen habe, bei Ihnen einzuziehen.

Dokt. Sie müssen sich die Braut eben so wohl, als den Pachter aus dem Sinne schlagen.

Feldk. Die Braut gleichfalls?

Dokt. Sie haben keine Braut.

Feldk. Nicht? nun das kann auch wohl sein.

Dokt. Aber einen Neffen haben Sie, einen recht braven jungen Mann, überhaupt eine respektable Familie.

Feldk. So? das ist mir lieb zu vernehmen. Ich kenne keinen von ihnen Allen.

Dokt. Wenn Sie einige Monate auf Numero 8 zugebracht haben, so werden Sie sich ihrer wohl erinnern.

Feldk. Vermuthlich.

Dokt. Jetzt ohne weitere Umſtände, marſch auf Ihr Zimmer.

Rühr. (mit klarer Stimme). Marſch!

Merks (aus hohler Bruſt). Marſch!

Feldk. (bei Seite). Ne, nun muß ich mich zuſammen nehmen.

Dokt. Wird's bald?

Feldk. (bei Seite). Meſſer und Piſtolen haben die Ver= rückten nicht, und auf meine Fäuſte kann ich mich verlaſſen.

Dokt. Was ſoll das Gemurmel?

Feldk. Herz gefaßt! — Mein Herr Doktor, und ſämmt= liche Majeſtäten, leben Sie wohl!

Dokt. Schuppenpelz! halte Er ihn feſt. Merks und Rührey kommt herzu!

Merks (ſteht auf, thut aber nur einen Schritt, und bleibt dann ſtarr wie eine Bildſäule ſtehen).

Rühr. (verkriecht ſich hinter ſeinen Seſſel).

Feldk. Geht mir alle aus dem Wege, oder ich knete euch zuſammen wie friſchen Teig.

Rühr. O weh! o weh!

Dokt. Paßt auf! laßt ihn nicht entwiſchen! Rührey, hol' Er meine Leute.

Rühr. Herzlich gern, ſo entgeh' ich der Gefahr. (Schleicht nach der Thür.)

Feldk. Am Ende möchten ihrer doch zu viel werden. Platz da! Platz da! (Er ſchleudert den Doktor in Rühreys Stuhl, und Schuppenpelz in den Stuhl, auf welchem Merks geſeſſen. An der Thür ſtößt er auf Rührey und ſtößt ihn über den Haufen.) Hol' euch alle der Teufel! (Ab.)

Rühr. O weh! ich bin in tauſend Stücke zerbrochen!

Dokt. Der Mensch ist nicht wahnsinnig, der ist toll.

Schupp. Hätte ich ihn nur in Babylon!

Merks (schreitet gravitätisch nach der Thür, setzt sich auf Rühren und spricht:) Ich laß ihn spießen.

(Der Vorhang fällt.)

Fünfter Act.
(Straße.)

Erste Scene.
Schmerle (allein).

Die Leute fangen schon an zum Thee zu fahren. Fast wird mir bange um meine tausend Thaler, und was noch mehr, um meinen Ruhm. In einer Stunde muß er aus der Stadt sein, oder ich verliere meine Wette.

Zweite Scene.
Feldkümmel. Schmerle.

Feldk. (aus des Doktors Hause). Ach Kochlöffel! Kochlöffel! nun ist es aus mit mir!

Schm. Hat Sie wirklich der Schlag gerührt?

Feldk. Ich komme aus dem Tollhause!

Schm. Sie sind doch nicht selber toll geworden?

Feldk. Es hat nicht viel gefehlt. Warum hat Er mich denn in das verfluchte Haus gewiesen?

Schm. Mein Gott, der Doktor Jurius ist Einer der berühmtesten Aerzte in ganz Wien.

Feldk. Ja, den Doktor Jurius hab' ich aber gar nicht zu seh'n bekommen. Lauter verrückte Menschen, den König

Cyrus, den König Cambyses, ein Kerlchen von Glas und einen hochmüthigen Narren, der mich mit Gewalt zum Herrn von Zippelsdorf machte.

Schm. Vermuthlich ist der Doktor nicht zu Hause gewesen, aber Sie dürfen nur ein Viertelstündchen warten —

Feldk. Und dann wieder hineingehen? gehorsamer Diener, ich bin froh, daß ich heraus bin, ich wollt', ich wäre auch schon aus der Stadt.

Schm. Sie werden bald ganz anders reden, wenn ich Ihnen erzähle, welches Vergnügen Sie erwartet.

Feldk. Hat Er für ein tüchtiges Abendessen gesorgt?

Schm. O hier ist von ganz andern Dingen die Rede. Ihre Braut läßt Sie zum Balle einladen.

Feldk. Zum Balle? ich danke schön, ich habe diesen Morgen schon genug getanzt.

Schm. Sie dürfen doch nicht ausbleiben, das schickt sich nicht.

Feldk. Wird denn auch gegessen?

Schm. Es wird Thee getrunken mit Zwiback, auch Limonade und Mandelmilch, und Wasser nach Belieben.

Feldk. Ei!

Schm. Ihre schöne Braut wird sehr geputzt erscheinen. Sie hat sich nagelneu auf das geschmackvollste gekleidet.

Feldk. In Gottes Namen.

Schm. Hier sind die Rechnungen.

Feldk. Was soll ich damit machen?

Schm. Sie bezahlen.

Feldk. Ich?

Schm. Ganz natürlich. Ihre Braut hat die Putzmacherin und den Schneider an Sie gewiesen.

Feldk. Und ich werde sie an den Teufel weisen.

Schm. (entfaltet die Rechnungen). Ein Shawl von Petinet mit Spitzen, achtzig Thaler.

Feldk. Scharmant.

Schm. Ein ganzes Kleid von Petinet, einhundert vierzig Thaler.

Feldk. Bravo!

Schm. Ein englischer Strohhut — Contrebande, fünfzehn Thaler.

Feldk. Sehr wohlfeil.

Schm. Die Schneiderrechnung beträgt nur siebzig Thaler.

Feldk. Eine Bagatelle.

Schm. Wollen Ew. Gnaden den Rock aufknöpfen?

Feldk. Wozu?

Schm. Um das Taschenbuch herauszuholen.

Feldk. Laß er nur stecken. In Tippelskirchen sind die Leute keine Narren. Ich will ihr ein Stück Leinewand von unserer Bleiche liefern und einen Wagen voll Stroh, da kann sie sich Hüte flechten, so viel sie Lust hat, und wenn ihr das nicht beliebt, so mag sie sich einen andern Bräutigam suchen.

Schm. (bei Seite). Holla, jetzt ist er auf gutem Wege. (Laut.) Die sämmtlichen Pensionairinnen sind spaziren gegangen, um Blumen zu holen, sie wollen Ew. Gnaden damit herausputzen.

Feldk. Ich frage den Henker nach allen Blumen! ich sehe sie nicht einmal gern auf einem Hochzeitskuchen.

Dritte Scene.

Wilhelm (als Advokat). **Die Vorigen.**

Wilh. Mein Herr, der Beschreibung nach sind Sie der Pachter Feldkümmel?

Feldk. Ja, Gott sei Dank! nun bin ich's wieder.

Wilh. Ich bin der Advokat Strunk.

Feldk. Nach Belieben. Mit Advokaten habe ich nichts zu schaffen.

Wilh. Es sind mir vier Prozesse gegen Sie aufgetragen worden.

Feldk. Vier auf einmal?

Wilh. Es ließe sich da ein schönes Geld verdienen, aber ich bin nicht eigennützig, ich rathe zum Vergleich, wenn anders mein werther Herr die Hand dazu bieten will?

Feldk. Warum nicht? aber wohl zu merken die leere Hand.

Wilh. Ganz ohne Kosten kann es nicht abgeh'n, aber ich werde meine Klienten zur Billigkeit bewegen. Zwanzig Thaler für den Restaurateur, fünf Thaler Schmerzgeld für den Garçon von wegen des brennenden Puddings, neunzig Gulden für die Portechaise, siebenzig Dukaten für den An- tikenhändler —

Feldk. Ist der Herr bald fertig?

Wilh. Der schlimmste Handel ist der mit der Jungfer Nierenkalb; es wäre denn, daß Sie sich entschlössen, sie zu ehelichen.

Feldk. In's Spinnhaus will ich sie schicken, die lügen- hafte Kreatur.

Wilh. Wenn Sie selbige Jungfrau nicht zu heirathen

gedenken, so werden Sie da wohl unter fünfhundert Thaler nicht abkommen.

Feldk. Ei, wirklich?

Wilh. Das Honorar für meine Bemühungen überlasse ich Dero Generosité.

Feldk. Gehorsamer Diener!

Wilh. Mit zweihundert Thalern bin ich zufrieden.

Feldk. Außerordentlich genügsam.

Schm. Summa Summarum tausend Thälerchen, ohne den Schneider und die Putzmacherin.

Feldk. O! das ist ja ein Spottgeld. (Zieht Schmerle bei Seite) Nicht wahr, der Kerl will mich prellen?

Schm. Behüte der Himmel! es ist einer der ehrlichsten Männer in der ganzen Stadt. Wenn Sie ihm ein gutes Wort geben, so dient er Ihnen par honneur eben so wohl als ich.

Feldk. Es sind ja aber lauter verfluchte Prozesse?

Schm. Die meinen Sie zu gewinnen? etwa weil Sie Recht haben?

Feldk. Freilich.

Schm. Haben Sie Vettern? haben Sie Muhmen?

Feldk. Nein!

Schm. Wollen Sie traktiren? wollen Sie Rehbraten in die Küche schicken?

Feldk. Nein!

Schm. Wollen Sie dem Sekretär die Hände versilbern?

Feldk. Nein, nein, nein!

Schm. So verlieren Sie Ihre Prozesse cum expensis.

Feldk. Mein Gott, wie helf' ich mir denn? schaff' Er Rath, mein lieber Kochlöffel.

Schm. Ja, da wüßt' ich nur einen Rath — Sie machen sich aus dem Staube.

Feldk. Wenn ich nur die Braut nicht am Halse hätte.

Schm. Die lassen Sie sitzen.

Feldk. Sie thut sich ein Leides.

Schm. Man muß sie trösten. Vertrauen Sie nur auf diesen Herrn, der weiß alle Schliche und Pfiffe. Wenn Sie ihn fleißig Herr Justiz=Rath nennen — das hört er gern — so brauchen Sie ihm auch weiter nichts zu bezahlen.

Feldk. Damit kann ich ihm wohl dienen.

Schm. Ich will unterdessen eine Postchaise holen.

Feldk. Ach ja, thu' Er das, mein lieber Kochlöffel! wenn Er mir aus der verfluchten Stadt hilft, so will ich auch — so will ich mich auch bei Ihm bedanken.

Schm. O viel Ehre! Die Post ist in der Nähe. In zehn Minuten bin ich wieder hier. (Ab.)

Vierte Scene.

Feldkümmel. Wilhelm.

Wilh. Auch hab' ich noch einen Auftrag übernommen, der eigentlich wohl nicht in mein Fach schlägt. Der junge Herr von Mückenfuß erwartet Sie morgen früh Punkt sechs Uhr im Prater, mit Degen oder mit Pistolen.

Feldk. Da kann er lange warten.

Wilh. Mit oder ohne Sekundanten.

Feldk. Die Sekundanten mögen in Gottes Namen hin= geh'n, ich komme aber nicht. — Hören Sie, mein lieber Herr Justiz=Rath —

Wilh. (sehr freundlich). Oh!

Feldk. Wenn Sie die Güte haben wollten, mir beizu=
steh'n, mein werthester Herr Justiz=Rath —

Wilh. Reden Sie. Sie haben auf den ersten Blick mein
Herz gewonnen.

Feldk. Ich habe mich entschlossen — kurz und gut —
alle die fatalen Händel mit einem Mal abzuthun.

Wilh. Sehr vernünftig.

Feldk. Ich mache mich aus dem Staube, wie?

Wilh. Aber meine Klienten?

Feldk. Mein hochwerthester Herr Justiz=Rath, belieben
Sie Dero Klienten sich aus dem Sinne zu schlagen. Sie
haben einen ehrlichen dankbaren Mann vor sich — ich will,
— ich werde mich in Ihr Stammbuch schreiben, und wenn
ich einmal heirathen sollte, so bitte ich Sie zu Gevatter bei
meinem ersten Kinde.

Wilh. So vieler Politesse vermag ich nicht zu wider=
stehen. Es wäre allerdings am besten, wenn Sie je eher je
lieber —

Feldk. Je eher je lieber! ich habe schon nach der Post
geschickt. Es ist nur noch ein fataler Umstand dabei. Ich habe
nämlich eine Braut.

Wilh. Je nun, wenn's nur keine Frau ist.

Feldk. Aber sie liebt mich ganz entsetzlich.

Wilh. Das ist schlimm.

Feldk. Und sehen Sie, ihren Tod wollte ich denn auch
nicht auf meinem Gewissen haben.

Wilh. Man müßte versuchen — wenn man Jemanden
finden könnte — wer ist sie denn?

Feldk. Jungfer Henriette Lilienhain.

Wilh. In Pension bei Madame Lafond?

Feldk. Dieselbe.

Wilh. Hm! hm! hm! wie sich das wunderlich fügt.

Feldk. Wie denn? was denn?

Wilh. Vor etwa einem Jahre gefiel mir selber das Mädchen außerordentlich. Ich stand so zu sagen auf dem Sprunge — aber ich erfuhr, daß sie schon mit einem respektablen Manne versprochen sei, und so schlug ich mir's aus dem Sinne.

Feldk. Der respektable Mann war ich.

Wilh. So hör' ich nun. Ei! ei!

Feldk. Herr Justiz=Rath, wenn das Mädchen nur zu bewegen wäre, ich träte Ihnen wahrlich meine Ansprüche ab.

Wilh. Ach! das Mädchen müßte ja blind sein, wenn sie einen solchen Tausch einginge.

Feldk. Nun, nun, ich bin auch nicht immer so korpulent gewesen, es kann ja noch kommen.

Wilh. Ich bin nicht wohlhabend genug, um eine Frau nach der heutigen Welt zu ernähren.

Feldk. Wissen Sie was, da kann ich helfen. Ich bin reich —

Wilh. O, zu viel Großmuth!

Feldk. Erlauben Sie, ich bin nicht gesonnen, etwas zu geben; aber das Vermögen meiner Braut, das will ich Ihnen zuwenden, daran will ich keinen Anspruch machen.

Wilh. Hätten Sie vielleicht noch ein Recht darauf? auch wenn Sie die Mamsell nicht heirathen?

Feldk. Ein Recht eben nicht; aber Sie wissen ja wohl, man braucht ja nicht immer ein Recht auf fremdes Geld zu haben, und ich bin ja doch der Bräutigam gewesen. Kurz, ich trete Ihnen die Braut mit sammt dem Vermögen ab, wenn Sie nur machen, daß ich Wien gar nicht wieder nennen höre.

Wilh. Wohlan, aus Hochachtung für einen Mann von so seltenen Gaben.

Feldk. Lassen Sie sich umarmen, mein werthester Herr Justiz-Rath.

Wilh. Au weh! Sie drücken mir den Brustknochen entzwei.

Feldk. Es geschieht von ganzem Herzen. Hier nehmen Sie diese Rechnungen vom Schneider, von der Putzmacherin. Sie werden ja schon seh'n, was damit zu thun ist.

Wilh. Vermuthlich zu bezahlen?

Feldk. Wie Sie wollen, wie es Ihnen gefällig ist. Gern wollte ich Ihnen auch das goldene Verlobungsringelchen geben, um es meiner gewesenen Braut wieder zuzustellen, aber sehen Sie, es ist mir in's Fleisch gewachsen; ich will ihn denn lieber zum Andenken tragen, bis an mein seliges Ende. Den Meinigen schicken Sie mir mit der Post nach Tippelskirchen.

——— ———

Fünfte Scene.

Schmerle. Die Vorigen.

Schm. Uf! ich bin gelaufen. — Die Postchaise hält bereits an der Ecke.

Feldk. Na, so fällt mir ein Stein vom Herzen. Mein lieber Kochlöffel, dieser brave Mann will nicht allein die Prozesse abthun, sondern mich auch von meiner Braut erlösen.

Schm. Eine seltene Großmuth.

Feldk. Ich bin auch in der That ganz schwindlig vor lauter Dankbarkeit. Ihm, mein ehrlicher Kochlöffel, will ich auch noch einen Beweis meiner Freundschaft hinterlassen. Er kann sich morgen früh im Prater für mich schlagen.

Schm. Ein so ehrenvolles Vertrauen macht mich stolz. Ich fürchte nur, Sie werden doch noch einen schweren Stand haben, denn so eben kommt die Mamsell Braut mit der ganzen Pension vom Spazirgange zurück.

Feldk. Ei, ich werde mich sogleich skisiren.

Schm. Das geht nicht. Dort steht die Postchaise. Sie würden den Damen gerade in die Arme laufen.

Feldk. Das ist dumm. Was machen wir denn? ich mag nicht Abschied von ihr nehmen, denn ihre Thränen würden mich erweichen.

Schm. Lassen Sie sich nur nichts merken. Thun Sie, als ob Sie diesen Abend auf den Ball kommen würden.

Feldk. Sie gleichsam noch ein wenig für den Narren halten? wie?

Schm. Ein Späßchen zu guter Letzt.

Feldk. Wenn es der Herr Justiz=Rath nur nicht übel nimmt?

Wilh. O ganz und gar nicht.

Feldk. Hä hä hä! Na, so will ich mir doch für all den Verdruß, den ich ausgestanden, noch ein kleines Späßchen machen.

Sechste Scene.

Sämmtliche Pensionairinnen (mit großen Blumensträußern).
Louise (mit einem Kranze). **Die Vorigen.**

Henr. Ha! seh' ich recht? mein Bräutigam! mein Geliebter!

Feldk. Ja, mein Schätzchen, da bin ich.

Louise. Ihre Dienerin, mein Herr.

Just. Votre servante, Monsieur.

Car. Ich mache Ihnen meinen Knix.

Bärbch. Ich mache Ihnen drei Knixe.

Feldk. Meine charmanten Kinder, ich wünschte der Staub unter Ihren Füßen zu sein.

Louise. Außerordentlich galant.

Henr. Warum haben Sie mich denn so lange nach Ihrer Gegenwart schmachten lassen?

Feldk. Haben Sie wirklich ein wenig nach mir geschmachtet? Das ist so meine Art, ich pflege mich rar zu machen.

Louise. Das würde ich übel nehmen, wenn ich Ihre Braut wäre.

Car. Ich würde maulen.

Just. Ich würde Sie zwicken.

Bärbch. In drei Tagen bekämen Sie keinen Kuß von mir.

Feldk. Wichtige Geschäfte, mein schönes Kind. Ich habe Ihren Schneider und Ihre Putzmacherin bezahlt. Dieser Herr wird Ihnen die Quittungen zustellen.

Louise. Pfui schämen Sie sich, davon zu reden. Ein Bräutigam muß ganz im Stillen das Glück genießen, sein Geld für die Braut auszugeben.

XXVII.   16

Feldk. Ganz im Stillen, das thue ich auch, hä hä hä!

Juft. Und wären Taufende zu bezahlen, ihm muß es scheinen, als habe es ihm nichts gekoftet.

Feldk. Das scheint mir auch so, hä hä hä!

Henr. Sprechen wir nicht von solchen Kleinigkeiten.

Feldk. (bei Seite). Kleinigkeiten! ein Halstuch für achtzig Thaler! Gott sei Dank, daß ich sie los bin!

Henr. Diesen Strauß hab' ich für Sie gepflückt.

Feldk. Scharmant!

Henr. Den stecke ich Ihnen selber an die Bruft. (Thut es.)

Feldk. Das riecht wie eine ganze Apotheke.

Juft. Warum nicht gar! hätten Sie noch gesagt: wie Florens Toilette.

Feldk. Französisch oder deutsch, das kommt auf Eins heraus.

Louife. Diesen Kranz hab' ich für Sie gewunden. (Sie nimmt ihm den Hut vom Kopfe und setzt ihm den Kranz auf.)

Feldk. (gibt ihn zurück). Erlauben Sie — wegen der Abendluft — ich kann den Hut nicht darauf setzen.

Car. Die Opferftiere wurden von den Griechen be= kränzt.

Feldk. Das wird sich am Hochzeitstage am besten schicken.

Louife (zu Henrietten). Hörst du wohl? er wird witzig, ohne ein Wort davon zu wissen.

Henr. Kleiner Schelm, Sie sprechen schon vom Hoch= zeittage?

Feldk. Lassen Sie sich die Zeit nicht lang werden, hä hä hä!

Henr. Sie kommen doch diesen Abend zum Ball?

Feldk. Ei, das versteht sich.

Louise. Aber nicht in Stiefeln, das verbitt' ich mir.

Feldk. Potz Velten! da haben Sie Recht. Nun will ich auch gleich nach Hause — versteh'n Sie mich? nach Hause, hä hä hä! — um meine Stiefeln abzulegen. Dieser Herr wird indessen die Güte haben, meine Stelle zu vertreten, wenn Sie es erlauben, wie?

Henr. (mit einem tiefen Knix). Ich halte es für meine Pflicht, Ihnen zu gehorchen.

Feldk. Da hören Sie es. Na, so leben Sie denn allerseits wohl unterdessen, hä hä hä! auf baldiges Wiederseh'n!

Henr. Mit mir tanzen Sie die erste Quadrille.

Feldk. Ei freilich.

Louise. Mit mir die zweite.

Feldk. Viel Ehre.

Just. Mit mir die dritte.

Feldk. Das versteht sich.

Car. Ich bin älter als du, Louise, du könntest mir auch wohl die zweite überlassen.

Louise. Wer zuerst kommt, mahlt zuerst; ich besteh' auf meinem Recht.

Feldk. (bei Seite). Hä hä hä! nun fangen sie gar an, sich um mich zu zanken. Hätte ich doch nicht geglaubt, daß ich noch so vergnügt aus der Stadt fahren würde. Das hab' ich Alles diesen braven Freunden zu verdanken. (Er drückt Wilhelm und Schmerle verstohlen die Hände.) Serfitör, meine Damen! hi hi hi! die werden sich wundern! (Ab.)

Henr. Fährt er wirklich davon?

Schm. Er fährt.

16 *

Wilh. (wirft die Perücke weg). Und mir hat er alle seine Rechte abgetreten.

Henr. Aber mein Ring?

Wilh. Der ist ihm in's Fleisch gewachsen. Mir ist Ihr Bild in's Herz gewachsen.

Henr. Wilhelm, ich bin dein. (Umarmen sich.)

Louise. (hält den Kranz über sie). Triumph!

Schm. Die tausend Thaler sind verdient.

Alle (halten ihre Sträußer um das liebende Paar hoch empor). Triumph! Triumph!

(Der Vorhang fällt.)

Die

neue Frauenschule.

Ein Lustspiel

in drei Aufzügen.

Frei bearbeitet nach dem Französischen:

Le secret du ménage.

Personen.

Graf Valmont.

Julie, seine Gemahlin.

Frau von Blinval, seine Cousine, eine junge Witwe.

(Der Schauplatz ist ein Saal mit mehreren Thüren auf einem Land=
hause dicht bei Paris.)

Erster Act.

Erste Scene.

Der Graf (allein).

Verdammt! das kann nur mir widerfahren! —
Mein guter Valmont, nimm vorlieb!
Die große Eile konntest du sparen,
Die dich heute nach Hause trieb.

Der kleine Götze, dem ich diene,
Ist, mich zu quälen, boshaft schlau:
Ich suche meine munt're Cousine,
Und finde statt ihrer — meine Frau!

Meine Frau — nun ja — sie ist nicht häßlich,
Sie hat Verstand und Herz und Geist;
Allein die Pflicht wär' unerläßlich,
Die alles das auch zeigt und weis't.
Denn lieber Gott, was nützt dergleichen,
Wenn man es erst errathen soll?
Von Andern, die in Allem ihr weichen,
Ist jedermann des Ruhmes voll.
Zum Beispiel jene Henriette,
Die mich bisher so stolz verschmäht,
Ist nur eine hübsche Marionette,
Wenn neben meiner Frau sie steht.
Aber sie weiß zu schwatzen, zu lachen,
Sie kokettirt, sie mault und neckt,

Und kurz sie weiß sich geltend zu machen,
Da liegt die große Kunst versteckt.

    Meine Frau Gemahlin hingegen —
Die lange Weile treibt mich hinaus,
Und nur der hübschen Cousine wegen
Komm ich dann und wann nach Haus.
Die ist dann doch eine belebte Schöne,
Die figurirt nicht blos beim Thee,
Sie spricht und singt wie eine Sirene,
Und schreibt wie eine Sevigné!
Ihr folgt man gern durch's Weltgetümmel,
Denn lustig flattert ihr Panier.
Ich liebe sie nicht — bewahre der Himmel!
Allein ich plaudere gern mit ihr,
Und sie vertändelt mir das Leben. —

    Doch halt! die häusliche Tugend erscheint,
Nun wird es eine Unterhaltung geben,
Bei der man weder lacht noch weint.

Zweite Scene.

Der Graf. Julie (in einem nachlässigen Morgenkleide, einen großen Hut auf dem Kopfe).

Julie.

Willkommen, lieber Graf, willkommen.

Graf (sehr höflich).

Wir haben uns heute noch nicht geseh'n.

Julie.

Ich hatte mir ernstlich vorgenommen,
Ein wenig früher aufzusteh'n;
Ich wollte mich putzen —

Graf.

Das kommt selten.

Julie.

Es ist auch heute Ihr Namenstag.
Sie mögen meine Faulheit schelten,
Daß ich so ungern mich putzen mag;
Allein, nicht wahr? man sieht darüber
Hinweg in einer glücklichen Eh'?
Und also bleib' ich heute lieber
In meinem bequemen Negligée.
Wenn Sie Vergnügen daran fänden,
Ja dann zur Toilette! dann geschwind!

Graf.

Nicht doch, warum die Zeit verschwenden?
Sie mögen bleiben wie Sie sind.
Zwar wollten Sie heute Besuche geben?

Julie.

O ja, zu meinem größten Verdruß.
Mir ist's ein verlorner Tag im Leben,
An dem ich Visiten machen muß.
Die schieb' ich auf so lang als möglich —

Graf.

Und morgen der große Abendschmaus.

Julie.

Dergleichen Soupers sind unerträglich,
Und zehnmal lieber bleib' ich zu Haus.

Graf.

Doch schienen Sie vormals die Welt zu lieben.

Julie.

Jetzt find' ich die große Welt sehr klein.

Mir ist nur eine Freude geblieben,
Die, meinem Gatten gefällig zu sein.

Graf.

Die Tonkunst schienen Sie zu schätzen.

Julie.

Auch ein Geschmack, den ich verlor.
Allein wenn Sie sich daran ergetzen,
So such' ich ihn wohl wieder hervor.

Graf.

Ich? ganz und gar nicht. Meinetwegen
Mag diese Kunst verloren geh'n;
Doch es bleibt wahr, Talente pflegen
Die Reize der Damen zu erhöh'n.
Das Auge locken die weißen Finger,
Von einem lästigen Handschuh befreit,
Auf schwarzen Tasten geläufige Springer
Mit grazienvoller Beweglichkeit.
Die niedliche Stickerei in Seide,
Zur Ausstellung qualifizirt.
Oder die Zeichnung in schwarzer Kreide,
Vom Lehrer heimlich korrigirt.
Auf solche Mitgift haben die Mütter
Nicht selten ihre Hoffnung gebaut,
Und so empfängt der verliebte Ritter
Die amüsante kunstreiche Braut.
Doch kaum ist Hymens Fackel entzündet,
So ruht — wer hätte das geglaubt! —
Ruht Alles! Der Crayon verschwindet,
Das Fortepiano steht bestaubt.

Julie.

Ich danke für die gute Lehre,
Die ich heute zum ersten Mal
Aus Ihrem spottenden Munde höre;
Merken will ich mir die Moral.

Graf.

Sprach ich doch nur im Allgemeinen,
Von Ihnen war die Rede nicht.
Sollt' ich zerstreut, verdrießlich scheinen,
So wär's kein Wunder, da vor Gericht
So eben die Ladung ich erhalte,
Denn Anspruch auf dies Landhaus macht
Ihr Oheim, der wunderliche Alte,
Das hat mich aus der Fassung gebracht.
Das Gütchen ist so hübsch gelegen,
Dicht vor den Thoren von Paris,
Mit seinen schattigten Gehegen,
Fürwahr ein kleines Paradies.
Und daß ich es nicht gern verliere,
Nun das begreift sich ohne Müh';
Doch eh' ich darum prozessire,
Verlaß' ich's lieber — Was meinen Sie?

Julie.

Ich meine das auch.

Graf.

          Sehr wohl. Hingegen —
Der lange Sommer in der Stadt —
Der Staub, die Hitze, der Koth, der Regen —
Das wird man auch verzweifelt satt.
Verödet stehen die Paläste,

244

Kein frisches Grün, kein frischer Genuß.
Der Winter gibt dort theure Feste,
Die man im Sommer bezahlen muß.

Julie.

Sie haben Recht. Nur lange Weile
Weht nach Paris der Frühlingswind,
Und — wenn ich Ihre Meinung theile,
So bleiben wir lieber, wo wir sind.

Graf.

Doch wohl erwogen — fürwahr zum besten
Mag's auf dem Lande wohl auch nicht sein,
Denn heute sind wir belagert von Gästen,
Und morgen wieder ganz allein.
Das kommt und geht, gleichwie auf Reisen;
Das ist der neu'ste gute Ton;
Man tummelt sich, um abzuspeisen, —
Und nach der Tafel — husch! davon!
Wo hören Sie jetzt noch herzlich lachen?
Von echter Freude keine Spur.
Wir bilden uns ein, ein Haus zu machen,
Am Ende ist's ein Wirthshaus nur.

Julie.

Sehr wahr! dies ewige Geh'n und Kommen —
Besser die Stadt. Wir ziehen hinein.

Graf (bei Seite).

Verdammt! sie hat sich vorgenommen,
Nie einer andern Meinung zu sein.

Julie.

Ich habe nur Ihren Geschmack und Willen;
Was Sie verwerfen, das find' ich schlecht;

Ihre Wünsche die meinen, selbst Ihre Grillen,
Was Ihnen behagt, das ist mir recht.

Graf.

O sehr verbunden.

Julie.

Doch darf ich es sagen,
Bisweilen — ja ja — bedünkt es mich,
Als wolle die lange Weile Sie plagen?

Graf.

Mich? Gott bewahre! Sie irren sich.

Julie.

Nun desto besser. Ich irre mich gerne;
Nur Liebe flößte die Furcht mir ein.

Graf.

Langeweile bei Ihnen? das sei ferne!
Wo könnt' ich wohl vergnügter sein?
(Gähnend.) Ist das die heutige Morgen=Zeitung?

Julie.

Ich glaube ja!

Graf (setzt sich und liest).

Man muß doch seh'n —
Was gibt's denn Neues von Bedeutung?
Wie mag es um den Frieden steh'n? —
Der Kaiser ist auf der Jagd gewesen —
Eine Feuersbrunst — ein neuer Zoll —

Julie (bei Seite).

Er liest? ich kann ja auch wohl lesen.

(Sie nimmt ein Buch und setzt sich ihm gegenüber.)

Graf (bei Seite).

Ich weiß nicht, was ich ihr sagen soll.

Immer dieselbe freundliche Miene,
Immer dasselbe freundliche Ja.
Gottlob, ich sehe meine Cousine,
Mir war ein Schläfchen ziemlich nah'.

Dritte Scene.

Frau von Blinval. Die Vorigen.

Fr. v. Blinval.

Nun Kinder, da bin ich. Guten Morgen!

Julie.

Willkommen!

Graf.

Wird man Sie endlich gewahr?
Woher so spät?

Fr. v. Blinval.

Die großen Sorgen,
Mein werther Cousin, die Locken im Haar —
Ein Aermel zu falten — ein Shawl zu verbrämen,
Und dann der Spiegel, mit dem man sich zankt —

Graf.

Warum die Kunst zu Hilfe nehmen,
Wenn man der Natur so viel verdankt.

Fr. v. Blinval.

Verbunden für die hübsche Phrase.

Graf.

Sie war des Herzens Widerhall.

Fr. v. Blinval.

Nun, meine liebe niedliche Base,
Wir geh'n doch heute auf den Ball?

Julie.

Ich? nein. Ich geh' nicht mehr auf Bälle.

Fr. v. Blinval.

Warum nicht? Freilich, in der Stadt,
Wo sich auf des Saales Schwelle
Die lange Weile gelagert hat,
Wo man sich nur im neuen Kleide
Dem gaffenden Publikum präsentirt,
Und statt der alten geselligen Freude
Die Eitelkeit den Reihen führt;
Wo man, sehr spät, zu früh gekommen,
Den heutigen Ball erst morgen beginnt,
Und kaum, zum sichern Unterkommen,
Den nächsten, besten Stuhl gewinnt;
Fürwahr, man darf sein Glück noch loben,
Hat man das Tanzen gleich vermißt,
Wenn im Gedränge halb geschoben,
Man einige Schritte gegangen ist.

Graf.

Zwar boshaft — aber treu gespiegelt.

Fr. v. Blinval.

Hingegen in Gottes freier Natur,
Wo keine Etikette uns zügelt,
Da herrscht die wahre Freude nur.
Da hüpfen wir fröhlich im Tanz verschlungen,
Gleichviel auf Rasen oder Parquet;
Da wird das Lied der Freude gesungen,
Denn sie gab das Entréebillet.

Graf.

So recht! So muß man Blumen pflücken.

Man bücke sich nur, sie stehen da —
Sie werden den heutigen Ball uns schmücken.

Fr. v. Blinval.

Durch meine gute Laune, ja.

Graf.

So werd' ich um meine Sonne mich dreh'n.
Wo Sie sind, winkt die Freude mir.

Fr. v. Blinval.

Sie scherzen.

Julie (für sich).

Ich thue besser zu geh'n.
Auch wird er's nicht gewahr bei ihr. (Ab in ihr Kabinet.)

Vierte Scene.

Frau von Blinval. Der Graf.

Fr. v. Blinval.

Sie scheinen bisweilen zu vergessen,
Daß Schmeichelei, vom klugen Mann
Verschwenderisch uns zugemessen,
Das beste Weib verderben kann.
Nicht wahr, Cousine? — wo ist sie geblieben?

Graf.

Ein wenig Eifersucht vielleicht —

Fr. v. Blinval.

Nicht doch.

Graf.

Sie sehen, ohne zu lieben —
Das fühlt sich wohl, das ist nicht leicht.
Auch muß ich bekennen — möge sie schmollen —

Daß Ihnen schon lange mein Herz gehört;
Denn liebenswürdig sein zu wollen,
Halten Sie selber der Mühe werth.
Oder vielmehr ohne Kunst und Willen
Bezaubern Sie, was Ihnen naht,
Und könnten Sie auch die Schönheit verhüllen,
Der Geist —

Fr. v. Blinval.
Gemach! Herr Nachbar mit Rath!
Sie sagen mir Dinge, die mich verwirren,
Die Freundschaft muß bescheiden sein.

Graf.
Sie kann in Liebe sich verirren,
Und dann —

Fr. v. Blinval.
Dann steht es gar nicht fein.
Sie, mein Cousin, in allen Ehren,
Sie schwatzen ein wenig zur Ungebühr.
Dergleichen darf ich länger nicht hören.
Fort! fort zu Ihrer Frau!

Graf.
Zu ihr?

Fr. v. Blinval.

Nun freilich.

Graf.

Aber —

Fr. v. Blinval.
Kein Aber!

Graf.
Ich dächte —

XXVII.

17

Fr. v. Blinval.

Gehorche der Herr wie sich's geziemt,
So wird er unter seinem Geschlechte
Vor vielen Sündern hoch gerühmt.

Graf.

Nnn wohl, ich gehorche. (Sehr zärtlich.) Ach! Sie berauben —

Fr. v. Blinval.

St!

Graf (etwas empfindlich).

Eine baldige Wiederkunft,
Die werden Sie mir doch erlauben?

(Er geht auf das Kabinet seiner Frau zu; als er sich aber von Frau von
Blinval nicht mehr bemerkt glaubt, entschlüpft er durch die Mittelthür.)

Fünfte Scene.

Frau von Blinval (allein).

Auch so ein Mann aus der lockern Zunft.
Gehöre sein Weib zu den Schönsten und Besten,
Sei ihre Tugend engelrein,
Sie hat unter allen Fehlern den größten,
Den, seine eigene Frau zu sein.
Ich mag wohl leiden, daß er mich liebe,
Auch bin ich ihm selber ein wenig gut,
Doch gegen flammensprühende Triebe
Stehe ich klüglich auf meiner Hut.

Sechste Scene.

Julie. Frau von Blinval.

Julie (für sich).

Sie ist allein — nun will ich's wagen.

Fr. v. Blinval.

Sieh' da, Cousine. Wo ist Ihr Gemahl?

Julie.

Mein Mann? das können Sie mich fragen?
Ich ließ ihn hier.

Fr. v. Blinval.

Und ich befahl
Ihm, augenblicklich zu Ihren Füßen —

Julie.

Er geht im Garten. Mir läßt er Zeit,
Mein Herz vor Ihnen aufzuschließen.
Erwünscht ist die Gelegenheit.

Fr. v. Blinval (bei Seite).

Was werd' ich hören?

Julie.

Nicht wahr, Cousine,
Mich elend zu machen ist nicht Ihr Plan?
Denn hab' ich Sie je mit einer Miene
Beleidigt? Ihnen weh' gethan?

Fr. v. Blinval (befremdet).

Nie.

Julie.

Waren Sie mir nicht stets willkommen?
Mit meinem Gatten so nah' verwandt,
Hab' ich als Schwester Sie aufgenommen.

Fr. v. Blinval.

Und hab' ich das nicht stets erkannt?

Julie.

So schien es — doch nun muß ich glauben,
Daß es Ihnen Freude macht,

17 *

Mir meinen kostbarsten Schatz zu rauben,
Des Gatten Herz!

Fr. v. Blinval.

Welch ein Verdacht!

Julie.

Ich weiß zwar wohl, daß schon seit lange
Sein Flattersinn ihn mir entführt';
Die Folgen von diesem unseligen Hange
Hab' ich vor Kurzem noch schmerzlich gespürt.
Ich weiß, er liebte Henrietten,
Die seine Huldigung verwarf;
Doch weiß ich auch, daß von Koketten
Ich minder Gefahr befürchten darf.
Ihn lange zu fesseln vermochte sie schwerlich,
Nie scheut' ich ihren Flitterglanz;
Doch Sie, Cousine, sind mir gefährlich!
Wer Sie liebt, ach! der liebt Sie ganz.
Unmöglich, daß ich mir verhehle,
Wie sehr ich Sie mir überlegen fand.
Ich sehe mit Schrecken den Mann meiner Seele,
Von mir entfernt, zu Ihnen gewandt.
Was bleibt mir übrig, die Angst zu vernichten,
Die Sorge um mein häusliches Glück,
Als mich zu Ihrer Großmuth zu flüchten,
O stoßen Sie mich nicht zurück!
Sie, angebetet, wo Sie erscheinen,
Sie finden sicher keinen Genuß
In einem Triumph, den ich beweinen,
Den ich so theuer bezahlen muß!
Herrschen Sie ferner im glänzenden Kreise,

Umgaukelt von Liebe und Witz und Scherz;
Nur — daß ich Ihre Großmuth preise,
Nur laſſen Sie mir dies einzige Herz.

Fr. v. Blinval.

Gott! wie Sie mich beſchämen, verwirren!
Ich eine Feindin Ihrer Ruh'! —
Daß Sie — wo nicht in ihm ſich irren,
Doch wahrlich in mir, das ſchwör' ich zu!
Nie hab' ich geglaubt, Sie zu betrüben,
Denn Ihren flatterhaften Gemahl —
Wie konnt' ich vermuthen, daß Sie ihn lieben?

Julie.

Ach! unausſprechlich! zu meiner Qual!

Fr. v. Blinval.

Das iſt mir neu. Ich hab' es bezweifelt
Und büße dafür; denn wie ich nun ſeh',
So hab' ich ein Gift in ihr Herz geträufelt.
Liebe Couſine, das thut mir weh'.
Sie ſchienen mir gleichgiltig, unbefangen;
So war ich minder auf meiner Hut,
Ich ſehe, ich bin zu weit gegangen,
Allein ich mach' es wieder gut.
Will ihn nicht blos von mir entfernen,
Bring' ihn der Gattin auch zurück.
Sie ſollen von mir das Geheimniß lernen,
Wie man bewahrt das eh'liche Glück!

Julie.

Sie wollten? —

Fr. v. Blinval.

Ein gutes Werk beginnen,

Das Ihres Vertrauens würdig sei.
Ich will mir eine Freundin gewinnen,
Das gilt mir mehr als Liebelei.

Julie.

Sie schenken mir ein neues Leben!
Geschwind, erklären Sie mir —

Fr. v. Blinval.

Still! still!

Des Grafen Stimme vernahm ich so eben.
Wenn man gehörig dociren will,
So muß kein Ungeweihter stören.
Gleich nach der Tafel sind wir allein,
Dann sollen Sie meine Weisheit hören,
Mitunter eine Wahrheit verzeih'n.

Julie.

Verzeihen? könnt' ich nur vergelten!

Fr. v. Blinval.

Vielleicht erwerb' ich mir ein Recht.
Man sagt, die Freundschaft finde selten
Ein warmes Plätzchen bei unserm Geschlecht,
Wir wollen das mitleidig hören und lesen,
Wir haben uns beide nicht gekannt.
Ihr stilles, Ihr verschlossenes Wesen
Hab' ich mit Unrecht Kälte genannt.
Sie hielten mich im bunten Gewühle
Empfänglich nur für Lust und Scherz:
Doch ohne Ruhm zu melden, ich fühle
Mich noch gesund an Geist und Herz.
D'rum schwinde in dem Heiligthume
Der Freundschaft jede Eigensucht.

Die Lieb' ist eine hübsche Blume,
Die Freundschaft eine süße Frucht. (Beide gehen Arm in Arm ab.)
(Der Vorhang fällt.)

Zweiter Act.

Erste Scene.
Julie. Frau von Blinval.
Julie.

Mein Mann ist in die Stadt gefahren,
Benutzen wir den Augenblick,
An dem, was Sie mir offenbaren,
Hängt meine Ruhe, hängt mein Glück!

Fr. v. Blinval.

Wird uns auch niemand unterbrechen?

Julie.

Wir sind allein.

Fr. v. Blinval.

Ihr Boudoir —
Dort ist zu hören was wir sprechen.
(Sie öffnet die Thür desselben.)
Niemand. — Wohlan, nun will ich wahr
Zu Ihnen reden, wahr und offen.
Ich bitte freundlich um Geduld.
Von dem Geschick, das Sie betroffen,
Tragen Sie selber ein wenig die Schuld.

Julie.

Ich?

Fr. v. Blinval.

Sie. Fern von der Welt erzogen,

In der so manches Irrlicht blinkt,
Stehen Sie von Ihrem Herzen betrogen.

Julie.

Worin?

Fr. v. Blinval.

In Allem, wie mich dünkt.
Gewinnen ist leichter, als erhalten.
Entflammen läßt ein Herz sich bald;
Doch soll es nicht eben so schnell erkalten,
So ruhe nie die sanfte Gewalt.
Schönheit und Geist, die stärksten Waffen,
Die unserm Geschlecht Natur verlieh;
Wo wäre ein Sieg, den sie nicht schaffen!
Vor ihnen beugt sich jedes Knie.
Mit diesen unwiderstehlichen Reizen
Hat die Natur auch Sie beschenkt;
Warum sie verbergen? warum damit geizen?
Das heißt den Schatz in die Erde versenkt.
Gleich einer Schnecke, in sich verschlossen,
Wer sucht in Ihnen den muntern Geist?
Den Körper zu schmücken so verdrossen,
Kein Fünkchen Eitelkeit beweist,
Daß Sie dem Gatten gefallen wollen;
Wie konnt' ich glauben, Sie liebten ihn?
Wie hätt' ich das errathen sollen?
Denn um geliebt zu werden, schien
Es Ihnen schon genug zu lieben.
Und während Ihr Herz im Stillen litt,
Wenn Andere ein buhlerisch Wesen trieben,
Thaten Sie selber keinen Schritt.

Ja, nicht einmal der Modetempel
Empfing Ihr Opfer — ach und weh!
Für Ihre Reize, zum Exempel,
Ist das ein schickliches Négligé?
 Ein gewaltiger Hut, verbrämt mit Spitzen,
Im Zimmer, wo keine Sonne sticht?
Prophetischen Geist muß man besitzen,
Um ein so niedliches Gesicht
Dahinter zu vermuthen. Allen
Gesetzen der Eitelkeit sprechen Sie Hohn.
Man wolle nur den Männern gefallen,
Traun! so gefällt man ihnen schon.

Julie.

Mein Glaube war, ich muß bekennen,
Sie wahrhaft zu lieben sei genug.
Der Hut, den Sie gewaltig nennen,
Das Kleid, das ich zufällig trug,
Schienen mir bloße Kleinigkeiten,
Auf die ein liebender Mann nicht sieht;
Es gibt ja sonst Vollkommenheiten,
Die zu erwerben war ich bemüht.

Fr. v. Blinval.

Mein Kind, ein Wörtchen im Vertrauen,
Jenes hoffärtige Geschlecht,
Auf dessen Ernst wir Felsen bauen,
Ist doch nur seiner Sinne Knecht.
Ach man gewinnt der Männer Herzen
Meist nur durch Reiz der Sinnlichkeit;
Man kann ihre Liebe auch wieder verscherzen
Durch eine elende Kleinigkeit.

Julie.

Ich weiß doch nicht, worin ich fehle?
Die Anordnung im Haus, der Tisch
Sind, wo ich schaffe, ordne, wähle,
Nicht sparsam, nicht verschwenderisch.
Für Anstand weiß ich wohl zu sorgen,
Mir selber bleib' ich immer gleich,
Bin, was ich heute war, auch morgen,
Mich dünkt, an Sanftmuth ziemlich reich;
Doch reicher noch an jenem Triebe,
Durch den zur Lust wird jede Pflicht,
An jener grenzenlosen Liebe —

Fr. v. Blinval.

Ja, das ist v i e l — doch A l l e s nicht.

Julie.

Ihm nur g e f a l l e n? ach, für ihn l e i d e n!
Ich fühle, daß ich's fähig bin.
Und käm' er in Noth, mit tausend Freuden
Gäb' ich mein Leben für ihn hin!

Fr. v. Blinval.

Das ist wohl schön, erhaben, rührend,
Doch selten die Gelegenheit
Zu einem großen Opfer führend;
Sind wir hingegen t ä g l i ch bereit,
Durch kleine Talente, die wir üben,
Gefälligkeiten aller Art,
Dem Gatten zu zeigen, daß wir ihn lieben,
Das fesselt t ä g l i ch stark und zart.
Gewohnheit schmiedet ewige Ketten,
Und täglich a m ü s i r e n gilt

Weit mehr, als einmal das Leben retten.
Kein schönes, aber ein treues Bild!
Und welche Frau urtheilt gelinder,
Wenn sie die Männer ein wenig kennt?
Verdienst und Tugend vermögen minder
Als kleine Künste, ein kleines Talent.
Nur so beschneiden wir Amors Flügel,
Und wirken ein Eh'band von Asbest.
Die Schönheit faßt behende die Zügel,
Doch nur die Grazie hält sie fest.

Julie.

Viel Wahres mag darin wohl liegen,
Allein mich dünkt, es gibt noch mehr
Unschuld'ge Mittel, um zu siegen,
Und ihr Gebrauch ist minder schwer.
Die Männer zum Exempel glauben:
Recht, immer Recht hätten nur sie.
Ich mag den eiteln Wahn nicht rauben,
Und darum widersprech' ich nie.

Fr. v. Blinval.

Nie? das ist falsch.

Julie.
Ich sollte denken —

Fr. v. Blinval.

Nun ja, ein ew'ger Widerspruch
Kann leicht verstimmen oder kränken;
Ein ew'ges Ja ist auch nicht klug.
Man muß zu widerlegen streben,
Man macht den Sieg ein wenig schwer,
Um endlich Gründen nachzugeben,

Ein Sieg durch Gründe schmeichelt mehr.
Und — glauben Sie mir zu Ihrem Heile,
Daß, ärger als ein eh'licher Zwist,
Jene verdammte lange Weile
In einem Hause zu fürchten ist.
Da gähnt der Mund, die Herzen bereuen,
In S i e verwandelt sich das D u.
Ein kleiner Sturm ist minder zu scheuen,
Als solcher Windstille fade Ruh'.

Julie (lächelnd).

In diesem Punkte hab' ich freilich
Die Eh'stands = Rolle noch nicht studirt.

Fr. v. Blinval.

Studiren Sie. — Jetzt werde treulich
Das Wichtigste noch von mir berührt.
Die Tugend sei in's Herz geschrieben,
Sie sei der ew'ge Stern am Pol;
Die Gattin darf nur Einen l i e b e n,
Doch Vielen g e f a l l e n darf sie wohl.
Sie muß sich nicht verstecken, begraben
In eine düst're Einsamkeit;
Sie muß der Natur gefällige Gaben
Benutzen, doch mit Sittsamkeit.
Wenn jedes Auge ihr Beifall blitzet,
Dann fühle doppelt der Herr Gemahl
Das Glück, das er in ihr besitzet,
Und werde stolz auf seine Wahl.
Daß girrende Ritter die Gattin umschweben,
Mach' ihm ein wenig Sorg' und Pein,
So wird er selber sich bestreben,

Der liebenswürdigste zu sein.
Talente, Geist, Witz, Schönheit, Jugend,
Zur Schau getragen mit Verstand,
Erheben Koketterie zur Tugend,
Die Fessel wird ein Rosenband.

Julie.

Das Mittel scheint mir doch gefährlich.

Fr. v. Blinval.

Ja, für den Mißbrauch steh' ich nicht,
Und einer Jeden hielt ich schwerlich
Es anzurathen für meine Pflicht.
Sie aber kenn' ich, und bei Ihnen
Fällt mir kein wenn und aber ein.
Von Ihnen hoff' ich Dank zu verdienen;
Nicht wahr, Sie werden folgsam sein?

Julie.

Ich weiß doch nicht —

Fr. v. Blinval.

Was nicht? Sie schweigen?

Julie.

Liebe Cousine, ich rede frei:
Ich kann mich noch nicht überzeugen,
Daß mein Benehmen irrig sei.

Fr. v. Blinval.

Noch immer nicht?

Julie.

Es könnte sich finden —
So tröstet mein Bewußtsein mich —
Daß mein Gemahl aus andern Gründen
Von jenem sanften Pfade wich,

Auf den die Liebe Blumen streut.
Ich meint' es ja so treu und gut!
Natürlich, daß mein Herz sich scheut,
Zu glauben, was so weh' ihm thut.

Fr. v. Blinval.

Nnn wohl. Ich höre den Grafen kommen,
Entschlüpfen Sie in Ihr Kabinet,
Und wenn die Gattin dort vernommen,
Was er der Freundin wohl gesteht;
Und wenn er selber laut entschieden,
Wer von uns Beiden Irrthum nährt,
So wählen Sie dann, zu Ihrem Frieden,
Was ihn am sichersten bekehrt.

Julie.

Das Argument wär' unwiderleglich.
Ja, wenn auch er so denkt und spricht —
Ich irre vielleicht, es ist wohl möglich,
Doch frei heraus, noch glaub' ich's nicht. (Ab.)

Zweite Scene.
Fr. v. Blinval (allein).

Wir suchen schlau in tausend Gründen
Von unserm Schicksal das Warum;
Nur da nicht, wo es am nächsten zu finden —
In eig'ner Schuld — da sind wir stumm.

Dritte Scene.
Frau v. Blinval. Der Graf.
Graf.

Da bin ich wieder, und hab' indessen
Unnütze Besuche abgethan.

Fr. v. Blinval.

Wie so?

Graf.

Man droht mir mit Prozessen,
Mich zu vergleichen war mein Plan;
Doch dieser Oheim, — durch Poltern und Schmollen
Führt er seinen Rechtsbeweis,
Kurz, ich mag wollen oder nicht wollen,
Er zieht mich in den Schikanen-Kreis.
Nun wohl, so bleib er denn besessen
Vom Dämon, der ihn verblendet hat;
Ich sehe S i e wieder und rein vergessen
Sind Oheim, Richter und Advokat.

Fr. v. Blinval.

Allzu galant. Ihr meint doch immer,
Ihr Männer, daß die Schmeichelei
In einem Gespräch mit Frauenzimmer
Die unentbehrlichste Würze sei.

Graf.

Mag sein, daß viele darin fehlen,
Doch wer mit Ihnen v o n Ihnen spricht,
Der darf die schmeichelndsten Worte wählen,
Und schmeichelt darum nicht.

Fr. v. Blinval.

Sie wollen schon wieder mich böse machen,
Sie geben die schönste Gelegenheit.
Für diesmal will ich schweigen und lachen.
Eine Tugend, die gleich Feuer schreit,
Ist auch nicht immer die echte Tugend.
Doch fragen muß ich — (wenn's nur nützt!)

Sie, dessen Gattin Schönheit, Jugend,
Geist, Anmuth und Gefühl besitzt,
Wie wird Ihr Flattersinn entschuldigt?
Ein Knabe geboren im April,
Der jüngst noch einer Spröden gehuldigt,
Und eben jetzt mir huldigen will?
Doch ich, wie jene, bekenne offen,
Trotz unserer weiblichen Eitelkeit,
Von Ihrer Frau uns übertroffen
An holder Liebenswürdigkeit.
Wie mag das Fremde Vergnügen gewähren,
Wo reizender das Eig'ne winkt?
Ich bitte das Räthsel mir zu erklären.

Graf.

Sehr leicht.

Fr. v. Blinval.

  Die Wahrheit.

Graf.

    Ungeschminkt.

Fr. v. Blinval.

Ich bin begierig.

Graf.

    Schön zu nennen
Ist Julie — auch gut und klug —
Das Alles will ich gern bekennen,
Aber — das ist noch nicht genug.

Fr. v. Blinval.

Wie, nicht genug? und was belieben
Der gestrenge Herr Graf noch mehr?
Kann sie vielleicht noch inniger lieben?

Graf.

Das nicht, sie liebt mich fast zu sehr.

Fr. v. Blinval.

Zu sehr?

Graf.

Geliebt zu werden vor Allen,
Ist freilich dem Gatten schmeichelhaft;
Allein die schöne Kunst zu gefallen
Macht jeden Reiz nur dauerhaft.

Fr. v. Blinval.

Also wär' diese Kunst ihr fremd geblieben?

Graf.

Zum mindesten war sie nie ihr Ziel.
Nun wissen Sie wohl, eine Kunst nicht üben,
Und nicht besitzen, gilt gleichviel.
Ihr Geist? nun ja, sie weiß zu schweigen.
Vernunft? meine Frau vernünftelt nie.
Talente? mag sie gar nicht zeigen,
Und Grazie? vernachlässigt sie.
Die Sanftmuth? ist gar sehr verschieden
Von Indolenz, bei der man friert.
Gefälligkeit? kann auch ermüden,
Eine kleine Laune amüsirt.
Ich habe sie geliebt, und fühle noch heute,
Daß ich sie wieder lieben kann;
Doch wenn ich Andern Weihrauch streute,
So zogen sie ja durch das mich an,
Was meine Frau im höhern Grade
Besessen, täglich mehr verliert. —
Was meinen Sie nun? verdien' ich Gnade?

XXVII.   18

Fr. v. Blinval (bei Seite).

Er spricht, als hätt' ich es ihm dictirt.

Graf.

Ich bitte, mich zu absolviren.

Fr. v. Blinval.

Ganz Unrecht haben Sie freilich nicht,
Das mag Ihre Frau wohl selber spüren.
Mir scheint, es sei ein helles Licht
Ihr aufgegangen; sie wird sich bessern,
Hat mir schon halb und halb vertraut —

Graf.

Ach! das ist eines von den Schlössern,
Die ich wohl sonst in die Luft gebaut.
Sie kann ihr Betragen nicht mehr ändern,
Sie ist zu träge, zu indolent.
Sie wird so fort durch's Leben schlendern,
Und ihr natürliches Talent,
Wenn sie nur will, stets zu gefallen,
Schläft nach und nach auf ewig ein.

Vierte Scene.

Die Vorigen. Julie (ohne Hut).

Julie (für sich).

Gemach! von diesen Worten allen
Soll keines mir verloren sein.
Und hier bedarf es nicht der Liebe,
Nur einer gereizten Eitelkeit.

Fr. v. Blinval (leise).

Sie kommt.

Graf (leise).

Es wäre besser, sie bliebe

In ihrer stummen Einsamkeit.
(Laut und höflich.) Sieh' da! im Boudoir gewesen.

Julie.

Ein Stündchen.

Graf.

Und was machten Sie da?

Julie.

Was man so treibt, gestrickt, gelesen —

Graf.

Vermuthlich im alten Seneca?

Julie.

Nein, diesmal war es eine leichte Lektüre,
Aus der ich dennoch viel gelernt.

Graf.

Wozu ich herzlich gratulire.
Wohlan, Cousine, nicht weit entfernt
Ist jene große, mit Verlangen
Erwartete Stunde für den Ball.

Fr. v. Blinval.

Mir aber ist die Lust vergangen,
Ich habe mein Köpfchen auch einmal.

Graf.

Sie scherzen. Hatten Sie nicht beschlossen,
Die Zierde uns'rer schönen Welt —

Fr. v. Blinval.

Ich bleibe, der schönen Welt zum Possen.

Graf.

Warum?

Fr., v. Blinval.

Weil es mir so gefällt.

Graf.

Sehr launenhaft.

Julie.

Nun, wenn es aber
Ein Köpfchen aufzusetzen gilt,
Das kann ich auch.

Fr. v. Blinval (bei Seite).

Nun wird es sich ergeben,
Ob meine Erwartung sie erfüllt.

Julie.

Ich selbst will heute ungebeten,
Weil mich die Lust so eben beschlich,
Die Stelle der schönen Cousine vertreten.
Ich geh' auf den Ball.

Graf (erstaunt).

Sie?

Fr. v. Blinval (bei Seite).

Bravo!

Julie.

Ich.

Graf.

Sie setzen fürwahr mich in Erstaunen.

Julie.

Gewisse Zeiten sind vorbei.
Das ist die kleinste von meinen Launen.

Graf.

Noch mehr? die Sprache ist mir neu.

Julie.

Ich hab' überlegt, das macht vernünftig.

Graf.

Ei lassen Sie hören. Welcher Entschluß —

Julie.

Mein Leben genießen will ich künftig,
Zu lang entbehrt' ich den Genuß.
Mich selber hab' ich bis jetzt bestohlen —

Graf.

Sehr wahr.

Julie.

Und das bereu' ich nun.
Viel hab' ich wieder nachzuholen,
Und bin entschlossen es zu thun.
Es gab einmal einen klugen Kaiser,
Dem — weil er seine Klugheit oft verschlief —
An jedem Morgen irgend ein Weiser —
Ich weiß nicht, welchen Spruch zurief:
So sollte man uns Franen begrüßen
An jedem Morgen mit dem Spruch:
Den heutigen Tag strebt zu genießen!
Er kommt nicht wieder!

Graf.

Wahr genug!

Julie.

Die schöne Jugend ist bald verschwunden,
Das grämliche Alter schleicht hervor,
Und zählt gebückt in bleiernen Stunden,
Die goldenen Tage, die jene verlor.
D'rum will ich leben, die Freude suchen,
Will lösen den freiwilligen Bann,
Will in der großen Welt versuchen,
Ob ich ihr noch gefallen kann.
Und nicht einmal in den Fastenwochen
Thu' ich auf das Tanzen Verzicht.

Graf (leiſe zu Fr. v. Blinval).

Auf meine Ehre! ſo viel geſprochen
Hat ſie in zwei Jahren nicht.

Julie.

Wie konnt' ich die Luſt am Tanzen verlieren,
In meinem Alter muß man ja
Die Wiſſenſchaften kultiviren;
Spricht das nicht auch Herr Seneca?

Graf.

Sie haben den Stein der Weiſen gefunden.

Julie.

Er lag im Wege, nur war ich blind.

Graf.

Ihr großer Hut iſt auch verſchwunden.
Man ſieht nun wieder, wie hübſch Sie ſind.

Julie.

Ei wirklich? — zu trauen iſt dem Lobe,
Denn ſprach es nicht ein Ehemann?
D'rum fort! geſchwind eine neue Robe!
Die Zeit zum Balle rückt heran,
Und von Eroberungen träumte
Ich auch mitunter ein wenig ſchon.
Die köſtliche Zeit, die lang verſäumte,
Iſt mir noch nicht für immer entfloh'n.
Noch lächelt der Morgen, noch blüht die Roſe;
An Schmetterlingen fehlt es ihr nicht. (Ab.)

Fünfte Scene.
Der Graf. Frau von Blinval.
Graf.

Zum Henker! welche Metamorphoſe!

Fr. v. Blinval.

Sie weiß zu sprechen — und sie spricht.

Graf.

So plötzlich sie verwandelt zu finden —
Ich steh' wahrhaftig wie ein Tropf,
Und weiß die Ursach nicht zu ergründen.

Fr. v. Blinval.

Auch ich zerbreche mir den Kopf.

Graf.

Auf jeden Fall hat sie gewonnen,
Der kleine schwaßhafte Uebermuth —
So liebenswürdig unbesonnen —
Nicht wahr, Cousine, es stand ihr gut?

Fr. v. Blinval (kalt).

Hm!

Graf.

Wie?

Fr. v. Blinval.

Um Täuschung zu vermeiden,
Halt ich mein Urtheil noch zurück.
Ein Augenblick kann nichts entscheiden.

Graf.

Doch war's ein schöner Augenblick.

Fr. v. Blinval.

A propos, Cousin! Da schreibt mir neulich
Ein Herr Vetter aus Lyon:
Mein Einfluß sei ihm sehr erfreulich,
Er habe viel gehört davon.
Die Leute in Provinzen glauben:
Wer das pariser Pflaster tritt,
Dem wachsen von selber die reifen Trauben

In den offnen Mund bei jedem Schritt.
Mein Vetter sucht bei Hof' eine Stelle;
Ich unbedeutende Person
Stehe zu fern von der Segensquelle,
Und ohne Ihre Protektion —
Allein Sie hören mich nicht?

Graf.
Verzeihung!

Fr. v. Blinval.
Ich rede mir die Kehle rauh,
Und Sie mein Herr —

Graf.
Es war Zerstreuung —
Ich dachte —

Fr. v. Blinval.
An wen?

Graf.
An meine Frau.

Fr. v. Blinval (empfindlich).
So?

Graf.
Welche allerliebste Laune!
Nicht wahr?

Fr. v. Blinval.
O ja.

Graf.
Warum so kühl?

Fr. v. Blinval.
Ich stoße nicht gleich in die Posaune.

Graf.
Allein ich sage doch nicht zu viel,
Wenn ich behaupte, sie war nicht übel?

Fr. v. Blinval.

O nein.

Graf.

Und kurz, sie war scharmant!

Fr. v. Blinval (bei Seite).

Bravo! da brennt es schon im Giebel.

Graf.

So hatt' ich zuvor sie nie gekannt.
Ich habe geirrt, und freue mich dessen,
Doch jetzt von Ihrem Wankelmuth.

Fr. v. Blinval.

Ich dachte, Sie hätten mich rein vergessen?

Graf.

Woher die plötzliche Ebb' und Flut?
Der Ball schien Sie zu interessiren,
Nun schwanken Sie wieder wie ein Rohr?

Fr. v. Blinval.

Ich will zu Hause repetiren.

Graf.

Noch kommt es wie ein Scherz mir vor.

Fr. v. Blinval.

Mein bitt'rer Ernst.

Graf.

Nun wohl, so sagen
Sie mir zum mindesten, warum?

Fr. v. Blinval.

Ich will nicht.

Graf (bei Seite).

Weiber können plagen!
(Laut.) Nur eine Sylbe!

Fr. v. Blinval.

Ich bin ſtumm.

Graf.

Aber wenn ich Sie beſchwöre —

Fr. v. Blinval.

Umſonſt.

Graf.

Sie werden kommen, nicht wahr?

Fr. v. Blinval.

Nein! nein! nein!

Graf.

Bei meiner Ehre!
Das iſt verzweifelt ſonderbar.

Fr. v. Blinval.

Gleichviel.

Graf.

Wohlan, ich bleibe auch.

Fr. v. Blinval.

Wo denken
Sie hin? das ſchickt ſich nicht.

Graf.

Gleichviel.

Fr. v. Blinval.

Das würde Ihre Gattin kränken.

Graf.

Mag ſein. I h r Beifall iſt mein Ziel.

Fr. v. Blinval.

Nnn wohl, ich wünſche, Sie geh'n zum Ball.

Graf.

Ihr Wunſch iſt ein Befehl für mich;
Doch nur in dieſem einzigen Falle
Mein Wille unabänderlich.

Fr. v. Blinval (bei Seite).

Ein Strich durch die Rechnung.

Graf (bei Seite).

Das macht sie stutzen.

Fr. v. Blinval.

Lieber Cousin, sein Sie gescheit —
Da kommt Ihre Frau. Um sich zu putzen
Bedurfte sie nur wenig Zeit.

Sechste Scene.

Die Vorigen. Julie (einfach und geschmackvoll gekleidet).

Julie.

Nicht wahr, lieber Graf, ich bin flink gewesen?
Und wie gefällt Ihnen dieses Kleid?
In Ihrem Auge Beifall zu lesen,
Wäre mir in der That nicht leid.

Graf.

Es ist allerliebst. Mit Wohlbehagen
Verweilt das Aug' auf Ihrer Gestalt.
Ich muß für hente nur beklagen —

Julie.

Beklagen? ei, das klingt sehr kalt.

Graf.

Ich würde Sie so gern begleiten,
Und gerade hente kann ich nicht.

Julie (bei Seite).

O weh! was hat das zu bedeuten?

Fr. v. Blinval (bei Seite).

Er bleibt auf seinen Trotz erpicht.

Graf.

Verzeihen Sie dies ungalante —

Julie (die sich gefaßt hat, leicht und ohne alle Empfindlichkeit).

Kein Wort! ich hatte ohnehin
Nicht darauf gerechnet.

Graf (betreten).

Nicht?

Julie.

Meine Tante,

Die alte Baronin fährt ja hin,
Spielt nicht einmal, ist folglich müßig,
Und wird mir nicht von der Seite geh'n.

Graf (mit unterdrückter Empfindlichkeit).

Nun freilich, da bin ich überflüssig.

· Julie.

Allein Sie müssen mich recht versteh'n.
Um ihnen jeden Zwang zu ersparen,
Nur darum geh' ich hent allein;
(Kofetirend.) Doch freilich wenn Sie mit mir fahren —
So wird meine Lust verdoppelt sein.

Graf (sehr geschmeichelt).

Dann kenn' ich meine schönsten Pflichten,
Der ganze Abend sei Ihnen geweiht.

(Leise zu Fr. v. Blinval.)

Um Ihnen zu gehorchen.

Fr. v. Blinval (bei Seite).

Mit nichten.

Doch einerlei.

Graf (Julien den Arm bietend).

Ich bin bereit.

Sie werden hente die Männer berauschen,
Und Neid erregen bei Ihrem Geschlecht.
Ich werde mit Stolz von ferne lauschen.

Julie (im Abgehen leise zu Fr. v. Blinval).
Jetzt glaub' ich beinah', Sie haben Recht.

Siebente Scene.
Fr. v. Blinval (allein).

Wohl hab' ich Recht, und ist's ein Wunder,
Wenn eine Frau, die hübsch sich nennt,
Der Männerherzen leichten Zunder
Am ersten Funken schon erkennt! —
Die Herzen sagt' ich? — um zu scherzen.
Ein Sprachgebrauch, den man verzeiht.
Die Männer haben keine Herzen,
Sie haben nur Sinne und — Sinnlichkeit. (Ab.)

(Der Vorhang fällt.)

Dritter Act.

Erste Scene.
Frau von Blinval. Julie. (Von verschiedenen Seiten. Die Letztere
im eleganten Négligé.)
Fr. v. Blinval.

Find' ich Sie endlich mit vieler Mühe!
Sie kamen gestern spät nach Haus,
Und diesen Morgen in aller Frühe
Fuhren Sie schon wieder aus.
Ich schmachte zu hören aus Ihrem Munde,
Was Ihnen der gestrige Ball beschert?
Ist's wahr, daß eine gute Stunde
Vor Ihrem Gemahl Sie heimgekehrt?
Julie.
Ach leider wahr! mein thöricht Hoffen

Verſprach mir einen ſo ſchönen Genuß —
Mein Herz — der Freude ſtand es offen,
Und fand den bitterſten Verdruß.

Fr. v. Blinval.

Unmöglich!

Julie.

Anfangs wollte Alles

Nach Wunſch mir geh'n. An Valmonts Arme
Schien ich die Königin des Balles.
Ich ſehe von einem bunten Schwarme
Mich ſchnell umflattern, höre mich nennen,
Feßle die Blicke der Neubegier;
Und — warum ſoll ich es nicht bekennen? —
Des Beifalls Murmeln ſchmeichelte mir.

Fr. v. Blinval.

Natürlich.

Julie.

Im geſchloſſenen Kreiſe,

In dem ich tanzend mich bewegt,
Vernehm' ich nun bald laut, bald leiſe,
Ein B r a v o ! das den Muth erregt.
Und ich verdoppelte mein Bemüh'n,
Denn in dem Kreiſe ſtand auch mein Mann;
Ich ſah ſein Auge freundlich glüh'n,
Mir war der Himmel aufgethan!

Fr. v. Blinval.

Nnn ja, was prophezeit' ich Ihnen?

Julie.

Ach! während der ſchöne Traum mich ſüß
Gewiegt, iſt Henriett' erſchienen,
Die Stolze, die er jüngſt verließ,

Um **Ihre** Feſſeln anzulegen.
Sie kam — mit buhleriſcher Kunſt
Geſchmückt, die Sinne zu erregen,
Sie kam — und ſtahl mir ſeine Gunſt!

Fr. v. Blinval.

Sie hätten ſchnell verdoppeln ſollen,
Was Ihnen den erſten Sieg verlieh'n.

Julie.

Ich wollte — und konnt' es nicht mehr wollen —
Mein Muth verſchwand, ich ſah nur ihn —
Und konnt' es länger nicht ertragen,
In fremden Netzen ihn zu ſeh'n,
Ich warf mich weinend in den Wagen,
Und floh.

Fr. v. Blinval.

Nicht von der Stelle geh'n,
Das ſollten Sie, ein Paroli biegen,
In dieſem verzweifelten Wageſpiel.

Julie.

Ach! Andern gefallen, ein leeres Vergnügen,
Da ich ihm nicht mehr gefiel!

Fr. v. Blinval (bei Seite).

O welch ein Herz! und ihren Frieden
Könnt' ich zerſtören wollen? nie!
(Laut.) Schon Mancher, dem ein Sieg beſchieden,
Verließ den Kampfplatz nur zu früh,
Warum nicht Ihrem Reiz vertrauen?

Julie.

Ach! Jene war ſo ſchön —

Fr. v. Blinval.

O nein,

Die liebenswürdigste der Frauen
Wird immer auch die schönste sein.

Julie.

Ich mag wohl Unrecht haben, und trage·
Die Schuld nicht selten. Doch hören Sie jetzt,
In welche sonderbare Lage
Mich Ihr befolgter Rath versetzt.

Fr. v. Blinval.

Mein Rath?

Julie.

Ich sollte kokett mich stellen.
Und hab' es gethan auf Ihre Gefahr.
Nun werd' ich von den jungen Gesellen
Für das gehalten, was ich nie war.
Da sehen Sie.

Fr. v. Blinval.

Billets doux?

Julie.

Nun freilich.
Ein Paar hab' ich gelesen. Sehr
Betrübt es mich. Es ist abscheulich!
Und ich erbreche keines mehr.

Fr. v. Blinval.

Das wäre Schade. Ich will sie lesen.
Mir ist dergleichen Geckerei
Von jeher amüsant gewesen.
Kein Körnchen Weizen, lauter Spreu.
Die Liebe macht geistreich, pflegt man zu sagen,
Sie macht die Schwätzer bisweilen stumm,
Die Stummen beredt; nur ist zu beklagen:

Verliebte Schreiber oft recht dumm.

(Sie öffnet ein Billet.)

Doch was ist das? mein Herr?

Julie.

Sie scherzen.

Fr. v. Blinval (liest).

Mein Herr, ich bin fürwahr zu gut,
Und habe, meinem schwachen Herzen
Zu widerstehen nicht den Muth.
Sie mögen kommen.   Henriette.

Julie (entreißt ihr das Billet hastig, und überblickt es).

Fr. v. Blinval (bei Seite).

Da hab' ich einen dummen Streich gemacht.

Julie.

O daß ich's nie gelesen hätte!
Ich gab auf die Adresse nicht Acht,
Sie ist an meinen Mann gerichtet.

Fr. v. Blinval.

Der Zufall sorgt für Ihre Ruh'.
Geschwind, Cousine, es werde vernichtet.

Julie.

Nein, nein, ich siegle es wieder zu. (Sie thut es.)
Versiegelt werd' es ihm übergeben,
Und nie erfahr' er, daß ich es las.
Nun kann ich des Argwohns mich überheben,
Daß er die heiligste Pflicht vergaß,
Nun weiß ich es gewiß und täusche
Mit leerer Hoffnung mich nicht mehr.
Er flatt're hin zu ihr, ich heische
Und hoffe keine Wiederkehr.

XXVII.

19

Und tief in meiner Brust verschließen
Will ich hinfort den bittern Schmerz,
Will seine Schuld im Stillen büßen;
Ich kämpfe nicht mehr um sein Herz!

Fr. v. Blinval.

Gemach! auf einer schmalen Brücke
Am Scheidewege sehen wir ihn,
Und gerade in diesem Augenblicke
Werde verdoppelt Ihr Bemüh'n.
Er ist nicht schlecht, man will ihn verführen,
Ihn retten kann Ihre Zuversicht,
Verdoppelte Liebe wird ihn rühren,
Der Großmuth widersteht er nicht.
Sie wollten in des Herzens Krämpfen
Vergessen, wer und was Sie sind?
Mit einer Feindin nicht einmal kämpfen,
Der Sie so weit überlegen sind?

Julie.

Ich habe gethan, was Sie mir riethen.

Fr. v. Blinval.

Und Sie befanden dabei sich gut.

Julie.

Man kann nicht immer sich selbst gebieten.

Fr. v. Blinval.

Man bleibt im Vortheil, wenn man's thut.

Julie.

Ich weiche buhlerischer Tücke.

Fr. v. Blinval.

Ich predige Liebe und Geduld.

Julie.

Ich unterliege dem Geschicke!

Fr. v. Blinval.

Das wäre Ihre eig'ne Schuld.

Julie.

Ach seine Liebe besaß ich nimmer!

Fr. v. Blinval.

Das hat der Unmuth ausgepreßt.

Julie.

Verlassen hat er mich auf immer!

Fr. v. Blinval.

Wenn man sich nur nicht selbst verläßt.
Sie müssen noch einmal sich ermannen,
Ich ford're noch einen letzten Versuch,
Sie werden die bösen Geister bannen
Durch einen freundlichen Zauberspruch.
Ich muß Sie bitten und beschwören!
Nur einmal fassen Sie noch Muth!
Den Rath der Freundin sollen Sie hören,
Sie meint es gut, recht herzlich gut.

Julie (in ihre Arme sinkend).

Wer könnte Ihnen widerstehen?
Wohlan, ich will.

Fr. v. Blinval.

So recht, so recht.
Doch darf er das Billet nicht sehen.

Julie.

Es ihm verheimlichen, wäre schlecht.
Es soll mich nie ein Vorwurf drücken,
Der mir das stille Bewußtsein raubt;
Und — wär' es auch, um zu beglücken —
Der kleinste Betrug ist unerlaubt.

19 *

Fr. v. Blinval.

Daran erkenn' ich, Sie mit Vergnügen.
Zwar wär' es nur ein frommer Betrug —
Doch wie Sie wollen. Um zu siegen,
Bleibt Ihnen immer noch genug.

Julie.

Der Hoffnung letzter Funk' erglimme!
Er lag tief in der Brust versteckt,
Es hat der Freundin sanfte Stimme
Ihn liebevoll in mir geweckt.
Wenn mein Gemahl, nach langem Wanken,
Zum neuen Bunde die Hand mir reicht,
So werd' ich der mein Glück verdanken,
Die es mir rauben konnte — so leicht! (Ab mit dem Billet.)

––––––

Zweite Scene.
Frau von Blinval (allein).

Es muß gelingen! es wird gelingen!
Durch Herz und Geist, durch Lieb' und List,
Wird sie den schönen Sieg erringen,
Obgleich nur seine Frau sie ist.
Doch nicht mein Rath allein kann nützen,
Auch mein Betragen, ihr unbewußt,
Soll ihr Bemühen unterstützen,
Und ihr Gewinn sei mein Verlust.
Indessen sie der Reize keinen,
Zum Kampfe unentwickelt läßt,
Will ich recht albern ihm erscheinen,
Und Grillen zeigen ein ganzes Nest.
Faßt eine hübsche Frau freiwillig
Solch einen heroischen Entschluß

Fürwahr, so dünkt mich, es sei billig,
Daß man dafür sie loben muß.

Dritte Scene.

Frau von Blinval. Der Graf (ohne sie zu sehen, das
Billet haltend).

Graf.

Zwei Zeilen nur, doch welche Zeilen!
Die schöne Spröde wird 'endlich mein!
Auf Amors Flügeln will ich eilen —
Ha! die Cousine! — ganz allein? —
Sie ist doch schöner als Henriette —
Bei ihrem Anblick vergißt man sich.
(Laut.) Nnn, liebe Cousine, was gilt die Wette,
Daß längst der Unmuth Sie beschlich,
Vom gestrigen Balle nichts zu wissen?

Fr. v. Blinval.

Sie amüsirten sich?

Graf.

Sehr gut.

Fr. v. Blinval.

Und Ihre Frau?

Graf.

Sie tanzt zum Küssen.

Fr. v. Blinval.

Zum Küssen? was doch ein Pas nicht thut!
Auch Henriette war zugegen?

Graf.

O ja.

Fr. v. Blinval.

Und hübsch?

Graf.

So ziemlich.

Fr. v. Blinval.

Nur?

Sie konnte sonst mehr bei Ihnen erregen,
Die schöne üppige Figur.

Graf.

Sie konnte nur so lange bethören,
Als sie in Ihrer Ferne stand,
Doch wollten Sie meine Wünsche erhören,
Zerrissen wäre das lockere Band.

Fr. v. Blinval.

Wie? was? erhören? was soll das heißen?
Sie bilden sich ein —

Graf (erschrocken).

Nichts bild' ich mir ein.

Fr. v. Blinval.

Statt Hochachtung mir zu beweisen,
Schwatzt der Herr Graf von Liebespein?

Graf.

Mein Gott! ist Ihnen das so zuwider,
So sein Sie ruhig, ich liebe Sie nicht.

Fr. v. Blinval.

Ich liebe Sie nicht! was das nun wieder
Für eine Grobheit ist! Wer spricht
Zu einer Dame so unbescheiden?
Ist man zu weit gegangen, nun
So muß man ja das Wort vermeiden,
Aus Furcht, der Zürnenden weh' zu thun.
In solchem Fall ist angemessen,
Daß man von Achtung, von Ehrfurcht spricht.

Doch nimmer muß man sich vergeſſen,
Ganz trocken zu ſagen, ich liebe Sie nicht.
Graf.

Ich weiß, um Sie beruhigt zu ſehen,
Nicht, was ich ſagen ſoll, allein —
Fr. v. Blinval.

Das wiſſen Sie nicht? man muß geſtehen,
Das Kompliment war auch nicht fein.
Mir, die ich meine Güte verſchwende,
Macht er den Kopf durch Schwatzen toll,
Und dann ſpricht er noch am Ende,
Er weiß nicht, was er mir ſagen ſoll.
Graf.

Erlauben Sie — in hellern Stunden —
Fr. v. Blinval.

So hab' ich in dieſer alſo nicht
Vor Ihren Augen Gnade gefunden?
Das thut mir leid. Ein ſtrenges Gericht!
Graf.

Mein Gott, Couſine, — wenn ich fehlte —
(Bei Seite.) So wird man wahrlich abgeſchreckt.
Fr. v. Blinval (bei Seite).

Ich gab den Schatten zum Gemälde,
Jetzt werd' das Licht ihm aufgeſteckt. (Ab.)

Vierte Scene.
Der Graf (allein).

War das die reizende Couſine?
Ein Trotz, ein Stolz, ein Uebermuth
In jedem Wort, in jeder Miene —
Das war nicht Zorn, das nennt man Wuth —

Warum hat sie mich so gepeinigt? —
Vielleicht ein wenig Eifersucht?
Madam, durch solche Launen beschleunigt
Man wahrlich nur eines Liebhabers Flucht.
Ich will es auch nicht länger tragen!
Hinweg aus dieser drückenden Luft!
Bald wird die Schäferstunde schlagen,
Die mich zu Henrietten ruft.

(Er nimmt den Hut und sieht nach der Uhr.)

Zwar auch ein komplettes Frauenzimmer,
Auch ihr ist der Geliebte ein Sklav —
Ha! meine Frau! — zur Unzeit wie immer.

Fünfte Scene.
Julie. Der Graf.

Julie (in dieser ganzen Scene sehr kokett).

Sie wollen ausgehen, lieber Graf?

Graf.

Ich muß zu meinem Advokaten,
Ein böser Handel, der mich neckt —

Julie.

So ist die Eile wohl anzurathen,
Für Advokaten allen Respekt.
Man darf die Herrn nicht warten lassen.

Graf (für sich).

Sie ist recht hübsch.

Julie (für sich).
Er schielt nach mir.

Graf.

Sie haben den Ball sehr plötzlich verlassen,
Durch Sie empfing er die schönste Zier.

Julie.

Ei, wie galant!

Graf.

Wie konnt' ich vermuthen —
Sie schienen heiter, es war noch früh —
Entfernt nur wenige Minuten,
Kam ich zurück — weg waren Sie.

Julie.

Ich war ermüdet.

Graf.

Ich will nicht hoffen,
Daß lange Weile Sie vertrieb?

Julie.

O nein!
Und stände heute der Ballsaal offen,
Ich würde nicht die Letzte sein.

Graf.

Es war zu merken, daß Sie gefielen.

Julie.

Ei, ich beklage mich auch nicht.

Graf.

Das Drängen und Flüstern, das Gaffen und Schielen.

Julie.

Ganz recht. O, es entging mir nicht.
Es war eine allgemeine Regung,
Der Eitelkeit ein süßer Genuß;
Alle Lorgnetten in Bewegung,
Man musterte mich vom Kopf zum Fuß,
Der Weihrauch konnte fast betäuben.

Graf (sich erfreut stellend).

Nun sehen Sie, das ist recht scharmant. —

Ich gehe — nein, ich will doch bleiben —
Vermuthlich war man fehr galant?

Julie.

Nun ja, Sie kennen die löbliche Sitte,
Der Neuheit Reiz. Ich schien ein Stern
Der erften Größe, auf jedem Schritte
Verfolgten mich die jungen Herrn.

Graf.

Und darf man wiffen, was fie fagten?

Julie.

Allerliebfte Schmeicheleien.
Die etwa nicht zu sprechen wagten,
Ließen ihre Augen Dolmetfcher fein.
»Sie ift zum Entzücken!« rannte befchäftigt
Dort Einer feinem Nachbar in's Ohr;
Es wurde von diefem laut bekräftigt,
Und bald vereinte fich ein Chor.
Es sprach wohl Mancher ein wenig dreifter,
Ich that natürlich, als hört' ich es nicht.

Graf.

Ja, darin find die Damen Meifter,
Sie hören Alles mit taubem Geficht.
Nun wohl, es freut mich, Sie fanden Vergnügen
An diefer flüchtigen Huldigung —

Julie.

Nur flüchtig? ei! von meinen Siegen,
Solch eine geringe Vorftellung?
Es geht noch weiter.

Graf.
Wie, noch weiter?

Julie.

Ja ja, es hat seine klare Tendenz,
Und wären Sie nur ein Eingeweihter
In meine galante Korrespondenz,
Sie würden erstaunen.

Graf.

So? ich bitte

Um Mittheilung —

Julie.

Beileibe nicht!
Das wäre wider alle Sitte,
Dergleichen Dinge zeigt man nicht.

Graf.

Im Ernst, ich bitte —

Julie.

Ich weiß zu schweigen.

Graf.

Madam —

Julie.

Kein fruchtlos Wörtchen mehr,
Denn würden Sie ein Billet doux mir zeigen,
Das etwa eben in Ihrer Tasche wär'?
Ich will es aber auch nicht seh'n.
Wenn mir so mancher Vorzug fehlt,
Mein Herr, so sollen Sie doch gesteh'n,
Daß ich diskret bin.

Graf (bei Seite).

Wie sie mich quält!
(Laut.) Ich wäre begierig zu vernehmen —
Sie thun mir den Gefallen, nicht wahr?

Julie.

Nein, nein, Begierden muß man zähmen.

Graf.

Doch wenn ich's will?

Julie.

Gewalt sogar?
Den Männern, die zu viel befehlen,
Wird selten gehorcht. Ich will! ich will!
Man muß die Worte schicklicher wählen,
Sonst schweigen die Franen troßig still.
Mein Herr, so spricht man nicht zum Herzen;
Allein, was Ihnen da entfuhr —
Nicht wahr, Sie beliebten nur zu scherzen?

Graf (gezwungen).

O allerdings, ich scherzte nur.

Julie.

Doch bin ich nicht recht albern, vergessen —
Da schwaß' ich in den Tag hinein —
Sie haben Geschäfte, ich könnt' indessen
Schon längst in Bagatellen sein.

Graf.

Sie wollten nach Bagatellen? mein Himmel!
Sie fahren ja sonst nie dahin?

Julie.

Ein buntes, glänzendes Getümmel
Bewegt sich dort im frischen Grün,
Wo sich die schöne Welt versammelt,
Ist auch mein Plätzchen, wie mir däucht,
Und was die Eroberten gestern gestammelt,
Das wiederholen Sie hente vielleicht.

Graf.

So so —

Julie.

Ich mache Sie zum Vertrauten.
Die Eitelkeit entschuldigen Sie.
Was oft die Weiber am Abend bauten,
Zerstörte der Morgen nur allzu früh.
Ich wünsche zu wissen, ob auch am Tage
Die Reize mir zu Gebote steh'n?
Ich wünsche, daß man von mir sage,
Sie ist im Négligé auch schön.

Graf.

Man wird Sie ohne Zweifel bestärken
In dieser eitlen Fantasie;
Allein, erlauben Sie mir zu bemerken,
Das nennt man sonst Koketterie.

Julie.

Inn, die kleidet uns recht artig,
Wir haben das Privilegium.

Graf.

Ein wenig, doch allzu scharf macht schartig.
(Bittend.) Ich denke, Sie bleiben zu Haus. —

Julie.

Warum?

Die Pferde sind angespannt, ich fahre.
Sie sehen mich um so lieber dann.
Zu einsam lebt' ich schon zwei Jahre,
Sie trafen mich immer zu Hause an,
Und schienen mich doch selten zu suchen?
Es war ein wenig meine Schuld.
Wir wollen das jetzt nicht untersuchen,

Sie hatten oft mit mir Geduld,
Auch lange Weil' — es soll anders werden,
Uns beiden versprech' ich mehr Genuß.
Topp, lieber Graf, den Himmel auf Erden
Schaff' uns ein lachender Genius!
Daß ich bei mir den Anfang mache,
Ist in der Ordnung.

Graf.

Aber —

Julie.

Stille!
Die schöne Welt unter meinem Dache,
Versammle sich, so oft sie will.
Es schwimme kühn der leichte Nachen
Auf dem gefährlichen Element,
Auch mir ein wenig den Hof zu machen,
Sei guten Freunden bisweilen vergönnt.
Ich werde meine Schritte nicht ängstlich messen;
Doch sollt' ich etwa im bunten Gewühl
Leichtsinnig scheinen — o so vergessen
Sie nie: Ihr Beifall war mein Ziel. (Ab.)

————

Sechste Scene.

Der Graf (allein).

Wie kommt sie plötzlich zu dem Entschlusse?!
Ist das eine Laune? ist's Eitelkeit?
Sie, sonst gefällig zum Ueberdrusse,
Mir nachzugeben stets bereit,
Sie widerspricht mir ganz gelassen?
Mein Gott! woher nahm sie den Muth?
Und ich? wo hab' ich den meinen gelassen?

Ich glaube gar, ich find' es gut? —
Ja, ja, ich will es gar nicht leugnen,
Daß mir der kleine Trotz gefiel.
Sie wußte sich etwas anzueignen —
Es war ein so holdes Mienenspiel —
Ein neuer Zauber, den sie erworben —
Ich fühl' ein Unbehagen — ja
Sie hat mir das Rendezvous verdorben.
Ich wünschte wohl, sie bliebe da,
Sonst floh ich sie — jetzt will sie mich flieh'n —
Es geschieht mir recht — ist aber fatal —
Ich wär' im Stande, ihr nachzuzieh'n —
(Freudig) Doch still! sie zeigt sich noch einmal;
Ich werde versuchen, sie aufzuhalten.

Siebente Scene.
Julie. Der Graf.
Julie.

Es ist abscheulich! unerhört!
Muß heut' ein solcher Unstern walten,
Der meine ganze Freude stört!

Graf.

Was gibt's?

Julie.
Es ist zum Rasendwerden!
Graf.

Ein Unglück? machen Sie mir's bekannt.
Julie.

Ach Gott! ich spreche von meinen Pferden,
Sie sind noch immer nicht angespannt.

Graf.

Sonst nichts?

Julie.

Ich hatt' es doch befohlen.

Graf.

Vermuthlich eine Vergessenheit?

Julie (setzt sich).

Was sonst? nun sitz' ich wie auf Kohlen.

Graf.

Es ist verdrießlich, es thut mir leid.
Um solch ein Unglück zu ertragen,
Dazu gehört Philosophie.

Julie.

Sie spötteln?

Graf.

Beileibe! die Wahrheit zu sagen,
Es rührt mich weniger als Sie.
Zwar, wider Willen, wie ich schließe,
Thun Sie auf Bagatellen Verzicht,
Doch da ich die schöne Wirkung genieße,
So kümmert mich die Ursach' nicht.

Julie.

Hm! wer Sie hörte, sollte denken,
Sie wären gern bei mir.

Graf.

Gewiß!
Die Stunde, die Sie jetzt mir schenken,
Sie ist, gleich Ihnen, sanft und süß.

Julie.

Im Ernst? Doch haben Sie vergessen?

Graf.

Was?

Julie.

Ihren Advokaten.

Graf.

Ja.

Wie könnt' ich bei Ihnen die Zeit abmessen?

Julie.

Allein ich wette, die Stund' ist nah',
Und man erwartet Sie mit Verlangen?

Graf.

Ich gehe.

(Er setzt sich zu ihr.)
Mir fällt der Wunsch noch ein,
Es möchte nur halb so unbefangen,
Als Sie, Ihr werther Oheim sein.

Julie (aufstehend).

Ach à propos!

Graf.

Wir prozessiren.
Wo nicht, so treten dies Gut wir ab,
Da ihn vom Recht zu überführen,
Ich mir vergebens Mühe gab.

Julie.

Ich sage, wir werden das Gut behalten.

Graf.

Wo denken Sie hin? noch gestern sprach
Ich lange mit dem grämlichen Alten,
Nicht einen Finger breit gab er nach.

Julie.

Mir hat er die ganze Hand gegeben,
Ich war schon diesen Morgen bei ihm,

XXVII.

Und siehe, ein kindliches Bestreben
Entwaffnete seinen Ungestüm.

Graf.

Sie waren bei ihm? Schon diesen Morgen?

Julie.

Das nimmt Sie Wunder? Sie haben Recht,
Denn mit dergleichen Geschäft' und Sorgen
Befaßt sich ungern unser Geschlecht.
Es war für Sie, und überwunden
Hab' ich die Trägheit, die mich drückt.
Es kostete mich zwei schöne Stunden,
Hingegen ist mir's auch geglückt.
Das Landgut bleibt hinfort Ihr eigen,
Das mußt' er schriftlich mir gesteh'n,
Und solche Billete darf man zeigen —
Da — (Sie gibt ihm ein Papier.)

Graf.

    Ist es möglich!

Julie.

Wie Sie seh'n.

Graf.

Sie haben meine höchste Achtung errungen.

Julie.

Dann bin ich belohnt.

Graf.

      Wer hätt' es gedacht!
Was mir seit Monden nicht gelungen —

Julie.

Das hab' ich in zwei Stunden vollbracht.

Graf.

Was sollt' eine schöne Frau nicht können,

Wenn sie gefallen will? Der Mann —
Er mag sich Herrn der Schöpfung nennen,
Bleibt nur ein stolzer Unterthan.

Julie.

So sagt man freilich, aber die Männer —

Graf.

Die werden durch kein Wunder bekehrt.
Sie seh'n, ich selber bin ein Bekenner
Der Wahrheit, die Sie mich oft gelehrt.

Julie.

Nun ja, wir werden gestehen müssen,
Euch schelten ist oft uns're Lust;
Doch können wir auch mit gutem Gewissen
Euch loben? greift in eure Brust.
Ihr seid die gröbsten Egoisten,
Ihr seht überall nur euer Ich,
Selbst die, die sich mit Liebe brüsten,
Sie lieben in uns doch immer nur sich.
Wir aber, die oft streng man richtet —
Wir haben jede andre Kraft —
Und jeden Trieb durch Liebe verrichtet,
Und werden nicht selten dafür bestraft!

Graf.

Mir das?

Julie.

Kaum hat ein Weib gestanden,
Daß ihr der Eine nun Alles ist,
Kaum hat sie jene Rosenbanden,
Die sie für ewig hält, 'geküßt,
So schwindet auch die Sucht zu gefallen;

Es möge mit zärtlichem Bemüh'n
Die tändelnde Jugend sie umwallen,
Sie liebt den Gatten — sie sieht nur ihn!
Er bleibt der Schönste in ihren Augen!
Und nur aus seinen Blicken will
Sie ihres Herzens Wonne saugen!
Und diese reine Wonn' ist still,
So sicher als ihrem eig'nen Herzen,
Vertraut sie ihm, theilt überall
Nur seine Wünsche, Freude und Schmerzen,
Sie ist sein Schatten, sein Widerhall.
Die kleinen Künste will sie sparen,
Nur lieben, lieben ist ihre Kunst!
Das g'nügt so selten euch Undankbaren,
Und so verscherzt man eure Gunst.
Wo nur aus übergroßem Vertrauen
Ein wenig Vernachlässigung entsprang,
O da verzeiht Ihr nie den Frauen!
Und was in Jahren die Liebe errang,
Das geht verloren in einer Minute,
Ihr meidet unser Angesicht,
Und ob ein treues Herz verblute,
Das rührt euch nicht, das kümmert euch nicht!
Es fragt umsonst die Tiefbetrübte:
Was ihr des Lebens Glück entzog?
Verworfen hat mich der Geliebte!
Wär' ich kokett, er liebte mich noch!

Graf.

Was ist das? Ihre Worte scheinen —

Julie (bei Seite).

Weh! ich vergaß mich!

Graf.

Ihr Gesicht

Verbergen Sie mir? — Sie weinen?

Julie (schluchzend).

O nein, ich weine nicht.

Graf.

Sie haben mich tief ergriffen — ich fühle —
Und dafür büßt anjetzt der Thor —
Daß in dem bunten Weltgewühle
Ich meinen bessern Geist verlor —
Julie!

Julie (freudig erschrocken).

Julie?

Graf.

Die süßen Freuden der ersten Liebe
Ruft dieser Name mir zurück,
Und es erwachen alle Triebe,
Die einst ein dauerhaftes Glück
In Ihren Armen mir verbürgten,
Eh' Eitelkeit und Flattersinn
Mir jene sanften Freuden würgten,
Sie sehen, wie beschämt ich bin.
Mich straft ein unbehaglich Grollen —
Ich war verblendet — so gut und schön!
Wenn Sie nur wollen, ja nur wollen,
Wer könnte Ihnen widersteh'n?
Wer könnte solch ein Herz betrüben,
Das jede Tugend still durchdrang!
Ja, Sie zu lieben, ewig zu lieben!
Ist kein Verdienst, nur süßer Zwang.

Julie.

Jetzt wein' ich — es sind Freudenthränen.

Graf.

Fort jede Täuschung! — dies Papier —
Verzeihung Julie! — Sie wähnen,
Mich rufe ein Geschäft von hier?
Es war ein Rendezvous.

(Indem er das Billet zerreißt.)

Mich hatten

Die Sinne bethört.

Julie (für sich).

Ich habe gesiegt!

Graf (sich zu ihren Füßen werfend).

Verzeihung, Julie, dem Gatten,
Der reuig zu Ihren Füßen liegt!

Julie (hebt ihn auf).

Verzeihung mir, die so verblendet
Die Gabe zu gefallen vergaß!
Nur darum hatte sich von mir gewendet
Das Herz, in dem ich säumig las.
Gottlob! es ist mir wieder gegeben!
Und besser werd' es künftig bewahrt.

Achte Scene.
Frau von Blinval. Die Vorigen.
Julie.

Sieh' da Cousine, Sie kommen eben
Zu rechter Zeit.

Fr. v. Blinval.

So freundlich gepaart?

Julie.

Hier ein Bekehrter, den ich Ihnen verdanke.

Graf.

Wie so?

Julie.

Ich muß es nur gesteh'n;
Es war ihr Scharfsinn, ihr Gedanke,
Sie ließ mich in den Spiegel seh'n;
Sie zeigte mir, worin ich fehlte,
Und während ich blinde Schwärmerin
Durch Eifersucht die Edle quälte,
Wurde sie meine Wohlthäterin.

Graf.

Die meine.

Fr. v. Blinval.

Wie reich vergolten bliebe
Dann meine Selbstverleugnung.
(Zu dem Grafen.) Der Gattin künftig Ihre Liebe,
Der Freundin Ihre Hochachtung.

Julie.

Ein glückliches Paar wird ewig Sie segnen!
Und wenn wir in der großen Welt
Einst einer trauernden Gattin begegnen,
Die ihrem Gatten nicht mehr gefällt,
Weil zu gefallen sie verlernte,
So werde sie von uns bekehrt,
Und was sein Herz von ihr entfernte,
Durch mein Beispiel freundlich belehrt.

(Der Vorhang fällt.)

Inhalt.

Gedruckt bei J. P. Sollinger.

Theater

von

August v. Kotzebue.

Achtundzwanzigster Band.

Rechtmäßige Original-Auflage.

Verlag von Ignaz Klang in Wien
und
Eduard Kummer in Leipzig.

1841.

Die
elagerung von Saragossa,

oder:

Pachter Feldkümmels Hochzeitstag.

Ein Lustspiel
in vier Aufzügen.

Erschien 1812.

---

1 *

Personen.

Pachter Feldkümmel.

Moritz Helm, sein Neffe, ein Dichter.

Frau Schmeerzadel.

Nantchen, ihre Stieftochter.

Der Kommandant der Festung Steinburg.

Kunigunde, seine Schwester.

Lieschen, ihr Kammermädchen.

Schmerle, der berliner Pfiffikus.

Hauptmann Grünstock.

Einige Soldaten.

Erster Act.

(Der Schauplatz eine Straße in Tippelskirchen. Rechter Hand das Haus des Pachters Feldkümmel, linker Hand das der Frau Schmeerzabel.)

Erste Scene.

Moritz Helm (allein).

Mein Heldengedicht ist vollendet und — gelungen! Die Belagerung von Saragossa! ein großer Stoff! groß behandelt! der vierte Gesang, wo die Mauern zusammenstürzen, die Kinder kreischen, die Kanonen donnern, die Pfaffen beten — ha! das muß durchgreifen, erschüttern, zermalmen! — Wie werden die Buchhändler um den Verlag buhlen! Nun kann ich mein Nantchen heirathen, denn wohlfeil verkauf' ich meine Erstlinge nicht. Fünfzig Thaler muß ich haben, und die zahlt mir jeder ungeweigert. — Fünfzig Thaler! Glück zu, Helm! nun kannst du leben wie ein Fürst! — Was Fürst! ich bin ein Dichter! wie sollt' ich mit einem Fürsten tauschen? dem Dichter gehört die Welt, die ganze Welt! — Fünfzig Thaler? Davon nehme ich fünf zu einem köstlichen Brautgeschmeide; mit zehn richte ich meine Wirthschaft ein; für fünf gebe ich einen Hochzeitschmaus, und mit den übrigen dreißig leben wir ein ganzes Jahr. Unterdessen schreibe ich ein Trauerspiel mit Chören oder Geistern, und Nantchen gibt einen Almanach heraus; dann regnet es Geld von allen Seiten.

Zweite Scene.

Feldkümmel. Helm.

Feldk. (im Schlafrock und Pantoffeln, gähnt gewaltig und sieht sich nach dem Wetter um).

Helm. Guten Morgen, lieber Oheim.

Feldk. Schönen Dank.

Helm. Sie sehen den glücklichsten Menschen auf Gottes Erdboden vor sich.

Feldk. Hat Er einen Schatz gefunden?

Helm. Mich leitet ein holder Genius auf der Bahn des Ruhms.

Feldk. Das ist eine Schlittenbahn, die wird gar bald zu Wasser.

Helm. Dukaten hängen von den Lorbeerzweigen herab.

Feldk. Ei, warum nicht gar! meint' Er denn, ich wäre nicht schon längst berühmt, wenn es dabei etwas zu verdienen gäbe?

Helm. Kränze und Kronen.

Feldk. Ich lobe mir den Erntekranz. Da komme ich eben heraus, um mir das Wetter zu beschauen.

Helm. Aus dem Schooße der Thetis stieg Aurora im Purpurgewande, und ihr folgte der strahlende Phöbus.

Feldk. Aurora und ein Theetisch! Vetter, geh' Er nach Wien zum Doktor Jurjus, da findet Er Gesellschaft.

Helm. Ich bedarf nur eines menschlichen Wesens, um mir Blumen auf den Lebenspfad zu streuen —

Feldk. Ja, Blumen werden jetzt genug gestreut.

Helm. Lieber Oheim, ich mache Sie zum Vertrauten meiner süßesten Hoffnungen.

Feldk. Na, laß' Er hören. Ich will hernach Ihm auch etwas vertrauen.

Helm. Ich liebe und werde geliebt!

Feldk. Unter uns Vetter, es ist mir auch etwas Liebe in den Leib gefahren.

Helm. Das reizendste Geschöpf, dem die Natur verschwenderisch alle ihre Gaben verlieh.

Feldk. Meine Auserwählte ist gleichfalls eine komplete Person.

Helm. Ihre Unschuld entzückt!

Feldk. Von ihrer Unschuld ist mir nichts Zuverlässiges bewußt.

Helm. Ihr zartes Gemüth, ihr reiner Sinn, ihr jungfräuliches Schmiegen in sich selber —

Feldk. Bah! bah! Wie kann sich denn ein Mensch in sich selber schmiegen? red' Er doch nicht so dumm. Wer ist denn Seine Amasia? kenn' ich sie?

Helm (deutet auf das Haus der Frau Schmeerzadel). Hier wohnt sie, hier wird sie von Engeln belauscht.

Feldk (bei Seite). Was Teufel! ich glaube, Er meint die Frau Schmeerzadel?

Helm. Hier schließen die Rosen beschämt ihre Kelche, wenn sie erscheint.

Feldk. (bei Seite). Ja ja, es ist richtig, sie prangt wie eine Sonnenblume. (Laut.) Hör' Er, Vetter, daraus wird nichts! die hab' ich mir selber auserkoren.

Helm. Wie? Sie wollten —

Feldk. Ja, ich will.

Helm. Sie wären im Stande —

Feldk. Sehr kapabel.

Helm. Nantchen zu heirathen?

Feldk. Nantchen? die magere Stieftochter?

Helm. Eine Himmelstochter!

Feldk. Ne, die kann Er für sich behalten. Ich meine die Frau Schmeerzadel, die sich vor einigen Monaten in Tippelskirchen niedergelassen. Da ist Reichthum, da ist Korpulenz.

Helm. Die dicke Stiefmutter mit der geschmorten Seele.

Feldk. Respekt für Seine künftige Frau Tante! Nur in der Hölle schmoren die Seelen, und so weit sind wir noch nicht.

Helm. Sie wären im Ernst gesonnen —

Feldk. Mit dem Heirathen ist nicht zu spaßen. Die Menschenkinder sind hent zu Tage eine gesuchte Ware. Ich stand bereits in Wien auf dem Sprunge —

Helm. Das Springen ist sonst Ihre Sache nicht.

Feldk. Es kam da allerlei dazwischen, Papageien und Hunde, Pasteten und Portechaisenträger, und Gott weiß was Alles! Die kleine schmächtige Person gefiel mir auch nicht; sie sah aus wie ein krankes Rothkelchen, die Frau Schmeerzadel hingegen —

Helm. An der Schwindsucht scheint sie nicht zu leiden.

Feldk. Gott sei Dank, nein. Sie erfreut sich eines Körperbaues wie der meinige. Eine Frau von respektabelm Anseh'n und Gewicht.

Helm. Glück zu, lieber Oheim. So möge Hymens Fackel uns beiden an Einem Tage leuchten.

Feldk. Er wird doch nicht so albern sein, das Ding zu heirathen, das da im Hanse herumkrabelt?

Helm. Ich werde sie wonneberauscht als Gattin an mein Herz drücken.

Feldk. Wonneberauscht? nun freilich, einen andern Rausch wird Er sich auch wohl in Seiner Ehe nicht trinken. Wovon will Er denn leben?

Helm. Von einem Heldengedicht: Die Belagerung von Saragossa.

Feldk. Von Versen will Er leben? du lieber Gott! Wie theuer die Elle?

Helm. Mein guter Oheim, für solche Dinge mangelt Ihnen der Sinn.

Feldk. Gott sei gelobt!

Helm. Jeder Buchhändler zahlt mir gern fünfzig Thaler dafür.

Feldk. Ei das wäre! und was will Er denn mit fünfzig Thalern anfangen? Gesetzt, ich gäbe ihm jährlich noch hundert dazu — ich sage nicht, daß ich es thun will, dafür bewahre mich der Himmel! — aber gesetzt, ich wäre so ein Narr, meint Er denn, mit ein hundert fünfzig Thalern ließe sich die kleinste Hungerwirthschaft führen?

Helm. Wir essen Milch, wir schlafen auf Moosbänken, wir sind reich, denn wir lieben!

Feldk. Ja, ja, probirt's nur. In vier Wochen werdet ihr anders pfeifen.

Helm. Pfeifen werden wir gar nicht, aber singen, singen! meine Lieder! an ihrem Busen gedichtet!

Feldk. Hör' Er, Vetter; Seine Mutter war meine Schwester, und noch dazu eine stattliche Person von ziemlichem Umfange; daher bin ich verbunden — zwar nicht, ihm etwas zu geben — aber doch mit gutem Rath ihm an die Hand zu geh'n. Weiß Er was? wir haben jetzt Krieg. In der Festung Steinburg, zwei Stunden von hier, braucht man Soldaten.

Er ist ein langer magerer Hund, Ihn nehmen sie gern. Oder will Er lieber im Felde dienen? da könnt' ich Ihm behilflich sein. Der Feind steht wenige Meilen von hier. Unter uns, ich habe die vorige Woche all mein krankes Vieh dorthin geliefert, und es gut bezahlt bekommen. Da kenn' ich denn Diesen und Jenen —

Helm. Wie? Sie könnten mir rathen, gegen mein Vaterland zu fechten?

Feldk. Ich rathe Ihm, Geld zu nehmen, wo Ihm das Meiste geboten wird. Mit Geld in der Tasche findet man überall ein Vaterland.

Helm. Das sei ferne! Soldat werden? warum nicht? aber nur für meinen König fechten.

Feldk. Meinethalben fechte Er, für wen Er will, aber die Heirathsgedanken lasse Er fahren.

Helm. Ich begehre nichts von Ihnen, ich bedarf keiner fremden Hilfe. Mein Nantchen lebt von Blumensaft wie ein Colibri, die Zephyre sind ihre Haarkräusler, die Grazien ihre Zofen und ich —

Feldk. Nun, wovon lebt Er denn? ist Er auch ein Colibri?

Helm. Ich küsse Honig von ihren Lippen und schlürfe Nektar aus ihren Augen.

Feldk. Meinetwegen. Warum sollt' ich mich ärgern? das thue ich nicht. Auf Seinen Honigschmaus bitt' Er mich nur nicht zu Gaste. Seine poetischen Floskeln kommen mir vor wie die Lorbeerblätter, die man einem wilden Schweinskopf in's Maul steckt, die speist man aber nicht, sondern den Kopf. Indessen ein kluger Mann muß Alles zu gebrauchen wissen, wär' es auch so geringfügig als die Poesie. Darum, mein lieber närrischer Vetter, will ich Ihm einen Auftrag ertheilen.

Helm. Laſſen Sie hören.

Feldk. Er kann dafür auf den Sonntag bei mir eſſen.

Helm. Ich eſſe nicht.

Feldk. Na, deſto beſſer. Die Weiber hören gern ſo was beſonders, was übergeſchnapptes, wovon ſie nichts verſteh'n. Ich, als ein vernünftiger Menſch, weiß dergleichen nicht vorzubringen, aber Er, mein lieber Vetter, hat recht eigentlich darauf ſtudirt; wie denn jetzt gar viele das Klapperhandwerk treiben ſollen.

Helm. Welche Anſichten! Welche Stumpfheit!

Feldk. So thue Er mir den Gefallen, und greife Er mir bei der Frau Schmeerzadel mit einigen Redensarten unter die Arme; nämlich vom Eheſtande, wie der liebe Gott den eingeſetzt vor vielen Jahren, und wie ich denn auch geſonnen ſei — verſteht Er mich? — Unterdeſſen will ich meine Nachtmütze bei Seite legen, einige Pfund Schinken zum Frühſtück verzehren, ein Fläſchchen Danziger trinken, und dann ſogleich in Perſon erſcheinen, und mit geſtärkter Zunge das Uebrige, was Noth thut, beifügen.

Helm. Die Göttin Gelegenheit wurde von den Alten, auf einer Kugel ſtehend, mit einem einzigen Haarzopf gebildet; dieſen werde ich ergreifen, und die Frau Schmeerzadel —

Feldk. Was? Er will ſie bei den Haaren packen?

Helm. Nicht doch, lieber Oheim, die Göttin Gelegenheit. Ich will mein Glück zugleich mit dem Ihrigen gründen.

Feldk. Iſt der Grundſtein nicht von Golde, ſo mag Er bauen, was Er will, es ſtürzt zuſammen wie ein Kartenhaus. (Ab.)

———

12

Dritte Scene.

Helm (allein).

Gold! schnödes Gold! wenn ich dessen bedürfte, so würde ich einen Marcellus rühmen. Ließ doch Octavia dem Virgil für jede Zeile seines Lobes, Gott weiß, wie viel Sestertien zahlen. Doch, was kümmerte Gold den Sänger der Aeneide! — Soll ich anklopfen? gaukeln die Träume noch um Nantchens Lager? oder hat der Stiefmutter gellende Stimme der Dämmerung luftige Kinder schon verscheucht?

Vierte Scene.

Helm. Nantchen.

Nantch. Guten Morgen, lieber Moritz.

Helm. Ha, mein holdes Nantchen! hast du schon dem Arm des Schlummers dich entwunden?

Nantch. Ich habe geschlafen wie ein Murmelthier, und doch vernahm ich deine Stimme, Gott weiß wie? denn mit den Ohren hab' ich sie nicht gehört.

Helm. Dein Herz war wach.

Nantch. Es hat mir geklopft, als ich hinter dem Vorhange lauschte, erst vor Freuden, dich zu seh'n, dann aus Ungeduld, daß dein Oheim so lange plauderte. Ich zog mich stückweis an, und kam dazwischen immer wieder an's Fenster. Wird er denn noch nicht geh'n? endlich ging er, und da bin ich.

Helm. Habe Dank! ein schöner Tag, der so beginnt! bald wird jeden Morgen beim Erwachen mein Auge sich an deinem lieben Gesicht erquicken. Dann steh' ich leise auf und schleiche zum Schreibtisch, und huste nicht und räusp're nicht, um deinen Schlummer nicht zu stören.

Nantch. Ei seht doch! ich stehe früher auf als du. Ich muß dir ja das Frühstück zubereiten.

Helm. Ehe du erwachst, bin ich schon im Garten gewesen, und habe dir Blumen geholt, auf denen der Thau noch perlt.

Nantch. Es ist nicht wahr. Ich habe schon junge Schoten gepflückt, und den Topf zum Feuer gesetzt, während du dich noch dreimal umwendetest.

Helm. Närrchen, du träumst noch von mir, während ich schon ein Dutzend Verse gedichtet habe.

Nantch. Moritz, wir zanken uns. Ich leid' es nun einmal nicht, daß du früher aufstehst als ich, und künftig will ich immer zuseh'n, wenn du Verse machst; ich kann mir ohnehin noch gar nicht vorstellen, wie ein Mensch dabei aussieht.

Helm. Wohlan! wir tragen unser Tischchen in die Rosenlaube, wir setzen uns dicht neben einander —

Nantch. Ach! wenn wir doch schon d'rin säßen.

Helm. Heute werbe ich um deine Hand.

Nantch. Ich bin ein armes Mädchen.

Helm. Meine Belagerung ist fertig. Wir haben Geld genug.

Nantch. Haben wir?

Helm. Fünfzig Thaler wenigstens.

Nantch. Fünfzig Thaler! die können wir ja nicht verzehren?

Helm. Wir legen etwas zurück.

Nantch. Oder thun den Armen Gutes, nicht wahr?

Helm. Und ich schaffe mir eine kleine Bibliothek —

Nantch. Und ich kaufe mir Leinewand —

Helm. Von lauter klassischen Autoren.

Nantch. Schlesische und holländische.

Helm. Wenn nur deine Stiefmutter ihre Einwilligung nicht verſagt.

Nantch. O nein. Sie iſt dir gut, ſie ſagte noch geſtern, du wäreſt ein ſchmucker junger Mann.

Helm. Weiß ſie auch, daß wir uns lieben?

Nantch. Sie wird es ja wohl geſehen haben. Ich kann's nicht verbergen.

Helm. Daß ſie dir vergönnte, hier mit mir zu plaudern, iſt wohl ein gutes Zeichen.

Nantch. Ach nein, davon weiß ſie nichts. Sie war eben in der Küche, um ein ſtrenges Gericht über die Magd zu halten; die hat ein Pfund Kaffee gebrannt und es fehlen zwei Quentchen daran.

Helm. Iſt die reiche Frau ſo geizig?

Nantch. Der Schooßhund frißt Rebhühner, aber die Magd und ich, wir eſſen Waſſerſuppe, höchſtens Milch, wenn ſie zuvor für den Kater abgerahmt worden.

Helm. O mein armes Nantchen!

Nantch. Ja, ich bin arm! Mein guter Vater iſt in die weite Welt gegangen, ich weiß nicht warum. Mich hat er in der weiten Welt allein gelaſſen.

Helm. Du biſt nicht mehr allein.

Nantch. Nein, Moritz, nun hab' ich dich, nun werd' ich auf einmal reich durch dich. Du wirſt mir auch den Vater erſetzen. Ich muß dich wohl recht lieb haben, weil ich das ſage, denn ich habe meinen Vater ſehr lieb gehabt. Ich war wohl nur noch ein kleines Mädchen, als er uns verließ, doch ver= gaß ich nimmermehr, wie er ſo freundlich mit mir ſpielte. Ich habe auch noch ein Bildchen von ihm: die Leute ſprechen, es wäre ſchlecht gemalt; das kann ſein, aber ich gäbe es doch nicht um die schönste Perlenschnur, denn es sieht ihm ähnlich, es ist so freundlich, wie er war, und — ich habe sonst nichts auf der Welt! mein Bildchen und dich!

Helm. Wenn wir die fünfzig Thaler haben, so wollen wir es in Gold fassen lassen.

Nantch. Ach ja, das wollen wir! und dann trage ich es auf der Brust an einer Schnur von deinen Haaren.

Fünfte Scene.
Frau Schmeerzadel. Die Vorigen.

Fr. Schmeerz. Ei du frommer Gott! da steht sie auf der Straße, und schwatzt mit einem jungen Menschen!

Nantch. Liebe Mutter, das ist ja nichts Böses.

Fr. Schmeerz. Du bist freilich nur noch ein Kind, aber auch Kinder müssen sich bei Zeiten an eine feine äußerliche Zucht gewöhnen. Der berühmte Herder hat gesagt, die Tu= gend sei nur eine lange Gewohnheit —

Helm. Erlauben Sie, es war Plutarch.

Fr. Schmeerz. Gleichviel. Es war irgend ein christli= cher Prediger, und der Mann hat Recht. Als ich meinen ersten Gemahl, deinen Vater, heirathete, war ich aus lau= ter Gewohnheit, mit der Tugend dermaßen behaftet, daß ich schon roth wurde, wenn er mich fragte: »wie befinden Sie sich?« — das hab' ich nachher so fortgetrieben. Mein zweiter Mann mußte nicht, wenn ich ihm die Tugend expli= cirte. Der Dritte kam, aus lauter Respekt, sehr selten nach Hause, und der Vierte — ein gelehrter Mann — pflegte mich nur seine liebe Xantippe zu nennen, nach einer heidnischen Göttin, der, ihrer Tugend halben, von den Braminen in Afrika ein prächtiger Tempel erbaut worden. Solche Bei=

spiele nimm dir zu Herzen, damit, wenn einst die Kinder=
jahre vorüber geh'n —

Nantch. Ich denke, liebe Mutter, die sind schon vorüber?

Fr. Schmeerz. Du denkst? kannst du auch schon denken?
— Geh' und klopfe meinem Hündlein das Kissen auf, und
nähe auch das Glöcklein an seinem Halsband wieder fest, und
krable ihm ein wenig hinter den Ohren, bis ich zurückkomme.

Nantch. Ach liebe Mutter! ich habe noch etwas auf dem
Herzen —

Fr. Schmeerz. Du hast noch kein Herz. (Mit sanfter
Stimme.) Geh' mein Kind. (Sie wirft ihr einen grimmigen Blick
zu, und zeigt ihr verstohlen die Fäuste.)

Nantch. Ja, ja, ich gehe schon. (Ab.)

Sechste Scene.
Frau Schmeerzadel. Helm.

Fr. Schmeerz. Das Kind ist nicht übel. Mit Sanft=
muth kann man Alles bei ihm ausrichten.

Helm. Mamsell Nantchen ist glücklich, eine solche Mut=
ter zu besitzen.

Fr. Schmeerz. Stiefmutter wollen Sie sagen; denn
meine Jugend qualifizirt mich noch keinesweges zu ihrer leib=
lichen Mutter.

Helm. Es ist zu bedauern, daß Frau Schmeerzadel
ihre Vollkommenheiten noch nicht auf eigene Kinder fortge=
pflanzt hat.

Fr. Schmeerz. Ach, mein werther junger Herr! der
Tod, der, wie Schiller sagt, Herzen von einander reißt,
und wenn sie auch mit Pfriemen zusammengenäht wären —

Helm. Erlauben Sie, das hat Schiller nie gesagt.

Fr. Schmeerz. Nun, so hätte er es doch sagen können. Ich lese ihn gern, und spreche in seinem Geiste. Der Tod hat mir nach kurzen Wonnetagen die holden Gatten geraubt, und kein Pfand ihrer Zärtlichkeit blieb mir zurück! Der Erste, Nantchens Vater, war ein Bösewicht; allein der Zweite liebte mich, der Dritte verehrte mich, und der Vierte betete mich an.

Helm. Sie sollten einen Fünften wählen, Ihrer Liebe würdig.

Fr. Schmeerz. Wo findet man in diesen gottlosen Zeiten ein Mannsbild, fromm wie der junge Tobias, und getreu wie Max Piccolomini? Lauter gemeine Naturen, Sklaven der Sinnlichkeit. (Mit großem Pathos.) Sie verspotten die keuschen Regungen einer tugendhaften Zärtlichkeit, die mit der schüchternen Unschuld Hand in Hand schwebend und sich hüllend in den Schleier der Sittsamkeit, nur den Blütenstaub der Liebe — und so weiter, Sie verstehen mich wohl.

Helm. Wenn nur Ihr Herz den süßen Gefühlen noch offen stünde, so wüßte ich doch wohl einen Mann, der —

Fr. Schmeerz. (sich zierend). Wüßten Sie wirklich Einen? Sie schalkhafter Versucher.

Helm. Einen Mann in seinen besten Jahren.

Fr. Schmeerz. Vielleicht doch ein wenig zu jung.

Helm. Ein Alter dem Ihrigen angemessen.

Fr. Schmeerz. I nu, ich habe freilich meine Kinderschuhe vertreten.

Helm. Ein gesunder, wohlgebildeter Mann.

Fr. Schmeerz. (nach ihm schielend). Das ist nicht zu viel gesagt.

Helm. Vielleicht zählt er weniger Dukaten als Sie —

Fr. Schmeerz. Ich zähle nur die Pulsschläge eines treuen Herzens.

Helm. Sie errathen, wen ich meine?

Fr. Schmeerz. Ihn haben schon längst seine Blicke verrathen.

Helm. Darf er hoffen?

Fr. Schmeerz. Sagen Sie ihm — daß er in meinem leichtgläubigen Herzen einen Fürsprecher gefunden — (Verbirgt kindisch ihr Gesicht.) Ach! welch ein Bekenntniß ist mir entschlüpft!

Helm. Ihre Güte macht mich so kühn, auch meine eig'nen Wünsche laut werden zu lassen.

Fr. Schmeerz. Ich ahne schon — Sie wollen mich bestürmen, unser Glück zu beschleunigen?

Helm. Sie würden allerdings zwei Männer zugleich beglücken.

Fr. Schmeerz. Zugleich? was denken Sie von mir? Ich habe vier Männer gehabt, doch Einen nach dem Andern.

Helm. Ich meine, wenn Sie an demselben Tage, wo Sie Ihre Hand meinem Oheim reichen —

Fr. Schmeerz. Ihrem Oheim?

Helm. Mir Nantchen zur Frau gäben.

Fr. Schmeerz. (bei Seite). Verflucht! (Laut.) Also haben Sie für Ihren Oheim um mich geworben?

Helm. Sie erriethen bereits —

Fr. Schmeerz. Ja, ich errieth — (Bei Seite.) Fast hätt' ich mich ein Bischen verschnappt. (Laut.) Sie haben sich doch wohl nicht eingebildet, ich hätte mein Auge auf Sie geworfen?

Helm. Behüte der Himmel!

Fr. Schmeerz. Nehmen Sie mir's nicht übel, Sie sind ein junger Laffe.

Helm. Ihr Umgang würde mich bilden.

Fr. Schmeerz. Wie ist doch Ihr verständiger Oheim auf den Einfall gerathen, zu seinem Freiwerber Sie zu machen?

Helm. Er bat mich, die Sache einzuleiten, und wird sogleich in Person Ihren Reizen huldigen.

Fr. Schmeerz. Er hätte bedenken sollen, daß es einer ehrbaren Witwe nicht geziemt, mit einem leichtsinnigen jungen Menschen vom Heirathen zu sprechen. Das ist ärgerlich! und Sie, mein Herr Poet, der Sie auch schon verliebte Gedanken hegen, Sie sind lächerlich; das Attestat von Ihrem Konrektor wird schwerlich schon trocken sein, und Nantchen ist noch ein Kind, das in die Nähschule geht.

Helm. Ich bin ein Mann von zweiundzwanzig Jahren.

Fr. Schmeerz. Seht doch! heut zu Tage geht Alles schnell! die Knaben sind Männer und die Männer Greise.

Helm. Ich verdiene mein Brot.

Fr. Schmeerz. Mit Neujahrswünschen.

Helm. Dazu lasse ich mich nicht herab. Homer, Virgil, Klopstock, Milton sind meine Muster. Ich hoffe einst auch meinen Namen im Tempel des Nachruhms an den Fuß einer Säule zu schreiben, und schon um dieses edlen Strebens willen, darf keine deutsche Frau sich schämen, mich als ihren Eidam zu umarmen. (Ab.)

Siebente Scene.
Frau Schmeerzadel (allein).

Ei du verdammter Pegasus=Ritter! habe mir Gewalt angethan, und die erhabensten Redensarten an den Laffen verschwendet, um seiner dunkelblauen Augen willen. Es kam mir vor, als hätten die vier erloschenen Flammen in meiner Brust noch einen Funken zurückgelassen, den er gleichsam mit vollen Backen wieder anfachte; aber nun ist das Fünklein erstickt, erstickt auf ewig! Er hat sein Glück verscherzt, er soll es bitter bereuen; er soll die geschmückte Braut zum Altar wandeln seh'n, und wäre es auch an der Hand seines dicken Oheims. Dann mag er in Verzweiflung Hochzeitgedichte stammeln, und warten, bis der Tod mir auch den fünften Gatten raubt.

——

Achte Scene.

Feldkümmel (wohl geputzt). **Frau Schmeerzadel.**

Feldk. Meine kostbare Frau Nachbarin, der Himmel schenke Ihnen eine gold'ne Morgenstunde.

Fr. Schmeerz. Gleichfalls.

Feldk. Wir Beide sind, so zu sagen, ein Stück von der Auslegung der vierten Bitte: »getreue Nachbaren und deßgleichen.«

Fr. Schmeerz. Allen Respekt für Sie, Herr Nachbar, aber Sie haben einen Neffen, der ist ein wahrer Taugenichts.

Feldk. Ich weiß, ich weiß, er ist ein Poet.

Fr. Schmeerz. Will mir mein Nantchen verführen.

Feldk. Er hat ein Heldengedicht auf sie gemacht.

Fr. Schmeerz. Warum leiden Sie solchen Unfug?

Feldk. Wertheste Frau Nachbarin, zwar bin ich sein Oheim, aber ich gebe ihm nichts. Er hat sich so durch die Welt geholfen, kann hungern und dursten wie ein Kamehl, folglich fragt er den Henker nach mir.

Fr. Schmeerz. Ueber meine Schwelle soll er nicht mehr kommen.

Feldk. Nach Dero Befehl. Aber — meine hochgeehrte Frau Schmeerzadel, hat er denn nichts von mir erwähnt?

Fr. Schmeerz. Ach, Herr Feldkümmel! ach! ach! ach!

Feldk. Ei! ei! ei! warum lassen Sie solche schwere Seufzer knallen?

Fr. Schmeerz. Ja, er hat von Ihnen gesprochen — er hat mein Herz zerrissen.

Feldk. Ich will nicht hoffen, daß der Bube — ich habe ihm die lieblichsten Redensarten empfohlen.

Fr. Schmeerz. Freilich hat er gewisse Worte fallen lassen — von gewissen Absichten gesprochen —

Feldk. Christlöbliche Absichten.

Fr. Schmeerz. Ach, Herr Feldkümmel! soll ich nicht in Thränen schwimmen, wie eine Quappe im salzigen Meere, da das Schicksal mir bereits vier Männer entrissen?

Feldk. Was dabei an Thränen erforderlich sein mochte, haben die werthe Frau Nachbarin ohne Zweifel bei jedem Begräbnisse schon geliefert.

Fr. Schmeerz. Ach wenn Sie sie gekannt hätten, diese respektablen Gefährten meines Lebens!

.**Feldk.** Der Eine ist Ihnen davon gelaufen?

Fr. Schmeerz. Aus purer Liebe. Ich pflegte mit dem Vorwurf ihn zu necken: daß es bei den Männern gewöhnlich heiße: aus den Augen aus dem Sinne; da ging er fort, um mir zu beweisen, daß er auch in der weitesten Entfernung mir treu bleiben werde.

Feldk. Hat er denn Wort gehalten?

Fr. Schmeerz. O gewiß! ich habe nie wieder etwas von ihm gehört; folglich hat er mit dem Tode seine Treue besiegelt. Das Töchterlein hinterließ er mir, sein theures Ebenbild!

Feldk. Und weiter nichts?

Fr. Schmeerz. Ein artiges Vermögen, wovon ich das liebe Kind so christlich erzogen, daß ich mit Wahrheit sagen darf: es ist Null für Null aufgegangen.

Feldk. Eine lobenswerthe Großmuth.

Fr. Schmeerz. Jedermann hat seine Schwachheiten, die Großmuth gehört zu den meinigen.

Feldk. Dero zweiter Gemahl war ein reicher Mann.

Fr. Schmeerz. Aber geneigt zum Verschwenden. Doch ich wußte ihn mit aller Liebe zur Mäßigkeit zu gewöhnen, und brachte es in der That so weit, daß er vor lauter Mäßigkeit starb.

Feldk. Gott schenke ihm die ewige Ruhe!

Fr. Schmeerz. Mein dritter Mann war ein wenig hitzig; aber es gelang meinen zärtlichen Bemühungen, ihn nach und nach zum Schweigen zu bringen. Schade nur, daß, als er eben auf dem rechten Wege war, der beste Ehemann von der Welt zu werden, er auf ewig verstummen mußte.

Feldk. Gott hab' ihn selig!

Fr. Schmeerz. Mein vierter Mann — Garlieb Schmeerzadel — ach! ich kann seinen Namen nicht ohne Thränen aussprechen!

Feldk. Den hab' ich gekannt, wir waren die besten Freunde. Als wir noch in die Schule gingen, prügelten wir uns alle Tage. Nachher hab' ich ihn in meinem Leben nicht wieder geseh'n.

Fr. Schmeerz. Wie? Sie haben ihn gekannt? und Sie weinen nicht mit mir über seinen Verlust?

Feldk. Hochgeehrte Frau Nachbarin, mit dem Weinen hält es etwas schwer bei mir.

Fr. Schmeerz. Sie könnten so hartherzig sein, Ihre Thränen nicht mit den meinigen zu vermischen?

Feldk. Wenn Sie befehlen — (Er gibt sich alle Mühe.) Ich weine schon.

Fr. Schmeerz. (weinend). Lassen Sie Ströme fließen! er hat es verdient.

Feldk. (weinend). Ja, er war ein reicher Mann.

Fr. Schmeerz. (weinend). Er hat mich zu seiner Erbinn eingesetzt.

Feldk. (weinend). Daran hat er sehr wohl gethan.

Fr. Schmeerz. Wenn ich ihn mit meinen Nägeln aus seinem Grabe scharren könnte.

Feldk. Stören Sie ihn doch nicht in seiner Ruhe.

Fr. Schmeerz. Begreifen Sie nunmehr, warum ich zitt're, noch einmal süße Bande zu knüpfen? Soll ich auch den fünften Mann begraben? und vielleicht gar noch einen Sechsten nehmen?

Feldk. Erlauben Sie, mich kriegen Sie nicht herunter, ich habe Gott sei Dank eine derbe Constitution.

Fr. Schmeerz. Wenn ich das wüßte — wenn ich hoffen dürfte, daß Sie mir einst die Augen zudrücken würden?

Feldk. Ja, meine Hochverehrte, solches bin ich gesonnen.

Fr. Schmeerz. (breitet die Arme aus). Wohlan, so werde der schöne Bund geschlossen.

Feldk. (umarmt sie). In Gottes Namen! — Ei, ei! welch eine Fülle von Reizen schließe ich in meine Arme! wollten Sie mir wohl Ihr Schnupftuch erlauben?

Fr. Schmeerz. (es hinreichend). Wozu mein Tranter?

Feldk. Um es an das meinige zu knüpfen, und vermittelſt deſſelben unſern beiderſeitigen Umfang zu meſſen. (Er knüpft die Schnupftücher aneinander.)

Fr. Schmeerz. Sie Schalk! das wird ſich nicht ſchicken.

Feldk. In Zucht und Ehren. (Er mißt ſie.) So, hier iſt das Zeichen. Nun mich ſelber. (Er mißt ſich.) Sehen Sie — hä hä hä! — ich bin doch um einen Fingerbreit ſtärker als Sie.

Fr. Schmeerz. Unſer Geſchlecht iſt immer zarter als das Ihrige.

Feldk. Es wäre zu wünſchen, meine zarte Braut, daß wir das Ehebett der Grafen von Gleichen beſäßen, welches zu drei Perſonen eingerichtet war.

Fr. Schmeerz. Ach! wie mögen Sie doch ſchon ſolcher unſchicklichen Dinge erwähnen? Das Bündniß unſerer Seelen —

Feldk. Erlauben Sie, wir wollen vor der Hand die Seelen nicht incommodiren. Ich wünſchte aus guten Gründen, daß unſre Vermählung noch dieſen Abend gefeiert würde.

Fr. Schmeerz. Noch dieſen Abend? — das wäre entſetzlich!! — nun es ſei. Aber Ihre Gründe?

Feldk. Wir leben in Kriegszeiten. Man muß zuſammenhalten, wie die Schafe beim Donnerwetter; die fremden Truppen rücken immer näher, man kann nicht wiſſen, was paſſirt.

Fr. Schmeerz. Sie haben Recht. Ich werde meiner Sittſamkeit Gewalt anthun. Ich werde einen kleinen Hochzeitsſchmaus veranſtalten —

Feldk. Schmaus! o ja, thun Sie das.

Fr. Schmeerz. Freilich wird es unmöglich ſein, die

Tafel in der Eile so zu beschicken, wie es an einem solchen Ehrentage sich geziemt.

Feldk. I nu, wenn wir sieben bis acht gute Schüsseln haben, ein paar Kuchen, ein paar Torten, ein paar Cremen und ein paar Gelees, so können wir uns schon behelfen.

Neunte Scene.
Nantch. Die Vorigen.

Nantch. Ach liebe Mutter! vor dem Thore wimmelt's von Kroaten, Panduren, Kosacken, Kalmucken —

Feldk. Da haben wir den Spektakel! das sind schlimme Hochzeitsgäste.

Fr. Schmeerz. O weh! o weh! sind es Freunde oder Feinde?

Nantch. Allerlei durcheinander. Sie schießen, sie fluchen, sie plündern —

Fr. Schmeerz. Sie plündern? da muß ich gleich mein Silber im Keller vergraben.

Feldk. Ich werde das meinige im Garten verscharren.

Zehnte Scene.
Helm. Die Vorigen.

Helm. Retten Sie sich, lieber Oheim!

Feldk. Ja, ja, mein Silber. Er soll mir helfen.

Helm. O, hier ist nicht von Ihrem Silber die Rede, sondern von Ihrer Person.

Feldk. Was hab' ich zu fürchten? ich bin ja kein Spion?

Helm. Unter tausend Flüchen hört' ich nach Ihnen fragen. Sie sollen den Truppen für schweres Geld krankes Vieh geliefert haben.

Feldk. Mein Gott, soll ich es denn lieber todt schlagen als verkaufen?

Helm. Es sind böse Zufälle daraus entstanden.

Feldk. Ei, es hatte nur ein wenig die Lungenseuche, davon werden die Menschen nicht angesteckt.

Helm. Ich rathe Ihnen, sich aus dem Staube zu machen, denn ich hörte drohen, man wolle Sie bei den Beinen aufhängen.

Fr. Schmeerz. Meinen Bräutigam?!

Nantch. Und noch dazu bei den Beinen!

Feldk. Ich will gar nicht gehangen sein, auch nicht am Halse.

Helm. Nun so eilen Sie, ich habe Sie gewarnt. Was mich betrifft, ich werde mein Kostbarstes in Sicherheit bringen. Gleichwie Camoens beim Schiffbruch mit seiner Lusiade an's Ufer schwamm und nichts rettete, als dies unsterbliche Werk, so will auch ich mein Saragossa retten! (Ab.)

Nantch. Das Bild meines Vaters! wo verberg' ich es? (Ab)

Fr. Schmeerz. Der Schrecken hat mir die Füße gelähmt.

Feldk. Hängen! — die Kerls wären kapabel. Ich werde mich wirklich durch den Garten über die Wiese in den nahen Wald verfügen.

Fr. Schmeerz. Wie, mein Bräutigam? Sie wollten mich verlassen?

Feldk. Ja, meine holde Braut, hier ist nicht zu warten.

Fr. Schmeerz. Wissen Sie auch, welche Gefahren meiner Keuschheit droh'n?

Feldk. O ja, ich weiß; aber wenn vom Hängen die Rede ist, so lasse ich die eilftausend Jungfrauen im Stiche.

Fr. Schmeerz. Barbar! leih' mir zum mindesten einen Dolch, um meine Unschuld zu vertheidigen —

Feldk. Da ist mein Taschenmesser. Gott befohlen!

Fr. Schmeerz. Noch eine letzte Umarmung!

Feldk. Cito citissime!

Fr. Schmeerz. (mit hohem Pathos). Wenn du gehangen wirst —

Feldk. Hol' Sie der Teufel! (Ab)

Fr. Schmeerz. (hoch tragisch). Ja, wenn er gehangen wird — (Sie zuckt das Taschenmesser gegen ihre Brust. Nach einer Pause, sehr beruhigt.) Nun so wird er gehangen. (Ab.)

(Der Vorhang fällt.)

Zweiter Act.

(Im Walde.)

Erste Scene.

Feldkümmel (allein).

Wenn ich nur wüßte, ob sie schon wieder fort sind? bleiben sie lange, so wird mich der Hunger doch endlich heraustreiben, denn lieber will ich doch hängen, als verhungern. Da liegen Eicheln die Menge, was hilft mir das? — Hätte ich doch nimmermehr geglaubt, daß es einmal so weit mit mir kommen würde, das liebe Vieh beneiden zu müssen. Wenn ich zum Exempel ein Schwein wäre, was fehlte mir jetzt? — So hat jeder Stand seine Vorzüge, man sollte keinen verachten. Die Leute pflegen auch Kaffee aus Eicheln zu machen, das soll gesund sein; ich hab' es in meinem Leben nicht versucht. Hätte ich nur Feuerzeug bei mir, ich wollte

3 *

die Eicheln braten, und mir einbilden, es wären Kastanien.
— Horch! was rührt sich? was raschelt im Gesträuch? —
ich will nur wieder hinter meinen Busch kriechen. (Versteckt sich.)

Zweite Scene.

Helm (mit einem Kästchen unter dem Arme)

Da bin ich — Einer von den sieben Weisen Griechen-
lands: omnia mea mecum porto. Wenn ich aber mein
Schatzkästlein mit mir herumtrage, so könnte leicht ein Hu-
sar es mir abnehmen. Solche Beute wird selten gemacht.
Hier im Walde ist ein abgelegenes Plätzchen. In diesem
dicken Gesträuch wird Niemand meine Perlen suchen. Für
den Regen ist das Kästchen verwahrt. (Er guckt in einen dicken
Busch.) Sieh da, ein Vöglein auf dem Neste. Ein gutes
Zeichen. Bleib' du nur ruhig sitzen, kleiner Sänger, wir
sind Verwandte, du bist ein Idyllen=Dichter. Ja, dir will
ich mein Kostbarstes anvertrauen, will es leise, leise unter
dein Nest schieben, daß du deine Flügel auch mir darüber
breitest. Das hast du dir wohl nicht eingebildet, daß du dein
Nest auf den Trümmern von Saragossa erbauen würdest.
Und wer weiß denn, ob nicht schon vor drei oder viertausend
Jahren hier eine weltberühmte Stadt prangte, das ist am
Ende aller Schicksal: die Vögel nisten in den Gesträuchen,
die auf ihren Gräbern wachsen, und jeder Fußtritt des
Menschen berührt eine Gruft. Nur Homers Gesänge le=
ben noch, und erfreuen sich der ewigen Jugend. — Wohlan,
jetzt will ich zurück nach Tippelskirchen, und helfen wo ich
kann. Hab' ich doch nun nichts mehr zu verlieren. Der hat
den Menschen wohl gekannt, der die Worte Arm und Muth
zusammensetzte, denn Armuth verleiht Muth. (Ab.)

Dritte Scene.

Feldkümmel (allein).

Alle Hagel! das war mein Neffe. Der Bursche ist ein
Spitzbube geworden. Vermuthlich haben die Husaren Tip=
pelskirchen geplündert, da hat er sich den Wirrwarr zu Nutze
gemacht, und brav gestohlen; in großer Gesellschaft ist alles
recht und löblich. — Er sprach von Perlen — von Kostbar=
keiten, er hat ein Kästchen hier versteckt — das wollen wir
doch hervorholen. Es soll mir die Angst und den Hunger be=
zahlen. (Er tappt in das Gesträuch.) Husch! husch! da flattert
ein Vogel. — Zerbrochene Eier — hat nichts zu bedeuten.
Da unten blinkt das Kästchen, heraus mit dir! — Das
Bücken wird mir sauer. Was hat man in der Welt ohne
Mühe und Arbeit? (Er holt es hervor.) Das Kästchen wäre in
meiner Gewalt — aber es ist verschlossen — Geld mag wohl
nicht d'rin sein, denn es ist verdammt leicht. — Er sprach ja
nur von Perlen — ei — die gelten ihren Preis, denn sicher
werden es keine Glasperlen sein. — Wenn ich nur Instru=
mente bei mir hätte, um das Ding aufzubrechen. — Ich
will doch versuchen, mich darauf zu setzen, vielleicht platzt
es. (Er thut es) Richtig, der Deckel ist zerbrochen, und alle
Schrauben sind aus den Hängen gesprungen. — (Er guckt
hinein.) Was Teufel! Papier? — sind es Wechsel und Obli=
gationen? — nein Verse! verfluchte Verse! ei so hol' dich
der Teufel! Warum gab ich mir aber auch die Mühe? ich
wußte ja, daß mein Neffe ein Narr ist. — Hätte ich ihn
doch nur angerufen, er hätte mir wenigstens einen Schinken
aus irgend einem Rauchfang holen können. Den Bettel da
kann ich nicht essen. — Halt, mich dünkt ich höre Stimmen
— verdammte Baßstimmen — O weh! das klingt, als ob sie

meine Beine suchten, und die Stricke schon bei sich hätten. Ich muß mich abermals hinter meinen Busch retiriren. Aber das Kästchen darf ich hier nicht stehen lassen, ob es gleich keinen rothen Heller werth ist, denn finden sie das Ding, so suchen sie weiter. O du armer Feldkümmel! mußt du noch in deinen alten Tagen mit solchem Zenge dich herumschleppen! (Versteckt sich.)

Vierte Scene.

Hauptmann Grünstock (mit einigen) **Soldaten.**

Grünst. Na, Bursche! Habt ihr den ganzen Wald durchsucht?

Soldat. Ja.

Grünst. Ist kein Feind mehr zu spüren?

Soldat. Nirgend.

Grünst. Es war nur eine Fouragirung. Doch immer gut, daß der Herr General das Kommando aus der Festung schickte, so haben wir manchen Zentner Heu gerettet. Nun wollen wir unsere Kameraden aufsuchen und in die Festung zurückkehren. Brecht grüne Zweige von den Bäumen, steckt sie auf eure Hüte, damit die Schildwachen von den Wällen schon von weiten erkennen, daß wir glücklich waren. (Die Soldaten zerstreuen sich.)

Grünst. (bricht einen Zweig von einer Eiche). Die Mirten haben mir nicht geblüht, die Lorbeern sind zu hoch für mich; aber ich bin ein ehrlicher Deutscher, zufrieden mit dem Eichenkranz.

Soldat (hinter der Scene). He da! wer ist der Herr? warum kauert er hinter dem Busche?

Grünst. Was gibt's da?

Soldat. Ei, da ſitzt ein dicker Patron, der ſieht mir ver=
dächtig aus. Er ſchwitzt wie eine Fenſterſcheibe, und zittert
wie ein armer Sünder.

Grünſt. Bring' ihn her. (Soldat ſchleppt Feldkümmel herbei.)

Feldk. Sachte, ſachte, ich bin ein ehrlicher Mann.

Grünſt. Das kann wohl ſein, denn die ſich heut zu Tage
in die Wälder verkriechen, ſind fürwahr nicht die ſchlechteſten.
Sei der Herr unverzagt, wenn der Herr ein ehrlicher Mann
iſt, ſo hat er vom Hauptmann Grünſtock nichts zu fürchten.
Aber Sein Name? Sein Gewerbe?

Feldk. Ich bin — ich — ich

Grünſt. Na, warum ſtockt Er denn? das gefällt mir
nicht.

Feldk. Ach ich lebe wieder auf, da ich die Uniform un=
ſers gnädigſten Fürſten erblicke. Ich bin der Pachter Feld=
kümmel von Tippelskirchen.

Grünſt. So? warum iſt Er denn nicht in ſeinem Neſte
geblieben?

Feldk. Die grimmigen Feinde —

Grünſt. Es waren ja nur ein paar Schwadronen, die
wir gleich zum Henker jagten. Komm' ich doch von Tippels=
kirchen, da iſt kein Bürger aus der Stadt gewichen.

Feldk. Aber ich, geſtrenger Herr, ich hatte mehr zu
fürchten als ſie alle, von wegen meines horrenden Patrio=
tismus.

Grünſt. Auf welche Weiſe hat Er den bewieſen?

Feldk. Ich lieferte dem Feinde vorige Woche eine Herde
Maſtochſen, eigentlich waren es Kühe —

Grünſt. Ei, da ſoll Ihn ja der Teufel holen, daß Er
dem Feinde Proviant zuführt.

Feldk. Erlauben Sie, es war lauter krankes Vieh, es hatte die Seuche. Alle die davon gegessen haben, sind umgefallen wie die Fliegen.

Grünst. Pfui Teufel!

Feldk. Und darum wollten Sie, mit Respekt zu melden, mich bei den Beinen aufhängen.

Grünst. Da wär' Ihm ganz recht gescheh'n. Ein solcher Schurkenstreich —

Feldk. Ei, mein werther Herr, ich denke, gegen Feinde ist Alles erlaubt.

Grünst. Da denkt der Herr wie ein Hundsfott.

Feldk. Nun so werde ich mich gehorsamst empfehlen.

Grünst. Geh' Er zum Teufel.

Soldat. Da ist auch noch ein Kästchen, was vermuthlich dem Herrn zugehört.

Grünst. Ein Kästchen? Laß doch seh'n. — Voller Papiere? Oho! das ist verdächtig.

Feldk. Belieben Sie nur den Inhalt zu untersuchen.

Grünst. Ei, dazu ist hier weder Zeit noch Ort. Der Herr kommt mir vor wie ein Spion. Der Herr muß mit zum General.

Feldk. Mein Gott, es sind ja nur Verse.

Grünst. Verse? das mach' Er dem Teufel weiß. Der Herr sieht mir gar nicht aus, als ob Er Verse machen könnte.

Feldk. Ich habe sie auch nicht selber gemacht. Es ist — wie soll ich sagen — ein Gratulationsgedicht wegen einer Belagerung —

Grünst. Aha! ist von Belagerung die Rede? da mag Ihm der Henker trauen.

Feldk. Geruhen Sie doch nur zu lesen.

Grünst. Was kann das helfen? ich versteh' mich auf den Krimskrams nicht. Es kann auch wohl eine Art von Chiffre sein.

Feldk. Gott bewahre! in ganz Tippelskirchen wohnt kein Schiffer. Wir haben ein einziges Boot zum Krebsen.

Grünst. Stell' Er sich so dumm Er will, umsonst hat Er das Kästchen nicht mit in den Wald genommen. Wenn es ehrliche Weise wären, so hätte Er es wohl stehen lassen.

Feldk. Ja, wenn ich nur gewußt hätte —

Grünst. Ohne weiteres Raisonniren. Fort! Marsch zum General! Bursche, nehmt ihn in die Mitte, und wenn er müde wird, so kitzelt ihn ein wenig mit euren Flinten= kolben.

Feldk. Gestrenger Herr, ich bin ein schlechter Fuß= gänger —

Grünst. Wir wollen Ihm schon Beine machen. Du, trag' das Kästchen.

Feldk. Die verfluchten Perlen kommen mir theuer zu steh'n! (Wird abgeführt.)

Grünst. Was schwatzt er von Perlen? mit dem Kerl ist's nicht richtig. (Ab.) ———

Fünfte Scene.

(In der Festung Steinburg. Zimmer des Kommandanten.)

Der Kommandant (tritt mit Papieren aus seinem Kabinet).

(Zu einem Offizier.) Die Bürger sollen sich mit Nahrungs= mitteln wenigstens auf drei Monat versorgen. Wir sind keine Stunde vor einer Belagerung sicher. (Der Offizier ab.) Kom= mandant einer Festung in Friedenszeiten, das mag ein ganz angenehmer Poſten ſein. Man gibt den Damen Bälle, man läßt ihnen zu gefallen ein Thor offen, wenn ſie Schlitten= fahrten mit Fackeln anzuſtellen belieben; man erlaubt ihnen, auf den Wällen ſpaziren zu geh'n, oder wohl gar auf einer Kanone auszuruh'n — o da bekommt man freundliche Ge= ſichter, der Herr Kommandant iſt ein lieber Mann. Aber wenn es Ernſt wird, wenn ſie ihre Wäſche vor dem Thore nicht mehr trocknen dürfen; oder wenn gar von Bomben ge= munkelt wird — o weh, dann iſt der liebe Mann ein ge= plagter Mann! — ich wollte, der Fürſt hätte mich an die Spitze einer Diviſion geſtellt. Attakiren iſt meine Sache, Soldaten oder Mädchen, gleichviel, hinter die Mauern taug' ich nicht. Hat man ſich draußen brav herumgeſchlagen, nun, ſo rückt man in's Quartier, und erholt ſich bei Grazien und Muſen.

Sechſte Scene.
Lieschen. Der Kommandant.

Liesch. Mein gnädiges Fräulein läßt den Herrn Kom= mandanten fragen —

Kommand. Ei ſieh' da, Lieschen, du kommſt mir eben recht. Ich habe Grillen, die ſollſt du mir verſcheuchen.

Liesch. Ach gnädiger Herr! wir können vor Angſt nicht dazu kommen, unſere eigenen Grillen zu fangen. Wir haben in der Ferne ſchießen hören.

Kommand. Ihr mögt euch nur auf eine Belagerung ge= faßt machen.

Liesch. Dann ſterben wir wie Alarcos, aus Furcht zu ſterben.

Kommand. Ihr ſeid doch ſonſt eben den Belagerungen nicht feind.

Liesch. Ja solchen, wo nur zierliche Pfeile mit Blumen umwunden abgeschossen werden.

Kommand. Närrchen, ein Bombardement hat auch sein Angenehmes. Man flüchtet in die Keller, da herrscht ein feierliches Dunkel, man rückt zusammen, da spinnt sich manches an.

Liesch. Sie können noch scherzen, gnädiger Herr! ist denn der Feind wirklich im Anmarsch?

Kommand. Man sagt es. Ich habe ein Kommando hinausgeschickt, es ist noch nicht zurück. Sei du indessen nur ganz ruhig. Wenn der Feind die Stadt umzingelt, so jag' ich alle Frauenzimmer zum Thore hinaus; die Hübschen werden schon ein Unterkommen finden.

Liesch. Ist das die ganze Antwort, die ich dem gnädigen Fräulein bringen soll?

Kommand. Sage ihr, es thäte mir leid, daß alle ihre Liebhaber auf der Wache stünden, und der Eine gar im Gefängniß säße. Vermuthlich hat sie Langeweile —

Liesch. Grimmige Langeweil'. Darum soll ich den Herrn Kommandanten fragen, ob Sie die neuen Bücher noch nicht gelesen haben, die sie Ihnen vorige Woche geliehen?

Kommand. Das ist ja eben zum verzweifeln, daß ich keinen Augenblick zum Lesen übrig behalte. Da liegt Werners Attila neben Göthes Wahlverwandtschaften. Alle meine Lieblingsbeschäftigungen muß ich an den Nagel hängen. Kaum bleibt mir so viel Zeit, dir zu sagen, daß du hübsch bist, recht sehr hübsch, und daß ich gleich nach dem Frieden eine recht genaue Freundschaft mit dir errichten werde.

Liesch. Viel Ehre. Wenn ich nur unterdessen nicht alt werde. Scherz bei Seite, gnädiger Herr, Ihre Fräulein

Schwester scheint nicht Lust zu haben, den Frieden abzuwarten, um eine neue Allianz auf Leben und Tod zu schließen.

Kommand. Solche Pläne sind bei ihr nicht neu.

Liesch. Ich habe zwar erst seit gestern die Ehre in ihren Diensten zu stehen, aber sie hat mir bereits vertraut, daß sie den vollkommensten jungen Mann unaussprechlich liebt, und sich mit ihm vermählen will.

Kommand. Schon wieder?

Liesch. Einen gewissen Baron Kindling.

Kommand. Einen saubern Patron.

Liesch. Sie nennt Ew. Gnaden einen Barbaren, der ihren Bräutigam in das Hinterzimmer am Walle eingesperrt habe.

Kommand. Ja, dort sitzt er.

Liesch. Sie wünscht zu erfahren, warum?

Kommand. Weil der Kerl sonder Zweifel ein Spion ist. Seine Pässe sind falsch, und man hat ihn auf verdächtigem Herumschleichen ertappt. Noch habe ich nicht Zeit gehabt, die Sache genauer zu untersuchen.

Liesch. Ich bin noch nicht so glücklich gewesen, den Herrn Baron Kindling zu seh'n, aber das gnädige Fräulein rühmt seine edle Physiognomie.

Kommand. Er sieht aus, wie ein feiner Spitzbube. Sage meiner alten Schwester, sie solle auf der Liste ihrer Anbeter ihn vorläufig ausstreichen, denn es könnte leicht kommen, daß er gehangen würde, und dann bliebe ihr doch nichts anders übrig, als die Rolle der Witwe von Ephesus zu spielen. (Ab.)

Liesch. (allein). Ei ei, das sind böse Aspekten.

Siebente Scene.

Kunigunde. Lieschen.

Kunig. Nun, Lieschen? was sprach der Unhold?

Liesch. Der Herr Kommandant scheinen nicht die beste Meinung von dem Herrn Baron zu hegen, Sie ließen sogar ein Ehrentitelchen fallen, es klang wie Spion.

Kunig. Mein Bruder kennt nicht dies edle treue Herz, das nur in der Liebe zu mir seine Welt findet. Auch du kennst ihn nicht! Baron Kindling ein Spion? unmöglich! Er hat mir noch vor Kurzem zugeschworen, daß er keinen Gesandt= schaftsposten annehmen würde, es sei mit oder ohne Kreditiv! Nur für mich will er leben, auf seinen Gütern, da soll ich ihm helfen, seine zahlreichen Unterthanen beglücken.

Liesch. Wo liegen seine Güter?

Kunig. In der lüneburger Haide. Es soll die schönste Gegend von der Welt sein, und von einem sanftmüthigen Völkchen bewohnt, die Haideschnucken genannt. O! ich brenne vor Begier, an der Hand meines edeln Kindling unter diesen guten Leuten herumzuwandeln, mich bald mit diesen bald mit jenen herablassend zu unterhalten, bei ihnen Gevatter zu steh'n, oder zwischen ihren Jünglingen und Mäd= chen süße Bande zu knüpfen.

Liesch. Wenn nur der Herr Kommandant keinen Strich durch die Rechnung zieht, denn er scheint Böses gegen den Herrn Baron im Schilde zu führen.

Kunig. So will ich meine Brust zum Schilde dem edeln Verfolgten leihen, und mit deiner Hilfe ihn der Gewalt meines barbarischen Bruders entreißen.

Liesch. Aber, gnädiges Fräulein, ein solches Abenteuer — und Ihr guter Ruf —

Kunig. In den höhern Ständen, mein liebes Kind, kommt auf den Ruf sehr wenig an. Vor Macht und Reichthum bücken sich die Menschen, und werden sich bücken, so lange die Welt steht. Mögen sie hinter unserm Rücken sich allerlei Böses in die Ohren zischeln, wer fragt darnach? oder wem schadet es? Nur euch, armes Gesindel, jagt man zum Henker, wenn ihr keinen guten Ruf besitzt. Indessen hab' ich den meinigen seit mehrern Jahren treu bewahrt, und sollte er bei dieser Gelegenheit ein wenig bemakelt werden, so flieh' ich mit meinem Gemahl zu den ehrlichen Haideschnucken in eine Unschuldswelt, wo es keine Lästerzungen gibt. Vor allen Dingen muß der holde Baron in Freiheit gesetzt werden, um nie andere Fesseln als die meinigen zu tragen. Du, Lieschen, sollst in der Dämmerung ihn zu mir führen, dann wollen wir unsere Flucht verabreden.

Liesch. Haben Sie denn den Schlüssel zu seinem Kerker?

Kunig. (zieht einen vollen Beutel hervor). Hier ist ein Schlüssel, der alle Riegel sprengt. Der alte Thomas, der Gefangenwärter, ist mir und dem Golde ergeben. Drücke ihm nur dies Zaubermittel in die Hand, so wird die Pforte sich aufthun.

Liesch. Der Weg dahin ist mir unbekannt.

Kunig. Du kannst nicht fehlen. Der lange dunkle Gang führt bis zum Walle, an dem das wüste Zimmer stößt.

Liesch. Wenn aber der Herr Kommandant es erfährt, so sperrt er mich selber hinein.

Kunig. Ich schütze dich vor seiner Rache. Im Vertrauen, Lieschen, er ist ein Hagestolz! und gewöhnlich stehen die Hagestolzen unter der Herrschaft ihrer Schwestern. Darum fasse Muth. Du begleitest mich auf meine künftigen Güter. Dort belohne ich deine Treue durch die Hand des schönsten jungen Haideschnucken. (Ab)

Liesch. (allein). Kaum vierundzwanzig Stunden im Hause, und schon Abenteuer die Menge. Der gnädige Herr macht mir die Cour, das gnädige Fräulein hat Liebeshändel — da muß ich wohl reich werden, so schnell als ein Zollbeamter.

Achte Scene.

Hauptmann Grünstock (mit dem Kästchen). **Lieschen.**

Grünst. Wo ist der Herr Kommandant?

Liesch. In seinem Kabinet. (Ab.)

Grünst. (allein). Ich denke, er soll mit mir zufrieden sein. (Er klopft an.)

Neunte Scene.

Der Kommandant. Der Hauptmann.

Kommand. Nun, mein braver Grünstock, wie ist es ergangen?

Grünst. Herr General, wir haben die ganze Gegend gesäubert, und sieben Gefangene mitgebracht.

Kommand. Bravo!

Grünst. Es ist ein Kornet darunter, ein Muttersöhnchen, von dem haben wir mit leichter Mühe allerlei herausgelockt. Ein starkes feindliches Corps steht drei Meilen von hier.

Kommand. Schon so nahe?

Grünst. Muß aber zurückgehen, aus Mangel an Zufuhr. Es hat seine letzte Hoffnung auf einen Transport gestellt, der diesen Abend die Straße von Rintelsberg passiren muß. Wenn wir den auffangen könnten!

Kommand. So wäre die Festung gerettet, denn wir gewinnen Zeit, uns selber zu verproviantiren.

Grünst. Wenn der Herr General mir ein paar hundert Freiwillige anvertraut, so will ich mein Heil versuchen.

Kommand. Gern, mein lieber Hauptmann. Wählen Sie sich die kühnsten Bursche, und wenn es gelingt, so zählen Sie auf meinen Rapport nach Hofe. Ein so wichtiger Dienst wird vergolten werden.

Grünst. Ich danke, Herr General. Sollt' ich in meinem Beruf fallen, so möge es meinem armen Kinde zu gut kommen.

Kommand. Auf mein Wort. Was tragen Sie da für ein Kästchen?

Grünst. Ei, das gehört meinem achten Gefangenen, einem Dickwanst, der für drei andere passiren kann. Zwar ist er nur ein non combattant. Wir fanden ihn im Walde hinter einem Busche, halb todt vor Angst und Schrecken. Dies Kästchen schien mir verdächtig. Es enthält eine Menge Papiere. Er spricht, es wären Verse. Ich hab' ein wenig hineingeguckt, es klingt freilich wie Verse, aber ich kann mir nicht vorstellen, daß Einer mit seinen Versen so ängstlich hinter den Busch kriechen sollte. Es mag wohl sonst was dahinter stecken. Wenigstens hielt ich es der Mühe werth, den Gefangenen herzuführen. Meint der Herr General, daß es nichts zu bedeuten hat, so läßt man ihn wieder laufen.

Kommand. Lassen Sie doch seh'n. (Er liest)

Grünst. (bei Seite). Wenn es ihm geht wie mir, so versteht er kein Wort davon. Ich lobe mir die alten Verse, wo sich hübsch alles reimte. Zum Exempel: »liebes Lieschen,

weißt du was, komm mit mir in's grüne Gras," u. s. w.
Dabei kann man sich doch etwas denken.

Kommand. Vortrefflich! in der That ganz vortrefflich!
Wenn alles so schön ist, wie die ersten Strophen, so haben
Sie da eine köstliche Beute gemacht, mein lieber Hauptmann.

Grünst. Eine Kanone wäre mir lieber gewesen.

Kommand. Lassen Sie doch geschwind den Mann herein
kommen.

Grünst. (öffnet die Thür). He da, Herr Poet! verant=
wort' Er sich bei dem Herrn Kommandanten. (Ab.)

Zehnte Scene.

Feldkümmel. Der Kommandant.

Feldk. Ew. Excellenz, ich bin weiß Gott der ehrlichste
Mann in ganz Tippelskirchen.

Kommand. Wenn Sie sich rühmen dürfen, der Ver=
fasser dieses Gedichts zu sein, so sind Sie wenigstens ein
Schriftsteller von großen Talenten.

Feldk. (horcht hoch auf). Ei wirklich?

Kommand. Das Wenige, was ich gelesen habe, flößt
mir hohe Achtung für Sie ein.

Feldk. (wirft sich in die Brust und bläst die Backen auf). Das
ist mir lieb zu vernehmen.

Kommand. Es thut mir sehr leid, daß Sie beunruhigt
worden sind.

Feldk. Ja, es hätte wohl unterbleiben mögen.

Kommand. Indessen verdanke ich diesem Zufall Ihre
interessante Bekanntschaft.

Feldk. Freilich.

XXVIII. 4

Kommand. Und ich hoffe sie zu kultiviren, denn ich liebe die Musen, auch mitten im Kriegsgetümmel.

Feldk. Allerdings sind die Musen gar nicht zu verachten.

Kommand. Sie haben doch dieses Heldengedicht verfertigt?

Feldk. I nu ja, ich mache bisweilen dergleichen.

Kommand. Es ist noch nicht gedruckt?

Feldk. Nein, es ist geschrieben, wie Sie seh'n.

Kommand. Haben Sie sonst schon etwas drucken lassen?

Feldk. Hm, das ich nicht wüßte.

Kommand. Darf ich um Ihren Namen bitten?

Feldk. Ich bin der Pachter Feldkümmel von Tippelskirchen.

Kommand. Feldkümmel? Sie sollten sich einen poetischern Namen wählen. Der Ihrige klingt ein wenig allzu prosaisch.

Feldk. Meine Voreltern waren lauter Feldkümmel, ehrliche Landleute.

Kommand. Das Genie bindet sich an keinen Stand. Das Ihrige, mein Herr, hat alle Fesseln muthig zerbrochen, das beweist schon die Wahl des erhabenen Stoffes, die Belagerung von Saragossa; in der That eine sehr glückliche Wahl für den Heldendichter.

Feldk. O ja, es geht wohl an.

Kommand. Haben Sie lange daran gearbeitet?

Feldk. Gestern den ganzen Tag.

Kommand. Unmöglich! acht Gesänge in Einem Tage?

Feldk. Ja, wenn ich einmal anfange, so bin ich wie besessen.

Kommand. (bei Seite). Der Mensch kommt mir gar zu gemein vor. Etwa ein sogenannter Naturdichter? oder will er mich betriegen? (Laut.) Was glauben Sie, mein Herr? welche Belagerung möchte wohl merkwürdiger sein: die von Numantia? oder die von Saragossa?

Feldk. J nu — Gott weiß —

Kommand. Aber doch?

Feldk. (deſſen Verlegenheit ſehr bald zur Angſt wird, die er, ſo gut es gehen will, zu verbergen ſucht). Darüber ließe ſich man- ches ſagen.

Kommand. Sie kennen doch das alte Numantia?

Feldk. So gut wie Tippelskirchen!

Kommand. Das wäre viel. Sie wiſſen, es wurde vier- zehn Jahr belagert.

Feldk. Ich war damals noch ſehr jung.

Kommand. Sie waren noch ſehr jung? So ſo? nun freilich, dann werden Sie auch wohl ſchwerlich wiſſen, ob bei Numantia oder bei Saragoſſa tapferer gefochten worden?

Feldk. Ach Gott! wenn Ew. Excellenz durchaus darauf beſtehen, ſo will ich es Ihnen wohl ſagen: bei Numantia ging es am tollſten her, da hatten die Feinde mehr Kanonen.

Kommand. Kanonen? ei, ei! — Herr, Sie ſind ein Betrüger!

Feldk. (ſehr erſchrocken). Ich?

Kommand. Sie ſind nicht der Verfaſſer dieſes ſchönen Werks.

Feldk. Wohl nicht eigentlich, aber Ew. Excellenz haben mich ja ſelber mit Gewalt dazu gemacht? ich durfte doch nicht widerſprechen?

Kommand. Sie ſind ein Dummkopf, oder ein Unver- ſchämter, vielleicht beides.

Feldk. Lieber Gott, man thut das Seinige —

4 *

Kommand. Wo haben Sie das Gedicht gestohlen?

Feldk. Ach du mein Himmel! ich sollte mir die Mühe geben, solches Zeug zu stehlen!

Kommand. Warum versteckten Sie sich im Walde? hatten Sie ein böses Gewissen?

Feldk. Ich gehe viermal jährlich zur Beichte.

Kommand. Das sind bisweilen die Schlimmsten. Am Ende mögen Sie doch wohl ein Spion sein. Fürs Erste werden Sie sich gefallen lassen, in Arrest zu wandern.

Feldk. Ich bitte Ew. Excellenz — was würde die Frau Schmeerzabel dazu sagen — es ist heute unser Hochzeitstag —

Kommand. Ich kann Ihnen nicht helfen. He da! Wache!

Feldk. Hätt' ich doch das verfluchte Kästchen im Busche liegen lassen.

Kommand. (zu der hereintretenden Wache). Führt den Menschen in's Gefängniß, doch in ein leidliches — er mag bis morgen dem saubern Baron Gesellschaft leisten.

Feldk. Ach Ew. Excellenz! am liebsten säß' ich in der Küche, denn wenn ich auch kein Dichter bin, so hung're ich doch wie ein Dichter.

Kommand. Fort! Fort! etwas Brot und Suppe soll dem Herrn gebracht werden.

Feldk. Etwas Brot und Suppe!? ach du armer hungriger Feldkümmel! (Ab.)

Kommand. Ich wollte darauf schwören, daß der Kerl ein Dummkopf ist, und weiter nichts. Doch die Verstellung geht oft weit, und Vorsicht heischt mein Posten.

Eilfte Scene.

Hauptmann Grünstock. Der Kommandant.

Grünst. Herr General, draußen steht ein junger Mensch, der Sie mit großer Hastigkeit zu sprechen begehrt. Er gefällt mir ungemein, denn er hat mich gleich auf ein Paar Pistolen gefordert.

Kommand. Ist er wahnsinnig?

Grünst. Ganz und gar nicht, aber er hat Courage. Ich fragte ihn, wo er her sei? Von Tippelskirchen, war die Antwort. Hm, sagt' ich, die Einwohner von Tippelskirchen halten es mit dem Feinde. Da wollt' er auf der Stelle Kugeln mit mir wechseln.

Kommand. Warum ließen Sie ihn nicht auf die Wache führen?

Grünst. Im Grunde hatt' ich doch Unrecht. Warum neckt' ich ihn? und daß er die Treue seiner Vaterstadt mit seinem Blute vertheidigen wollte, ich denke, das macht ihm Ehre.

Kommand. Lassen Sie ihn kommen.

Grünst. Herein, junger Eisenfresser!

Zwölfte Scene.

Helm. Die Vorigen.

Helm. Ew. Excellenz verzeihen — ich komme in der größten Bestürzung — (er erblickt das Kästchen auf dem Tische.) Ha! was seh' ich! da steht mein Kästchen! (Er fällt darüber her)

Kommand. Halt halt, junger Mann, was soll das heißen?

Helm. Es ist mein, Herr General! und nur mit meinem Leben laß' ich es mir rauben!

Kommand. Kennen Sie den Inhalt dieses Kästchens?

Helm. Die Belagerung von Saragossa, ein Heldenge=
dicht in acht Gesängen.

Kommand. Sind Sie vielleicht der Verfasser?

Helm. Ja, der bin ich. Als diesen Morgen die Feinde
unser Städtchen zu plündern kamen, da rettete ich mein Kost=
barstes und verbarg es im Walde. Wer es da gefunden, weiß
ich nicht. Kaum hatte der Feind sich zurückgezogen, als ich
hineilte, es wieder zu holen. Weg war es! ich in Verzweif=
lung! Ein Hirt auf dem Felde sagte mir, er hätte es in den
Händen eines Soldaten gesehen, der mit andern nach der
Festung zurückgekehrt sei. Da flog ich hieher, Ew. Excellenz
zu bitten, — und siehe da, noch ehe ich gebeten, ist mein
ganzer Reichthum wieder in meiner Gewalt! Ich danke Ih=
nen, Herr General, leben Sie wohl!

Kommand. Nicht so hastig, junger Mann. Der Verfas=
ser dieses Gedichts interessirt mich ungemein. Ich habe erst
wenige Seiten darin gelesen, und bin so lüstern nach dem Gan=
zen geworden, daß ich Sie bitten muß, es meinen Händen noch
einige Tage anzuvertrauen.

Helm. Sind Ew. Excellenz ein Freund der Musen? so
thue ich's mit Freuden.

Kommand. Ein Freund der Musen und ihrer Lieblinge,
unter die Sie, wie es scheint, sich zählen dürfen. Welchem
Stande haben Sie sich gewidmet?

Helm. Ich bin ein Dichter.

Grünst. Sonst nichts?

Helm. Ist das nicht genug?

Kommand. Allerdings. Besonders wenn Sie einmal
todt sein werden; dann ist es gewöhnlich mehr als General

und Fürst. Aber so lange man lebt, junger Herr, so lange muß man essen, und die Dichtkunst pflegt selten eine and're Tafel zu führen, als die Schreibtafel.

Helm. Sie schwelgt mit den Göttern.

Kommand. Sehr wohl, aber ein Mann wie Sie, der Kriegsthaten so schön zu besingen weiß, wäre auch wohl im Stande, deren zu verrichten?

Helm. Warum nicht, wenn es Noth thäte, für den König und das Vaterland.

Kommand. Bravo! Sie können ein zweiter K l e i s t werden. Speisen Sie diesen Mittag bei mir, so wollen wir bei einem Glase Wein, der am Ebro gewachsen, das Kapitel weiter abhandeln. Unterdessen empfehle ich Sie meinem Freunde, dem Hauptmann. Zwar macht er keine Heldengedichte, hingegen können seine Thaten Ihnen Stoff zu mancher Episode liefern. (Er geht mit dem Kästchen in sein Kabinet.)

Dreizehnte Scene.
Hauptmann Grünstock. Helm.

Grünst. Hören Sie es, junger Herr? wenn ich gleich nicht Lust habe, mich mit Ihnen zu schlagen, so steh' ich doch im Nothfall meinen Mann.

Helm. Ich auch.

Grünst. Das gefällt mir eben. Wir müssen uns näher kennen lernen.

Helm. Das würde für Sie wohl kaum der Mühe werth sein.

Grünst. Etwa weil ich nichts von Ihren Versen verstehe? So sind die meisten jungen Dichter; die prosaischen Menschen verachten sie.

Helm. Ich verachte Niemanden.

Grünst. Doch die Schurken?

Helm. Auch die nicht einmal. Ich bedaure sie, und geh' ihnen aus dem Wege.

Grünst. Um das zu können, muß man reich sein.

Helm. Das bin ich auch — nachdem man's nimmt. Geld hab' ich nicht.

Grünst. Aber Güter?

Helm. Ganz Elysium ist mein.

Grünst. Das liegt vermuthlich im Monde?

Helm. In meinem zufriedenen Herzen.

Grünst. Fürwahr ein großer Reichthum. Doch etwas Bares nebenher könnte nicht schaden.

Helm. Ich besitze die Gunst der Musen.

Grünst. Da hapert's mit der Besoldung.

Helm. Und endlich, was mich zum reichsten Manne auf Gottes Erdboden macht — ich liebe und werde geliebt! von einem Engel.

Grünst. Der vermuthlich ein hübsches Mädchen ist?

Helm. Herr Hauptmann, das wäre der einzige Fall, wo ich über Ihre Prosa mich ärgern könnte.

Grünst. Nu, nu, meinethalben mag sie denn auch ein Engel sein.

Helm. Wenn Sie mein Nantchen kennten —

Grünst. Nantchen? heißt sie so? und ihr Zunahme?

Helm. Nantchen Grünstock.

Grünst. Wie? was? um Gotteswillen! tausend Sapperment! das ging mir durch Mark und Bein!

Helm. Kennen Sie das himmlische Geschöpf?

Grünst. Nantchen Grünstock ist meine Tochter!

Helm. Ihre Tochter!?

Grünst. Mein einziges geliebtes Kind!

Helm (drückt ihn heftig in seine Arme). Vater!

Grünst. Ich bitte Sie um Gotteswillen! erzählen Sie mir von ihr.

Helm. Ein solches Kleinod konnten Sie in fremden Händen lassen?

Grünst. In eines Satans Händen, ja! Ich hatte nur die Wahl, in die weite Welt zu geh'n, oder an der Schwindsucht zu sterben. Meinem Kinde hinterließ ich Alles, was mein war, und nahm nichts mit mir als die Hoffnung, in bessern Zeiten ihm wieder ganz Vater zu werden. Diese Zeiten sind gekommen. Nur das Kriegsgetümmel konnte bis jetzt mich hindern, mein Nantchen aufzusuchen. Ich wähnte sie weit von hier.

Helm. Seit wenigen Monden hat ihre Stiefmutter sich in Tippelskirchen niedergelassen.

Grünst. Führt sie noch meinen Namen?

Helm. Den hat sie unterdessen schon dreimal gewechselt.

Grünst. Desto besser!

Helm. Ihr Nantchen — o lassen Sie mich immer sagen unser Nantchen.

Grünst. Warum nicht! Sie gefallen mir. Wenn Sie eine Frau ernähren können —

Helm. Ich bekomme fünfzig Thaler für mein Heldengedicht.

Grünst. Bah, bah, junger Herr, damit kommen wir nicht weit. Sie müssen herunter von Ihrem Olymp. Sie müssen etwas ergreifen.

Helm. Was Sie wollen, wenn ich Nantchen damit verdiene.

Grünst. Werden Sie Soldat.

Helm. In Gottes Namen noch heute.

Grünst. Der Herr General findet Gefallen an Ihnen. Thun Sie sich hervor, so ist in diesen Zeiten Ihr Glück schnell gemacht.

Helm. Geben Sie mir Waffen, und lassen Sie mich an Ihrer Seite fechten.

Grünst. Wohlan, ich will Sie gleich auf die Probe stellen. Wir haben gegen Abend eine gefährliche Expedition vor. Wollen Sie mich als Volontär begleiten?

Helm. Topp!

Grünst. Topp! zu Mittag speisen wir zusammen bei dem Kommandanten. Ich gelte auch etwas bei ihm. Da wollen wir die Sache in's Reine bringen. Kommen wir glücklich zurück, und haben Sie brav gefochten, wer weiß was dann geschieht! Einer seiner Adjutanten ist vor einigen Tagen erschossen worden. Es kostet ihm ein Wörtchen, so haben Sie das Porte = épée.

Helm. Und dann?

Grünst. Dann reiten wir flugs nach Tippelskirchen und holen unser Nantchen ab.

Helm. Unser Nantchen!

Grünst. Wohlan, Kamerad! in meine Gewehrkammer! ich will den Herrn mit ein Paar Pistolen ausrüsten, die ich einem Schweden abgenommen.

Helm. Wenn ich um Nantchen fechten darf, so soll der erste beste Stock mir zu Rolands Degen werden. (Beide ab.)

(Der Vorhang fällt.)

Dritter Act.

(Eine Art von Gefängniß, ein kahles Zimmer mit einem einzigen Tische.
Ein Fenster hoch oben unter dem Gesimse.)

Erste Scene.

Schmerle (allein).

Nun mein lieber Schmerle, da hast du ja eine recht be-
queme Wohnung, geräumig, mit Möbeln nicht überladen,
Alles im antiken Geschmack, besonders in heißen Sommer-
tagen außerordentlich anmuthig, denn die Sonne kann nur
durch ein einziges Loch herein gucken. Zwar ist dieses Loch
ohne eiserne Zierrathen, womit man sonst dergleichen Gast-
zimmer zu schmücken pflegt, dagegen so hoch, daß ich eine
Fledermaus sein müßte, um zu sehen, was draußen am Himmel passirt.

Uebrigens gibt es hier zahlreiche Gesellschaft, eine Kolo-
nie von Ratten, eine Residenzstadt der Mäuse, und in allen
Winkeln philosophirende Spinnen. Wenn ich der berühmte
Herr Quatremere-disjonval wäre, so könnt' ich mit Hilfe
dieser Spinnen, ein trefflicher Wetterprophet werden, und,
gleich ihm, verkünden, wie dick das Eis im künftigen Winter den Rhein bedecken wird. Auch könnt' ich die Mäuse tanzen und die Ratten pfeifen lehren; aber bekennen Sie nur,
mein werther Herr Baron von Kindling, es mangelt Ihnen
Geduld für solche edle Unterhaltungen. Sie wollen hinaus
in's Freie, das Genie haßt alle Fesseln. — Der unhöfliche
Kommandant! welcher Satan mag ihm verrathen haben,
daß ich ein ehrlicher Spion bin? — ich stand mich doch so
gut mit seiner alten Schwester — sie glaubte steif und fest

an meine Liebe, und was noch mehr ist, an meine Baronie.
— Wenn nur mein Wappen nicht, statt eines Ordensbandes,
mit dem Strick verziert wird! — Zum Glück hatte ich den
Plan der Festungswerke so wohl versteckt, daß nur ein nase=
weiser Floh ihn finden konnte. (Er zieht ihn hervor.) — Gern
wollt' ich ihn ganz vernichten, aber wie fang' ich das an?
Feuer gibt man mir nicht, essen kann ich ihn nicht, und reiß'
ich ihn in kleine Stücke, so findet man die verdächtigen Lap=
pen. — Der beste Rath bleibt immer, ich mache mich aus
dem Staube. Wäre nur das verdammte Loch nicht so hoch!
und wäre ich nur einmal droben, so wagt' ich einen Sprung
auf den Wall. Aber — wenn ich auch den wackelnden Tisch
unterschiebe, so kann ich doch an der kahlen Maner nicht em=
porklimmen. — Es ist fürwahr recht unbarmherzig, einen
ehrlichen Mann in solche Verlegenheiten zu bringen. Spion?
dummer Schnack! alle Menschen sind Spione. Oder ist es
etwa ehrlicher, des Nächsten Fehler und Schwachheiten aus=
zuspioniren, und hinter seinem Rücken sie hämisch zu verbrei=
ten, als eine Bastion abzuzeichnen? — Horch! die Schlüssel
klirren, vermuthlich bringt man mir ein frugales Abendbrot.

Zweite Scene.

Der Gefangenwärter (schiebt) **Feldkümmel** (mit den Worten
hinein: „da findet der Herr Gesellschaft," und schließt sogleich wieder
hinter ihm zu).

Feldk. (noch immer auf der Stelle, auf welche ihn der Gefangen=
wärter geschoben). Na, nun hat der Satan sein Müthchen an
mir gekühlt. Ist das recht, lieber Gott? kannst du das so
mit anseh'n?

Schm. Was zum Henker! — diese Figur — wahrhaftig, ein alter Bekannter. — Herr Pachter Feldkümmel!

Feldk. Sieh da, Kochlöffel! nun das ist mir ein wahrer Trost, Ihn hier zu finden.

Schm. Mir ganz und gar nicht.

Feldk. Ei, wie kommen wir hier zusammen?

Schm. Per varios casus. Man thut mir himmelschreiendes Unrecht.

Feldk. Mir auch.

Schm. Sie wissen es am besten: ich bin der ehrlichste Mann von der Welt.

Feldk. Ich auch. Daß ich ein verfluchtes Heldengedicht nicht selber gemacht habe, das ist mein ganzes Verbrechen.

Schm. Aber wie kommen Sie denn in diese Gegend?

Feldk. Meine Wohnung liegt ja nur zwei Stunden von hier.

Schm. Ist das berühmte Tippelskirchen so nahe?

Feldk. Heute Abend sollte meine Hochzeit sein.

Schm. Mit der Mamsell aus Wien?

Feldk. Gott behüthe! die magere Person war längst vergessen. Mit der Frau Schmeerzadel, einer reichen wohlgenährten Witwe, die kaum einen Zoll weniger als ich im Umfang mißt. Ach Gott! nun sitzen sie dort beim Hochzeitschmause, und ich habe nichts zu beißen noch zu brechen.

Schm. (bei Seite). Mein Plan ist gemacht. Vor allen Dingen muß ich mir den verdammten Riß vom Halse schaffen. (Laut.) Ach mein theurer Herr Feldkümmel! Trotz der betrübten Lage, in der wir uns befinden, ist meine Freude Sie wieder zu seh'n, so groß, daß ich mich nicht enthalten kann, Sie an mein Herz zu drücken. (Er umarmt ihn, und schiebt ihm bei der Gelegenheit den Riß in die Tasche.)

Feldk. Ich weiß, mein guter Kochlöffel, Er hat es immer ehrlich mit mir gemeint. Da sitz' ich nun, gleichsam im Sumpfe wie ein Fuhrmannsgaul. Weinen möcht' ich, aber ich kann nicht. Er würde mir einen Gefallen thu'n, wenn Er an meiner Stelle etwas weinte. Bei magern Personen arbeiten sich die Thränen leichter durch.

Schm. O wenn Ihnen damit gedient ist — seh'n Sie — da perlt es schon aus den Augenwinkeln, und ehe Sie sich's versehen, schwimm' ich in Thränen.

Feldk. Ach das thut mir recht wohl! nun sehe ich in der That, daß Thränen das Herz erleichtern.

Schm. (schluchzt). Ich thue mein Möglichstes, um Ihnen Erleichterung zu verschaffen.

Feldk. Er soll bedankt sein, mein lieber Kochlöffel.

Schm. Aber jedes Ding hat seine Zeit, wir sollten lieber auf unsere beiderseitige Rettung denken.

Feldk. Ja ja, denke Er darauf. Ich habe heute schon so viel gedacht, daß mein Kopf einiger Ruhe bedarf.

Schm. Ich sehe nur zwei Mittel.

Feldk. Ich sehe kein Einziges.

Schm. Wir müssen entweder den Teufel citiren —

Feldk. Gott bewahre!

Schm. Oder wir müssen durch dieses Loch auf den Wall springen.

Feldk. Da brechen wir die Hälse.

Schm. Nein, nein, ich kenne die Gegend, es ist keine Gefahr dabei. Sind wir einmal draußen, so waten wir durch den Festungsgraben.

Feldk. Da ersticken wir im Schlamme.

Schm. Wasser bis an den Hals, da spülen wir den Schlamm wieder ab.

Feldk. Wird doch eine fatale Expedition sein.

Schm. Aber die edle Freiheit!

Feldk. Und der Hochzeitschmaus in Tippelskirchen, da muß man freilich ein verdammtes Wagestück unternehmen. Aber wie kommen wir da hinauf?

Schm. Zuerst setzen wir den Tisch hier unter das Fenster. (Er thut es) So, nun helf' ich Ihnen auf den Tisch. Sie stützen die Hände auf die Knie — sehen Sie, so — ich trete mit Ihrer Erlaubniß auf Ihren Rücken, und so schwing' ich mich empor.

Feldk. Und was mach' ich denn hernach?

Schm. Dann komm' ich zurück, und Sie machen es wieder so mit mir.

Feldk. Ja ja, das möchte wohl angeh'n. Es ist aber ein beschwerlicher casus.

Schm. Es bleibt uns nichts anders übrig, wenn wir noch diesen Abend bei der Hochzeit erscheinen wollen.

Feldk. Ach ja, dieser Gedanke gibt mir einen rasenden Muth.

Schm. Ich sage wir, weil ich hoffe, mein hochverehrter Patron werde seinem alten Lohnlackei erlauben, ihn an seinem Ehrentage bei der Tafel zu bedienen.

Feldk. Kann gescheh'n, mein lieber Kochlöffel, par honneur, wie damals. Nun wollen wir in Gottes Namen versuchen.

Schm. Belieben Sie auf den Tisch zu klettern.

Feldk. Das Klettern ist eigentlich gar nicht meine Sache.

(Er macht einige vergebliche Verſuche, und gelangt endlich mit Schmerles Hilfe auf den Tiſch.) Uf! das iſt mir ſauer geworden!

Schm. Jetzt bitte ich um Dero breiten Rücken.

Feldk. (ſetzt ſich in die vorgeſchriebene Poſtur). Da, da, mein lieber Kochlöffel, da iſt meine ganze Hinterſeite.

Schm. Wie vormals die Sieger von den Rücken über= wundener Könige auf ihre Roſſe ſtiegen, ſo beſteige ich dieſen wohlgepolſterten Schemel.

Feldk. Geht es?

Schm. Es muß geh'n.

Feldk. Aber Er kommt doch gleich wieder zurück?

Schm. Ei das verſteht ſich. Triumph! ich ſitze ſchon oben. Juchhe! es iſt nur ein Katzenſprung bis auf den Wall.

Feldk. Ja, wenn ich nur auch eine Katze wäre.

Schm. In der Noth muß der Menſch Alles ſein kön= nen, Fuchs, Wolf, Katze oder Eſel. (Er ſchaut hinaus.) Es wird ſchon ziemlich finſter, keine Schildwache in der Nähe. Friſch gewagt! Beten Sie für mich, mein werther Herr Feldküm= mel! (Er ſpringt hinaus.)

Feldk. (betet). Lieber Gott! laß ihn doch glücklich hinun= ter kommen. (Er horcht.) Ich höre nichts weiter. — (Leiſe.) Musje Kochlöffel! — (Lauter.) He da! Musje Kochlöffel! iſt Er dranßen? (Er tritt auf die Zehen.) Im Loche ſitzt er nicht mehr, ſo muß er wohl draußen ſein. — Na Musje Koch= löffel! komm Er nun wieder herein, damit ich auch mein Heil verſuche. — Musje Kochlöffel! in's Teufels Namen! laß Er mich hier nicht ſitzen, ich mache Lärm.

Schm. (draußen). Ach! ach! Herr Feldkümmel! Herr Feldkümmel!

Feldk. Was gibt's?

Schm. Ich habe den Hals gebrochen.

Feldk. Nun da haben wir's!

Schm. Eben fährt mir die Seele aus.

Feldk. Gott sei ihr gnädig! — Der arme Schelm! es war eine treue Seele, das hat er mir bewiesen bis in den Tod; denn wäre er nicht zuerst hinauf geklettert, so hätte ich nun den Hals gebrochen. Nein, lieber bleib' ich doch, wo ich bin. (Er klettert vom Tische herunter)

Aber wo bin ich denn? — in einem verfluchten Loche, ohne Licht, ohne Betten. — Ich werde nolens volens christliche Betrachtungen anstellen. — O was ist der hoffärtige Mensch! er wird in die Welt hineingeschleudert wie ein hohler Kreisel, und dreht sich immer fort, und schnurrt immer fort, bis er an ein Steinchen stößt — knar da liegt er und muckst nicht mehr. — (Er schlägt eine Mücke auf seiner Wade todt.) Da hat mich eine Mücke in die Wade gestochen — aber ich habe sie todt geschlagen. — O was ist der hoffärtige Mensch! Alles schlägt er todt, was ihn sticht, wenn er nämlich kann. — Ja, das sind fürwahr recht christliche Betrachtungen, aber sie machen nicht satt. — Es scheint, man habe hier die schönsten Anstalten zum Verhungern getroffen. — — O du seliger Kochlöffel! fast muß ich dich beneiden, du hungerst nicht mehr. — Halt! jetzt rappelt's draußen an der Pforte. Will man mich zum Essen oder zum Galgen führen?

Dritte Scene.

Feldkümmel. Lieschen (mit einem Lichte).

Feldk. Sieh' da, ein Frauenzimmerchen mit einem Lichte.

Liesch. Herr Baron, sind Sie es?

XXVIII.

Feldk. Baron?

Liesch. (beleuchtet ihn vom Kopf bis zu den Füßen). Sind Sie es, mein Herr, den ich holen soll?

Feldk. Holen? O ja, ich bin Alles, was Ihnen beliebt.

Liesch. (bei Seite). Nun wahrhaftig, mein Fräulein hat einen bizarren Geschmack.

Feldk. Mein liebes Jungferchen, wenn Sie mich holen wollen, so steh' ich gern zu Diensten, denn hier holt mich der Teufel.

Liesch. Mein Fräulein wünscht Sie zu sprechen.

Feldk. Herzlich gern.

Liesch. Sie sind doch der Herr Baron?

Feldk. O ja, das kann wohl sein.

Liesch. Er muß es wohl sein, denn hier ist kein Anderer. — Nun so folgen Sie mir, leise, leise.

Feldk. Führt der Weg durch die Küche?

Liesch. Nein, über den Gang durch den Hof.

Feldk. Ein kleiner Umweg durch die Küche, den ließe ich mir wohl gefallen.

Liesch. Wenn Sie Lust haben, von den Küchenjungen gleich wieder arretirt zu werden?

Feldk. Nein, ich habe Lust zu essen.

Liesch. Das wird sich auch wohl finden. (Bei Seite.) Ein seltsamer Patron. Wenn alle Haideschnucken so aussehen, so mag ich keinen. — Wohlan, mein Herr! (Sie geht voran.)

Feldk. (ihr folgend). Wer ist denn Ihr Fräulein?

Liesch. (bleibt plötzlich stehen). Mein Gott, kennen Sie sie denn nicht?

Feldk. Nein, ich habe in meinem Leben nichts von ihr gehört.

Liesch. So sind Sie auch nicht der Rechte.

Feldk. Ei freilich bin ich der Rechte. Gott bewahre, daß ich nun noch einmal der Unrechte werden sollte!

Liesch. Es kömmt mir in der That verdächtig vor. Sie werden erlauben, daß ich meinem Fräulein zuvor Bericht abstatte; wenn Sie der Rechte sind, so bin ich in fünf Minuten wieder hier.

Feldk. (hält sie beim Rocke). Ne, so haben wir nicht gewettet. Ohne mich kommt die Jungfer hier nicht mehr zur Thür hinaus.

Liesch. Lassen Sie mich los, ich schreie!

Feldk. Und wenn ich in die Angst gerathe, so dreh' ich Ihr den Hals um wie einer Taube.

Liesch. (bei Seite). Er sieht wahrhaftig darnach aus, daß er Ernst machen könnte. (Laut.) Nun in Gottes Namen, ich will Sie führen, aber Sie brauchen mir die Schleppe nicht nachzutragen.

Feldk. Um der Sicherheit willen. Beliebe die Jungfer nur vorwärts zu schreiten.

Liesch. (für sich). Ha ha ha! ein Schmetterling vor einem Heuwagen gespannt. (Beide ab.)

Vierte Scene.

(Kunigundens Zimmer. Ein behangener Theetisch. Etwas mehr im Hintergrunde ein schräg stehender Bettschirm, so, daß das eine Ende desselben dem Theetisch ziemlich nahe, das andre gegen die Hinterwand gekehrt ist.)

Kunigunde (allein).

Die Zofe ging ihn zu holen — keuscher Busen! warum klopfst du so? — Ich sitze — gehe — stehe — horche —

5 *

lausche — bebe — so hat einst Julie ihren Romeo erwartet.
— Horch! seine Stimme! — Nein, es war die Schild=
wache auf dem Walle. So täuschten einst die Nachtigallen
Romeos harrende Julie. — O jungfräuliche Schüchtern=
heit! jetzt weiche zurück! Er schwebt in Gefahr, ihn muß die
Liebe retten! — Die Thüren knarren — es flüstert im Vor=
zimmer — er ist's! — er kömmt! — In meine Arme, un=
glücklicher Baron!

Fünfte Scene.
Lieschen. Feldkümmel. Kunigunde.

Kunig. (eilt ihm entgegen mit ausgebreiteten Armen, und schiebt
Lieschen, hinter der er noch halb versteckt ist, hastig bei Seite).

Feldk. (der sich noch immer an Lieschens Rocke hielt, läßt sie
nun los, und umarmt Kunigunden, mit den Worten·) Zu Dero
Befehl!

Kunig. (prallt zurück). Was ist das? welchen Unhold
bringst du mir da?

Liesch. Ist er nicht der Rechte? es war wahrhaftig kein
Anderer zu finden.

Kunig. Du bist eine Gans. Wer sind Sie, mein
Herr?

Feldk. Erlauben Sie vor allen Dingen — ich sehe hier
einige Nahrungsmittel — (Er wackelt eilig zum Theetisch.) Frei=
lich nur Zwieback und etwas Butterbrot. Was soll man
machen? Hunger ist der beste Koch. (Er setzt sich und ißt)

Kunig. Lieschen, wer ist der Mensch?

Liesch. Der Gefangene aus dem angewiesenen Zimmer.

Kunig. Wohl gar ein gemeiner Spitzbube?

Liesch. Sehr möglich.

Kunig. Der ſitzt hier an meinem Theetiſch und läßt ſich's wohl ſchmecken.

Liesch. Ja, er kehrt ſich an nichts.

Kunig. Mein Gott, wie werden wir ihn wieder los?

Liesch. Wir rufen die Wache.

Kunig. Wo denkſt du hin? da würde ja mein ganzes Vorhaben entdeckt werden. Wir müſſen ſuchen, mit guten Worten ihn wieder in ſein Gefängniß zu locken.

Liesch. Ich zweifle, daß er ſo gefällig ſein wird.

Kunig. Mein Herr, Sie ſind irre gegangen.

Feldk. (eſſend). Das kann wohl ſein. Ich kenne hier weder Weg noch Steg.

Kunig. Sie befinden ſich hier bei einer Dame von Stande.

Feldk. Viel Ehre für mich.

Kunig. Deren Ruf darunter leiden würde, wenn Sie lange hier verweilten.

Feldk. O ich werde mich ganz ſittſam verhalten.

Kunig. Aber, mein Herr, ich begehre allein zu ſein.

Feldk. Erlauben Sie nur, das Wenige noch zu genießen.

Kunig. Das iſt zum Verzweifeln!

Liesch. So lange noch ein Biſſen übrig iſt, rührt er ſich nicht.

Feldk. So, nun bin ich fertig und will nicht länger incommodiren. Belieben Sie mir nur den nächſten Weg auf die Straße zu zeigen.

Kunig. Für's erſte werden Sie ſo gefällig ſein, in Ihr Gefängniß zurückzukehren.

Feldk. Ja warum, nicht gar! da kommen Sie mir eben recht.

Kunig. Sie würden mir Verdruß zuzieh'n.

Feldk. Ei, ich bin mir selber der Nächste.

Kunig. Morgen hoff' ich durch mein Vorwort Sie zu befreien.

Feldk. Ich habe keine Zeit bis morgen, heute ist mein Hochzeitstag.

Kunig. Ich bitte, ich beschwöre Sie!

Feldk. Daß ich ein Narr wäre.

Liesch. Man wird das gnädige Fräulein zur Verantwortung ziehen.

Feldk. Das ist ihre Sache.

Kunig. Ich erwarte jeden Augenblick Besuch.

Feldk. Mich werden Sie nicht anders los, als wenn Sie mich auf die Straße schaffen.

Kunig. Lieschen, was soll man thun? Füh'r ihn die Treppe hinunter.

Feldk. Das war ein vernünftiges Wort. Na, Jungferchen, so wollen wir denn in Gottes Namen unsere Reise wieder antreten. Unterthäniger Diener, gnädiges Fräulein, ich bedanke mich schönstens. Wenn Sie einmal nach Tippelskirchen kommen, so sprechen Sie bei mir ein auf eine dicke Schafmilch.

Kunig. Gehen Sie nur.

Feldk. Ich gehe schon.

Liesch. Ach! da hör' ich den Herrn Kommandanten im Vorzimmer.

Feldk. Den Kommandanten? alle Hagel!

Kunig. Mein Bruder! um Gotteswillen! geschwind verstecken Sie sich hinter diesen Schirm.

Liesch. Und sein Sie mäuschenstille.

Feldk. Ei, das versteht sich. Mit dem Herrn Komman=
danten habe ich nichts zu schaffen. (Er wackelt hinter den Schirm.)

Sechste Scene.
Der Kommandant. Die Vorigen.

Kommand. Schöne Streiche! beide Gefangene sind
entwischt.

Kunig. Auch der Baron?

Kommand. Ja, Fräulein Schwester, auch dein kost=
barer Baron.

Kunig. Gott sei Dank!

Kommand. Dem Teufel weiß ich es Dank! Der Kerl
war ein durchtriebener Spitzbube. Noch begreife ich nicht,
wie er hat entspringen können. Er muß mit dem Satan im
Bunde steh'n. Der alte Thomas schwört Stein und Bein, er
sei unschuldig. Schloß und Riegel waren unverletzt. Das
Fenster viel zu hoch.

Kunig. Ihm hat die Liebe ihre Flügel geliehen.

Kommand. Ist er glücklich entronnen, so spielt er uns
gewiß noch einen schlimmen Streich.

Kunig. Dir allerdings, mein Bruder, denn über kurz
oder lang wird er deine Schwester dir entführen.

Kommand. Das möcht' er in Gottes Namen thun, aber
ich fürchte ganz andere Dinge. Er ist ergriffen worden, als er
auf der Bastion Sankt Jakob herumschlich. Das ist gerade
unsere schwächste Seite. Wenn er die dem Feinde verräth —

Kunig. Welche Grillen, lieber Bruder! dort stehen ja
die meisten Kanonen.

Kommand. Das verstehst du nicht. Die Bastion ist
schlecht angelegt. Da ist kein gehöriges Kreuzfeuer. Denn

siehst du — hier geht der Weg, der bestrichen werden soll. Nun denke dir, dieser Schirm wäre die Bastion — da müßten ja die Winkel ganz anders hervorspringen — siehst du so — (er rückt an den Schirm). Wenn ich nun da hinten auf der Batterie stehe, so richte ich meine Kanonen so — (er will hinter den Schirm).

Liesch. (vertritt ihm den Weg) Erlauben Sie, wir begreifen das schon vollkommen.

Kommand. Aber ich will es Euch demonstriren —

Liesch. Wir sehen das Kreuzfeuer schon vor Augen.

Kommand. Ei, ei, warum so ängstlich? hast du etwa einen Liebhaber da hinten versteckt?

Liesch. Ei, wie würde sich das schicken? meine Liebhaber in dem Zimmer des gnädigen Fräuleins!

Kommand. Aber meine züchtige Schwester?

Kunig. Bruder, wo denkst du hin? ein solcher Tugend-Affront —

Kommand. Nun so laß mich hinter den Schirm.

Liesch. Unmöglich, gnädiger Herr! es sieht da sehr unordentlich aus. Ich habe die schwarze Wäsche dahin geworfen.

Kunig. Und ich verbiete meiner Kammerfrau, dir den Zutritt zu gestatten, wär' es auch nur, um deinen horriblen Verdacht zu bestrafen.

Kommand. Mein Verdacht wird mit jedem Augenblicke horribler. Was gilt's, der Baron steckt da hinten!

Liesch. Wahrhaftig nicht, Ew. Gnaden. Aber es schickt sich doch nicht, daß ein unverheiratheter Herr bei einer unvermählten Dame hinter alle Schirme guckt.

Kunig. Mon frère, ich ärgere mich entsetzlich!

Kommand. Eben deswegen will ich durchaus.

(Kunigunde steht an der linken Ecke des Schirms, wo er dem Theetisch am nächsten ist; Lieschen an der rechten, wo der Kommandant einbrechen will.)

Liesch. Ich setze mich tapfer zur Wehre.

Kommand. Dein Glück, daß du ein hübsches Mädchen bist, sonst hätte ich dich schon zur Thür hinaus geworfen. Jetzt mach' Platz, oder ich binde dich dort auf den Stuhl fest.

(Während der Kommandant mit Lieschen beschäftigt ist, hat er Kunigunden den Rücken zugewendet. Diese winkt Feldkümmeln, auf ihrer Seite hervor zu kommen, und bedeutet ihn, unter den Theetisch zu kriechen. Er bequemt sich dazu.)

Liesch. (die solches gewahr wird, tritt zurück). Nun, wenn Sie denn durchaus nicht anders wollen —

Kommand. (geht hinter den Schirm).

Kunig. Ach! die Männer! die Männer!

Liesch. Die Trotzköpfe!

Kunig. Grobiane!

Liesch. Die Barbaren!

Kunig. Ohne Delikatesse!

Liesch. Ohne Erbarmen!

Kunig. Eine ehrbare Schwester so zu beleidigen!

Liesch. Ein tugendhaftes Kammermädchen so zu kränken!

Kunig. Es überwältigt mich! meine Thränen fließen!

Liesch. Mir wollen die Thränen das Herz abstoßen! (Beide schluchzen.)

Kommand. (der indessen wieder hervorgekommen). Nu nu, gebt euch nur zufrieden. Im Grunde taugt ihr doch Beide nichts. Hinter dem Schirme hab' ich freilich niemanden gefunden —

Kunig. Und doch bittest du mich nicht einmal um Verzeihung?

Kommand. Ja doch ja, ich bitte dich um Verzeihung, und auch Lieschen soll einen Friedenskuß von mir empfangen.

Liesch. Den Kuß wollen wir versparen bis zum allgemeinen Frieden.

Kunig. Schäme dich, mon frère! in Gegenwart deiner sittsamen Schwester.

Kommand. Die ihr feuriges Blut den ganzen Tag mit Thee verdünnt.

Kunig. Dir wär' er weit ersprießlicher, als mir.

Kommand. Nun so gib mir ein paar Tassen. Oder warte, ich will selbst einschenken.

Kunig. (ihm zuvorkommend). Nicht doch, Bruder, erlaube mir —

Liesch. (herbei eilend). Ich werde die Ehre haben, den gnädigen Herrn zu bedienen. (Sie sucht durch ihre Stellung Alles zu bedecken, was etwa von Feldkümmel hervor ragt.)

Kommand. Da bin ich nun schon wieder eigensinnig. Wenn ich Thee trinken soll, so macht mir's niemand recht, als ich selber. (Er schiebt Kunigunden weg, und setzt sich an den Theetisch.)

Liesch. (sehr geschäftig). Hier ist Zucker, hier ist Rahm.

Kommand. Kann ich mich doch kaum der Zeit erinnern, wo ich Thee getrunken hätte. — Beim alten Kammerherrn von Loswackel — ja, das war das letzte Mal. — Ha ha ha! eine komische Geschichte — du kennst ihn ja, den alten Hagestolz? der immer auf Eiern geht und nach Eau de Cologne riecht?

Kunig. Er ist ein feiner, ehrbarer Mann.

Kommand. Den Teufel auch! er hat's hinter den Ohren. Als ich ihn damals besuchte — es geschah von ungefähr — ich kam ihm über den Hals — da hatte er gerade eine hübsche

Dirne bei sich. Das wußte ich nicht, aber seine Verlegenheit fiel mir auf. Er war so ängstlich geschäftig um mich her — gerade wie jetzt du und Lieschen.

Kunig. Wie ich?

Liesch. Wie ich?

Kommand. Ja, wie ihr. Ich dachte nichts Arges — so wie ich denn auch jetzt nichts Arges denke. Er läßt mir eine Pfeife Tabak stopfen; ich setze mich gemächlich an den Thee= tisch — wir plaudern — ich war gerade sehr ermüdet von einem starken Spazirritt — da will ich denn bequem meine Füße ausstrecken, und stoße plötzlich an ein Hinderniß — so wie ich mich jetzt an eins stoße. Ich greife schnell unter den Tisch (er erwischt Feldkümmeln bei den Haaren). Aha! Fräulein Schwester! (Er schlägt den Tischvorhang zurück, und will Feldkümmeln hervor ziehen.) Heraus, mein schöner Kavalier.

Feldk. Erlauben Ew. Excellenz, ich kann unmöglich hier durchpassiren, ohne den ganzen Tisch auf Dero hohe Person zu werfen.

Kommand. Wie ist der Herr denn hinunter gekommen?

Feldk. Mit großer Mühseligkeit. Ich werde mich zurück= ziehen.

Kommand. Nein, vorwärts! da ist bei Gott Gnade!

Feldk. Geruhen Ew. Excellenz eine Theilung zu ver= statten. (Er läßt seine Perücke dem Kommandanten in der Hand, zieht sich zurück, kommt bebend unter dem Tische hervor und kratzt sich im kahlen Kopfe.)

Kommand. Sieh' da, mein Gefangener von diesem Morgen! — Nun meine tugendhafte Fräulein Schwester?

Kunig. Ein bloßer Zufall.

Kommand. Und du, mein ehrbares Lieschen?

Liesch. Der Schein trügt.

Kommand. Die Männer sind Barbaren?

Kunig. O ja.

Kommand. Trotzköpfe?

Liesch. O ja.

Kommand. Sie haben kein Zartgefühl, kein Erbarmen?

Kunig. Das beweisest du, indem du dieser fatalen Scene kein Ende machst.

Kommand. Sie soll ein Ende mit Schrecken nehmen. (Er fährt Feldkümmeln rauh an.) Wie kommt der Herr in meiner Schwester Zimmer?

Feldk. Ach Ew. Excellenz!

Kommand. Die Wahrheit, oder ich laß' Ihn hängen!

Feldk. Schon wieder hängen! nein, ich will die reine Wahrheit sagen. Die gnädige Person, welche hier steht, hat durch das Kammerkätzchen, welches hier steht, mich ganz heimlich aus meinem Gefängniß holen lassen. Aber ich kann schwören, ob ich gleich hinter dem Schirme stak, daß es noch zu keinen unziemlichen Vertraulichkeiten gekommen war.

Kunig. Esel! wer zweifelt daran?

Kommand. Also stak der Herr doch hinter dem Schirme?

Feldk. So lange, bis Ew. Excellenz ein Kreuzfeuer anstellen wollten, da retirirte ich mich, auf ergangene Einladung, unter den Tisch.

Kommand. Bravo! und wo ist der Baron? denn nun werdet ihr mir doch nicht mehr weiß machen wollen, daß er nicht auch hier zu finden sei?

Kunig. Ich schwöre dir, Bruder —

Liesch. Ich schwöre gleichfalls —

Kommand. Spart eure Schwüre. Euch trau' ich nie

wieder. (Feldkümmel anfahrend.) Heraus mit der Sprache! wo hat der Herr den Baron gelassen?

Feldk. Ich — ich weiß von keinem Baron.

Kommand. Die Wahrheit, oder ich laß' Ihn hängen!

Feldk. Schon wieder hängen! Allerkostbarste Excellenz! und wenn ich schon unter dem Galgen stünde, so wüßt' ich von keinem Baron zu sagen. Ich selber bin ein einzigesmal in meinem Leben ein Herr von Zippelsdorf gewesen, wenn Ew. Excellenz etwa den meinen —

Kommand. War denn nicht schon ein Gefangener im Zimmer, als Er dahin gebracht wurde?

Feldk. Ja, der Kochlöffel.

Kommand. Wer?

Feldk. Ein alter Bekannter von mir, er heißt Kochlöffel, hat mich in Wien als Lohnlackei bedient.

Kommand. Ha ha ha ha! höre doch, Schwester! dein Baron Kindling!

Kunig. Ein albernes Mährchen.

Kommand. Nun? wo ist denn dieser Kochlöffel geblieben?

Feldk. Ach, der arme Mensch! Er ist zum Fenster hinaus gesprungen, und hat den Hals gebrochen.

Kunig. (schreit). Halte mich, Lieschen! ich werde ohnmächtig.

Kommand. Wie kam er denn bis zum Fenster?

Feldk. Ich stieg auf den Tisch, und er stieg auf meinen Buckel.

Kommand. Woher wissen Sie denn, daß er den Hals gebrochen hat?

Feldk. Er hat es mir selber zugerufen.

Kommand. So, so! Nun errath' ich das Uebrige:

Jungfer Lieschen sollte den Baron holen, den sie nicht kennt, fand nur diesen, und bracht' ihn. War's nicht so?

Kunig. Nun ja, mon frère, weil du es doch erfahren mußt, den Geliebten wollt' ich retten, dir und der ganzen Welt zum Trotz!

Kommand. Von Rechtswegen solltest du selbst in Arrest wandern; doch weil es dir nicht gelungen ist, so magst du damit abkommen, mich morgen früh auf die Parade zu begleiten, und zwar in dieser Perücke. (Er rafft Feldkümmels Perücke wieder von der Erde auf, und setzt sie seiner Schwester auf den Kopf.)

Kunig. (will sie herunter reißen). Lieber sterben!

Kommand. (hält ihr die Hände). Laß sie sitzen, oder ich binde dich. Du kannst nicht glauben, wie schön sie dir steht.

Kunig. Unmensch! du zerfleischest mein Herz!

Kommand. Du hast Recht. Diese Strafe ist für ein Frauenzimmer härter als Todesstrafe. (Er läßt sie los.)

Kunig. (schleudert die Perücke gegen Feldkümmel, der sie auffängt, und so gut es gehen will wieder aufsetzt).

Kommand. Was Ihn betrifft, mein dicker Herr, so hab' ich große Lust, Ihn laufen zu lassen.

Feldk. Ach ja, Ew. Excellenz, machen Sie sich diese Lust!

Kommand. Das Heldengedicht ist wieder an seinen rechten Mann gekommen, und da Er mir übrigens als eine sehr unschädliche Kreatur vorkommt, so mag Er in Gottes Namen geh'n.

Feldk. (sehr froh). Ich empfehle mich unterthänigst! auch dem gnädigen Fräulein dankbarlichst. (Bei den letzten Worten wendet er sich gegen Kunigunden, so, daß er dem Kommandanten die eine Seite zukehrt, wodurch dieser die Papierrolle gewahr wird, die ihm aus der Tasche hervor guckt)

Kommand. Halt, noch eins! was guckt dem Herrn da aus der Tasche?

Feldk. Aus meiner Tasche?

Kommand. Mit Erlaubniß. (Er zieht den Riß hervor.)

Feldk. Wie zum Henker komme ich zu den Bildern?

Kommand. Alle Teufel! das ist ja der Riß von der Bastion St. Jakob? also war der Herr, mit aller seiner Dummheit, doch ein Spion?

Feldk. Allerkostbarste Excellenz! ich weiß blos von einer Himmelsleiter des St. Jakob, von seiner Bastion hab' ich in meinem Leben nichts gehört.

Kommand. Wie ist denn der Plan in seine Tasche gekommen?

Feldk. Ach, wenn meine Tasche nur reden könnte!

Kommand. Da hat Er Recht. Es wäre vortrefflich, wenn alle Taschen einmal anfingen zu schwatzen, wie Diderots Kleinodien, man würde wunderliche Dinge erfahren. — Wache herein! ich will dem Herrn schon die Zunge lösen.

Feldk. Satanas! welch ein Spiel treibst du mit mir an meinem Ehrentage!

———

Siebente Scene.

Hauptmann Grünstock. Die Vorigen.

Grünst. Verzeihen Sie, Herr General, daß ich unangemeldet herein trete. Ich habe wichtige und angenehme Dinge zu rapportiren.

Kommand. Schwester, du wirst erlauben. Verfüge dich einstweilein in dein Kabinet.

Kunig. Komm, Lieschen, wir wollen, wie die Heliaden,

so lange um unfern Phaeton weinen, bis die mitleidigen Göt=
ter uns in Pappeln verwandeln. (Ab.)

Liesch. (für sich). Ich danke für die Ehre. (Folgt ihr.)

Feldk. (will sich fortschleichen). Soll ich nicht gleichfalls?

Kommand. Bleib' Er dort in seinem Winkel, und rühr'
Er sich nicht! — Nun, Herr Hauptmann, was gibt's?

Grünst. Es war ein Glück, daß wir früher ausrückten,
als wir anfangs beschlossen hatten. Wir fanden den Trans=
port schon jenseits der Brücke, aber die Bedeckung war ver=
dammt zahlreich; ich schätze sie wenigstens auf vierhundert
Mann.

Kommand. Und Sie hatten kaum die Hälfte.

Grünst. Ohne unfern jungen Volontär hätten wir nichts
ausgerichtet. Der kennt hier alle Wege und Stege, und hat
Muth wie der Teufel. Als der Feind uns hinter sich spürte,
machte er Front gegen uns in einem Defilé, und ließ die
Wagen voraus geh'n. Was war zu thun! ich gab das Spiel
verloren, denn es war noch eben hell genug, um zu erkennen,
daß der Feind uns weit überlegen war. Da bat mich unser
Volontär um ein Drittel meiner Mannschaft, er wollte auf
einem kürzern Fußpfade dem Transport voraus eilen, und
ihn plötzlich überfallen, während ich die Bedeckung amüsiren
sollte. Es kam mir bedenklich vor; allein er setzte mir seinen
Kopf zum Pfande, daß kein Wagen ihm entrinnen würde.
Ich gab ihm sechzig Mann. Er marschirte seitwärts. Ich
plänkerte ein halbes Stündchen — plötzlich hörten wir in der
Feine schießen. Da stutzte der Feind, gerieth in Verwirrung, zog
sich eilig nach seinem Transport, wo er unfern Volontär schon
in voller Arbeit fand. Ich hinterd'rein, wir hatten sie in der
Klemme. Sie meinten wohl, ein ganzes Korps habe ihnen

die Straße gesperrt, denn es war indessen schon finster ge=
worden. Von vorne und hinten angegriffen, gaben sie Fer=
sengeld. Wir machten siebzehn Gefangene. Der ganze Trans=
port blieb in unsern Händen.

Kommand. Bravo, Herr Hauptmann!

Grünst. Ich bitte, Ew. Excellenz, Ihr Bravo für den
jungen Helm aufzusparen, er hat es ehrlich verdient.

Kommand. Wo ist er?

Grünst. Im Vorzimmer. Ich denke, wir bekommen
da einen tüchtigen Offizier. Sie haben vor wenigen Tagen
Ihren Adjutanten verloren — wie wär's, Herr General?

Kommand. Wenn Sie für ihn bürgen —

Grünst. Ich kenn' ihn durch und durch, und hafte für
ihn. Er liebt meine einzige Tochter, er wird mein Eidam.

Kommand. Haben Sie Ihre Tochter gefunden?

Grünst. Sie ist zwei Stunden von hier, in Tippels=
kirchen.

Kommand. Nun denn! schon durch seine Talente hatte
der junge Mann meine Gunst erworben, seine Thaten hei=
schen Belohnung, und, da ich auch Sie belohnen kann, so
thue ich es um so lieber. Lassen Sie ihn kommen.

Grünst. (öffnet die Thür). Herr Volontär, herein zum
Herrn General.

Achte Scene.
Helm. Die Vorigen.

Kommand. Willkommen, junger Held! ich habe den
Rapport des Herrn Hauptmanns gern gehört. Herr Ad=
jutant, bestellen Sie Ihre Uniform.

Helm. Herr General, ich bitte um Gelegenheit, Ihr

XXVIII. 6

Vertrauen zu rechtfertigen. (Er erblickt Feldkümmel.) Was seh'
ich! mein Oheim!

Feldk. Ach ja, lieber Neffe!

Kommand. Ist dieser Spion Ihr Oheim?

Helm. Spion?

Kommand. Ja, ich habe in seiner Tasche den Riß von
einer Bastion gefunden.

Helm. Den hat er sicher nicht selber gemacht.

Feldk. Nein, wahrhaftig nicht.

Helm. Herr General, ich habe zwar keine Ursache, die=
sem Manne das Wort zu reden, aber — wer ihn zum Spion
gemacht hätte, der wäre übel angekommen.

Feldk. Nicht wahr, lieber Vetter, ich bin viel zu
dumm dazu?

Helm. Ja, lieber Oheim, das kann ich bezeugen.

Feldk. Da hören Ew. Excellenz.

Kommand. Es ist mir freilich auch so vorgekommen.
Vermuthlich hat der saubere Baron, aus Furcht, ergriffen
zu werden, ihm den Riß in die Tasche praktizirt. Wohlan,
verdank' es der Herr seinem braven Neffen, daß ich Ihn in
Gottes Namen zum Teufel schicke.

Feldk. Ich bedanke mich gehorsamst.

Kommand. Aber ohne Kontribution kommt Er nicht
los. Der junge Mann muß equipirt werden.

Helm. Ich bitte Herr General.

Kommand. Lassen Sie mir meinen Willen. Sie wissen
nicht — durch seine Hilfe ist ein gefährlicher Spitzbube ent=
ronnen, dafür könnte ich ihn hängen lassen. Also, mein
Herr, Sie zahlen fünftausend Thaler an diesen Ihren Neffen.

Feldk. Fünftausend Thaler!!!

Kommand. Iſt das zu wenig? nun ſo zahlen Sie ſechs.

Grünſt. Recht ſo, Herr General. Der Dickwanſt iſt ein reicher Kauz, und die jungen Leute brauchen es in die neue Wirthſchaft.

Kommand. Aber wie bekommen wir das Geld?

Grünſt. Ich wollte ohnehin um Urlaub bitten, meine Tochter von Tippelskirchen abzuholen. Bei der Gelegenheit könnte dieſer Herr in unſerm Geleite ſich heim begeben —

Kommand. Und auf der Stelle mit den ſechstauſend Thalern herausrücken.

Feldk. Ew. Ercellenz ſprachen von fünftauſend?

Kommand. Es mag ſchon bei ſechſen bleiben. Der Herr kommt wohlfeil genug vom Galgen los. — Nun ſo reitet in Gottes Namen! morgen zum Frühſtück erwart' ich euch zurück. (Ab.)

Grünſt. (zu Feldkümmel). Ich höre, der Herr iſt Bräu= tigam? ich bitte mich zur Hochzeit.

Feldk. Viel Ehre — (Bei Seite.) Wenn's nicht anders ſein kann.

Grünſt. Ich habe das Glück, die Braut zu kennen.

Helm. Laſſen Sie uns eilen, es wird ſpät.

Grünſt. Allons! wir haben alle drei einen Magnet, der uns nach Tippelskirchen zieht.

Feldk. Ach das liebe Tippelskirchen! wenn ich doch un= ſern Nachtwächter ſchon wieder brüllen hörte! (Alle drei ab.)

(Der Vorhang fällt.)

Vierter Act.

(In Tippelskirchen. Zimmer der Frau Schmeerzadel. In der Mitte eine
ziemlich servirte Tafel.)

Erste Scene.
Frau Schmeerzadel. Nantchen.

(Die Erstere köstlich angethan, sitzt im Vordergrunde rechts, und liest
im Gesangbuche. Die Letztere links, beim Spinnrocken, wobei sie der
Schlaf bisweilen überwältigt.)

Fr. Schmeerz. (nimmt die Brille von der Nase und legt das
Gesangbuch weg). Ich glaube, es hat schon zehn geschlagen.

Nantch. O ja, der Nachtwächter hat schon gesungen.

Fr. Schmeerz. Da sitz' ich nun seit vier Stunden in
meinen Brautkleidern und lese im Gesangbuche. Man hat
Exempel im alten Testamente, daß gute Christen ihren Ehestand mit Beten angefangen; doch haben Braut und Bräutigam solches in Gesellschaft verrichtet, wobei denn freilich
— (sie gähnt sehr stark) mehr Unterhaltung sein mag.

Nantch. (faltet ihre Hände). Ich kann ja auch mit beten,
wenn Sie befehlen.

Fr. Schmeerz. Ei, was weißt du von Dingen, um
welche eine vernünftige Braut zum Himmel bitten muß?

Nantch. Ich könnt' es bei der Gelegenheit lernen.

Fr. Schmeerz. Nun so merke! Vor allen ist erforderlich, um Erleuchtung des künftigen Gatten zu fleh'n, damit
er einsehe, daß die Frau immer das Beste will. Dann muß
sie für sich selber um Beharrlichkeit bitten, damit sie nie einer
verderblichen Nachgiebigkeit Raum gebe, und durch die vom
Himmel ihr verliehenen Waffen die gebührende Herrschaft
nachdrücklich behaupte.

Nantch. Moritz meint: kluge Sanftmuth sei des Weibes unwiderstehlichste Waffe.

Fr. Schmeerz. Ja, mein Kind, Sanftmuth geziemt einer Frau, so lange der Mann ihren Willen anständig befolgt, auch thun bei kleinen Scharmützeln die Thränen gute Dienste; aber in wichtigen Fällen muß man vom Himmel mit heißem Gebet die treffliche Gabe zu m a u l e n erfleh'n!

Nantch. Ei, wie mault man denn?

Fr. Schmeerz. Man redet einige Tage kein Wort, man sitzt still im Winkel und reibt sich bisweilen die Augen, als ob man verstohlen weine. Fragt der Mann: M e i n S c h a tz, w a s f e h l t d i r? so antwortet die Frau: m i r f e h l t n i c h t s. Was er etwa freundlich erzählt, wird gleichgiltig überhört, oder mit einem einsylbigen So? hingenommen. Seinen Liebkosungen entzieht man sich mit einer gewissen Trockenheit. O mein Kind, damit hab' ich Wunder gethan, und meine vier Männer so stattlich regiert, als ich mit Gottes Hilfe auch den Fünften zu regieren hoffe. Es ist ein unbändiges Geschlecht, und doch nur eine Art von Elephanten, die sich am Ende von einem Kinde regieren lassen, wenn nur das Kind gehörig auf den Nacken sitzt.

Nantch. Ich bilde mir ein, wenn man sich liebt, so könne man aller Künste entbehren.

Fr. Schmeerz. Es wäre verlor'ne Mühe, dich schon jetzt in alle unsere Regierungsgeheimnisse einzuweih'n. Künftig sollen kostbare Schätze von Erfahrungen dir aufgeschlossen und du zu einer tüchtigen Hausfrau gebildet werden. Leider ist auch jetzt mein Gemüth zu bewegt. Die finstere Nacht ist herein gebrochen — die Hochzeitkammer vergebens geschmückt — die Braten drehen sich am Spieße, und bekommen eine schwarze Kruste — die Pasteten vertrocknen im Ofen — selbst mein Herz schrumpft zusammen! — Wo verweilt der stattliche Bräutigam? — hat er sich im Walde verirrt? hat er nicht vernommen, daß des Feindes Grimm uns dies= mal verschonen mußte?

Nantch. Auch der junge Helm ist nirgends zu finden.

Fr. Schmeerz. Oder haben sie ihn doch erwischt, und ihrer Rache geopfert? muß ich meine Trauerkleider abermals hervorsuchen?

Nantch. Ich denke, die haben Sie längst verschnitten und verschenkt.

Fr. Schmeerz. Ei beileibe nicht! die pfleg' ich sorgfäl- tig aufzuheben, und nach jedem Hochzeittage werden sie ge- lüftet und ausgestäubt, denn man kann nie wissen, was be- vorsteht. — Horch! es wird an der Thür geklopft. Ach! mich überfällt eine bräutliche Angst! Geschwind, mach' auf! denn dieses Pochen findet sein Echo in meiner Brust.

Nantch. (macht auf). Ein fremder Herr.

Fr. Schmeerz. Ein Fremder? doch kein Unglücksbote?

Zweite Scene.
Schmerle. Die Vorigen.

Schm. Leider ja, meine vortreffliche Frau Schmeerz- adel! Sie sind es doch, die ich mit Ehrfurcht begrüße? — Wie könnt' ich zweifeln? So hat mein unglücklicher Freund, in seinen letzten Stunden, mir die edle Gestalt beschrieben.

Fr. Schmeerz. Von wem reden Sie?

Schm. Von dem Unvergeßlichen! dem Getreuen bis in den Tod! Kurz, von dem edlen Feldkümmel, weiland Dero wohlbestallten Bräutigam.

Fr. Schmeerz. Weiland?! ist er todt?

Schm. Mausetodt.

Fr. Schmeerz. Ach ich arme verlassene Witwe.

Schm. Ach ich hochbetrübte Waise!

Fr. Schmeerz. Mein Bräutigam!

Schm. Mein Busenfreund!

Fr. Schmeerz. Der stattlichste Mann in ganz Tippels=kirchen!

Schm. Der Meister in der spanischen Schafzucht!

Fr. Schmeerz. Der wohlhabendste Pachter!

Schm. Und auch der dickste!

Fr. Schmeerz. Ist er wirklich todt?

Schm. Ich habe ihn selber zappeln seh'n.

Fr. Schmeerz. Zappeln? ich will nicht hoffen —

Schm. Zwischen Himmel und Erde!

Fr. Schmeerz. Er ist gehangen worden!!

Schm. Mir bricht das Herz, ja gehangen!

Nantch. Hu, mich schaudert!

Fr. Schmeerz. Nun, so will ich verzweifeln!

Schm. Mich hat die Desperation bereits ergriffen!

Fr. Schmeerz. Wollen Sie sich nicht setzen, mein Herr?

Schm. Wenn Sie gütigst erlauben.

Fr. Schmeerz. (immer abwechselnd hoch tragisch und gemein). Mein Schmerz hat keine Thränen!

Schm. (eben so). Ich möchte Blut weinen!

Fr. Schmeerz. Mit wem habe ich die Ehre zu reden?

Schm. Mein Name ist Kochlöffel.

Fr. Schmeerz. Ich will ihn nicht überleben.

Schm. Mich wird der Kummer tödten!

Fr. Schmeerz. (bei Seite). Ein artiger wohlgestalter Mann.

Schm. (bei Seite). Sie schielt nach mir.

Fr. Schmeerz. In sein off'nes Grab will ich stürzen!

Schm. An seiner Gruft will ich meine Tage verjammern!

Fr. Schmeerz. Woher des Landes, mein werther Herr Kochlöffel?

Schm. Eigentlich ist mein Vaterland die Welt. Ich bin ein reicher Kaufmann aus Wien, aber selten zu Hause. Bald hole ich Bernstein aus Preußen, bald Shawls aus Kaschemir, bald Ipecacuana aus Peru, bald Rhabarber aus China. Ein beschwerlicher Stand, meine schöne Frau. Zwar häufen sich meine Schätze, aber welche Mühseligkeiten! welche Gefahren! noch vor ein paar Tagen bin ich von Marodeurs rein ausgeplündert worden.

Fr. Schmeerz. Wo haben Sie denn den seligen — ach! ach! — den seligen Feldkümmel kennen lernen?

Schm. In Wien, wo wir Herzensfreunde wurden. Damals ahneten wir nicht, daß ich unter dem Galgen ihn wieder finden würde!

Fr. Schmeerz. Ach! ach!

Schm. Ach! ach!

Fr. Schmeerz. (weint) Hi hi hi hi hi!

Schm. (deßgleichen). Hu hu hu hu hu!

Fr. Schmeerz. Fahren Sie fort, mein Herr!

Schm. Ich besaß noch einen Diamant, den die Räuber nicht gefunden hatten, durch diesen erkauft' ich mir den Zutritt in sein Gefängniß, um wenigstens die Henkersmahlzeit mit ihm zu halten. Ach! was mußt' ich da erleben! Er, der zu Wien vor sechzehn Portionen nicht erschrak, aß keinen Bissen, trank keinen Tropfen, sprach nur von Ihnen —

Fr. Schmeerz. Von mir! ach! ach!

Schm. Wie nahe er seinem Glücke gewesen! ein Glück, daß ihm nun auf ewig entrückt werde!

Fr. Schmeerz. Hi hi hi!

Schm. Und doch gedachte der sterbende Held minder seiner eigenen Qualen, als Ihres Kummers.

Fr. Schmeerz. Ach! ach! ach!

Schm. Geh', sagte er, bring' ihr mein Lebewohl! tröste sie über meinen Tod!

Fr. Schmeerz. Hi hi hi!

Schm. Zwar gebe ich dir da einen gefährlichen Auftrag. Du wirst eine Person finden, die, mit gereiftem Verstande, noch alle Reize der Jugend verbindet.

Fr. Schmeerz. Sagte er das? der gute Feldkümmel!

Schm. Du wirst vielleicht, von ihren Vorzügen ergriffen, deine eigene Ruhe dabei wagen.

Fr. Schmeerz. Er liebte mich rasend!

Schm. Immerhin, mein Freund — so endete er seinen Schwanengesang, indem er mir bedeutend die Hand drückte — dir vermach' ich meine Ansprüche, meine Rechte, mein ganzes Vermögen.

Fr. Schmeerz. Wie groß! wie edel!

Schm. Kann die Zeit ihre Wunden heilen, und gelingt es dir, ihr schönes Herz zu rühren, so werd' ich von da oben — er meinte nicht den Galgen, sondern den Himmel — segnend auf euch herabblicken!

Fr. Schmeerz. (mit trübem Lächeln). O mein Herr!

Schm. So schieden wir. Ich wankte nach Tippelskirchen. Mehr als einmal warf der Schmerz mich in den Graben. Ich wollte den letzten Auftrag meines Freundes vollziehen und dann sterben! doch warum soll ich es leugnen? hat doch schon der Selige es geahnet; bei Ihrem Anblick, meine vortreffliche Frau Schmeerzadel, scheint der kaum noch glimmende Lebensfunke in meiner Brust durch einen sanften Hauch wieder angefacht zu werden, und wenn ich hoffen dürfte, daß meine Trostgründe —

Fr. Schmeerz. Ach! ach! ach! — Geh', Nantchen, hole die zubereiteten Speisen; der Herr wird hungrig sein. (Nantchen geht hinaus.)

Schm. (liebäugelnd). Ein Seelen= und Herzenshunger!

Fr. Schmeerz. (verschämt). Lassen Sie mir Zeit, mich zu erholen.

Schm. Soll ich dem nagenden Schmerze vergönnen, die schönen Blüten zu zerstören?

Fr. Schmeerz. Ach mein Herr, die Zeit lindert vieles.

Schm. Und wenn Freundes Hand die Thränen trocknet.

Fr. Schmeerz. Wie Gott will.

(Nantchen und eine Magd bringen Speisen.)

Nantch. Hier sind Braten und Pasteten.

Fr. Schmeerz. Du wirst müde sein, mein Kind, geh', leg' dich schlafen.

Nantch. Herzlich gern. Aber ich träume gewiß vom Galgen. (Ab in das Schlafzimmer, die Magd geht hinaus.)

Dritte Scene.

Schmerle. Frau Schmeerzadel.

Fr. Schmeerz. Wollen wir uns setzen, mein Herr! dem Verstorbenen zu Ehren dieses Liebesmahl genießen?

Schm. Ich gehorche. (Sie setzen sich, und essen mit vielem Appetit.)

Fr. Schmeerz. Ihm war es bestimmt! Er würde es verzehrt haben bis auf den letzten Knochen.

Schm. O gewiß! er war der Mann dazu, und diese wehmüthige Erinnerung soll mir ein Sporn sein, auch hierin mein Vorbild nachzuahmen.

Fr. Schmeerz. Ich darf den Wein empfehlen, er ist aus dem Mutterfäßchen.

Schm. Der Selige soll leben!

Fr. Schmeerz. Er lebe in himmlischer Freude! (Sie stoßen an.)

Schm. Es rinnt wie Feuer durch meine Adern.

Fr. Schmeerz. Es stärkt die betrübte Seele.

Schm. Die Pastete ist ganz vortrefflich.

Fr. Schmeerz. Von meiner eig'nen Hand.

Schm. Erlauben Sie mir, diese schöne Hand zu küssen.

Fr. Schmeerz. Ach mein Herr! sie trägt noch den Ver= lobungsring des Unvergeßlichen!

Schm. Auch diesen Ring hat er mir vermacht, mit allem Zubehör.

Fr. Schmeerz. Der edle Feldkümmel!

Schm. Noch ein Gläschen.

Fr. Schmeerz. Erinnerung an die schöne Vergangenheit!

Schm. Und Hoffnung einer schönen Zukunft! (Stoßen an.) Herrlicher Wein! er lindert den Gram.

Fr. Schmeerz. Er öffnet die Herzen.

Schm. Er löst die Zunge und führt die Wahrheit auf die Lippen. Im Vertrauen, meine Wertheste, der selige Feldkümmel war doch ein dummer Teufel.

Fr. Schmeerz. Seine Geisteskräfte waren allerdings sehr beschränkt.

Schm. Dabei so unbeholfen, so — wie soll ich sagen —

Fr. Schmeerz. Mit klaren Worten — ein Tölpel!

Schm. Ganz recht, ein Tölpel.

Fr. Schmeerz. Und ein Geizhals, mein Herr, ein wahrer Harpagon.

Schm. Der nur s e i n e n Leib pflegte.

Fr. Schmeerz. Ein wenig Wucher trieb er auch.

Schm. Vor Spitzbübereien erschrack er nicht.

Fr. Schmeerz. Sonst aber ein vortrefflicher Mann.

Schm. Ein Mann wie ein Kind.

Fr. Schmeerz. Christlich und löblich. Hi hi hi hi!

Schm. Und hielt auf Ehre! Ach! da gedenke ich eben noch einer letzten Bitte, die der Selige an mich richtete.

Fr. Schmeerz. O reden Sie, und wär' es mein Blut, es soll für ihn fließen.

Schm. Laß meinen Leichnam nicht am Galgen — sprach er mit hoher Würde — laß ihn den Krähen nicht zum Raube! bestich die Wächter, schneid' ihn los und begrab' ihn ehrlich.

Fr. Schmeerz. Erfüllten Sie sein frommes Begehren?

Schm. So viel in meinen Kräften stand. Noch hängt er zwar; allein die Wächter sind bereits bestochen, durch das Versprechen von hundert Dukaten. Sobald ich diese bringe, wird mir der theure Leichnam ausgeliefert.

Fr. Schmeerz. Und Sie, Edelster, sind entschlossen zu diesem Opfer?

Schm. O die verdammten Marodeurs! hätten sie mich nicht rein ausgeplündert, so wären die heiligen Ueberreste nun schon in meiner Gewalt. — Was soll ich thun? — nach Hanse eilen? Geld holen? und indessen meinem baumelnden

Freund den gottlosen Raben preis geben? meine Hoffnung ist auf Sie gestellt, großmüthige verwitwete Braut!

Fr. Schmeerz. Auf mich?

Schm. Sie werden den entseelten Geliebten nicht zwischen Himmel und Erde zappeln lassen.

Fr. Schmeerz. Ja, wenn er noch zappelte. Aber er ist ja todt.

Schm. Sie werden ihm die letzte Ehre erweisen.

Fr. Schmeerz. Ach, was nennt die Welt Ehre? ist es nicht einerlei, wo dieser Staub vermodert?

Schm. Er wies mich an Sie, er vertraute Ihrer Großmuth.

Fr. Schmeerz. Man hat so mancherlei Pflichten gegen Lebendige, daß man die Todten bisweilen negligiren muß.

Schm. Der Gedanke, am Galgen hängen zu bleiben, war ihm so fürchterlich, daß er in der Angst den Schwur ausstieß: er wollte Ihnen noch in dieser Nacht erscheinen, wenn Sie seine letzte Bitte nicht erfüllten.

Fr. Schmeerz. Was? hielt er mich denn für ein Kind? meint er, ich glaube an Gespenster?

Schm. (bei Seite). Den Teufel! die ist zähe.

Fr. Schmeerz. Ueber solche Alfanzereien bin ich längst hinweg. Ich würde nachgegeben, ich würde im Nothfall die hundert Dukaten geborgt und gebettelt haben; doch nun, da er sich einbildet, seine gedrohte Erscheinung könne nur Schrecken einjagen, nun geb' ich für seinen ganzen Leichnam nicht einen rothen Heller!

Vierte Scene.

Feldkümmel. Die Vorigen.

Feldk. (öffnet die Thür, macht große Augen, als er Schmerle erblickt, und kreuzigt sich).

Fr. Schmeerz. (wird Feldkümmel gewahr, springt auf, und schreit fürchterlich).

Schm. (Feldkümmel erblickend). Alle Teufel! jetzt gilt's.

Fr. Schmeerz. Er hat Wort gehalten!

Schm. Holen Sie geschwind die hundert Dukaten.

Fr. Schmeerz. (mit abgewandtem Gesicht). Nehmen Sie dieses Halsband — es ist mehr werth — zeigen Sie es dem Gespenst — bitten Sie es, zu verschwinden.

Feldk. (tritt bebend herein). Alle guten Geister loben Gott den Herrn! Kochlöffel, sitzt Er in der Hölle?

Schm. Seliger Feldkümmel! sieh dieses Kleinod! es ist bestimmt dich zu erlösen. (Er eilt davon.)

Feldk. Uf! (Macht ein Kreuz hinter ihm.)

Fr. Schmeerz. (ohne sich umzusehen). Ist er verschwunden?

Feldk. (kommt näher). Ja, meine Hochverehrte.

Fr. Schmeerz. Ach! ach!

Feldk. Warum geberden Sie sich so wunderlich, meine holde Braut?

Fr. Schmeerz. Ein Geist! ein Geist!

Feldk. Ja, es war der Geist des ehrlichen Kochlöffel. Er hat vor wenig Stunden den Hals gebrochen, und ist mir nun erschienen, ich weiß nicht warum.

Fr. Schmeerz. Wenn ich nur hinaus wäre — aber ich kann nicht von der Stelle — ich bin gebannt — (immer ohne ihn anzusehen.) Seliger Herr Feldkümmel — erzeugen Sie einer armen Person die Gnade zu verschwinden —

Feldk. Ich soll verschwinden? ach Gott, die Angst um mich hat ihr den Kopf verrückt.

Fr. Schmeerz. Ich habe bereits eine Perlenschnur Ihrem Freunde Kochlöffel eingehändigt — sie ist mehr als hundert Dukaten werth — dann wollen wir Ihren Leichnam ehrlich begraben.

Feldk. Den Teufel, sollen Sie mich begraben! ich kann wohl selber noch die Ehre haben, als ein betrübter Witwer hinter Ihrem Sarge zu wandeln.

Fr. Schmeerz. Ach! er will mir den Hals umdreh'n — wenn ich nur schreien könnte — Hilfe! Hilfe! (Sie retirirt sich nach der Thür.)

———

Fünfte Scene.

(Eben als Frau Schmeerzabel zur Thür hinaus will, tritt ihr der **Hauptmann Grünstock** entgegen).

Grünst. Was gibt's denn hier?

Fr. Schmeerz. (erkennt ihn, und wird von einem starken Entsetzen ergriffen). Ha! alle meine Männer steigen aus den Gräbern herauf! da ist schon wieder Einer!

Feldk. Ich glaube, sie hält uns für Gespenster.

Grünst. Warum erschrecken Sie bei meinem Anblick? Sie haben mich todt geglaubt, aber Sie seh'n, ich bin noch ganz lebendig.

Fr. Schmeerz. Sind Sie wirklich lebendig?

Grünst. Die Hand darauf. (Er reicht ihr die Hand, sie zuckt und kann sich nicht entschließen, ihn anzurühren, er greift zu, sie schreit.) Na, es brennt doch nicht? Sie machen ja so viele Umstände, als ob ich Sie zum zweiten Male heirathen wollte? Sein

Sie außer Sorgen; da bring' ich Ihnen Ihren Bräutigam gesund und frisch zurück.

Feldk. Gesund wohl, aber nicht frisch.

Fr. Schmeerz. Ist er nicht gehangen worden?

Grünst. Noch nicht.

Fr. Schmeerz. Wofür hab' ich denn mein Halsband hergegeben?

Grünst. Wollten Sie zahlen, auf daß er hinge?

Fr. Schmeerz. Ei beileibe! Die Ruh' im Grabe wollt' ich ihm verschaffen.

Feldk. Ich lebe noch, meine hochverehrte Braut, und will nicht im Grabe, sondern an Ihrer Seite ruh'n; aber um sechstausend Thaler bin ich leichter geworden.

Fr. Schmeerz. Himmel! welch ein Verlust hat sie betroffen?

Feldk. Mein Neffe, der Poet, ist Offizier geworden, da hab' ich ganz verflucht großmüthig sein, und ihn equipiren müssen.

Grünst. (drohend). Wie? haben Sie es nicht sehr gern gethan?

Feldk. O mit tausend Freuden! das versteht sich. (Bei Seite.) Wenn ihn doch der Teufel im ersten Scharmützel holte.

Grünst. Und schenkt Ihnen der Himmel nicht reichen Ersatz in dem Besitze einer so holden Braut?

Feldk. O ja — wenn sie nur nicht während meiner Abwesenheit geplündert worden ist?

Fr. Schmeerz. Nein, süßer Feldkümmel, hier ist Ihr Taschenmesser. Mir wurde kein Haar gekrümmt.

Feldk. Ei, ich rede nicht von Ihren Haaren, sondern von Ihrem Gelde.

Fr. Schmeerz. Auch das blieb unangetastet.

Feldk. Nun so wollen wir denn, als ehelich Verlobte zu einer Umarmung schreiten.

Grünst. Halt! halt, Herr Feldkümmel! da hab' ich auch noch ein Wort d'rein zu reden. Wissen Sie wohl, daß Ihre Braut meine angetraute Frau ist?

Feldk. Nein, davon ist mir nichts bewußt.

Fr. Schmeerz. Mein Herr, ich habe schon drei Männer nach Ihnen besessen.

Grünst. Desto schlimmer!

Fr. Schmeerz. Sie sind in den Zeitungen citirt, und wegen böslicher Verlassung von mir geschieden worden.

Grünst. Jetzt aber bin ich wieder da. Die Rechte eines Soldaten verjähren nie, und wenn Herr Feldkümmel mir nicht noch tausend Dukaten zahlt —

Feldk. Ei gehorsamer Diener!

Fr. Schmeerz. Um alle Händel zu vermeiden, wird er mit Vergnügen —

Feldk. Ne, erlauben Sie, das wird er nicht thun. Nehmen Sie in Gottes Namen den Herrn Hauptmann wieder.

Fr. Schmeerz. Schon Hauptmann? — Nun denn! das Schicksal führt uns wunderbar wieder zusammen; die alte Zärtlichkeit erwacht —

Grünst. (bei Seite). Gott soll mich bewahren! (Laut.) Nein, lieber will ich großmüthig sein, und meine Ansprüche gratis abtreten.

Feldk. Nach Dero Belieben.

Fr. Schmeerz. So wendet sich denn mein Herz wieder zu Ihnen —

Feldk. Ach ja!

XXVIII.

Fr. Schmeerz. (in seine Arme sinkend). Unser Hochzeitstag!

Feldk. Den werd' ich in meinem Leben nicht vergessen.

Grünst. Aber wo ist meine Tochter? mein geliebtes Nantchen?

Fr. Schmeerz. Sie ging in ihr Schlafzimmer.

Grünst. (ruft). Nantchen! Nantchen! — Doch was mach' ich! sie kennt ja meine Stimme nicht mehr!

Fr. Schmeerz. (an der Thür). Nantchen! komm heraus! dein Vater ist hier.

Nantch. (inwendig). Mein Vater!?

Fr. Schmeerz. (zu Grünstock). Ich habe sie christlich erzogen, und keine Kosten gespart.

Grünst. Das wollen wir jetzt nicht untersuchen. Wo bleibt sie denn?

———

Sechste Scene.

Nantchen. Die Vorigen.

Nantch. (mit ihres Vaters Bild in der Hand). Hab' ich recht gehört?

Grünst. (breitet die Arme aus). Meine Tochter!

Nantch. Täuschen Sie mich nicht? (Sie vergleicht ihn mit dem Bilde.) Ja er ist's! mein guter Vater! (Sie fliegt in seine Arme.)

Grünst. Erkennst du meine Züge noch?

Nantch. Ihr Bild ist nicht von mir gewichen.

Grünst. Hast du mein Bild so in Ehren gehalten? Nun wollen wir uns nie wieder trennen.

Nantch. Halten Sie Wort, mein Vater! bringen Sie mich aus diesem Hause, wo ich als die niedrigste Magd behandelt werde.

Grünst. So, Madame?

Fr. Schmeerz. Ei mein Kind! so erkennst du meine Liebe?

Grünst. Schon gut, ich will mir jetzt die Freude nicht verbittern. Du ziehst mit mir, und ich habe dich auch bereits einem wackern Manne versprochen.

Nantch. Ach mein Vater! dann will ich doch lieber hier bleiben.

Grünst. Was fällt dir ein?

Nantch. Ich liebe einen Jüngling, von dem ich nicht lassen kann.

Grünst. Du wirst schon von ihm lassen, wenn du meinen jungen Freund erblickst.

Nantch. Nimmermehr.

Grünst. Er ist Adjutant bei unserm General.

Nantch. Mein Moritz ist ein Dichter.

Grünst. Die Dichter sind arme Teufel.

Nantch. Aber reich an Liebe. Ich könnte mit ihm betteln.

Grünst. Sieh, da kömmt der Herr Adjutant.

Siebente Scene.
Helm. Die Vorigen.

Nantch. (erkennt ihn, und fliegt ihm entgegen). Ach Moritz! bist du es!

Helm. Freue dich, Nantchen, dein Vater gibt dich mir.

Grünst. Ja, das thut er. Du hast dich in den Dichter verliebt, und ich halte große Stücke auf den braven Solda=
ten. Gott segne euch! (Er vereinigt sie.)

Fr. Schmeerz. (mit einem tiefen Knir). Wozu ich förder=
samst gratulire. (Bei Seite.) Die Tochter ist ein Kind, und der Vater ein Naar.

7 *

Grünst. Nun bin ich fröhlich und guter Dinge! Seht, da steht noch ein gedeckter Tisch. Kommt Kinder, setzt euch her zu mir. Wir wollen die Verlobung feiern. (Sie setzen sich.)

Feldk. Soll ich denn nicht mitessen?

Grünst. Diesmal nicht. Schenkt ein. Auf eure Gesundheit, Kinder! (Sie stoßen an und trinken.)

Feldk. An meinem Hochzeitstage soll ich nicht einmal essen?

Fr. Schmeerz. Kommen Sie unterdessen in meine Arme.

Feldk. Ach du lieber Gott! nun ja, da bin ich. (Sie umarmen sich.)

(Der Vorhang fällt.)

Max Helfenstein.

Ein Lustspiel

in zwei Aufzügen.

Personen.

Madame Drohmel.

Julie, ihre Nichte.

Madame Blüte, eine junge Witwe.

Elias Schnuri.

Max Helfenstein.

(Der Schauplatz ein Zimmer in Madame Drohmels Wohnung. In einer Ecke steht eine Garnwinde.)

Erster Act.

Erste Scene.

Julie (beschäftigt). Madame Drohmel (tritt herein).

Madame Drohmel.

Glück zu, liebe Nichte! der junge Schnuri ist angekommen.

Julie. Ich soll mich wohl gar darüber freuen?

M. Drohm. Was sonst? er ist reich, fünfundzwanzig Jahr alt, und will dich heirathen.

Julie. Ich bin arm, achtzehn Jahr alt, und mag ihn nicht.

M. Drohm. Warum so vorlaut? du hast ihn ja nicht einmal geseh'n?

Julie. Ich habe so eine Ahnung, daß er mir entsetzlich mißfallen wird.

M. Drohm. Woher diese Einbildung? wenn es erlaubt ist, Ew. Weisheit zu fragen.

Julie. Er kommt per Post, auf Befehl der lieben Mama, um ein Mädchen zu heirathen, von dem er weiter nichts weiß, als daß sie Julie Stern sich nennt.

M. Drohm. Dieser kindliche Gehorsam sollte dich rühren.

Julie. Ich bin ja nicht seine Mutter.

M. Drohm. Du weißt, daß Madame Schnuri meinem Sohne ihre Tochter geben will, doch nur unter der Bedingung, daß ihr Sohn dich bekömmt. Folglich muß ich das wünschen.

Julie. Ich begreife. Mamsell Schnuri theilt mit ihrem Bruder; doch warum liegt denn ihrer Mutter so viel daran, mich armes Mädchen in die Familie Schnuri aufzunehmen?

M. Drohm. Als sie im vorigen Sommer uns besuchte, hattest du das Glück ihr zu gefallen.

Julie. Zu meinem Unglück.

M. Drohm. Sie nannte dich schon damals ihr liebes Töchterchen.

Julie. Ich meinte, das wäre eine Redensart.

M. Drohm. Mir vertraute sie schon damals, sie habe ein Auge auf dich geworfen, denn ihr einziger Sohn Elias brauche eine gescheite Frau.

Julie. Ich brauche aber keinen dummen Mann.

M. Drohm. Je nun, ich will es nicht leugnen, er soll nicht zu den geistreichsten gehören.

Julie. Und darum soll er mein Bischen Geist mit seinem Gelde kaufen.

M. Drohm. Sehr vernünftig, weil ihr dann beide von beidem genug habt.

Julie. Meine Ware ist mir aber nicht feil.

M. Drohm. Kind, gesetzt er wäre — wie soll ich sagen, — ein wenig dumm, kennst du nicht der Ehen genug, wo die Frauen zwar in Gesellschaft sich ihrer Männer schämen müssen, hingegen zu Hanse sich recht wohl befinden, weil sie keinen treuern Domestiken haben, als den Mann? Erinnerst du dich noch der Frau von Thoren, die einst von einem ihrer Gäste befragt wurde: qui est ce Monsieur au coin du feu?

Julie. O ja, sie antwortete: ce n'est que mon mari.

M. Drohm. Und es war nicht weiter die Rede von ihm.

Julie. Eben solche Beispiele haben mir die Lust zum Heirathen ganz benommen.

M. Drohm. Mein gutes Kind, ein Mädchen ohne Geld darf diese Lust nie verlieren.

Julie. Ueberdies habe ich einen Vater und einen Bruder, ohne deren Einwilligung ich nichts versprechen werde. Leider kenn' ich beide nicht, aber ich kenne meine Pflichten.

M. Drohm. Als dein Vater vor fünfzehn Jahren mit deinem Bruder nach Indien reiste, um seine verfallenen Glücksumstände wieder herzustellen, da ernannte er mich zu deiner Pflegemutter, und übertrug mir alle seine Rechte.

Julie. Nun aber, da wir ihn täglich zurück erwarten —

M. Drohm. Lieber Gott! er kommt eben so arm wieder zurück, als er hingegangen ist, und folglich würde deine Verbindung mit einem reichen Manne ihm sehr erwünscht sein.

Julie. Wenn er es wünschte — nun ja — dann fühle ich wohl, daß ich ihm nicht widerstehen könnte. Aber bis dahin, liebe Tante, lassen wir den Herrn Elias Schnuri ein wenig seufzen. (Ab.)

Zweite Scene.
Madame Drohmel (allein).

Sie hat zu viel Geist, und zu wenig Verstand, das ist das ganze Unglück. Die Geistreichen werden bewundert, auch wohl gefürchtet, und kommen zu nichts. Die Verständigen bemerkt man nicht, aber sie leben, und leben gut. Hat mir mein seliger Mann gefallen? ganz und gar nicht; aber ich nahm ihn, und er starb. Der liebe Gott hat Alles wohl gemacht.

Dritte Scene.
Madame Blüte. Madame Drohmel.

M. Blüte. Guten Morgen, liebe Cousine. Ich bin doch fast ein wenig müde geworden. (Sie setzt sich.) Das Wetter ist so schön, und dann die Langeweile! ich konnte nicht zu Hause bleiben. Die Amtsräthin hatte versprochen, mit mir nach der Vorstadt zu fahren; es sind tanzende Hunde angekommen, und allerliebste Affen. Sie glauben nicht, wie gern ich die Affen sehe, besonders jetzt, da uns're jungen Herren die großen Backenbärte tragen. Aber die faule Person, ich meine die Amtsräthin, sie schlief noch, ich weckte sie. Nun versprach sie, gleich aufzusteh'n. Ich fuhr indessen ein wenig in die Kirche. Man muß doch den neuen Prediger hören, die ganze Welt läuft hin. Nnn, er ist so übel nicht. Als ich wieder zurück kam, hatte die Amtsräthin sich unterdessen über ihren Mann geärgert, und war mit ihren Krämpfen so beschäftigt, daß an keine Affen mehr zu denken war. Da bin ich denn zu Ihnen gekommen, liebe Cousine, um ein Viertelstündchen zu verplaudern. Wie geht's? Was machen Sie Gutes? Hat mein Gichttaffent Ihnen wohlgethan?

M. Drohm. Sehr wohl. Ich danke Ihnen —

M. Blüte. Nicht Ursach. Mein Mann, Gott hab' ihn selig! war gewaltig mit der Gicht geplagt. Er ließ den Taffent aus Nürnberg kommen. Es sind noch einige Ellen davon übrig. Die steh'n Ihnen gern zu Diensten, denn was mich betrifft, ich habe nichts mit der Gicht zu schaffen. — Kleine Verkältungen — nun ja, die kommen wohl bisweilen, aber dafür hat man Bälle, man tanzt sich warm, und trinkt ein Glas Punsch, das ist meine Kur. Gottlob! ich kenne keine andere Krankheit, als die Langeweile, die hab' ich sieben Jahr am Halse gehabt.

M. Drohm. Gerade so lange waren Sie verheirathet?

M. Blüte. Ganz recht. Mein Mann war ein guter Mann, nur ein Bischen unausstehlich. Wenn er die Gicht hatte — und leider hatte er sie oft — so dachte er an nichts anders, und sprach von nichts anderm. Indessen bereue ich es gar nicht, ihn geheirathet zu haben. Sie wissen, ich hatte nichts als mein Röckchen von Kattun, da muß man schon die Augen zudrücken. Nun, ich hab' ihm denn auch die seinigen zugedrückt, und ich muß ihm zum Ruhme nachsagen, daß er gestorben ist. Jetzt leb' ich zwar noch eingezogen, habe wöchentlich nur zweimal Gesellschaft, und speise höchstens nur dreimal außer dem Hause; aber man sieht doch Menschen, obgleich, unter uns gesagt, an den Menschen nicht viel zu seh'n ist.

M. Drohm. Mit einem Worte: die liebe Cousine ist jetzt glücklich?

M. Blüte. Sehr glücklich, denn ich bin genügsam. Wenn ich nur beim Erwachen weiß, wie ich den Tag fröhlich zu Ende bringen werde, so bin ich schon zufrieden.

M. Drohm. Wenn doch meine Nichte, die Grillenfängerin, ein Beispiel an Ihnen nehmen wollte! Sie bringt mich zur Verzweiflung.

M. Blüte. Ei, wie so?

M. Drohm. Kommt da ein junger Mann aus der Fremde, der sie heirathen will, ist reich, wie ein Cösus, und wie ich höre, auch recht wohl gebildet —

M. Blüte. Nun, was verlangt sie mehr?

M. Drohm. Verstand.

M. Blüte. Bah! Bah!

M. Drohm. Ich habe mich recht geärgert.

M. Blüte. Julie ist noch ein Kind. Sie müssen Ihre Autorität gebrauchen.

M. Drohm. Es wäre mir doch lieb, wenn alles ohne Thränen abliefe. Vielleicht gelänge es Ihnen, sie zu überreden.

M. Blüte. Ich will es wohl versuchen. Dabei vergeht wieder ein halbes Stündchen.

M. Drohm. Sie beruft sich auf ihren Vater, den wir aus Indien zurück erwarten.

M. Blüte. Sollte der nicht so vernünftig denken —

M. Drohm. O gewiß. Aber die Sache leidet keinen Aufschub. Er kann freilich heute kommen, er kann aber auch noch ein Vierteljahr ausbleiben.

M. Blüte. Sie kennt ihn ja nicht?

M. Drohm. Weder ihn, noch ihren Bruder.

M. Blüte. Ei, so lassen Sie indessen seine Rolle durch einen Andern spielen. Ist sie einmal verheirathet, so mag sie immerhin den frommen Betrug erfahren; sie wird dann schon einseh'n, daß man blos ihr Glück gewollt.

M. Drohm. Das Mittel wäre allerdings vortrefflich. Aber wo findet man einen Menschen mit den nöthigen Schauspielertalenten?

M. Blüte. Der ist gefunden. Ich habe unter meinen Bekannten einen gewissen Max Helfenstein, ein prächtiger Mensch. Wo niemand helfen will, da ist er bei der Hand. Wir pflegen ihn nur den Nothnagel zu nennen. Wenn auf Bällen ein Frauenzimmer sitzen bleibt, so geht er hin und tanzt mit ihr. Die alten Damen führt er zum Wagen, damit seine Freunde die jungen führen können. Er haßt das Spiel, aber alle Spiele hat er gelernt, um im Nothfall den dritten oder vierten Mann abzugeben. Weil sich in kleinen Concerten selten einer zur Bratsche findet, so hat er dies Instrument gewählt. Er ist reich, und hat doch studirt bis an den Hals, und was? die Arzneikunst, und warum? weil er oft auf dem Lande ist, wo den Kranken der Arzt fehlt. Ein Feuerlöschmittel hat er erfunden. Schwimmen kann er wie eine Ente, und klagt, daß niemand in's Wasser fallen will, um sich von ihm retten zu lassen. Einen trächtigen Pudel hat er neulich herausgezogen. Nun, was meinen Sie, wäre der nicht unser Mann?

M. Drohm. Aber mich kennt er nicht?

M. Blüte. Das gilt ihm gleich.

M. Drohm. O so schaffen Sie mir den Mann, je eher, je lieber.

M. Blüte. In der nächsten halben Stunde. Denn wenn er auch im Fieber läge, man darf nur sagen, es braucht Sie jemand, gleich ist er gesund.

M. Drohm. Wer weiß, vielleicht bedürfen wir seiner nicht. Ich schicke Ihnen für's erste meine Nichte.

M. Blüte. Ich will sie schon bearbeiten.

M. Drohm. Bleibt sie hartnäckig, nun, dann lassen wir schnell den Vater aus Westindien kommen. (Ab.)

———

Vierte Scene.
Madame Blüte (allein).

Das ist in der That ziemlich amüsant. Vielleicht gelingt es mir, auf diese Weise den ganzen Morgen los zu werden. (Sie sieht nach der Uhr.) Mein Gott! erst eilf Uhr! Welch ein lästiges Ding ist die Zeit! Welch ein Studium gehört dazu, um sie erträglich zu Ende zu bringen!

Fünfte Scene.
Julie. Madame Blüte.

M. Blüte. Ha willkommen, allerliebstes Cousinchen! Hübsch, sehr hübsch, auf meine Ehre! und das vergräbt sich in die Einsamkeit, als ob, nach einer schweren Krankheit, ihm alle Haare ausgefallen wären. Sagen Sie mir um's Himmels Willen, schreiben Sie etwa Bücher?

Julie. Ich habe deren genug zu lesen.

M. Blüte. Lesen! lesen! die elegante Zeitung laß' ich mir gefallen, die ist bald durchgelesen, und man erfährt doch eine Menge. Aber Bücher, bewahre der Himmel!

Julie. O ja, nachdem sie sind.

M. Blüte. Sie mögen sein, wie sie wollen, sie sind doch immer zu lang, zu lang! man hält das nicht aus. Aber ich weiß wohl, woher es kömmt, daß man sie nirgend sieht. Die Tante? nicht wahr? Sie ist alt und grämlich, und schwer in Bewegung zu setzen? Das geht um zehn Uhr zu Bette, da ist an keinen Ball zu denken. Sie müssen heirathen, liebe Cousine, einen jungen, flinken Mann, den man zur Begleitung immer bei der Hand hat.

Julie. Ich werde aber nicht heirathen, und aus dieser Ursache vollends gar nicht.

M. Blüte. Ei, warum denn nicht? es ist doch die Gewöhnlichste. Sie haben ja schon einen Freier wie ich höre?

Julie. Leider ja.

M. Blüte. Leider! Sein Sie kein Kind. Der Mann soll reich sein, und hübsch obend'rein. Das Letztere ist so übel nicht, wenigstens für die Flitterwochen.

Julie. Und dann?

M. Blüte. Nnn, dann haben wir seinen Reichthum,

der ist auch nicht zu verachten. Zwar die Verliebten und die Philosophen machen sich den Henker daraus, aber eben deswegen hüten Sie sich vor dem Verlieben und dem Philosophiren, es taugt beides nicht.

Julie. Wenigstens soll der Mann mir gefallen, den ich zum Gefährten wähle.

M. Blüte. Zum Gefährten, das mag gelten. Aber, liebe Cousine, man wählt die Männer nicht zu Gefährten, dazu taugen sie ganz und gar nicht.

Julie. Wir haben verschiedene Begriffe.

M. Blüte. Die Ihrigen sind aus Romanen geschöpft, aber die meinigen? bin ich nicht sieben Jahr verheirathet gewesen? Ich mein' es gut mit Ihnen.

Julie. Wohlan, wenn Sie es gut mit mir meinen, so helfen Sie mir los von dem Herrn Elias Schnnri.

M. Blüte. Im Ernst?

Julie. Im ganzen Ernst.

M. Blüte. Ohne ihn geseh'n zu haben?

Julie. Ich habe genug von ihm gehört.

M. Blüte. Ja, mein Gott, ich wollte Ihnen gern helfen, denn Heirathen stiften oder rückgängig machen, ist beides ein allerliebster Zeitvertreib; aber wie? Ihre Tante ist erpicht darauf, und wenn Ihr Vater plötzlich anlangte —

Julie. Den würden meine Bitten erweichen.

M. Blüte. Ich zweifle, denn ich kenne diesen Vater, und fürchte, Ihre Tante hat ihn schon gewonnen.

Julie. Dann hab' ich auch noch einen Bruder, der mich nicht verlassen wird. O wenn nur mein Bruder hier wäre!

M. Blüte. Was könnte der in der Sache thun?

Julie. Ich stelle mir vor, wenn mein wackerer Bruder

dem Herrn Schnuri rund heraus sagte: Ich will's nicht leiden, daß meine Schwester gezwungen werde, versteh'n Sie
mich? ich will's nicht leiden! so würde der lästige Freiwerber
ganz im Stillen abzieh'n.

M. Blüte. Je nun — ha ha ha ha! — wenn es nur
an einem solchen Bruder mangelt, den schaff' ich Ihnen.

Julie. Sie?

M. Blüte. Ha ha ha ha! mir fällt ein allerliebster
Schwank ein. Ja ja, ich schaff' Ihnen einen Bruder. Freilich nicht den rechten. Doch das gilt gleichviel, wenn er nur
seine Rolle mit Ihrem Beifall spielt; wenn er Ihnen nur
den Herrn Elias Schnuri vom Halse schafft.

Julie. Allerdings, mehr wünsche ich nicht. Aber es müßte
ein Mann von Ehre sein, der mein Vertrauen nicht miß-
braucht, der schweigen könnte.

M. Blüte. Er ist gefunden, ha ha ha! Kennen Sie den
jungen, reichen Max Helfenstein?

Julie. Mich dünkt, ich habe von ihm gehört. Er soll ein
drolliger, gutmüthiger Mensch sein.

M. Blüte. Das ist er. Ein wahrer Skis im Tarock;
man kann ihn zu Allem brauchen. Topp! der soll Ihren Bruder spielen, und Sie werden mit ihm zufrieden sein. Ha ha
ha ha! — Wenn aber der rechte Bruder indessen ankäme?

Julie. Den scheu' ich nicht.

M. Blüte. Aber Ihr Vater könnte auch plötzlich ankom-
men. Ha ha ha ha! das ist zum Todtlachen.

Julie. Ich begreife nicht, warum Ihnen das so lächerlich
vorkommt?

M. Blüte. Sein Sie nur ruhig. Sie sollen einen tüchtigen Bruder haben, ehe eine halbe Stunde vergeht. Ich

werde ihn schon unterrichten, was er zu thun hat, und wenn er von ungefähr mit Ihrem Vater zusammenträfe, so mag er seh'n, wie er sich heraushilft. Ha ha ha ha ha! (Ab.)

Sechste Scene.
Julie (allein).

Auf diese Hilfe baue ich wenig, vielleicht kann ich aber selbst durch mein Betragen den Menschen abschrecken. Sind wir arme Mädchen nicht zu beklagen, immer müssen wir zu Künsten uns erniedrigen, bald um diesen zu fesseln, bald um jenen los zu werden.

Siebente Scene.
Madame Drohmel. Elias Schnuri. Julie.

M. Drohm. Da bring' ich dir den Herrn Schnuri. Er ist so eben vom Postwagen gestiegen, und hat über Hals und Kopf seine Toilette gemacht.

Elias. Erlauben Sie. (Er schnappt nach Juliens Hand, die er küßt, und sich dann ganz steif ihr gegenüber stellt.)

Julie (bei Seite). Ach du lieber Gott, soll ich lachen oder weinen?

M. Drohm. Nun, mein lieber Herr Schnuri, sein Sie nicht blöde.

Elias. O ganz und gar nicht.

M. Drohm. Sagen Sie meiner Nichte, warum Sie gekommen.

Elias. O das wird sie schon wissen.

Julie. Ja, ich weiß es.

Elias (nickt ihr freundlich zu).

Julie. Gilt das mir?'

XXVIII. 8

Elias. Ja, weiß Gott, Sie gefallen mir über die Maßen. Das hat mir meine Mama wohl gesagt. Elias, hat sie gesagt, es ist ein schmuckes, rundes Mädchen, und, hat sie gesagt, Elias, du wirst dein blaues Wunder sehen.

M. Drohm. Diese ungekünstelte Sprache, diese Naivetät, findest du sie nicht sehr reizend?

Julie. Ja wohl, sie reizen wenigstens zum Lachen.

M. Drohm. Kinder, ich lasse euch allein, ihr müßt einander kennen lernen.

Julie. O ich kenne den Herrn schon zur G'nüge.

M. Drohm. Meine Nichte hat noch einige Grillen, aber das wird sich schon Alles geben. Lassen Sie nur Ihr Herz reden, mein werther Herr Schnuri. (Ab.)

Achte Scene.
Elias. Julie.

Elias. Mein Herz? ne ne, mein Herz kann nicht reden. Aber da bring' ich Ihnen etwas. Ich wollte nicht damit heraus rücken, so lange die Matante hier war, Sie hätten ihr sonst wohl, Höflichkeits halber, was abgeben müssen. (Er überreicht ihr ein Packet)

Julie. Was ist es denn?

Elias. Seh'n Sie es nur an.

Julie (öffnet es). Pfefferkuchen?

Elias (nickt freundlich). Vom Besten. Er wird bei uns gar prächtig fabrizirt.

Julie. Und gar ein geharnischter Mann?

Elias. Das ist so ein Spaß, versteh'n Sie mich? das soll meine Person vorstellen.

Julie. Ach!

Elias. Meine Mama sagt, es wäre mir auch ein Bis=chen ähnlich, nämlich in der Statur.

Julie. Mich dünkt, auch im Gesicht.

Elias. Ne wirklich? Na, das freut mich; da haben Sie ja gleich mein Portrait.

Julie. Aber mein werther Herr Schnuri, ich verlange weder Sie noch Ihr Portrait.

Elias. Wie?

Julie. Wir sind nicht für einander geschaffen.

Elias. Wie denn so? Ich bin eine Mannsperson.

Julie. Das kann wohl sein, ich bin aber für Sie kein Frauenzimmer.

Elias. O ja, warum denn nicht?

Julie. Ich erkenne die mir zugedachte Ehre, aber ich fühle mich deren unwürdig.

Elias. O, dafür sein Sie gar nicht bange. Ich bin nicht hochmüthig.

Julie. Mit einem Worte — denn ich sehe, man muß sehr deutlich mit Ihnen sprechen — ich will Sie nicht heirathen.

Elias. Nicht?

Julie. Nein, nein, nein.

Elias. Sie spaßen.

Julie. Mit Ihnen?

Elias. Ich weiß schon, was das bedeutet. Meine Mama hat gesagt: die Mamsell wird vielleicht etliche Sprünge ma=chen, aber daran kehre du dich gar nicht.

Julie. So?

Elias. Bleibe du nur fest auf deinem Sinne.

Julie. Wirklich?

Elias. Sie ist ein armes Mädchen, und du hast Geld.

8 *

Julie. Ei, die liebe Mama.

Elias. Ja, die ist klug.

Julie. Ich bin aber auch nicht dumm, mein Herr, und darum wiederhole ich Ihnen: Geben Sie sich gar keine Mühe.

Elias. Ne, das kommt von selbst, meint die Mama.

Julie. Diesmal nicht. Aus uns beiden wird nimmermehr ein Paar.

Elias. Ei, ei, Mamsellchen, wo denken Sie hin? das läßt sich nun schon gar nicht mehr ändern.

Julie. Warum denn nicht?

Elias. Ja seh'n Sie. Erstens bin ich den weiten Weg daher gekommen, das kostet mich viel Geld. Zweitens hat meine Mama schon mit dem Koch die Mahlzeit verdungen, und Gäste geladen; denn wenn ich Sie heim bringe, da soll es drei Tage hinter einander lustig hergeh'n, Heisa Juchhe!

Julie. Was hätten Sie davon? ich würde Sie hinterdrein zu Tode quälen.

Elias. A ne.

Julie. Sie kennen mich nicht, ich bin eine eigensinnige Person.

Elias. Thut nichts, ich bin eine geduldige Person.

Julie. Man kann mir nichts recht machen.

Elias. So werd' ich lieber gar nichts machen.

Julie. Dann brumm' ich noch zehnmal ärger.

Elias. Dann streichle ich Sie.

Julie. Das leid' ich nicht.

Elias. So setze ich mich in einen Winkel, und warte, bis es Ihnen gefällig ist.

Julie. Es wird mir aber nie gefällig sein.

Elias. Dann sag' ich es meiner Mama, die wird schon Rath wissen.

Julie. Den ganzen Tag schwärm' ich in der Stadt herum.

Elias. Da werd' ich Sie begleiten.

Julie. Das erlaub' ich nicht.

Elias. Nun so werde ich zu Hause bleiben.

Julie. Versteht sich, und Garn abwickeln.

Elias. Garn abwickeln?

Julie. Ja, mein Herr, das wird Ihre tägliche Beschäftigung sein.

Elias. Ich thue es nicht gern.

Julie. Darnach frage ich nicht, Sie müssen Vormittags und Nachmittags Ihre bestimmte Zahl liefern.

Elias. Nun, wenn es nicht anders sein kann.

Julie. Die übrige Zeit müssen Sie im Garten zubringen, und die Sperlinge verscheuchen.

Elias. O, dazu haben wir einen Strohmann.

Julie. Ich kann aber die Strohmänner nicht leiden, Sie selbst müssen sich hinstellen.

Elias. Nun, wenn es nicht anders sein kann.

Julie (bei Seite). Der Satan ist entschlossen, mich zu heirathen, und wenn ich ihn zum Fußschemel brauchen wollte. (Laut.) Wohlan, mein Herr, ich werde Sie auf die Probe stellen, da ist eine Garnwinde, setzen Sie sich und wickeln Sie.

Elias. Vor Tische noch?

Julie. Ja.

Elias. Das ist ein wenig viel.

Julie. Ohne Widerrede. Wir wollen seh'n, ob Sie sich zu einem guten Ehemann qualifiziren.

Elias (setzt sich, und macht sich an die Arbeit). Wenn es nur nicht so verfitzt ist.

Julie. Gleichviel. Noch Eins muß ich Ihnen sagen, machen Sie sich gefaßt, meinen Bruder zu empfangen.

Elias. Ihren Bruder? Meine Mama sagt, der wäre entsetzlich weit von hier.

Julie. Er ist aber angekommen.

Elias. Na, desto besser.

Julie. Ich zweifle, denn er hat mich einem Andern bestimmt.

Elias. Ei, daran kehren Sie sich gar nicht.

Julie. Er ist aber ein Hitzkopf, der schon ein paar von meinen Liebhabern erstochen hat.

Elias. Pfui!

Julie. Nehmen Sie sich in Acht, wenn Sie ihm nicht gefallen, so sind Sie ein Kind des Todes. (Ab.)

Neunte Scene.
Elias (allein).

Ei, warum nicht gar! ich werde ihm schon gefallen. Ich habe Geld, und meine Mama hat gesagt, kehre du dich an nichts, halte dich nur an die Matante, die wird schon Alles in Ordnung bringen. — Aber das ist eine verfluchte Arbeit. (Er gähnt) Ich komme mir ordentlich vor, wie der Jakob, der um die schöne Rachel dienen mußte. Aber ich will doch lieber Schafe hüten, als Garn abwickeln, das macht so schläfrig. (Er gähnt.) Und hungrig bin ich auch — da reißt der Faden schon wieder — das ist ein saures Stück Arbeit. — Als ich noch in die Schule ging, da erzählte der Professor von einer fatalen Person, die er eine Parce nannte — die soll auch immer sitzen und wickeln — und dann soll wieder eine Andere mit der Schere dabei steh'n — und ihr aus

Neckerei den Faden entzwei schneiden — und da sagte der Professor, das wäre eine gute Lehre — (er fängt an zu nicken) denn — wie war es doch? — ja — der Faden wäre, so zu sagen, kein rechter Faden — sondern ein menschlicher Kör= per — und die Schere wäre keine rechte Schere — sondern wenn der Faden — und die Parce — und der Professor — ja — so war's — so war's — (Er entschlummert.)

(Der Vorhang fällt.)

Zweiter Act.

Erste Scene.

Elias (schlummert noch). **Max Helfenstein** (tritt auf, einen Zettel in der Hand).

Max. Numero 463. Ganz recht, das ist das Haus, welches Madame Blüte mir bezeichnet hat. Z w e i hilfbedürf= tige Parteien sollen hier wohnen, beide in demselben Stock= werk, und zwar im ersten. Na, da bin ich. Wer braucht mich? — Die alte Dame — wie heißt sie denn? (Er sieht in den Zettel.) Madame Drohmel. Die braucht einen Vater. Bon! ich bin der Papa, und wenn's ihr beliebt, auch der Großpapa. Die junge Person — Julie Stern — die braucht einen Bruder. Bon! ich bin der Bruder, und wenn es ihr an Liebhabern fehlt, so stehe ich auch zu Diensten.

Nun, was soll denn der Papa? er soll eine widerspen= stige Nichte überreden, eine vortheilhafte Partie nicht aus= zuschlagen. Den Kasus hab' ich schon mehrmals bearbeitet, und immer mit Glück, denn nichts leichter auf der Welt, als einem Mädchen einen Mann aufzuschwatzen. Mit den Liebhabern nehmen sie es schon genauer. — Nun, was wird

denn vom Bruder verlangt? — (Er sieht in den Zettel.) Er soll
einen abscheulichen Freier auf irgend eine ihm beliebige Manier aus dem Hause schaffen. Der Kasus ist mir noch nicht
vorgekommen. Die Mädchen schaffen ihre Freier so selten
aus dem Hause. — Worin besteht denn seine Abscheulichkeit?
— Madame Blüte war so eilig, ihre Instruktionen so kurz
und mangelhaft — mein Genie muß suppliren. — Mit
welcher Expedition mache ich den Anfang? — Gleichviel,
mit der ersten besten, wenn es nur bald geschieht, denn ich
habe keine Zeit zu verlieren. Heute Mittag muß ich zu Rö-
ders, da wird ein Fremder sein, der nichts als portugiesisch
spricht, das versteht Niemand im Hause, und ich soll ihn
unterhalten. Nachmittags muß ich zu Fündles. Die Kinder haben mich gebeten, es will Niemand mit ihnen spaziren
geh'n. Auf den Abend muß ich zu Thalheims, da ist
Liebhabertheater, und ich habe eine stumme Rolle übernommen, die kein Mensch mag. Also, dem Himmel sei Dank!
vollauf zu thun.

Hier läßt sich Niemand seh'n. — Doch, da sitzt ja Einer
— ein curioses Original — er schläft wie ein Sack. — Wenn
ich ihn so betrachte — es könnte wohl der Liebhaber sein, den
ich zum Teufel jagen soll. Abscheulich genug sieht er aus.
Wir wollen doch versuchen, ein Gespräch anzuknüpfen. (Er
niest. Elias rührt sich ein wenig. Max tritt ihm näher und niest zum
zweiten Mal. Elias reibt sich die Augen.)

Zweite Scene.
Max. Elias.

Max (niest ihm fast in's Ohr).
Elias. Prosit!

Max. Ich bedanke mich. Es freut mich, mein Herr, auf eine so interessante Weise Ihre Bekanntschaft zu machen.

Elias. Sie haben vermuthlich den Schnupfen?

Max. Die ganze Welt hat den Schnupfen.

Elias. Ich nicht.

Max. O ich wette, die Leute, die ihn am ärgsten haben, wissen gewöhnlich nichts davon.

Elias. Das wäre der Henker!

Max. Zum Beispiel die Dichter, die haben sich dermaßen verkältet, daß man gar nicht mehr versteht, was sie reden. Aber glaubt's denn Einer?

Elias. Ich bin kein Dichter.

Max. Oder die Philosophen, die haben sich einen verdammten Schnupfen im Nebel geholt.

Elias. Sie müssen eine Priese Tabak nehmen.

Max. Recht, mein Herr Niesewurz.

Elias (gähnt). Ich bin kein Philosoph. (Er wickelt.)

Max. Sie verrichten doch da eine sehr philosophische Arbeit.

Elias. So?

Max. Sie wickeln verworr'nes Garn ab?

Elias. Ja.

Max. Und wenn der Faden reißt, so machen Sie einen derben Knoten.

Elias. Ja, das thue ich.

Max. Und alle die Knoten wickeln Sie mit auf Ihren Knaul, und den Knaul halten Sie für eine treffliche Arbeit; aber wehe der armen Person, die sich ein Paar warme Strümpfe davon stricken soll.

Elias. Es ist für meine Braut.

Max. Sie haben eine Braut?

Elias. Freilich, was denn?

Max. Hier im Hanse?

Elias. Freilich, wo denn?

Max. Doch nicht Mamsell Julie Stern?

Elias. Freilich, wen denn?

Max. So so, ich habe ein Wörtchen davon gehört. Wissen Sie denn aber auch, daß ich Juliens Bruder bin?

Elias (steht auf). Sind Sie der junge Herr Stern? ei, gehorsamer Diener! ich habe die Ehre gehabt, Sie nicht zu kennen.

Max. Es thut mir leid, mein Herr, daß ich Ihre Absichten nicht früher gewußt habe.

Elias. Das hat nichts zu bedeuten.

Max. Erlauben Sie, das hat sehr viel zu bedeuten, denn ich kann diese Heirath nicht zugeben.

Elias. Warum denn nicht?

Max. Weil ich meine Schwester schon einem Andern versprochen habe.

Elias. Ich bin ja wohl so gut, als ein Anderer?

Max. Das kann wohl sein, aber ich habe mein Wort gegeben, und Sie wissen, mein Herr, hent zu Tage ist man darin ganz erstaunlich gewissenhaft. Nie ist mehr in der Welt versprochen worden, als jetzt, und nie hat man strenger Wort gehalten.

Elias. Na seh'n Sie, ich habe Ihrer Schwester auch mein Wort gegeben. Ein Schelm, der es bricht.

Max. Es würde mir leid thun, wenn ich Sie zum Schelme machen müßte, denn weiß Gott, Sie seh'n gar nicht darnach aus.

Elias. Nicht wahr, ich hab' ein ehrlich Gesicht?

Max. Wie ein deutscher Politikus. Aber ich kann Ihnen nicht helfen, meine Schwester bekommen Sie nicht.

Elias. Ach gehen Sie doch mit Ihren Späßchen, ich habe Geld.

Max. Mein Freund hat mehr als Geld, er hat einen tüchtigen Säbel, denn er ist ein Husaren=Offizier. Sie müssen sich mit ihm hauen, und wenn Sie glücklich durchkommen, so müssen Sie mit mir sich schießen.

Elias. Hauen? schießen?

Max. Nun, bis zum Schießen wird es nicht kommen; denn wenn mein Freund auch Ihre Nase verschont, so haut er Ihnen doch die Ohren ab, und ehe die kurirt sind —

Elias. Er haut mir die Ohren ab?

Max. Glatt herunter vom Kopfe, darin ist er sehr geschickt.

Elias. Ei, ich bedanke mich. Ich werde kein Narr sein. Was geht mich Ihr Freund an? ich bin mein eigener Freund, und die Mama hat gesagt: kehre du dich an nichts.

Max. Aber die Ehre, mein Herr —

Elias. Die Ehre? Ich habe Geld.

Max. Sie werden doch eine Ausforderung nicht ablehnen?

Elias. Ja, das werd' ich thun, so wahr ich Elias Schnuri heiße.

Max. Im Ernst?

Elias. Hol' mich der Teufel! Gott verzeih' mir die Sünde!

Max. Nnn so muß man freilich auf andere Mittel denken. (Er zieht eine Pistole aus der Tasche und besieht sie.)

Elias (guckt). Was haben Sie denn da für ein verfluchtes Ding?

Max. Es ist eine Pistole.

Elias. Thun Sie doch das Ding weg. Es ist wohl gar geladen?

Max. Nein, noch nicht.

Elias. Und wenn es auch nicht geladen ist, es könnte doch los geh'n. Thun Sie es weg.

Max. Ich will es eben erst laden. (Er zieht ganz gemächlich eine Patrone aus der Tasche.)

Elias. Das ist ein gefährliches Spiel.

Max. Jetzt thue ich Pulver auf die Pfanne.

Elias. Man hat schreckliche Exempel.

Max. Jetzt in den Lauf.

Elias (für sich). Mir ist ganz fatal zu Muthe.

Max. Den Pfropfen eingestampft.

Elias (wischt sich den Schweiß von der Stirn). Ich weiß nicht, warum mir die Stirn so naß wird.

Max. Jetzt kommt die Kugel.

Elias. Nun gar eine Kugel. Lassen Sie doch die Kugel weg.

Max. Seh'n Sie, mein Herr, von englischem Blei.

Elias. Machen Sie Bleistifte daraus, das ist gescheiter.

Max. Sie rollt hinein.

Elias. Ich bitte Sie um Gottes Willen, so eine Kugel ist in des Teufels Gewalt.

Max. Nun ist die Pistole geladen.

Elias. Wozu denn?

Max. Um Ihnen die Kugel durch den Kopf zu schießen.

Elias. Ihrem besten Freunde? Ihrem Schwager?

Max. Sie können nicht eher mein Schwager werden, als bis Ihnen diese Kugel im Gehirn steckt.

Elias. Lieber wollt' ich ja gar kein Gehirn haben, als eins mit Kugeln gespickt.

Max. Wohlan mein Herr. (Er hält ihm die Pistole vor.)

Elias. Thun Sie mir doch das Ding von der Nase.

Max. Entschließen Sie sich kurz und gut.

Elias. Nun ja, wozu denn?

Max. Sie verlassen dies Haus auf immer, oder ich drücke los.

Elias. Ja, wenn sie mir so zureden. — Aber Sie besinnen sich wohl noch eines Bessern, Sie haben heute den Schnupfen.

Max. Nehmen Sie sich in Acht, wenn ich noch einmal niese, so ist es um Sie gescheh'n. (Er macht Anstalten zum Niesen.)

Elias. Prosit, Prosit! ich empfehle mich. (Er macht sich eilig aus dem Staube.)

_____

Dritte Scene.

Max (allein).

Ha ha ha! der ist abgefertigt. Die Mamsell Stern hab' ich glücklich von einem Liebhaber befreit, ohne sie einmal geseh'n zu haben. Ich möchte doch wissen, wie sie aussieht. Einen Kuß hätte ich wohl verdient. — Aber der Sieger soll nicht ruhen, so lange noch ein Feind zu bekämpfen ist. Jetzt wollen wir flugs an alle Thüren klopfen, um zu erfahren, wo die Madame Drohmel mit ihrer widerspenstigen Nichte wohnt. Die Pistole brauchen wir vor der Hand nicht mehr. (Er steckt sie ein.) Eine Kugel vermag viel, die Zunge doch noch mehr. Wer die zu gebrauchen weiß, der bringt Kanonen zum Schweigen. Still, da kömmt eine alte Dame. Vielleicht dieselbe, mit der ich in Verwandtschaft treten soll.

Vierte Scene.

Mad. Drohmel. Max Helfenstein.

M. Drohm. (für sich). Ein Fremder? Gewiß der gute Freund, den die Cousine schickt.

Max. Verzeihen Sie, ich suche Madame Drohmel.

M. Drohm. Die haben Sie gefunden.

Max. So gebe ich mir die Ehre, mich Ihnen vorzustellen. Ich heiße Max Helfenstein.

M. Drohm. (sich vergessend). Der Nothnagel? — Verzeih'n Sie.

Max. Ja ja, so nennt man mich, und ich höre es recht gern.

M. Drohm. O, sein Sie willkommen! meine Cousine hat mir so viel Gutes von Ihnen gesagt. — Sie wollen mir aus einer großen Verlegenheit helfen?

Max. Wenn ich kann, von Herzen gern.

M. Drohm. Sie sollen ein vortrefflicher Schauspieler sein.

Max. Ohne diese Kunst kommt man jetzt nicht durch die Welt. Gegen andere große Künstler bin ich doch nur ein Pfuscher. Ja Madame, ich kenne Leute, die seit einigen Jahren alle Rollen gespielt haben, und mit solcher Gewandtheit, daß kein Mensch weiß, was sie eigentlich sind.

M. Drohm. Meine Freundin wird Ihnen gesagt haben, worauf es hier ankömmt.

Max. Sie theilen mir eine Vaterrolle zu.

M. Drohm. Ja, mein Herr; Julie, das grillenhafte Mädchen, weigert sich, einen sehr reichen, liebenswürdigen Mann zu heirathen. Nur ihr Vater könnte sie dazu bewegen. Der ist noch in Indien. Aber heute kommt er plötzlich zurück. Sie versteh'n mich wohl?

Max. Vollkommen. Er fährt so eben zum Thore herein, und tritt im nächsten Wirthshause ab, von wo er seine Ankunft bereits gemeldet hat.

M. Drohm. Ganz recht.

Max. Wie muß er ungefähr ausseh'n? Wie gekleidet sein?

M. Drohm. O, darauf kommt es nicht an.

Max. Erlauben Sie, darauf kommt entsetzlich viel in der Welt an. Der Erzvater Abraham würde keinen Respekt einflößen, wenn er in einem englischen Frack erschiene.

M. Drohm. Nun ja, Sie wählen einen Reiserock, und setzen eine Perücke auf. Freilich werden Sie immer zu jugendlich erscheinen.

Max. Das hat nichts zu bedeuten. Ich habe mich konservirt.

M. Drohm. So eilen Sie, mein Herr, ich erwarte Ihre Zurückkunft mit Verlangen.

Max. Bis zum nächsten Trödler sind nur einige Schritte. Bei dem kann man, wie in der großen Welt, sich in zwei Minuten aus einem Lakeien in einen vornehmen Herrn verwandeln. (Ab.)

———

Fünfte Scene.
Madame Drohmel (allein).

Der Mensch gefällt mir. Man wird schnell bekannt mit ihm. Es ist eine herrliche Gabe, wenn man versteht, die Unterhaltung einem Fremden gleich bequem zu machen. Bei klugen, wie bei dummen Leuten ist man dadurch willkommen.

Jetzt muß ich meine Nichte vorbereiten. (Sie ruft in das Neben=
zimmer.) Julie! Julie! _____

Sechste Scene.
Julie. Madame Drohmel.

Julie. Was befehlen Sie?

M. Drohm. Freue dich, mein Kind, dein Vater ist an=
gekommen.

Julie. Ist es möglich? Wo ist er?

M. Drohm. So eben hat er aus dem Wirthshause einen
Burschen hergeschickt. In wenig Minuten wird er hier sein.

Julie. Warum ist er im Wirthshause abgetreten? war=
um nicht bei uns?

M. Drohm. Er weiß, daß meine Wohnung nicht geräu=
mig ist.

Julie. Aber mein Zimmer, das Zimmer seiner Tochter;
ich hätte so gern auf dem Boden geschlafen. (Sie will fort)

M. Drohm. Wo willst du hin?

Julie. Sie können noch fragen? ihm entgegen eilen —

M. Drohm. Er kommt ja selbst den Augenblick.

Julie. Fünfzehn Jahr war er abwesend, und ich sollte
einen Augenblick versäumen?

M. Drohm. Aber du wirst ihn doch erwarten müssen,
denn ich habe vergessen, den Burschen zu fragen, in welchem
Wirthshause er abgestiegen.

Julie. Das ist verdrießlich, recht verdrießlich, er ist doch
gesund?

M. Drohm. Wie ein Fisch, man sollte ihm gar nicht
ansehen, wie alt er ist.

Julie. Und mein Bruder? ist er mitgekommen?

M. Drohm. Vermuthlich.

Julie (bei Seite). Ach, da fällt mir der fatale Komödien-Bruder ein, wenn die sich nur nicht begegnen.

M. Drohm. Dein Vater kommt wie gerufen, um die Verbindung mit dem jungen Schnuri zu billigen, oder zu verwerfen.

Julie. Von ihm hänge ich ab.

M. Drohm. Du wirst ihm gehorchen?

Julie. Wie könnte ich seinem ersten Befehl ungehorsam sein?

M. Drohm. (bei Seite). Bravo, unser Spiel ist gewonnen. (Laut.) Wo ist denn Herr Schnuri geblieben?

Julie. Was weiß ich?

M. Drohm. Aber ich ließ ihn bei dir.

Julie. Und ich ließ ihn bei der Garnwinde, da mag ihm wohl die Zeit lang geworden sein.

M. Drohm. Du hättest ihn doch zu Tische bitten sollen.

Julie. Er ist nicht blöde, er kommt wohl ungebeten.

M. Drohm. Ha! dein Vater.

Siebente Scene.

Max (verkleidet). Die Vorigen.

Julie (freudig erschrocken). Ist er das?

M. Drohm. Willkommen, werthester Herr Bruder, willkommen auf deutschem Boden.

Max. Gott zum Gruß, liebe Frau Schwester, und alles Wohlergeh'n. Nnn, da bin ich wieder. Wo ist denn meine Tochter?

M. Drohm. Da steht sie zitternd.

Max. Sieh da, Malchen, Gott segne dich.

Julie (will ihm die Hand küssen). Mein Vater!

Max. Nicht doch, Malchen, nicht doch, komm in meine Arme. (Er umarmt sie) Du bist ein hübsches Mädchen geworden. Wer hätte das gedacht, als ich das kleine Malchen zum letzten Male auf meinen Knien schaukelte.

M. Drohm. Warum nennen Sie sie Malchen? sie heißt Julchen.

Max. Oder Julchen, ja ja, ganz recht, Julchen. Man merkt wohl, daß ich alt werde, ich vergesse schon die Namen.

Julie. Gott sei Dank, Sie seh'n noch jung und rüstig aus.

Max. Meinst du? das macht die Mässigkeit. Ich habe in Indien unter lauter Braminen gelebt, kein Fleisch gegessen, da konservirt man sich.

Julie. Ich meinte, Sie wären in West = Indien gewesen?

Max (etwas betroffen). Mit unter, ja — ich bin zwischen Ost= und West=Indien so ab= und zu gefahren. (Bei Seite.) Verdammt, ich kann meine Rolle nicht recht.

Julie. Wo haben Sie denn meinen Bruder gelassen?

Max (stutzt). Deinen Bruder?

M. Drohm. Ja, den lieben Vetter Karl?

Max. Ach ja so, den lieben Vetter Karl — ja der — der ist gestorben.

Julie. Gestorben? O weh!

M. Drohm. Mein Gott! woran ist er denn gestorben?

Max. Auf eine recht traurige Weise, er badete sich in der See, und da kriegte ein Haifisch ihn zu packen.

Julie. Mein armer Bruder.

Max. Ja, mein liebes Julchen, ich habe nun Niemanden mehr auf der Welt, als dich.

Julie. Wir hatten Sie schon lange mit großer Sehnsucht erwartet.

Max. Ich wäre auch früher gekommen, aber mein Schiffer hatte keine Licenzen, wurde aus einem Hafen in den andern geschleppt. Es ist heut zu Tage leichter, in der Luft herumzufahren, als auf dem Wasser.

M. Drohm. Ich will hoffen, Herr Bruder, daß Ihre Glücksumstände sich in Indien verbessert haben?

Max. Ach, Frau Schwester, was soll ich sagen? ich hatte allerdings wieder ein Schäfchen auf's Trock'ne gebracht, aber ein verdammter Kaper erwischte uns bei Teneriffa, und plünderte mich rein aus.

M. Drohm. Das ist sehr traurig.

Max. Das Plündern muß man sich schon gefallen lassen, von Lenten, die ein Privilegium dazu haben. Es thut mir nur leid um mein gutes Julchen, der hätte ich so gern einen Brautschatz mitgebracht. Nun leid' ich selber Mangel.

Julie. Ich will für Sie arbeiten.

Max. Willst du das?

Julie. Tag und Nacht.

Max (bei Seite). Das ist ein allerliebstes Mädchen.

M. Drohm. Glücklicher Weise steht es eben jetzt in Juliens Macht, sich und ihre Familie durch ein einziges Wort in Wohlstand zu versetzen.

Max. Ei, das wäre?

M. Drohm. Sie hat einen reichen Freier.

Max. Bravo! Bravo!

M. Drohm. Dessen Person ihr eben nicht gefällt.

Max. Schade!

M. Drohm. Aber ich kenne sie, eine so gute Tochter wird ein Opfer nicht scheuen, um die süßeste Pflicht, die kindliche, zu erfüllen.

Max. Das hoff' ich, das hoff' ich!

Julie. Ach!

Max (bei Seite). Es fängt mir aber an, fatal zu werden, daß ich es hoffen soll.

M. Drohm. Ich lasse Sie mit ihr allein. Zwischen Vater und Tochter muß kein Dritter steh'n. (Ab.)

Achte Scene.
Julie. Max.

Max (bei Seite). Das Mädchen macht einen curiosen Eindruck auf mich. Wenn ich nur nicht aus der Rolle falle. (Laut.) Nun, Julchen, komm für's Erste noch einmal in meine Arme. — So, du bist ein liebes, scharmantes Kind; du hast ein Paar Augen — (bei Seite) halt! halt Papa! (laut) ein Paar fromme Augen. Ich schaue dir in die Seele hinein. Nicht wahr, du wirst deinem Vater zu Liebe schon in einen sauern Apfel beißen?

Julie. Ach!

Max. Sage mir doch, ist der Apfel sehr sauer?

Julie. Recht sehr!

Max. Er mag wohl deiner nicht würdig sein, aber zum Henker! wo findest du einen Mann, der so vieler Reize — (bei Seite) halt! halt, Papa!

Julie. Sie schmeicheln mir, bester Vater.

Max. Ich betrachte dich mit den Augen der Liebe, nämlich der Vaterliebe. Du glaubst nicht, mein Kind, welch eine Zärtlichkeit für dich in meiner Brust sich zu regen anfängt. Komm noch einmal in meine Arme.

Julie (ihn umarmend). O daß ich mich nie von Ihnen trennen müßte.

Max. Wirklich! wäre dir das lieb? Nun, dazu kann Rath werden.

Julie. Ich wollte Sie pflegen mit der zärtlichsten Sorgfalt.

Max. Wolltest du das? nun, weißt du was — (Bei Seite.) Max Helfenstein, denk' an dein Versprechen. (Laut) Ja, wieder auf deinen Freier zu kommen, der Mensch soll reich sein?

Julie. Ja, das ist er.

Max. Und ich bin arm, sehr arm. Wenn ich keine Unterstützung finde, so muß ich im Alter betteln.

Julie. Nein, nein! das sollen Sie nicht! lieber will ich noch heute meinem Herzen Gewalt anthun.

Max. Deinem Herzen? wäre vielleicht dein Herz schon anderswo gefesselt?

Julie. Muß man denn eben einen Andern lieben, um diesen nicht liebenswürdig zu finden?

Max. Nu nu, ich meine nur so. Habe Vertrauen zu mir. Wenn du etwa schon liebst, so bekenne es frei. Es wäre mir zwar sehr fatal —

Julie. Nein, mein Vater, ich habe noch keinen Mann gefunden, dem ich angehören möchte.

Max. Nicht? nun, das ist scharmant. Aber wenn sich Einer fände, ein gutmüthiger, flinker Bursche, nicht dumm, nicht arm, nicht häßlich (bei Seite) halt! halt, Papa!

Julie. So ist aber mein Freier nicht.

Max. Ja, das ist freilich schlimm. Sieh nur, ich wollte dir gerne helfen, dir zehnmal lieber als fremden Leuten, aber ich habe mein Wort gegeben — (bei Seite) ei ei, das war dumm!

Julie. Ich weiß, Sie haben bei Ihrer Abreise alle Ihre väterliche Gewalt meiner Tante übertragen.

Max (bei Seite). Gott sei Dank! sie hilft mir heraus. (Laut) Ja, siehst du, hab' ich A gesagt, so muß ich auch B sagen.

Julie. Mich dünkt, das wäre doch wohl nicht länger verbindlich. Sie kehren zurück, und ich bin wieder Ihre Tochter — aber Sie kehren arm zurück!

Max. Blutarm.

Julie. Das bestimmt meinen Entschluß. Ja, mein Vater, hier ist meine Hand, schalten Sie damit nach Ihrem Gefallen.

Max. Nach meinem Gefallen? ich nehme dich beim Wort.

Julie. Empfangen Sie diesen Beweis meiner kindlichen Liebe. Es ist der erste, aber auch der größte, den ich Ihnen zu geben vermag.

Max (bei Seite). Es ist ein Engel! (Laut.) Na, höre nur Julchen, du könntest mir doch noch einen größern geben.

Julie. Wie wäre das möglich?

Max. Wenn du — (bei Seite) halt! halt, Papa! ich bin in einer verdammten Klemme.

Neunte Scene.
Madame Drohmel. Elias. Die Vorigen.

M. Drohm. Ich muß Sie unterbrechen. Hier habe ich die Ehre, Ihnen den Herrn Elias Schnuri, Ihren künftigen Schwiegersohn vorzustellen.

Max (ihn erkennend, sehr verwirrt). So so — gehorsamer Diener! (Bei Seite.) Alle Teufel! jetzt geht mir ein Licht auf.

M. Drohm. Aber hier sind räthselhafte Dinge vorge=
fallen. Er behauptet, Ihr Sohn habe ihn mit der Pistole
auf der Brust gezwungen, meiner Nichte zu entsagen.

Max. Ei, der Schelm! hat der schon solche Streiche
gespielt?

Julie. Sagten Sie nicht, mein Bruder wäre todt?

M. Drohm. Freilich ist er todt.

Max. Nu nn, es könnte sich doch fügen, daß er noch
lebte.

M. Drohm. (leise). Wo denken Sie hin? (Laut.) Ein
Haifisch hat ihn verschlungen.

Max. Die Wahrheit zu sagen: ein Matrose hat ihn
gerettet.

Julie. Er lebt!?

Max. Ja ja, Julchen, er lebt. Ich wollte dich nur ein
wenig ängstigen.

Julie. Gott sei Dank.

M. Drohm. Herr Bruder, wenn er nicht todt ist, so
ist er doch wenigstens auch nicht h i e r. Das weiß i c h.

Elias. Erlauben Sie, Matante, es war gewiß der
Herr Sohn von dem Herrn Schwiegerpapa, denn er war
ihm wie aus den Augen geschnitten.

Max. Ja ja, Frau Schwester, wenn ich meinen Sohn
agnoscire, so werden Sie doch nichts dawider haben?

M. Drohm. (leise). Allerdings recht viel. Sie verder=
ben ja Alles.

Max (ohne darauf zu achten). Also mein Sohn, der Wild=
fang, hat den jungen Herrn schon in der Kur gehabt?

Elias. Recht wörtlich. Ich sollte mich mit ihm schießen.

M. Drohm. Ohne weiter in dieses Geheimniß einzu=

bringen, will ich nur erinnern, daß der Sohn schweigen muß, wenn der Vater redet. (Zu Elias) Sein Sie unbesorgt. Mein Herr Bruder hat sich schon für Sie erklärt, und wird von seines Sohnes Launen keine Notiz nehmen.

Max. Erlauben Sie, Frau Schwester, mein Sohn und ich, wir sind die besten Freunde von der Welt. Wir haben nur einen Willen. Ich war zwar allerdings geneigt, diesen Herrn als meinen werthen Eidam zu umarmen, auch hatte sich bereits mein frommes Julchen aus kindlicher Liebe dazu entschlossen — was ich ihr nie vergessen werde — da aber nun mein Sohn and'rer Meinung ist, so gebe ich meiner Tochter ihr Wort zurück.

Julie. Mein guter Vater!

Max. Ich bin auch nicht so arm, als ich mich angestellt habe. Der Kaper hat mir noch einen hübschen Nothpfennig gelassen.

Julie. O Sie machen mich unaussprechlich glücklich!

Elias. Aber was machen Sie denn aus mir?

Max. (zu Julchen). Indessen behalte ich mir vor, dir einen andern Mann zu bestimmen, hörst du? komm in meine Arme.

M. Drohm. (tritt dazwischen). Gemach, mein Herr! ich weiß nicht, wofür ich Sie halten soll. Da Sie aber Ihre Rolle so schlecht spielen, so werden Sie mir erlauben, zu erklären, daß Sie der Vater nicht sind.

Julie (erschrocken). Nicht?

Elias. Ei!

Max. Nicht? nun so bin ich der Bruder. (Er wirft die Perücke und den weiten Oberrock von sich.)

Elias. Ja wahrhaftig, das ist der Bruder.

Julie. Um's Himmels willen!

M. Drohm. Ein Betrüger.

Max. Ja, schöne Julie, ich war ein Betrüger, aber am ärgsten bin ich selber betrogen. Ihre Tante brauchte einen Vater, Sie brauchten einen Bruder; ich lieh zu beiden Rollen mich her, unwissend, daß ich sie beide in demselben Stücke spielen sollte.

Julie. Sind Sie etwa Max Helfenstein?

Max. Ja, der bin ich.

Julie. Wie, liebe Tante, Sie haben sich herabgelassen?

M. Drohm. Ich wollte dich mit guter Manier zu deinem Glücke leiten: da ich aber sehe, daß du deine alte Tante hast verspotten wollen, so erkläre ich dir hiemit rund heraus, du heirathest diesen jungen Mann, oder du gehst aus meinem Hause. (Ab)

Julie. In beiden Fällen bin ich unglücklich.

Max (bei Seite). O wer da der Nothnagel sein dürfte!

Elias. Also mein Herr, Sie waren ein Betrüger?

Max. Ja, mein Herr, Alles war falsch an mir, bis auf die Pistole, (er zieht sie hervor) die ist wirklich geladen.

Elias. Die Mama hat mir zwar gesagt, ich soll mich an nichts kehren; aber wenn sie die verdammte Pistole sähe, so spräche sie gewiß: Elias komm nach Hause. (Er nimmt den Pfefferkuchenmann vom Tische und geht ab.)

Zehnte Scene.
Julie. Max.

Julie. Ich büße meinen Leichtsinn schwer!

Max. Nicht doch, schöne Julie. Ich bin ein ehrlicher Mann, der lustige Max Helfenstein, der gern allen Leuten aus der Noth helfen möchte; aber ich sehe nun wohl, es geht nicht immer. Wenn man Einem heraus hilft, so stürzt der Andere hinein.

Julie. Sie haben sich unterstanden, mich zu umarmen.

Max. Es war nur eine Komödien = Umarmung. Nehmen Sie es nicht übel, Ihre kindliche Liebe rührte mich so heftig. Ach, ich habe die schönen Augenblicke theuer erkauft! denn sehen Sie, für alle meine Gutmüthigkeit bin ich nun selber in Noth gerathen.

Julie. Sie?

Max. Ja ich — denn — ich habe mich in Sie verliebt.

Julie. Das thut mir leid.

Max. Den jungen Herrn Schnuri wollen Sie nicht?

Julie. Nein.

Max. Und mich — vielleicht auch nicht?

Julie. Ich habe überhaupt einen Widerwillen gegen den Ehestand.

Max. Es ging mir eben so, aber in der Liebesnoth greift man nach Allem.

Julie. Ich empfinde aber diese Liebesnoth noch nicht; und wenn ich jemals einem Manne mein Herz schenken sollte, so müßte er mich zuvor nicht betrogen haben.

Max. Nämlich in der Liebe.

Julie. Er müßte ohne Falsch sein.

Max. Das bin ich.

Julie. Der gefälligste Mensch auf Gottes Erdboden.

Max. Der bin ich.

Julie. Ohne Launen.

Max. Das bin ich.

Julie. Ein Mann ohne Launen? der Vögel Phönix.

Max. Darum greifen Sie zu. Ein Phönix kommt nicht alle Tage.

Julie. Der Bräutigam verspricht viel, aber der beste Mann hält kaum die Hälfte.

Max. Ei, ich denke, eine Frau kann schon zufrieden sein, wenn ihr die Hälfte von dem gehalten wird, was ihr der Bräutigam versprochen hat.

Julie. Die beste Frau hat ihre liebe Noth mit dem besten Manne.

Max. Eben deßwegen. Die Frau hat ihre Noth mit dem Manne, der Mann hat seine Noth mit der Frau, und wenn es nur eine liebe Noth ist, so helfen sich beide ganz artig heraus.

Julie. Wunderselten.

Max. Doch bisweilen. Zum Exempel wir. Ich wette, daß wir gut mit einander fahren.

Julie. Eine gefährliche Wette. Worauf gründen Sie Ihre Hoffnung?

Max. Ich raisonnire so: wenn ein Paar Leute sich heirathen wollen, so ist gar nicht vonnöthen, daß Jeder einzeln Alles besitze, was in der Ehe beglückt; wenn sie es nur Beide zusammen bringen.

Julie. Und das wäre der Fall?

Max. Augenscheinlich. Sie haben die Reize, ich die Liebe; Sie die Launen, ich die Geduld; Sie den Geschmack, ich das Geld; Sie den Verstand, ich das Herz. Nun sagen Sie mir um's Himmels willen! wenn alle diese Dinge zusammen kommen, sollte das keine glückliche Ehe geben?

Julie. Sie könnten mich fast überreden, einen dummen Streich zu machen.

Max. Schwester, ich bitte dich — Tochter, ich befehle dir! nimm den Max Helfenstein, er ist eine ehrliche Haut.

Julie (bei Seite). Drolliger Mensch.

Max. Zum Bruder wählten Sie mich selber. Ist denn der Schritt so schwer vom Bruder zum Gatten?

Julie. Sie waren nur ein Komödien=Bruder.

Max. Die ganze Welt ist nur ein großes Komödienhaus. Wir sind alle des lieben Gottes Komödianten, und müssen die Rollen spielen, die es ihm beliebt uns zuzutheilen. Wohl dem, der seiner Rolle sich gewachsen fühlt! Ist die Ihres Gatten mir zugefallen, so sollen Sie seh'n, wie vortrefflich ich sie spielen werde.

Julie. Und meine Tante? wird sie Beifall klatschen?

Max. Sie wird vielleicht eine Kabale machen; doch wenn nur die Liebe im Orchester sitzt, und St! ruft, so schweigt Alles.

Julie. Versuchen Sie, durch einen zierlichen Prolog sie umzustimmen.

Max. Darf ich?

Julie. Mein Herr, die Frage war extemporirt. (Ab.)

Eilfte Scene.

Max (allein).

Folglich überflüssig? — Das lasse ich mir nicht zweimal sagen. Ich führe das hübsche Mädchen heim, und wenn das ganze Publikum spräche: es ist eine extemporirte Heirath.

(Der Vorhang fällt.)

Die Rosen

des

Herrn von Malesherbes.

Ein ländliches Gemälde

in einem Aufzuge.

(Den Stoff hat eine wahre, von Bouilly in seinen Contes
à ma fille erzählte Anekdote geliefert.)

Perſonen.

Lamoignon von Malesherbes.

Suſette.

Peter.

.

(Der Schauplatz iſt eine Gegend von hohen Bäumen umringt. Unter dieſen Bäumen erblickt man in einem Halbzirkel eine blühende Roſenhecke,
im Vorgrunde rechter Hand einen Ruheſitz, den jene Hecke verbirgt, und
der auswärts gegen die Bühne geſtellt iſt; linker Hand einen Brunnen.)

Erste Scene.

Herr von Malesherbes (allein).

Gottlob! der Winter ging zu Ende
Am geselligen Kamin,
Und ich darf die dicken Wände
Der kühlen Häuser endlich flieh'n.
Zu meinen Blumen, zu meinen Früchten
Winkte der Sommer. — Da bin ich nun. —
Es ist so süß, nach erfüllten Pflichten
In ländlicher Stille auszuruh'n! —
Wie gern verließ ich das Getümmel,
Wo ewig die Thorheit sich selbst begafft;
Hier ist mein Tuskulum, mein Himmel,
Hier schöpf' ich neue Lebenskraft;
Wenn mir nach sauren Wintertagen
Zum ersten Mal hier Alles grünt,
So darf ich ohne Stolz mich fragen:
Hab' ich das Stündchen nicht verdient? —

Verdient! das ist die Würze des Lebens.
Der Prasser in seinem Ueberfluß
Hascht nach der Freude oft vergebens,
Nur das Verdiente gewährt Genuß.
Ha! mögen sie doch sich drängen und stoßen,
Und buhlen um einen gnädigen Blick.
Ich habe meine blühenden Rosen,
Ich trage nicht auf der Brust mein Glück.

Doch hüte dich! Fortunens Zofen
Quälen den Höfling nicht allein,
Auch in das Herz der Philosophen
Schleicht sich behende der Hochmuth ein,
Und ich — nun ja, zu einem König
Verlockt mich zwar kein eitler Sinn,
Doch muß ich bekennen, daß ich ein wenig
Auf meine Rosen eitel bin.
Ein wenig nur? — Freund, im Vertrauen,
Die Hecke, die so schön gedeiht,
Du kannst sie Stunden lang beschauen
Mit einem Kitzel der Eitelkeit.
Ich will mich dessen nicht erwehren,
Daß mich die Rosen kindisch freu'n,
Der Himmel selbst scheint mich zu ehren
Durch dieses üppige Gedeihen.
In einem halben Zirkelbogen
In eine Wildniß pflanz' ich sie,
Von hohen Fichten rings umzogen,
Beschnitt sie nie, begoß sie nie,
Und doch ist keine ausgeblieben,
Kein dürrer Strauch, kein todtes Reis;
Da muß ja wohl der Himmel mich lieben,
Er ließ sie wachsen, nicht mein Fleiß.
Muthwille durfte sie nie berauben,
Sie wird gleichsam von Engeln bewacht.
Die Freunde belächeln meinen Glauben —
Ei, wenn er mich nur glücklich macht. — —
Die Sonne neigt zum Untergange,
Dies herrliche Schauspiel für Aug' und Geist

Entbehrt' ich in der Stadt schon lange,
Von hohen Mauern eingekreist;
Doch heute will ich es genießen,
Mein Lieblingsplätzchen ladet mich ein;
Hier will ich die Abendsonne begrüßen,
Und mich der Neige des Lebens freu'n.

(Er setzt sich auf den Ruhesitz und schaut in viel Ferne.)

Zweite Scene.
Susette (mit einem großen Milchtopf).

Uf! mir ist warm. Ich bin gelaufen,
Als ob ein Wehrwolf hinter mir wär'.
Ich hatte Milch, viel Milch zu verkaufen —
Nnn Gott sei Dank! der Topf ist leer.
Das liebe Geld in meiner Tasche,
Da klingelt's — nicht ein einz'ger Sous,
Den ich vertändle oder vernasche,
Ich zähle sie alle der Mutter zu.
Sie läßt auf den Lohn mich auch nicht warten,
Sie schenkt mir immer was überschießt,
Das leg' ich denn zu meinem Ersparten,
Und bitte die Mutter, daß sie es verschließt.
Nur Sonntags, wenn wir aus der Kirche kommen,
Dann zählen wir, bald sie, bald ich,
Und hat der Schatz wieder zugenommen,
O Jemine! dann freu' ich mich!

Aber was hat denn das zu bedeuten?
Warum ist Peter noch nicht hier?
Wollt' er mich doch heim begleiten

XXVIII.   10

Bis vor nnſre Gartenthür?
Nnn bin ich gelaufen mit glühender Wange,
Als ich mein Dörfchen von weitem ſah,
Und ſteh' nun hier ſchon ewig lange,
Und Musje Peter iſt noch nicht da? —
Der böſe Menſch! noch dieſen Morgen
Hat er geklagt, ihm ſei ſo weh',
Und mach' ihm jedesmal ſchwere Sorgen,
Wenn ich in die Stadt zu Markte geh',
Und hat gebeten: vor jungen Geſellen,
Die überall dort naſeweis
Uns armen Dirnen Netze ſtellen,
Soll ich mich hüten mit großem Fleiß.
Ich hab' es verſprochen, und Wort gehalten,
Und weder links noch rechts geſchaut,
Und habe mich kaum den häßlichen alten
Thorſchreiber anzuſeh'n getraut.
Was hab' ich nun davon? — er zaudert —
Und hat wohl gar — ich armes Kind! —
Die Zeit mit andern Dirnen verplaudert —
Erfahr' ich das, ſo wein' ich mich blind!

     Malesherbes (für ſich).

Sieh' da, ſchon wieder eine Augenweide,
Um die auf meiner ſtillen Flur
Des Städtlers Armuth mich beneide:
Ein ſchönes, liebliches Kind der Natur!

      Suſette.

Er kömmt. Ich maule.

Dritte Scene.

Peter. Die Vorigen.

Peter.

Da bin ich, Susette!

Susette.

Ei, wirklich? bist du endlich da?

Peter.

O! wenn mein Wunsch gegolten hätte,
Ich wäre schon längst bei dir.

Susette.

Nun ja,
Du hattest gewaltig viel zu schaffen;
Versprachst mir freilich heute früh,
Du wolltest keine Minute vergaffen,
Dich mit der Arbeit tummeln, wie?

Peter.

Und hab' ich mich denn nicht gesputet?
Weiß Gott, ich sehnte mich so nach dir.

Susette.

Ei — sieh' — das hätt' ich kaum vermuthet.

Peter.

Ich glaube gar, du schmollst mit mir?

Susette.

Nicht doch, das war ja sehr verzeihlich,
Des Nachbars Liese stand am Zaun,
Sie winkte dir, pst! pst! — nun freilich,
Sie hatte dir Etwas zu vertrau'n,
Das mußtest du hören, und so verflossen

Ein paar Minuten, und wieder ein paar —
Ich konnte ja warten —

Peter.

Fehl geſchoſſen!
Von alle dem iſt kein Wörtchen wahr.
Im Hohlweg' bei dem tiefen Gleiſe,
Da lag ein großes Fuder Heu,
Gehörte Mathurin dem Greiſe,
Der ſtand gar ſehr betrübt dabei,
Und kratzte ſich in den grauen Haaren,
Und wußte nicht zu helfen, nun
Da durfte ich ſchon die Zeit nicht ſparen,
Ich mußte wohl ein Uebriges thun.
Es hat mich freilich aufgehalten,
Nun brummſt du noch für meine Müh';
Aber ich konnte doch den Alten
Nicht ohne Hilfe laſſen, wie?

Suſette.

Wenn das iſt, will ich dir verzeihen.

Peter.

Und du! wie ging's dir in der Stadt?

Suſette.

Bald werd' ich mein Geld auf Zinſen leihen,
Weil es mir Geld geregnet hat.

Peter.

Bezahlte man die Milch ſo theuer?

Suſette.

Ei, ſie war friſch und ungetauft.
Hör' nur! ich rief nach alter Leier:
Milch! friſche Milch! wer kauft! wer kauft!

Da kam ich auch in eine Straße,
Da stand ein alter Herr vor der Thür
Mit einer Brille auf der Nase,
Der war sehr freundlich und winkte mir.
Ich kam, er kniff mich in die Backen —

Peter.

Er kniff dich?

Susette.

Sah mir in's Gesicht
Und klopfte mir schelmisch auf den Nacken.

Peter.

Das littest du?

Susette.

Warum denn nicht?
Er sagte, ich wäre hübsch.

Peter.

Sei stille!
Denn ich gerathe schon in Wuth!

Susette.

Du Narr, er trug ja eine Brille.

Peter.

Brille hin, Brille her, mir kocht das Blut.

Susette.

Sei ruhig, er that mir nichts zu leide,
Und alle meine Milch kauft' er mir ab,
Wofür, zu meiner großen Freude,
Er mir die Zahlung doppelt gab.

Peter.

Ein Sündengeld! Du hast es genommen?

Sufette.

Ei, er verlangte ja blos von mir,
Ich sollte fein oft wiederkommen.

Peter.

Hör'! gehst du noch einmal vor seine Thür,
So ist es aus mit uns, ich lasse
Dich sitzen, du — du schlechte Person!
Und gehst du auch nur durch seine Straße,
So häng' ich mich auf und laufe davon.

Sufette.

So? hängen willst du dich? und laufen?
Ei, wofür samml' und spar' ich so gern?
Ich hatte wohl Lust, mir ein Band zu kaufen
Für das Geld von dem freundlichen Herrn;
Ich that es aber nicht, du Hochgestrenger!
Ich dachte: hab' ich das Geld verthan,
So dauert es wieder um so viel länger,
Eh' ich meinen Peter heirathen kann.
Oder wer weiß, warum Gott mir's bescherte?
Hatt' ich doch einmal fast so viel,
Daß ich eine Kuh schon blöken hörte;
Da standen wir wohl recht nah' am Ziel.
Aber meine arme Mutter erkrankte,
Es ging mit uns eine Weile hart,
Da gab ich Alles her, und dankte
Dem lieben Gott, daß ich's erspart.
Auch du, du hattest schon hübsch zu leben,
Da wurde plötzlich dein Bruder blind,
Da hast du ihm Alles hingegeben,

Weil doch die Blinden die Aermſten ſind.
Nun waren wir Beide kahl wie die Mäuſe,
Das hat uns aber nicht weh' gethan,
Wir meinten, daß Gott uns Lohn verheiße,
Und fingen von vorne wieder an,
Ja, wir verdoppelten unſer Beſtreben,
Und nun, da mir ein alter Patron
In allen Ehren das Geld gegeben,
So ſchiltſt du mich eine ſchlechte Perſon. (Weint.)

Peter.

Nun, nun, Suſette, du mußt nicht weinen,
Du weißt, dann bin ich gleich caput.
Ich konnt' es ja nicht böſe meinen,
Ich bat dich nur: ſei auf der Hut!
Denn die pariſer Brillenträger,
Glaub' mir, denen iſt nicht zu trau'n,
Es ſind verdammte Glücksjäger,
Trotz ihrer Brillen, nach hübſchen Frau'n;
Und lieber wollt' ich noch Jahre lang warten,
Bis mir das graue Haar ſchon käm',
Ehe ich nur einen ſo erſparten
Thaler in meine Hände nähm'.
Nun? biſt du noch böſe?

Suſette (ihn verſtohlen anblickend).

Die ſchelmiſchen Augen.

Peter.

Sei nicht mehr böſe, ſieh' mich an.

Suſette.

Nun ja —

Peter.

Laß deinen Zorn verrauchen,
Schlag' ein.

Susette (ihm die Hand reichend).
Diesmal sei's abgethan.

Peter.

Pfui, daß wir die schöne Zeit verlieren
Durch solchen unverständ'gen Zwist!
Komm, laß' uns lieber ein wenig summiren,
Was noch zur Wirthschaft uns nöthig ist.

Susette.

Inn, ich habe der Thaler schon viele —
Warte, wie viele? zwei — drei — und ein halb.

Peter.

Geld hab' ich nicht, doch in der Mühle
Verdient' ich mir ein jähriges Kalb.

Susette.

Nnn werd' ich mir zwei Schafe kaufen —

Peter.

Mein Kalb wird nächstens eine Kuh —

Susette.

Die geben mir Wolle, einen großen Haufen —

Peter.

Und dann kommt noch ein Kälbchen dazu —

Susette.

Und fette Milch und Lämmer die Menge —

Peter.

Da werden bald zwei Kühe d'raus —

Susette.

Das blöket — der Stall wird schon zu enge —

Peter.

Und endlich treib' ich eine Herde hinaus!

Susette.

Die schönsten Käse macht meine Mutter —

Peter.

Die bringst du täglich nach der Stadt —

Susette.

Und deine Kühe geben die Butter —

Peter.

Die legen wir zwischen ein Rebenblatt.

Susette.

Da bring' ich denn immer viel Geld nach Hanse.

Peter.

Im eisernen Kasten wird's verwahrt —

Susette.

Wir leben nicht in Saus und Brause —

Peter.

Für unsere Kinder wird's gespart —

Susette.

Und täglich wird der Hanfe größer —

Peter.

Und täglich mehrt die Herde sich —

Susette.

Die Käse werden immer besser —

Peter.

Und um die Butter reißt man sich.

Susette.

Ach Peter, hör' auf! mir wird ganz bange!
Wir haben schon viel zu viel erspart.

Peter.

Was thut's?

Susette.

Man sagte mir schon lange,
Der Reichthum mache die Menschen hart.
D'rum thäten sie allerlei Possen treiben,
Und strotzten von häßlichem Uebermuth.
Nein, lieber laß recht arm uns bleiben,
Arm, lieber Peter, aber gut.

Peter.

Ei wie du willst, ich bin's zufrieden,
Arm oder reich, du wirst meine Frau.
Soll auch kein Huhn im Topfe sieden,
I nu, wir nehmen's nicht so genau.

Susette.

Eine Schale voll Milch von eig'nen Kühen,
Und schwarzes Brot hinein gebrockt —

Peter.

Das ist die köstlichste der Brühen,
Wenn nur das Herz dabei frohlockt! —
Was meinst du, Suschen? unter den Linden
Wird gleich nach Sonnenuntergang
Sich Alt und Jung zusammenfinden,
Dann ziehen wir mit Sang und Klang
Zum frohen Tanz auf diesem Platze —

Malesherbes (bei Seite).

O weh, meine Rosen!

Peter.

Was meinst du nun,

Wenn ich dann aus der Schule schwatze,
Mein Glück den Leuten kund zu thun?

Susette.

Wir wollen's doch noch überlegen.
Geh' nur, du weißt, ich habe hier
Noch ein Geschäft, das bringt uns Segen.

Peter.

Ich weiß schon, komm, ich helfe dir.

Susette.

Nein, nein, das muß ich allein vollbringen,
Sonst wär' es doch nur halb gethan.

Peter.

Hörst du von ferne Schallmeien klingen?

Susette.

Ich spute mich, geh' nur voran.

Peter.

Juchhe! wir schwingen uns heut' im Tanze!
Wir jubeln, bis der Morgen graut!
Juchhe! im frischen Mirtenkranze
Seh' ich dich schon als meine Braut! (Ab.)

Vierte Scene.

Susette. Malesherbes.

Susette (fromm die Hände faltend).

Hat mir der liebe Gott beschieden,
Des wackern Peters Frau zu sein,
I nun, so bin ich es wohl zufrieden. —
Jetzt flink! thu' deine Pflicht auch fein.

(Sie geht zum Brunnen und schöpft Wasser in ihren Topf.)

Malesherbes (leise).

Ein Pärchen, wie aus Schäfergedichten,
Ich war ganz Auge, war ganz Ohr. —
Was hat sie hier noch zu verrichten?
Sie schöpft am Brunnen? was hat sie vor?

    Susette (kommt und begießt die Rosen).

Willst du eine Freude recht genießen,
So thu' zuvor, was dir gebührt.

    (Sie schöpft noch einmal Wasser.)

Malesherbes.

Sie kommt, meine Rosen zu begießen?

    Susette (begießt).

Wenn er einmal hieher spazirt,
Der edle Greis, den wir verehren,
So wird er sich der Rosen freu'n.

Malesherbes.

Wie soll ich das Räthsel mir erklären?

Susette.

Bald wird's genug für hente sein.

Malesherbes.

Die Neugier muß hervor mich locken.

    (Er tritt ihr plötzlich unter die Augen.)

Mein schönes Kind, was machst du da?

Susette.

Ach, gnäd'ger Herr! — ich bin erschrocken —
Mein Gott! Sie hier? — Sie selbst? —

Malesherbes.

            Nun ja,

Erschrick nur nicht. Ich wünsche zu wissen,

Warum, auf weſſen Wunſch und Begehr
Du kommſt, meine Roſen zu begießen?

Suſette.

Ach! ſein Sie nicht böſe, gnäd'ger Herr!

Malesherbes.

Nein, ganz und gar nicht, doch erzähle.

Suſette.

Wir haben's gewißlich gut gemeint —

Malesherbes.

Das glaub' ich gern, darum verhehle
Mir nichts, ich bin ja euer Freund.

Suſette.

Es iſt mir wohl verboten zu ſagen,
Doch meines Wortes bin ich quitt,
Denn weil der gnäd'ge Herr mich fragen,
So muß ich wohl heraus damit.

Malesherbes.

Verboten? Das klingt ja recht gefährlich?

Suſette.

Es war heute die Reihe an mir.

Malesherbes.

Die Reihe? Das iſt mir unerklärlich.

Suſette.

Ja, geſtern war Perrette hier,
Vorgeſtern Nannette, und morgen kommt Lieſe.

Malesherbes.

Sprich deutlicher, ſoll ich dich verſtehen.

Suſette.

So hören Sie. Dort auf jener Wieſe

Haben wir Alle von ferne geseh'n,
Daß Sie die jungen Rosenstöcke
Hieher gepflanzt mit eig'ner Hand,
Obgleich für eine Rosenhecke
Hier wohl zu dürr der mag're Sand.
Da haben unter sich die Alten gesprochen:
Man muß ihm doch zeigen, dem edlen Greis,
Der fast an jedem Tag in der Wochen
Uns wohl thut, wo er kann und weiß,
Man muß ihm doch zeigen, daß wir ihn lieben,
Und daß wir dankbare Menschen sind,
Und weil so hoch bei ihm angeschrieben
Die Rosen steh'n, ei Kinder, geschwind!
So müssen wir in der Stille fein sorgen,
Daß sie auch wachsen, daß sie auch blüh'n;
An jedem Abend, an jedem Morgen
Wollen wir sie pflegen und erzieh'n.
Die Dirnen von fünfzehn Jahren und d'rüber,
Die sollen, wenn sie zu Markte geh'n,
Fein nach der Reihe hier vorüber
Und treulich nach der Pflanzung seh'n,
Und emsig in ihren leeren Töpfen,
So viel eine Jede nur vermag,
Wasser aus jenem Brunnen schöpfen,
Die Rosen begießen Tag für Tag.
Er muß es aber nicht erfahren,
Nein, Kinder, sagen dürft ihr's ihm nicht. —
O gnäd'ger Herr! schon seit vier Jahren
Erfüll' ich diese liebe Pflicht.
So lieb ist Keinem sein eig'ner Garten,

Als diese Rosen uns Allen sind;
Die Dirnen können es kaum erwarten,
Bis sie fünfzehn Jahr alt sind;
Sie möchten um die Ehre sich raufen.

Malesherbes (bei Seite).

Ha! welcher König ist reich genug,
Mir diesen Augenblick abzukaufen!

Susette.

Und den bedroht ein harter Fluch,
Der hier eine Rose wagt zu brechen,
Die ganze Gemeinde stößt ihn aus.

Malesherbes (bei Seite).

Vor Wehmuth kann ich fast nicht sprechen.

Susette.

Zu keinem Tanz noch Ehrenschmaus
Wird er geladen.

Malesherbes.

   Ihr guten Kinder
Sorgt täglich für mich alten Mann,
Wohlan, so will ich auch nicht minder
Euch täglich helfen, wo ich kann.
Geh'! allen Freunden meiner Rosen
Mach' es bekannt: wo ich auch sei,
Ist Einem ein Unglück zugestoßen,
Der komme zu mir und rede frei.
Will irgendwo ein Zwist einschleichen,
So hadert nicht, kommt lieber zu mir,
Ich werde besänftigen, schlichten, vergleichen,
Ein ewiger Friede herrsche hier.
Und wo etwa der Armuth Bürde

Ein junges, liebendes Pärchen trennt,
Da komm es zu mir, den keine Würde
Mehr freut, als wenn man ihn Vater nennt.

Susette.

Da wird der gnäd'ge Herr nicht selten
Zu thun bekommen. Unter uns gesagt,
Ich könnt Ihm auch wohl ein Wörtchen vermelden,
Doch heute sei es noch nicht gewagt.
Ich laufe heim. Von Hütte zu Hütte
Will ich verkünden die Freude, das Glück —
Der gnäd'ge Herr in unsrer Mitte! (Will fort.)

Malesherbes.

Warte noch einen Augenblick:
Denn nicht unbelohnt entferne
Sich die Gärtnerin von mir.

Susette.

Nein, gnäd'ger Herr, wir thun es gerne,
Wir nehmen wahrhaftig nichts dafür.

Malesherbes (bricht eine Rose).

Doch eine Rose?

Susette.

Ei ja, mit Freuden!

Malesherbes.

Ich selber stecke sie dir in's Haar.

Susette.

Wie werden sie Alle mich beneiden,
Daß heute an mir die Reihe war. (Ab.)

Fünfte Scene.

Malesherbes (allein).

So ist das Wunder nun enthüllt:
Darum gediehen die Rosen so schön;
Und so wird mir der Wunsch erfüllt,
Hier nie ein Blatt geknickt zu seh'n. —
Es wurde schon seit manchen Jahren
Wohl manche Ehre mir zu Theil,
Doch was mir heute widerfahren,
Das wär' um keinen Ruhm mir feil.
Was ist Schmeichelei der Weiber,
Der Großen kalte Höflichkeit,
Posaunenlob der Zeitungsschreiber,
Gegen diese Herzlichkeit?
Gegen diesen frommen Willen,
Dies naive Dankgefühl?
So lohnt das Gute sich im Stillen,
Verloren geht's im Weltgewühl.
Was gab ich denn? was konnt' ich geben?
Ein wenig von meinem Ueberfluß;
Dies Wenige versüßt mein Leben,
Gewährt mir einen hohen Genuß! —
O Mensch! es wird dir nicht gelingen,
Des Guten auf Erden viel zu thun.
Doch möchtest du Weniges nur vollbringen,
Sanft würdest du am Abend ruh'n. —
    Allein was seh' ich! die hübsche Susette
Kommt schon zurück? und ganz erhitzt! —
Ich meine, vor allem Unheil hätte

Ich sie durch meine Rose geschützt.
Auch Peter gewahr' ich hinter den Hecken —
Er eilt ihr nach — er holt sie ein —
Ich muß mich noch ein wenig verstecken,
Der Unschuld lauschender Zeuge sein.

(Er schleicht wieder zu dem Ruhesitz.)

Sechste Scene.

Susette. (Gleich darauf) **Peter.**

Susette (außer Athem).

Ach! gnäd'ger Herr! — wo ist er geblieben? —
Weh' mir, den Schimpf überleb' ich nicht!
Sie haben mich verspottet, vertrieben,
Sie lachen mir in's Angesicht —
Und ich habe doch nichts verbrochen — (Sie schluchzt.)

Peter.

Susette, bekenne, was hast du gethan?

Susette.

Nichts.

Peter.

Eine Rose hast du gebrochen,
Wie kam dir solch ein Frevel an?

Susette.

Auch du? das muß mich doppelt kränken!

Peter.

Du leugnest noch? gesteh' nur ein.

Susette.

Auch du kannst Böses von mir denken —
Pfui, schäme dich in dein Herz hinein!

Ja, wenn man dich einmal verklagte,
Und schien es mir auch noch so klar,
Und wenn die ganze Welt es sagte,
Ich spräche doch, es ist nicht wahr!
Du aber — ach! du warst ja gerade
Der Erste, der mein Urtheil sprach!

Peter.

Du weißt, für den ist keine Gnade,
Der freventlich hier eine Rose brach,
Wir halten ihn gleich dem Kirchendiebe,
So ehren wir den guten Herrn.
Und höre, Suschen, so sehr ich dich liebe —
Bist du's gewesen — beim Holofern!
's ist aus mit uns.

Susette.

In Gottes Namen!

Wer mich für eine Diebin hält,
Und säß' er in einem gold'nen Rahmen,
Mit dem hab' ich nichts zu thu'n auf der Welt!
Und sollt' ich mich auch zu Tode grämen —
Die arme Susette — was kümmert dich die?
Du wirst Nachbars Liese nehmen,
Du hast schon lange ein Auge auf sie.

Peter.

Das ist nicht wahr! muß ich dir entsagen,
So ist das Leben mir vergällt,
Und wenn sie mich auf den Händen tragen,
Für mich ist Keine mehr auf der Welt!
Ich werde in deine Seele mich schämen,
Und blinzeln vor jedem Rosenstrauch —

Und grämen? — mich zu Tode grämen?
O, Sapperment! das kann ich auch.

Sufette.

Du willſt mir alſo durchaus nicht glauben?

Peter.

Du lieber Gott! ich wollt' es gern,
Aber ſie werden mich necken und ſchrauben,
Ich laſſe mich nicht an der Naſe zerr'n.
Du haſt's gehört, es war ſo peinlich!
Wie ſprachen ſie All' einſtimmig davon?
Es wäre doch gar zu unwahrſcheinlich,
Daß ſo ein Herr in eig'ner Perſon
Dein Haar geſchmückt mit ſeinen Roſen;
Das habe die Angſt dir ausgepreßt,
Die Furcht, man werde dich verſtoßen
Von unſerm heut'gen Abendfeſt.
Und käm' ich nun doch mit dir angezogen,
Mit Fingern deutend ſpräche man,
Ich ſei ein Gimpel, den du betrogen;
Nun ſiehſt du wohl, das geht nicht an.
Sie würden dir den Tanz verſagen,
Und ehe du ſolchen Schimpf erfähiſt,
So müßt' ich mit Fäuſten dazwiſchen ſchlagen,
Wenn du auch zehnmal ſchuldig wäiſt.

Sufette.

Schon gut. Geh' nur. Du kannſt dich trollen.
Ach wäre nur der Herr nicht fort!
Gleichviel! Dn hätteſt mir glauben ſollen,
Auch ohn' ihn auf mein bloßes Woit.
Von Andern kann es mich nicht kränken,

Wer kennt mich denn, mich arme Magd?
Du aber mußtest ohne Bedenken
D'rauf schwören, daß ich die Wahrheit gesagt,
Denn nimmer hab' ich dich betrogen.
Geh' Bösewicht! Liebe hast du mir
Doch nur geheuchelt und gelogen;
Ich habe nichts mehr zu schaffen mit dir.

Peter.

Ich habe gelogen? nun schwillt mir die Galle!
's ist aus mit uns! — Das that zu weh! —
Dir kommt der Hochmuth vor dem Falle.
Leb' wohl.

Susette.

Leb' wohl!

Peter.

Ich gehe —

Susette.

Geh'

Peter.

Ich komme nicht wieder —

Susette.

Laß' es bleiben.

Peter.

Ich spring' in's Wasser —

Susette.

Immerhin.

Peter.

Ich lasse mich unter die Soldaten schreiben —

Susette.

Was kümmert's mich?

Peter.

Du Lügnerin! (Will fort).

—

Siebente Scene.

Herr von Malesherbes. Die Vorigen.

Malesherbes (vertritt ihm den Weg).

Halt, junger Freund! wohin so behende?

Susette.

Der gnädige Herr! ach, Gott sei Dank!

Peter.

Was seh' ich —

Malesherbes.

Bleib', es kommt am Ende
Doch nichts heraus bei eurem Zank;
Du mußt sie doch um Vergebung bitten,
Und froh sein, wenn sie dir vergibt;
Denn sieh, unschuldig hat sie gelitten,
Unschuldig hast du sie betrübt,
Die Rose hab' ich selbst gebrochen,
Hab' ich ihr selbst in's Haar gesteckt.

Susette.

Da hörst du es nun.

Peter.

Die Adern pochen
Mir alle vor lauter tiefem Respekt.

Malesherbes.

Den tiefen Respekt kannst du ersparen,
Mach' nur Susetten wieder gut.

Susette.

Wieder gut? Da soll mich der Himmel bewahren!

Peter (bittend).

Ich bin ja doch ein ehrliches Blut.

          Susette (ihm nachspottend).

Mit uns ist's aus — dir schwillt die Galle —

          Peter.

Na, nimm es nur nicht gar zu krumm.

          Susette.

Mir kam der Hochmuth vor dem Falle —

          Peter.

Na, sieh' nur Suschen, das war dumm.

          Susette.

Du willst dich zum Soldaten verdingen —

          Peter.

Das ist mir so herausgeplatzt.

          Susette.

Oder wohl gar in's Wasser springen —

          Peter.

Das hab' ich in den Wind geschwatzt.

          Susette.

Nein nein, ich werde mich wohl hüten,
Solch' einen Mann — bewahre mich Gott!

          Peter.

Ach helfen Sie, gnädiger Herr! verbieten
Sie ihr das lose Maul, den Spott.

          Malesherbes.

Sie hat wohl Recht; dich zu verhöhnen.

          Peter.

Nun ja, sie hat Recht, das geb' ich zu —

          Malesherbes.

Ich kann sie nicht zwingen, sich zu versöhnen.

Peter.

Sie muß, ich laſſ' ihr keine Ruh'.

Malesherbes.

Nicht doch, du darfſt sie auch nicht quälen.
Und sieh, an einem Bräutigam
Wird es ihr darum doch nicht fehlen;
So gut, so flink, so arbeitsam —
Noch überdies hab' ich zum Brautgeschenke
Ein Bauergütchen ihr zugedacht.

Susette.

Ach gnädiger Herr —

Malesherbes.

Und wenn ich's bedenke —
Ja — so wird alles gut gemacht.
Ich hab' einen Jäger, einen braven Jungen,
Auch hübsch und munter, den geb' ich ihr.

Peter.

Ach, wär' ich doch gleich in's Wasser gesprungen!

Susette (sehr erschrocken).

Wie, gnädiger Herr? den geben Sie mir?

Malesherbes.

Zu Einem mußt du dich bequemen,
Zum Jäger oder zu diesem da.

Susette (stockend).

So will ich doch lieber diesen nehmen.

Peter.

Juchhe!

Malesherbes.

Ist das dein Ernst?

Sufette.

Ach ja!

Malesherbes.

Wie werd' ich es aber mit dem Gütchen halten?
Ich fürchte — bei seinem Ungestüm —

Sufette.

So mag der Herr es lieber behalten —
Ich kann denn doch nicht lassen von ihm.

Peter.

Sufette, das will ich dir nimmer vergessen!
Nun bin ich dein eigen bis in den Tod!
Und sollten wir trock'nes Brot nur essen —

Sufette.

Die Liebe soll würzen —

Peter.

Ja, weiß Gott!

Malesherbes.

So recht. Sie soll die Deinige werden,
Und halte Wort, mein junger Freund.
Es ist das höchste Glück auf Erden,
Das Mann und Weib in Liebe vereint!
Die Jahre fliehen, das Leben eilet,
Doch immer ein Tag dem andern gleicht:
Wo Liebe Noth und Sorgen theilet,
Da tragen Noth und Sorgen sich leicht.

Sufette.

Wir wollen sie tragen —

Peter.

Fröhlich tragen!

Malesherbes.

Und ich will helfen, es bleibt dabei,
Ich will der Sorgen euch entschlagen,
Das Gütchen ist euer frank und frei.

Beide.

O gnädiger Herr!

Malesherbes.

Jetzt hin zum Tanze,
Für deine Unschuld zeng' ich laut,
Und mit dem schönsten Rosenkranze
Von meinen Rosen schmück' ich die Braut.
Und künftig werde zum Angedenken,
So oft die Liebe ein Paar beglückt,
Von meinen und der Natur Geschenken
Ein Kranz für jede Braut gepflückt;
Und wenn schon längst mein Grab beschnei'te,
So bleib' euch diese Erinnerung —
Jetzt deine Hand — ich mache heute
Mit dir noch einen Ehrensprung.

(Der Vorhang fällt.)

Die beiden
kleinen Auvergnaten.

Ein Drama
in einem Aufzuge.

(Nach einer Erzählung von Bouilly.)

Personen.

Wilhelm,
Jakob, } Gebrüder Florval, Kaufleute aus Lyon.

Cäcilie, ein Mädchen von zwölf bis vierzehn Jahren, die Tochter Jakobs.

Wilhelm,
Jakob, } Knaben von zehn bis zwölf Jahren, die Söhne Wilhelms.

Madame Latour, eine Witwe.

(Die Scene ist auf der Messe zu Beaucaire. Der Schauplatz ein Zimmer.)

Erste Scene.

Cäcilie (allein am Fenster stehend).

Ein buntes Gewühl auf dieser Messe von Beaucaire, aber auch ein Lärm, daß einem die Ohren weh thun. — Recht vielen Dank bin ich meinem guten Vater schuldig, daß er mich diesmal mitgenommen; die Reise war so angenehm, und es gibt der Seltenheiten hier eine Menge zu schauen. Aber das unterhält doch nur ein paar Tage. Lieber wär' ich doch nun wieder in Lyon bei meiner Mutter. Oheim und Vater haben hier so viel zu thun, können sich um meine kleine Person nur wenig bekümmern; da steh' ich denn den ganzen Tag am Fenster, und bin es herzlich müde. — (Sie schaut hinaus.) Sieh da, meine kleinen wilden Vettern. Die sind gewiß auf Schelmereien ausgegangen. — Richtig! da droht dem Wilhelm ein Fremder mit der Faust. — Und Jakob? — Was mag er mit dem blinden Manne treiben, der an der Ecke gegenüber sitzt? — ich will nicht hoffen, daß er einen Blinden neckt? Pst! pst! Jakob! Wilhelm! kommt herauf! geschwind! — Sie schütteln die Köpfe. — Wenn ihr nicht kommt, so sage ich es eurem Vater. — Das half. Aber sie schleichen mit grämlichen Gesichtern herauf. Den ganzen Tag auf der Straße, ein herrliches Leben für die wilden Buben.

Zweite Scene.

Wilhelm. Jakob. Cäcilie.

Wilh. Was willst du, Cousine?

Jak. Warum störst du uns're Freude?

166

Cäc. Ihr wißt, daß euer Vater jetzt keine Zeit hat, auf euch Acht zu geben. Mir hat er aufgetragen, zu verhüten, daß ihr keine dummen Streiche macht.

Jak. Seht doch! die gestrenge Frau Hofmeisterin!

Wilh. Wir sind nicht dumm, folglich machen wir auch keine dummen Streiche.

Cäc. O! die klügsten Leute sollen bisweilen die dümmsten machen, und hab' ich nicht so eben gesehen?

Wilh. Was hast du denn gesehen?

Cäc. Warum drohte der fremde Mann dir mit der Faust?

Wilh. Hahaha! das war zum Todtlachen! hast du nicht die tanzenden Hunde bemerkt?

Cäc. Das wäre auch der Mühe werth.

Wilh. O recht sehr, mein hochmüthiges Cousinchen. Stell' dich doch nicht so ehrenfest, wie nnf're alte Bonne mit der Brille auf der Nase. Mir haben die Hunde viel Spaß gemacht. Da war ein Mops im Schäferhabit mit einem Strohhut auf dem Kopfe, der wurde Phyllis genannt, und ein Pudel mit einer Husarenmütze, der hieß Damöt; die sollten beide einen Menuet zusammen tanzen, und machten es recht geschickt. Aber ich hatte vom nächsten Garkoch ein Stück Braten gekauft, das hielt ich verstohlen hin, als sie an mir vorüber tanzten; da schnupperten sie von der Seite, und plumps standen sie auf allen Vieren. Darüber wurde der Mann böse.

Jak. Aber doch nicht so böse, wie der mit den Marionetten, wo du dem türkischen Kaiser die Nußschalen unter den Talar praktizirtest, daß er nicht mehr von der Stelle konnte. (Beide lachen.)

Cäc. Und du, mein kleiner Freund, dich sah ich gegenüber um den blinden Mann beschäftigt, und es kam mir vor, als ob dir auch so eben eine Schelmerei gelungen wäre?

Jak. Errathen. Der Blinde kratzt auf seiner Geige den ganzen Tag, daß man davon laufen möchte; da hab' ich ihm den Fidelbogen, ohne daß er es merkte, mit Fett beschmiert, nun kann er keinen Ton mehr hervorbringen. (Beide lachen.)

Cäc. Pfui! schämt ihr euch nicht, arme Leute zu necken, die ihr Brot so sauer verdienen?

Wilh. Ein Spaß.

Jak. Ein Zeitvertreib.

Cäc. Habt ihr vergessen, was unsere Väter so oft erzählten? Sie waren ein Paar arme kleine Auvergnaten.

Wilh. Ich weiß, sie zogen mit dem Dudelsack herum.

Jak. Und machten allerlei närrische Sprünge.

Cäc. Und gewannen kümmerlich einige Sous.

Wilh. Nun aber sind sie reiche Leute.

Jak. Haben viel Geld und ein großes Magazin.

Cäc. Durch ihren Fleiß erworben. Aber was meint ihr, wenn zu jener Zeit, als sie noch so herum zogen, ihnen ein Paar unartige Buben den Dudelsack zerschnitten hätten?

Wilh. Pfui, das wäre abscheulich gewesen.

Jak. Da hätt' ich mit Fäusten d'rein geschlagen.

Cäc. So? und macht ihr es denn jetzt besser? Du hinderst den Pudel, seinen Menuet zu tanzen. Und vollends du! der arme Blinde!

Jak. Ich hab' es ja nicht böse gemeint.

Wilh. Ich wahrhaftig auch nicht.

Cäc. Aber es war doch schlecht.

Jak. (betreten). Schlecht?

Wilh. Meinst du wirklich, liebe Cousine?

Cäc. Noch gestern sagte euer Vater: verachtet solche Leute nicht, und denkt daran, so oft ihr deren seht, daß es mir nicht besser gegangen.

Wilh. Ja, das sagte er.

Cäc. Und daß ich mit meinem Bruder, ohne die Groß= muth einer jungen Dame, vielleicht noch jetzt so herum zie= hen würde.

Jak. Ja, das hat er gesagt.

Cäc. Und ließ uns nach dem Abendessen die Scene wie= derholen, die er ausdrücklich deßhalb für uns in artige Reime gesetzt hat.

Wilh. O, ich kann meine Rolle.

Jak. Ich auch.

Cäc. Ihm ist aber nicht darum zu thun, daß ihr Rollen herplappert, ihr sollt dabei auch fein an den Ursprung unsers Wohlstandes denken, und euch des Glücks nicht überheben.

Jak. Haben wir denn das gethan?

Cäc. Freilich.

Jak. Das ist mir herzlich leid. Ich will's nicht wieder thun.

Wilh. Nein, ich auch nicht.

Jak. O, ich habe noch zwei Silberstücke, die mir der Va= ter geschenkt, davon will ich eins dem blinden Mann geben und will seinen Fidelbogen wieder rein waschen, und will eine ganze Viertelstunde zuhören, wie er kratzt. Nicht wahr, Cousinchen, dann hab' ich es wieder gut gemacht? (Er springt fort.)

Wilh. Und ich will dem Pudel Damöt nachlaufen; wenn ich seinem Herrn ein paar Livres schenke, so kann er dem Mops Phyllis einen neuen Strohhut dafür kaufen. (Springt fort.)

Dritte Scene.

Cäcilie (allein).

Ein Paar Wildfänge, aber gut sind sie doch, gut, wie ihr Vater; obgleich der jetzt bisweilen mürrisch ist, recht mürrisch. Wer ihn nicht kennt, sollte ihn für einen rauhen Mann halten. Doch wer kann ihm das verargen? es ist kaum ein Vierteljahr, als er seine brave Frau, meine liebe Tante, verlor. Da scheint sein Herz bisweilen verschlossen, weil es voll Kummer ist. — Gott erhalte mir meine Mutter!

Vierte Scene.

Cäcilie. Madame Latour.

M. Lat. Um Verzeihung, Mademoiselle, bin ich hier recht? ich suche die Gebrüder Florval, Kaufleute aus Lyon.

Cäc. Ganz recht, Madame, die wohnen hier.

M. Lat. Könnt' ich sie sprechen?

Cäc. Mein Vater ist nicht zu Hause und mein Oheim hat dringende Geschäfte.

M. Lat. Ach! das meinige ist auch so dringend!

Cäc. Beide haben mir aufgetragen, Fremde zu empfangen und anzuhören. Wenn also Madame die Güte haben wollten, sich mir zu vertrauen — ich würde alles pünktlich ausrichten, und morgen die Antwort —

M. Lat. Morgen? ach! das wäre zu spät! mir kann nur heute geholfen werden! ich bitte Sie, Mademoiselle, sagen Sie Ihrem Oheim, daß an dieser Stunde die Ruhe einer Mutter, das Glück von vier Waisen hängt.

Cäc. Das ist genug, Madame, er wird gewiß gleich kommen. Setzen Sie sich. (Sie geht ab.)

Fünfte Scene.

Madame Latour (allein).

Eine schwere Stunde! Mutterliebe wird mir helfen sie überstehen. — Fremde Menschen, die ich nie gesehen, Kaufleute, die wohl nicht auf die Messe von Beaucaire gekommen, um da großmüthige Handlungen auszuüben — Ach! und wenn ich dieses Haus ohne Trost verlassen muß — meine armen Kinder! was wird aus euch! und was aus mir!

Sechste Scene.

Wilhelm Florval. Madame Latour.

W. Florv. Was steht zu Ihren Diensten, Madame?

M. Lat. Mein Herr, ich flüchte zu Ihrer Menschlichkeit. Erlauben Sie mir eine kurze Darstellung meines Schicksals.

W. Florv. Madame, ich habe viele und dringende Geschäfte. Wenn ich aber Ihre Noth in etwas mildern kann — (Er greift in die Tasche, um seinen Beutel zu ziehen)

M. Lat. (gekränkt, als sie sein Vorhaben bemerkt). Mein Herr, ich bin keine Bettlerin.

W. Florv. (stutzt). Verzeihen Sie.

M. Lat. Nur um Gehör bitte ich.

W. Florv. Sprechen Sie.

M. Lat. Mein Vater war ein reicher Kaufmann in Paris. Mich knüpfte Liebe an einen wackern aber armen Mann,

der ein kleines Gut eine Meile von hier besaß. Meines Vaters
Güte unterstützte uns. Nach seinem Tode sollt' ich eine reiche
Erbin werden; allein das Elend unserer Zeiten traf auch ihn,
seine Geschäfte wurden zerrüttet, sein Vermögen ging verlo=
ren und der Kummer führte ihn zu Grabe. Ich war indessen
Witwe von vier Kindern geworden. Es ging uns knapp. An
Wohlstand verwöhnt, ertrug ich Anfangs den Mangel seuf=
zend; doch ich war reich in meinen Kindern, reich durch mei=
nes Gatten Liebe, und lernte bald mich fröhlich behelfen. Der
Fleiß des Hausvaters schaffte das Nothdürftige, und unser
kleines Gut blieb unverschuldet. Ach! da raubt mir der Tod
den Versorger! Ich — die kummervolle Witwe — sollte an
seine Stelle treten; ich sollte mit zerrissenem Herzen Geschäf=
ten vorstehen, denen ich nicht gewachsen war. Ich that, was
ich vermochte, ich sparte, wo ich konnte, aber mit jedem Jahre
kam ich zurück. Ich wollte das Gütchen verkaufen, man rieth
mir, bessere Zeiten abzuwarten, bis die in unsern Tagen tief
gesunk-nen Preise wieder etwas sich erheben möchten. In die=
ser Hoffnung lieh ich nach und nach dreitausend Thaler von
dem Kaufmann Dümont, einem wackern Manne, der mich
nie gedrückt und mir die Zahlungsfrist jährlich verlängert hat.
Aber auch ihn haben Unglücksfälle betroffen, und als ich heute,
am Zahlungstage, mit den Zinsen zu ihm kam, die gewöhnliche
Nachsicht hoffend, erklärte er mir mit Achselzucken, er sehe
diesmal sich gezwungen, das Geld mit Strenge einzufor=
dern, um den eigenen Gläubigern gerecht zu werden. Ich stand
vernichtet. Meine Bestürzung, meine Angst rührten ihn. »Ich
bin diese Summe,« sagte er, »den Gebrüdern Florval aus
Lyon schuldig. Diesen muß ich heute unausbleiblich zahlen,
wenn ich meinen Kredit erhalten will —«

W. Florv. Ja, so ist es.

M. Lat. »Kennen Sie aber diese Herren,« fuhr er fort, »oder wollen Sie versuchen, ob sie Ihren Wechsel statt meiner Zahlung annehmen mögen? —«

W. Florv. Nein, Madame, das geht nicht.

M. Lat. Das Gütchen ist auch jetzt noch wenigstens das Doppelte werth —

W. Florv. Das will ich glauben, allein wir wohnen fern von hier, wir können uns damit nicht befassen.

M. Lat. Wenn Sie Erkundigungen einziehen wollten, wie ich lebe, wie ich arbeite —

W. Florv. Ich zweifle nicht daran, aber, Madame, das ist ein kaufmännisches Geschäft, wir haben es blos mit Herrn Dümont zu thun.

M. Lat. Wenn Sie wüßten, mit welcher Angst ich Ihre Schwelle betreten —

W. Florv. (die Achseln zuckend). Sie dauern mich, Madame, aber —

M. Lat. (nach einer Pause). Haben Sie Kinder, mein Herr?

W. Florv. O ja, zwei Söhne.

M. Lat. Lassen Sie mich zu Ihrer Gattin sprechen. Sie ist Mutter — sie wird mich hören —

W. Florv. (ergriffen). Meine Gattin lebt nicht mehr.

M. Lat. Nnn, bei ihrer Asche —

W. Florv. Genug, Madame, ich will mit meinem Bruder sprechen; wir wollen sehen, was sich thun läßt. Kommen Sie um eine Stunde wieder.

M. Lat. Erlauben Sie mir nur noch einen Augenblick — ich bin so angegriffen —

W. Florv. (gibt ihr einen Stuhl). Setzen Sie sich, Madame. — Sieh da, mein Bruder, wie gerufen.

Siebente Scene.
Jakob Florval. Die Vorigen.

M. Lat. (steht auf und verbeugt sich).

J. Florv. (stutzt und staart sie an).

W. Florv. Bruder, diese Dame ist in Noth.

J. Florv. (ohne das Auge von ihr zu verwenden). In Noth?

W. Florv. Sie hat dem Kaufmann Dümont gerade so viel zu zahlen, als unsere Forderung an ihn beträgt. Wenn wir ihm Frist geben, so ist auch ihr geholfen.

M. Lat. Glauben Sie, mein Herr, daß ich Ihrer Güte nicht unwürdig bin.

J. Florv. (für sich). Sie ist es! (Er zieht seinen Bruder hastig bei Seite) Bruder, erkennst du sie nicht!

W. Florv. Wie — was — (Er starrt sie an.)

J. Florv. Sie ist es.

W. Florv. Wär' es möglich!

J. Florv. Ha! ihr Bild hat sich zu tief in mein Herz gegraben! nicht Alter noch Kummer haben sie so verwandelt, daß sie mir unkenntlich werden könnte.

W. Florv. Ja, nun find' auch ich ihre Züge wieder. Gott möge mir verzeihen, daß ich sie nicht gleich erkannte. Das Bild meiner verlor'nen Gattin füllte mein ganzes Herz.

J. Florv. Geschwind, in welcher Noth ist sie? was bedarf sie?

W. Florv. Stille! sie selbst möge in der frohen Ueber=

zeugung uns noch bestärken. (Er wendet sich zu ihr.) In Paris wohnte Ihr Vater, Madame?

M. Lat. Ja.

W. Florv. In der Straße St. Honoré?

M. Lat. (stutzt). Ja.

W. Florv. In einem großen grünen Hause?

M. Lat. (deren Verwunderung wächst). Ja, mein Herr.

W. Florv. Mit einem Balkon?

M. Lat. Mein Gott, woher wissen Sie —

W. Florv. Wir haben Geschäfte mit einander gehabt.

M. Lat. Hab' ich seinen Namen schon genannt?

W. Florv. Der Name thut hier nichts zur Sache. — Bruder, du gehst zu Dümont. (Er zischelt ihm in's Ohr.) Verstehst du mich?

J. Florv. (leise). Vollkommen. Das ist das Wenigste, was wir thun können. Ich kehre eilig zurück. Bis dahin kein Wort. Ich muß die Freude theilen.

W. Florv. (leise). Das sollst du. Ich habe einen freundlichen Gedanken — die Scene von unsern Kindern gespielt — was meinst du, wenn wir so es vorbereiten?

J. Florv. Herrlich! in zwei Minuten bin ich wieder hier. (Ab.)

Achte Scene.

Wilhelm Florval. Madame Latour.

M. Lat. Ihr Herr Bruder geht, ohne ein Wort des Trostes für mich?

W. Florv. Er handelt lieber, als er spricht. Er wird wieder kommen. Hoffen Sie, Madame.

M. Lat. Gott segne Sie für diesen Trost! ich habe keine Worte — wären meine Kinder hier —

W. Florv. Wir wollen sie kommen lassen.

M. Lat. Wie?

W. Florv. Warum nicht? Wir haben ja auch Kinder. Ja, Madame, wir lieben die Kinder. Wir beschäftigen uns gern mit ihnen. Wenn wir Abends die trock'nen Rechnungs=bücher bei Seite legen, so müssen sie uns die Zeit vertreiben, bald durch Musik, bald durch fröhliche Tändeleien. Bisweilen lassen wir sie auch Komödie spielen. Lieben Sie das Schauspiel, Madame?

M. Lat. Vormals liebte ich es.

W. Florv. Jetzt nicht mehr?

M. Lat. Seit vielen Jahren hat meine Lage mir nicht erlaubt, an diesem Vergnügen Theil zu nehmen.

W. Florv. Dann sind Ihnen wohl die neuesten kleinen Stücke unbekannt?

M. Lat. Gänzlich unbekannt.

W. Florv. Zum Beispiel: Die kleinen Auvergnaten?

M. Lat. Ich habe nichts davon gehört.

W. Florv. Es ist ein rührendes kleines Stück — fürwahr so rührend, daß ich nicht daran denken kann, ohne innigst bewegt zu werden. — Sie haben doch wohl in Ihrem Leben schon kleine Auvergnaten gesehen?

M. Lat. O ja, sie kommen häufig nach Paris.

W. Florv. Unsere Kinder spielen einige Scenen aus diesem Stücke recht artig. — O, Madame, Sie müssen es der väterlichen Eitelkeit zu gute halten, wenn ich Sie bitte, eine Probe davon mit anzusehen.

M. Lat. (höflich). Es wird mir sonder Zweifel viel Vergnügen machen.

W. Florv. Und zwar jetzt gleich.

M. Lat. Ich fürchte nur, daß meine jetzige Stimmung —

W. Florv. Eben, um Sie zu zerstreuen. Erlauben Sie — Cäcilie! wo bist du?

Neunte Scene.
Cäcilie. Die Vorigen.

Cäc. Hier, lieber Oheim.

W. Florv. Wo sind meine Buben?

Cäc. Wie gewöhnlich, vor der Hausthür.

W. Florv. Rufe sie doch geschwind hieher.

Cäc. Sogleich.

W. Florv. Noch ein Wort, Cäcilie. (Er spricht leise mit ihr.)

M. Lat. (bei Seite). Sonderbar! ich suche Hilfe — Er hat die dringendsten Geschäfte — und will von seinen Kindern Komödie spielen lassen.

Cäc. Ich verstehe. (Ab.)

Zehnte Scene.
Wilhelm Florval. Madame Latour.

W. Florv. Es wird Ihnen auffallen, Madame, daß die Kunst mich so erwärmt, und zwar zu einer Zeit, wo nur von Geschäften die Rede sein sollte. Sie müssen Nachsicht haben, es ist mein Steckenpferd.

M. Lat. Der Nachsicht bedarf nur ich.

Eilfte Scene.

Jakob Florval. Die Vorigen.

J. Florv. Da bin ich wieder. (Leise zu seinem Bruder.) Ich habe alles in Ordnung gebracht. Dümont hat mir er= zählt — o Bruder! aus dem herrlichen Mädchen ist ein herr= liches Weib geworden!

W. Florv. Still. Die Kinder sind gerufen.

M. Lat. Haben Sie über mein Schicksal entschieden?

J. Florv. Sein Sie unbesorgt, Madame. Solche Ge= schäfte betreiben sich langsam, doch ich hoffe, es werde sich alles zu Ihrer Zufriedenheit endigen. Indessen bitten wir, sein Sie heute unser Gast.

M. Lat. Sie behandeln eine arme Witwe mit so vieler Güte —

W. Florv. Ja, sein Sie unser Gast, wiewohl sonst mancher Arme der Ihrige gewesen. Da kommen die Kinder.

Zwölfte Scene.

Cäcilie. Wilhelm. Jakob. Die Vorigen.

(Cäcilie trägt ein Theebret mit Tassen und Zubehör, welches sie auf einen Tisch etwas im Hintergrunde setzt.)

W. Florv. Bis wir zu Tische gehen, erlauben Sie ein paar Scenen aus dem kleinen Schauspiel, dessen ich erwähnte.

M. Lat. (verbeugt sich höflich).

J. Florv. Mein Bruder hat auch eine Rolle darin. Wir werden die einzigen Zuschauer sein. Haben Sie die Güte, sich auf diesen Stuhl zu setzen. (Er führt sie zu einem Stuhle an der einen Ecke der Bühne, und setzt sich ihr gegenüber an die andere Ecke.)

M. Lat. (bei Seite). Das ist fürwahr etwas peinlich.

W. Florv. (setzt sich mit Cäcilien an den Tisch; die beiden Knaben treten ganz in den Hintergrund).

W. Florv. Denken Sie sich, Madame, einen reichen Kaufmann in Paris, der hier des Morgens mit seiner Toch= ter am Theetische sitzt. Ein paar kleine Auvergnaten sind ge= meldet worden. Sie lassen sich nicht abweisen, und wollen durchaus mit der Herrschaft selbst sprechen.

M. Lat. (bei Seite). Sonderbar — welche Erinne= rung —

W. Florv. Nnn, liebe Nichte, wir fangen an: Sie mögen sich zum Henker trollen!

Cäcilie.

O Vater, lassen wir sie herein.

W. Florval.

Was doch die Buben von uns wollen!

Cäcilie.

Es werden vielleicht dieselben sein,
Die gestern Abend ihre Künste
Hier unter dem Balkon gemacht,
Und denen von Ihrem Spielgewinnste
Einige Sous ich zugedacht.

W. Florval.

Ja ja, ich griff in meine Kasse,
Was in die Hand fiel, gab ich dir.

Cäcilie.

Ich warf es hinunter auf die Straße,
Wohl eingewickelt in Papier.

W. Florval.

Aber dein Zischeln an meinen Ohren

Zerſtreute mich beim Spiele ſehr;
Mir ging ein Solo d'rüber verloren.
Cäcilie.
Der Dank, den Sie gewannen, war mehr.

Wilhelm und **Jakob** (nähern ſich ſchüchtern mit vielen ungeſchick-
ten Kratzfüßen).
Cäcilie.
Sie ſind's. An ihren braunen Geſichtern
Erkenn' ich ſie. Warum ſo ſcheu?
Nur näher, Kinder, ſeid nicht ſchüchtern.
W. Florval.
Was wollt ihr?

Wilhelm und **Jakob** (ſtoßen einander an, jeder will, daß der
andere reden ſoll).
W. Florval.
Wird's bald?
Cäcilie.
Redet frei.
Wilhelm.
'R Gnaden werden's nicht übel nehmen —
Und auch 'R Gnaden, die Mamſell —
Wenn wir uns erſt ein Bischen ſchämen,
's iſt Alles hier ſo gewaltig hell.
Jakob.
Potz tauſend, Bruder, der große Spiegel —
Da ſtehen wir ganz und gar darin.
Wilhelm.
Und vor den Fenſtern die flornen Flügel! —
Jakob.
Und auf dem Tiſche das blanke Zinn.

W. Florval.

Die drolligen Buben, wie sie stutzen.

Cäcilie.

Und wie sie verlegen die Hüte dreh'n.

Jakob.

Wen wir nur nicht die Diele beschmutzen,
Es ist hier alles so sauber und schön.

Cäcilie.

Seid unbekümmert. Redet munter!

Wilhelm.

'R Gnaden, Mamsellchen, mit Respekt —
Sie warfen uns gestern ein Papierchen herunter.

Jakob.

Es haben zehn Sous darin gesteckt.

Wilhelm.

Hat auch ein Goldstück sich darin verkrochen.
Als wir am Abend es aufgemacht,
Da fanden wir es —

Jakob.

Mit Herzpochen —

Wilhelm.

Es war uns wohl nicht zugedacht,
Und darum bringen wir's heute wieder.

(Er legt es auf den Tisch.)

Cäcilie (verwundert).

Behieltet es nicht?

Jakob.

Das wäre fein!
Wir sind zwar nur ein Paar arme Brüder,
Doch unrecht Gut bringt kein Gedeih'n.

W. Florval.

Ich werde mich vergriffen haben,
Allein doch wohl zu eurem Glück,
Denn jetzt, ihr wackern, redlichen Knaben,
Jetzt schenk' ich es euch — da, nimm es zurück.

Wilhelm.

Warum nicht gar! 'R Gnaden scherzen.
Ne, hören Sie, mit Respekt, so was —
Das krabelt mir in meinem Herzen,
Darüber versteh' ich keinen Spaß.

W. Florval.

Im Ernst.

Wilhelm.

Ne, wirklich? — in meinem Leben
Gehörte noch kein Goldstück mir!

(Er nimmt es mit einem großen Kratzfuß.)

Cäcilie (zieht ein anders aus der Tasche, zu Wilhelm)

Das hat der Vater d i r gegeben,
(Zu Jakob) Und sieh', das zweite schenk' ich d i r.

Jakob.

Ach gehen Sie weg! Sie wollen mich necken —
'R Gnaden, Mamsellchen, 's ist Ihr Spott.

Cäcilie.

Nimm, nimm.

Jakob (nimmt es schüchtern).

Ich bin so voller Schrecken —
Ein Goldstück mein! du lieber Gott!

Wilhelm.

Wenn das die guten Eltern wüßten!

Jakob.

Sie sagten wohl: Gott segne euch!
Wie sie uns weinend beim Abschied küßten —

Wilhelm.

Und sieh, nun sind wir plötzlich reich!

Jakob.

Das brachte uns der Eltern Segen!

Wilhelm.

Und was die Mutter zu uns sprach:
Bleibt fein immer auf g'raden Wegen,
So lohnt ein Sous euch hundertfach.

Jakob (leise).

Nun werden wir uns auch bedanken müssen.

Wilhelm.

Die Worte zu setzen, versteh'n wir nicht,
'R Gnaden, Mamsellchen, zu Ihren Füßen —
(Beide fallen auf die Knie.)

Cäcilie.

Pfui, Kinder, steht auf, das lieb' ich nicht.

Wilhelm.

Vergelt' es Gott in späten Jahren
Auf einer freundlichen Lebensbahn!

Jakob.

Und treulich soll unser Gedächtniß bewahren,
Was Sie an uns Armen gethan! (Sie stehen auf.)

Cäcilie.

Genug, genug, du wackerer Knabe!
Stets bleibe Redlichkeit euer Ziel!
Und möcht' euch Beiden die kleine Gabe
Viel Segen bringen, viel — recht viel!

M. Latour (bei Seite).

Mein Gott! von Wort zu Wort!

J. Florval (steht auf).

Ja, viel Segen hat uns die edle Gabe gebracht.

(Alle stehen auf)

M. Lat. Was ist das?

W. Florv. Madame, erlauben Sie, daß ich Ihnen erzähle, wie es den beiden kleinen Auvergnaten weiter ging. Sie waren plötzlich so reich geworden, daß sie ihren Dudelsack bei Seite warfen. Sie kauften Stecknadeln in den Fabriken, verkauften sie wieder von Dorf zu Dorf, konnten bald mit Bändern und baumwollenen Tüchern handeln, und nach ein paar Jahren bezogen sie schon die Jahrmärkte; das Schild über ihrer Bude war ein Goldstück. Durch Fleiß und Redlichkeit gewannen sie nicht blos Geld, auch gute Menschen, die ihre Waren ihnen vertrauten. Wilhelm und Jakob wurden überall wohl gelitten, und als sie zu Jünglingen heranwuchsen, konnten sie schon ein Maulthier mit ihrem Gepäck beladen. So nahm ihr Wohlstand jährlich zu, bis sie aus Krämern Kaufleute wurden, in Lyon sich niederließen, verheiratheten, glückliche Gatten, glückliche Väter waren. Jetzt beziehen sie mit reichen Magazinen die Messe von Beaucaire — und all dieser Reichthum ist Ihr Werk, Madame — wir sind die beiden kleinen Auvergnaten.

M. Lat. Großer Gott!

J. Florv. Kommt herbei, Kinder! das ist die Frau, die eurer Väter Glück gegründet. Umringt sie, danket ihr! und vor Allen du, Cäcilie, der die Ehre zu Theil geworden, ihre Rolle zu spielen, schließe dich fest an sie, und bitte sie, aus deinen kindlichen Händen dies zerrissene Papier zu empfangen.

Cäc. Liebe Madame! ein Kind, das gewissermaßen Ihnen sein Dasein verdankt, bittet Sie, aus seinen Händen dies Papier zu empfangen.

M. Lat. Mein Wechsel — Gott! — meine Kinder! — Alle Sorgen von mir genommen! — Die kleine Wohlthat, die ich ihnen erzeigte. Verdiente sie so reiche Vergeltung?

J. Florv. Wir tragen nur eine alte Schuld ab.

W. Florv. Doppelt werden wir künftig unsers Wohlstandes genießen, weil wir dankbar sein durften.

M. Lat. Täglich will ich meine Kinder ermahnen: Streu't guten Samen aus wo ihr könnt, wer weiß, wo einst nach langen Jahren euch die Früchte erwachsen!

(Der Vorhang fällt.)

Die Masken.

Ein Schauspiel

in einem Aufzuge.

XXVIII. 13

Personen.

Morton.

Arabelle, seine Frau.

Betty, seine Tochter.

William During, sein Freund.

Paul, sein Kammerdiener.

Peter Blackswarth.

(Der Schauplatz ist ein Zimmer neben einem Tanzsaal. In einem Win=
kel desselben ein Büffet mit Erfrischungen und vielem Silbergeschirr.
Reichgekleidete Bediente stehen bereit. Eine Seitenthür führt aus dem
Vorhause durch das Zimmer nach dem hellerleuchteten Tanzsaale, des=
sen Flügelthüren offen stehen. Man sieht dort allerlei Masken hin und
her wandeln, hört auch bisweilen in der Ferne Tanzmusik.)

Erste Scene.

(Eine schwarzvermummte Maske kommt aus dem Tanzsaale) **Morton,**
(und winkt einem rothen Domino ohne Larve) **William During,**
(der ihm folgt.)

During.

Maske, ich werde sprechen wie Hamlet, als der Geist ihm winkte: ich gehe nicht weiter.

Mort. Allerdings bin ich eine Art von Gespenst.

Dur. Die Stimme ist mir bekannt.

Mort. Auch das Gesicht? (Er demaskirt sich.)

Dur. Morton! ist's möglich! du lebst? (Sie fallen einander in die Arme.)

Mort. Bist du noch mein Freund?

Dur. Welche Frage! — ist's ein Traum? — wir hätten dich wieder! Gott sei Dank! du hättest leicht zu spät kommen können.

Mort. Bin ich noch nicht zu spät gekommen?

Dur. O, ich hätte dir auf jeden Fall mit gutem Gewissen in die Augen gesehen. Aber in eine verdammte Verlegenheit wären wir doch gerathen.

Mort. Bin ich auch für meine Frau nicht zu spät gekommen?

Dur. O nein! doch wär's ein Wunder? du warst ja todt, mausetodt?

Mort. In Arabellens Andenken hofft' ich nie zu sterben.

Dur. Sehr wohl. Sie gedenkt deiner auch mit einer recht hartnäckigen Liebe, das weiß ich am besten; aber von einer zwanzigjährigen Frau muß man nicht begehren, daß sie auf dem Grabe ihres Gatten sich todt weinen soll.

Mort. Es scheint auch nicht, daß sie gesonnen war, so heroisch zu sterben.

Dur. Doch, doch. Wie empfing sie dich?

Mort. Sie weiß noch nichts von meiner Ankunft.

Dur. Sie weiß noch nichts? o vortrefflich! so werde ich Zeuge der rührenden Freude sein —

Mort. Gemach, mein Freund! noch ziehen schwarze Wolken an meinem Horizont.

Dur. Du siehst gewaltig finster aus. Erkläre mir, wo kommst du her? in welchem Grabe hast du gelegen?

Mort. Du weißt, daß ich vor vier Jahren nach Süd=Amerika segelte, weil dort mein alter kranker Oheim nur meiner kleinen Betty seinen Reichthum vermachen, aber durchaus das Kind zuvor sehen wollte. Meine Frau war damals kränklich, und durfte die Reise nicht wagen. Wir hielten es für Pflicht, unserm Kinde die reiche Erbschaft zu sichern, und brachten dieser Pflicht ein schweres Opfer, indem wir uns trennten.

Dur. Fünf Monate nachher kam die gewisse Nachricht, du habest Schiffbruch gelitten.

Mort. So war es auch. Wir wurden an Felsen geschleudert. Ich rettete nichts als mein Kind auf eine unwirthbare Insel. Alle meine Gefährten verschlang das Meer.

Dur. Kein Wunder, daß man deinen Tod für unbezweifelt hielt.

Mort. Zwei Jahre lebt' ich unter gutmüthigen Wilden, bis der Zufall ein Schiff herbeiführte, das mich auf= und mit nach Brasilien nahm. Dort war mein Oheim unterdessen ge=

storben. Sein Testament ernannte meine Betty zur einzigen Erbin.

Dur. Auch das erfuhren wir offiziell, und es hat die arme Mutter unzählige Thränen gekostet, als sie gerichtlich erklären mußte: ihr Kind sei todt.

Mort. Ich kam noch zur rechten Zeit, um das Vermögen fremden Händen zu entreißen. Aber es verfloß wohl ein Jahr, ehe ich die Geschäfte ganz beendigen konnte.

Dur. Und du schriebst nicht? Mensch, du schriebst nicht?

Mort. Ich dachte: Arabelle hat dich nun doch schon als todt beweint. Ich wollte sie überraschen — auch wohl prüfen — und glaubte von Monat zu Monat täglich abreisen zu können. Immer fanden sich neue Hindernisse. Ich sehe nun wohl, ich hätte besser gethan, zu schreiben.

Dur. Ja, weiß Gott!

Mort. Endlich war Alles in Ordnung. Jauchzend bestieg ich das Schiff, jauchzend die Küste meines Vaterlandes. Diesen Morgen kam ich an, und meinte doch, es könnte gefährlich für Arabellens Gesundheit sein, wenn ich so plötzlich vor ihr erschiene. Ich fuhr in's Wirthshaus hier neben an. Da war ein großes Getümmel, weil der Wirth die Erfrischungen zu einer Maskerade für diesen Abend liefern sollte. Mich kümmerte das wenig, aber der geschwätzige Mann erzählte mir ungefragt, der reiche Herr Blackswarth feiere heute seine Verlobung mit der jungen schönen Witwe Morton.

Dur. Nun, nun, so weit ist es wohl noch nicht.

Mort. Du kannst denken, wie mir zu Muthe wurde.

Dur. O ja, vollkommen.

Mort. Ich beschloß sogleich, ein verlarvter Zeuge zu sein, und dann mein Vaterland auf ewig zu meiden. Der

Wirth verschaffte mir Eintrittsbillette, und hier bin ich nun mit einem Fieberfrost, der mich heftiger schüttelt, als da ich aus den Wellen stieg.

Dur. Wie? du wolltest dich nicht zu erkennen geben?

Mort. Wozu? wenn sie mich vergessen hat. Soll. ich ihr Vorwürfe machen? wozu?

Dur. Aber noch ist ja nichts verloren! du erscheinst, und der Nebenbuhler verschwindet.

Mort. Und wenn sie ihn liebt?

Dur. Freund, kennst du den reichen Peter Blackswarth?

Mort. Nein.

Dur. Nun, ich kenne ihn. Er beehrt mich sogar mit seiner Freundschaft. Ich sage dir, er ist der dümmste Teufel in ganz London. Und den sollte Arabelle lieben?

Mort. O, ich habe schon öfter die liebenswürdigsten Weiber von Dummköpfen bethört gesehen.

Dur. Nein, sage ich dir, das kann nicht sein. Ist sie wirklich gesonnen, ihn zu heirathen, so müssen ganz andere Gründe sie bestimmen. Liebe! Liebe! das gibt meine Eitelkeit nimmermehr zu.

Mort. Deine Eitelkeit?

Dur. Nun ja, es muß heraus. Du mußt es doch einmal erfahren. Was meinst du, Herr Bruder, bin ich wohl. ein Kerl, in den man sich verlieben kann?

Mort. Wie kommst du jetzt darauf?

Dur. Antworte mir.

Mort. O ja, du warst den Weibern stets gefährlich.

Dur. Nun, ich — wie ich da vor dir stehe — ich war noch vor sechs Monaten in Arabellen rasend verliebt.

Mort. In meine Frau?

Dur. Nicht in deine **Frau**; in deine **Witwe**. Sapperment! ich konnte ja nicht wissen, daß du von den Todten auferstehen würdest. Du mußt mir das schon nicht übel nehmen. Ich wollte sie heirathen, und hätte sie mich genommen — weiß Gott! du hättest sie in deinem Leben nicht wieder gekriegt.

Mort. Sie schlug deine Hand aus?

Dur. Ja, das that sie, und — freue dich nur — um deinetwillen. Sie werde dich nie vergessen, sagte sie, und weinte dabei so bitterlich. — Sie bat mich des Korbes wegen um Verzeihung, weil ich doch dein Freund gewesen, sonst hätte sie nicht einmal so viele Umstände mit mir gemacht.

Mort. O, erzähle! erzähle!

Dur. Nun, was ist da weiter zu erzählen? ich hatte meinen Korb und schlich davon.

Mort. Du entzückst mich!

Dur. Gehorsamer Diener! — es ist vorbei, und auch recht gut, daß es so kommen mußte. Künftig sprechen wir nicht mehr davon, denn es krabelt mir noch immer am Herzen. Ich habe dir nur beweisen wollen, daß sie mit einer Heirath sich nicht übereilt; denn zum Henker! ich bin doch ein ganz anderer Kerl, als dieser Blackswarth? Freilich bin ich ein armer Teufel, aber — (Man hört Trompeten und Pauken.)

Mort. Und ich — bin ich nicht ein Thor, daß ich mich freue? — Sechs Monate! wie manches kann seitdem sich geändert, wie manche Betrachtungen sie angestellt haben!

Dur. Betrachte du den Herrn Blackswarth, da kommt er selbst.

Mort. (nimmt schnell die Larve wieder vor).

Zweite Scene.

Blackswarth (als türkischer Kaiser ohne Larve). **Die Vorigen.**

Blacksw. Haben Sie die Trompeten und Pauken ge=
hört?

Dur. Freilich.

Blacksw. Das bedeutet die Ankunft meiner Göttin.

Dur. Ist sie da?

Blacksw. Ja, sie ist da.

Mort. (bei Seite). Gott!

Blacksw. Aber künftig soll sie mir ganz anders auf
die Maskerade gehen. Was ist das für ein Anzug? weiß,
weiß, nichts als weiß. Sehen Sie, da geht sie eben vor=
über. (Arabelle geht am Arme einer Dame vor der offenen Saalthür
vorbei.)

Mort. Ach mein Gott! (Er thut in heftiger Bewegung einige
Schritte gegen die Thür, sieht Arabellen nach, und taumelt dann auf
einen Stuhl.)

Dur. Sie ist doch recht hübsch.

Blacksw. Nun ja, hübsch ist sie immer, ganz verflucht
hübsch! aber warten Sie nur, wenn ich ihr erst die Brillan=
ten in alle Ohren hänge. Sehen Sie da auf meinem Turban,
das ist Alles echt. Davon lasse ich ihr einen Schmuck fassen.
Ich habe schon mit dem Juwelier gesprochen.

Dur. Haben Sie mit ihr selbst auch schon gesprochen?

Blacksw. Heute noch nicht, aber mit der Tante. Die
ist, so zu sagen — Sie versteh'n mich wohl.

Dur. Ihre Kupplerin?

Blacksw. Pfui! so sagt man ja nicht unter honneten
Leuten. Aber — hä! hä! hä! — es ist etwas daran. Sie

gibt mir gute Hoffnung. Seit gestern, sagt sie, wäre mir
ein Glücksstern aufgegangen. Ich weiß wohl, mein Geld
— Ich habe viel Geld. Heute soll sie das gewahr werden.
Silber bekommt sie zu sehen, wohin sie das Auge wendet.
Und darum stelle ich auch den türkischen Kaiser vor, seh'n
Sie, da konnt' ich alle meine Brillanten anbringen. Nu,
was will sie mehr?

Dur. So wird wohl heute gar Ihre Verlobung gefeiert?

Blacksw. Ich denke ja. Es wird wohl nicht anders wer=
den. Ich lasse aber auch d'rauf gehen was nur d'rauf gehen
will. Creti und Pleti hab' ich befohlen herein zu lassen,
die Hunde auf der Straße werden traktirt. Meinetwegen
mag auch gestohlen werden! was mach' ich mir d'raus? ich
habe Silber die Hülle und die Fülle.

Dur. An so einem Freudentage —

Blacksw. Langen Sie zu, mein Freund, was Ihnen
beliebt. Essen Sie, trinken Sie, stecken Sie ein. Ich wollte,
daß die ganze Gesellschaft sich toll und voll tränke. — Wer
ist die Maske?

Dur. Ich kenne sie nicht.

Blacksw. Gleichviel. He da! Punsch! setzt hieher.
Trinken Sie, mein Herr, machen Sie sich lustig! Sie sind
bei dem reichen Peter Blackswarth, da fließt der Punsch
wie Regenwasser. (Zu During) Nicht wahr, ich bin ein an=
genehmer Wirth? o die Gäste lachen alle, wenn sie mich nur
seh'n. Jetzt will ich meiner Braut nachschleichen, und sie
mit guter Manier hieher locken, denn ich habe allerlei mit ihr
abzumachen, verstehen Sie mich? hähähä! (Ab.)

Dritte Scene.

Morton und During.

Mort. (springt auf und umarmt During mit Heftigkeit). Ich habe meine Arabelle wieder gesehen! mit einem Zug der Schwermuth, der ihr sonst fremd war, sie aber nicht entstellt. Sie ist schöner als jemals!

Dur. Das brauchst du mir nicht zu erzählen. Ich und Herr Blackswarth wissen das recht gut.

Mort. Freund, dieser Blackswarth, mit all' seiner Dummheit, macht mir doch Unruhe.

Dur. Da haben wir's! und ich mach' ihm keine.

Mort. Versteh' mich recht. Daß er ihr Herz nicht erobern wird, seh' ich wohl. Wenn sie aber ihre Hand ihm schenkt — gleichviel aus welchen Gründen — so begeht sie doch immer einen Treubruch an mir.

Dur. Aber mein Gott! so vergiß doch nicht, daß du ein todter Leichnam bist.

Mort. Wir hatten uns Treue auch jenseit des Grabes geschworen.

Dur. Ja, das pflegt man wohl zu thun, aber solche Schwüre bedeuten eben so viel, als das Wort ewig in den Friedenstraktaten. Uebrigens hast du schwerlich etwas zu fürchten.

Mort. Hörtest du nicht, daß ihm die Tante Hoffnung gemacht? die fatale Tante! ich habe sie nie leiden können. Wenn Arabelle pflichtvergessen wird —

Dur. Pflichtvergessen! er ist ein todter Mensch.

Mort. So ist sicher die bucklichte, boshafte Tante daran Schuld.

Dur. Nun, so mach' ihr einen Querstrich, tritt hin vor Arabellen, zieh' die Larve ab, und sei so glücklich, daß ein anderer vor Rührung und — Neid des Teufels werden möchte!

Mort. Freund, ich bin in mancher Hinsicht schon so ruhig geworden — Dank sei es d i r —

Dur. Und meinem Korbe, nicht wahr?

Mort. Daß ich meinen Plan vollends ausführen kann, wäre es auch nur um die Freude zu erhöhen.

Dur. Aus verdammter Eitelkeit will er sie quälen.

Mort. Du hast gehört, daß Blackswarth Arabellen hieher führen wird. Ich bleibe hier, und werde mich stellen, als ob ich blos mit meinem Punschnapf beschäftigt wäre. So kann ich sie sehen, hören, belauschen —

Dur. Und plötzlich zu ihren Füßen fallen.

Mort. Noch nicht.

Dur. Noch immer nicht?

Mort. Ich habe einen Kammerdiener, einen verschmitzten Menschen, den meine Frau nicht kennt; er wird erscheinen in allerlei Gestalten. Mit ihm hab' ich Prüfungen verabredet.

Dur. Schon wieder Prüfungen! Herr Bruder, du bist so weit gereist, hast sogar Schiffbruch gelitten, und weißt noch nicht, daß man eine Frau nie zu strenge prüfen muß?

Mort. Laß mir meinen Willen. Geh' du indessen, und bewache meine kleine Betty im Gedränge.

Dur. Wo ist sie?

Mort. Am obern Ende des Saales wirst du sie finden, als Zigeunerin gekleidet. Auch sie hat eine Rolle zu spielen, und vielleicht die dankbarste.

Dur. Haſt du nicht noch ein paar Wilde von deiner Inſel mitgebracht und ihnen Rollen einſtudirt? — Wahrlich! es wäre dir Recht geſchehen, wenn du deine Frau als die meinige wieder gefunden hätteſt. (Ab.)

Vierte Scene.

Morton (allein).

Bin ich denn ruhig? noch ſchwankt mein Herz zwiſchen Furcht und Hoffnung. Wenn ſie auch nur den Gedanken ertragen konnte, einem andern als mir anzugehören; ſo glich ihre Liebe nicht der meinigen. — Ich ſehe ſie kommen — an Blackſwarths Arme. — Ich kann auf dieſen Menſchen nicht eiferſüchtig ſein, und doch möcht' ich ihn durchbohren. (Er nimmt die Larve wieder vor, ſetzt ſich an einen kleinen Tiſch und ſchenkt Punſch ein.)

Fünfte Scene.

Arabelle. Blackſwarth. Morton.

Blackſw. Das iſt alles noch nichts, meine ſcharmante Frau. Seh'n Sie, hier ſteht wieder ein Haufe Silber, und ſo in allen Zimmern. Fragen Sie nur die Tante, die hat alles beſehen, und — bei meiner Seele — ich glaube, ſie hat es auch gewogen.

Arab. Es iſt allerdings kein unbedeutender Vorzug, reich zu ſein!

Blackſw. Es iſt der einzige in der Welt, auf Ehre!

Arab. Man kann ſo manches Gute ſtiften —

Blackſw. Auch wohl nebenher.

Arab. Man kann Unglückliche vom Verderben retten —

Blacksw. Ach, davon hat man selten Dank. Ich denke so: wer schon einmal unglücklich sein soll, i nu, der hat so ein Schicksal, und ein Schicksal, seh'n Sie, das läßt sich nicht ändern, so denk' ich. Aber wenn man reich ist, so kann man das Leben genießen nach Herzenslust, das ist die Hauptsache, und das sollen Sie, meine Scharmante! auf Ehre, das sollen Sie.

Arab. Der Lebensgenuß, Herr Blackswarth, ist verschieden. Wenn ich reich wäre, ich würde den meinigen nur im Wohlthun finden.

Blacksw. Nach Belieben.

Arab. (seufzend). Wenn jemals der Reichthum mich meinem Vorsatze untreu machen könnte — so wäre es nur unter der Bedingung — daß ich ohne Maß und Ziel ihn mit Unglücklichen theilen dürfte.

Blacksw. Topp! an jedem Sonnabend sollen die Bettler aus ganz London vor unsere Thür kommen, da wollen wir auf den Balkon treten und Geld auswerfen, und lachen, wenn sie sich d'rum balgen.

Arab. Die Bettler sind oft nicht die Unglücklichsten!

Blacksw. Auf Ehre, meine Scharmante! es ist ein Lumpengesindel.

Arab. Eben deßwegen. Es gibt andere —

Blacksw. Nun, gleichviel! wenn Sie wollen, so viel Sie wollen. Ja, wenn Sie zu mir kommen und sprechen — hähähä! mein liebes Männchen oder so etwas dergleichen, so steht der letzte Heller zu Ihrem Befehl, weiß Gott! wenn ich von Hellern rede, so mein' ich Guineen, wie?

Arab. (bei Seite). Gott! gib mir Kraft, dies große Opfer zu bringen!

Blackſw. Nnn! ſind wir einig? — Sie ſehen mich noch immer ſo an, ich weiß nicht wie? vielleicht weil ich heute ausſehe wie ein türkiſcher Kaiſer? Daran ſtoßen Sie ſich nicht. Ich habe keinen Tropfen türkiſches Blut in meinen Adern. Bei mir gibt's kein Serail, verſteh'n Sie mich? alt=engliſche Treue! Ein Gott, ein Weib, und damit holla!

Arab. Herr Blackſwarth, unter einer Bedingung — könnte ich — o Gott! könnte ich die Ihrige werden.

Mort. (läßt ſein Glas fallen).

Arab. (erſchrickt). Ha!

Blackſw. Erſchrecken Sie nicht. Es iſt nur ein zerbro=chenes Glas.

Arab. Wer iſt die Maske?

Blackſw. Ich kenne ſie nicht. Vermuthlich irgend ein ehrlicher Handwerker aus der Nachbarſchaft, der ſich einmal umſonſt etwas zu gute thun will. Denn Ihnen zu Ehren darf heute jedermann herein, und eſſen und trinken, ſo viel ihm beliebt. (Zu Morton.) Hat nichts zu bedeuten, mein Freund. He! Bediente! ein anderes Glas! — Trinken Sie nur immer d'rauf los. Trinken Sie auf meine Geſundheit, und auf die Geſundheit dieſer ſchönen Frau.

Mort. (ſteht auf, verbeugt ſich zitternd gegen Arabellen und trinkt unter der gelüfteten Larve).

Blackſw. Das läßt er ſich nicht zweimal ſagen. Legen Sie die Maske ab, machen Sie ſich's bequem.

Mort. (ſchüttelt den Kopf).

Blackſw. Nicht? nun nach Belieben. Bei mir hat jeder=mann ſeine Freiheit.

Mort. (hält ſich an den Tiſch und taumelt auf den Stuhl).

Arab. Der Mann ſcheint ſonderbar bewegt.

Blacksw. Er ist schon ein Bischen benebelt. Lassen wir ihn sitzen und bringen unsern Handel vollends auf's Reine.

Mort. (bei Seite). Ein Handel, ja.

Blacksw. Von einer Bedingung wollten Sie sprechen, meine Allersüßeste! Zugestanden, ehe ich sie noch weiß.

Sechste Scene.

Paul (als Kupferstichhändler). **Die Vorigen.**

Paul. Kupferstiche! schöne Kupferstiche! wer kauft!

Blacksw. Da stört uns schon wieder einer.

Paul. Alle Potentaten von ganz Europa! zu Pferde und zu Fuß! schöne Landschaften! der Rheinfall bei Schaff=hausen, der Staubbach in der Schweiz. Schauen Sie, schöne Maske.

Blacksw. Meine vortreffliche Maske, belieben Sie nur sich in den Saal zu verfügen, da werden Sie Gaffer die Menge finden.

Paul. Hier ist ein türkischer Kaiser, wie er strangulirt wird.

Blacksw. Strangulirt!

Paul. Ja, seh'n Sie, der Hals wird ihm zugeschnürt von vier Stummen.

Blacksw. Das thut mir leid, ich kann ihm nicht helfen. Heute bin ich selbst ein türkischer Kaiser, und wenn der Herr noch länger hier verweilt, so wird mir auch zu Muthe wer=den, als ob man mich stranguliren wollte. Mache sich der Herr lustig im Saale. Versteht der Herr? Maskenfreiheit!

Paul. Hier ist eine Artemisia, ein schönes Stück. Sie war ein Phönix unter den Weibern. Ihr Mann starb, des Königs von Karien Majestät! sie war noch jung und schön, aber sie nahm keinen andern, nein; sie ließ den Verstorbenen zu Asche verbrennen, und mischte diese Asche täglich unter ihr Getränk.

Blacksw. Pfui, das war ein dummes Getränk.

Paul. Und ein Grabmal baute sie ihm — da steht's im Hintergrunde — das Grabmal ist zu den sieben Wunderwerken der Welt gerechnet worden; aber bei meiner armen Seele! die Frau selbst war das achte Wunderwerk, und auch das größte.

Blacksw. Gott habe sie selig!

Arab. Der Künstler hat in der That viel Edles in diese Gestalt gelegt — und die Schwermuth in ihren Zügen — ach! er hat die Natur belauscht.

Blacksw. Natur! daß eine junge schöne Witwe wieder heirathe, das ist Natur.

Arab. Wie glücklich war Artemisia, daß wenigstens der Leichnam ihres Geliebten ihr nicht entrissen wurde!

Blacksw. Sie hat ihn ja zu Asche verbrannt.

Paul. Hier ist auch ein Pendant, die Witwe von Ephesus.

Arab. Weg damit!

Paul. Wie Sie befehlen, schöne Maske. Aber diese vier Stücke müssen Sie noch sehen, gemalt von Josua Reynolds, gestochen von Bartolozzi. Es ist eine rührende Geschichte und soll sich wirklich zugetragen haben.

Blacksw. Ei, wir haben auch Geschichten, die sich zutragen. Nehme mir's der Herr nicht übel, ich bin ein galanter Wirth, das weiß jedermann; aber wenn ich allein sein will, so gebe ich's auch wohl verblümt zu versteh'n.

Paul. Nur noch diese vier Stücke, sie gehören zusammen. Hier schifft ein braver Mann sich nach Indien ein und nimmt Abschied von seiner geliebten Fran. Seh'n Sie, wie sie in Thränen schwimmt. — Hier leidet er Schiffbruch und rettet sich mit Noth an eine wüste Insel. —

Arab. (fährt zusammen). Schiffbruch!

Paul. Hier lebt er unter den Wilden. Seh'n Sie, wie die Wilden tanzen und er traurig unter einem Kokosbaume liegt. — Doch endlich befreit ihn ein englisches Schiff — er kehrt nach Europa zurück —

Blacksw. Sapperment! das wird zu Hanse eine Freude gewesen sein!

Paul. Mit nichten. Die Frau hat ihn todt geglaubt, und unterdessen einen Andern geheirathet. Seh'n Sie, da tritt er herein zu ihr, eben wie der zweite Mann traulich neben ihr sitzt.

Blacksw. Ein fataler Besuch.

Paul. Bemerken Sie, wie der Unglückliche sie anstarrt, die Verzweiflung in seinen Zügen — und ihr Schrecken, ihre Scham —

Arab. (bei Seite). Gott! welch ein Zufall!

Blacksw. Das ist ein dummes Bild.

Arab. (bei Seite). Oder wäre es nicht Zufall?

Paul. Nun, nun, ich packe schon wieder ein. Aber einen Kupferstich muß die schöne Maske doch von mir zum Geschenk annehmen. Seh'n Sie da, wie lieblich — die Hoffnung. (Er schiebt Arabellen den Kupferstich in die Hand und entfernt sich schnell.) Alle Potentaten! wer kauft! (Er stellt sich, als wolle er in den Saal gehen, entschlüpft aber durch die Seitenthür)

XXVIII.   1¼

Siebente Scene.

Die Vorigen ohne Paul.

Arab. (den Kupferstich betrachtend). Hoffnung! wäre für mich noch Hoffnung?

Blacksw. Ei freilich, warum denn nicht? Der dumme Kerl mit seinen Bildern!

Arab. Wie freundlich sie mich anlächelt. — Und doch so bedenklich — als wolle sie sagen: warum vertraust du mir nicht?

Blacksw. Aber seh'n Sie doch nur, wie freundlich ich Sie anlächle.

Arab. Hab' ich dir nicht vertraut, so lange noch dein matter Strahl mir leuchtete?

Blacksw. Lassen Sie es gut sein. Wieder auf die Bedingungen zu kommen —

Arab. Ach Sir! Sie wissen nicht, welchen Sturm diese Maske in mir aufgeregt hat! — Eine wüste Insel — wenn es möglich wäre —

Blacksw. Ja, ja, es gibt wüste Inseln, davon hab' ich auch gehört.

Arab. Und die Abschiedsscene — o mein Herr! sie schwebt wieder vor mir; so hab' auch ich geweint — so in seinen Armen gelegen —

Blacksw. (für sich). Was soll ich nun dazu sagen? ich wollte, daß den Kerl der Teufel holte!

Arab. Und als er sich endlich von mir losriß — und in der heftigen Bewegung der Trauring ihm vom Finger fiel —

Blacksw. Das war eine Vorbedeutung.

Arab. Meine kleine Betty hob ihn wieder auf — er

steckte ihn wehmüthig lächelnd an den Finger und rief: Ara=
belle! nur wenn du diesen Ring aus fremder Hand empfängst,
nur dann bin ich todt und du bist frei!

Blacksw. Was wird's denn für ein Ring gewesen sein?
hier ist ein Solitair.

Arab. Ich bitte Sie, bringen Sie jetzt nicht in mich.
Mein Herz hört Sie nicht — ach! es ist taub für eine weit
rührendere Stimme!

Blacksw. Was soll ich denn machen! ich komme mir vor
wie der türkische Kaiser, der strangulirt wird.

Arab. Nur wenn ich seinen Ring aus fremder Hand
empfange, nur dann bin ich frei!

Blacksw. Ich kann doch den Ring nicht aus dem Mee=
resgrunde heraufholen? Es war einmal ein König, dem
brachte ein Fisch seinen Ring wieder; aber hier zu Lande gibt's
keine solchen Fische.

Achte Scene.

Paul (als Jude mit einem Tabuletkram). **Die Vorigen.**

Paul. Gott grüße Sie, schöne Maske! haben Sie nix
zu schachern? ich kafe alles und bezahle honnet!

Blacksw. Mein guter Mauschel, hier steh'n ganz andere
Leute, als du bist, und bekommen nichts zu schachern.

Paul. Ei, wer weiß denn auch, was der Herr schachern
will? Ist doch nicht Alles für Geld zu haben, du lieber Gott!
So'ne schmucke Dame — abgelegte Kleiderchen — nu jo,
was thut mer dermit? aber en holdseliger Blick aus den schö=
nen Aeuglein, do gäbe wohl mancher sein bisgen Hab' und
Gut, und machte sein Herz zu einem Schmuckkästlein, und
thäte den Blick do hinein und dünkte sich reich.

14 *

Blacksw. (bei Seite). Ich glaube, der Kerl ist ein verkapp=
ter Liebhaber.

Paul (besieht ihn). Schöne Diamanten hat der Herr auf
seinem Turban. Gott steh' mir bei! lauter echte Steingen!

Blacksw. Verstehst du dich darauf?

Paul. Mein! ich bin ein alter Jüd, und soll das nicht
versteh'n? so ein Turban, ohne den Kopf, ist seine fünftausend
Dukaten unter Brüdern werth.

Blacksw. Und der Kopf ohne Turban?

Paul. Allen Respekt! Solche Köpfe steh'n auch bisweilen
im hohen Preise.

Blacksw. Das will ich meinen.

Paul. Und ist kein Risiko dabei, werden nimmermehr
contrebande, so lange die Welt steht.

Blacksw. Du bist verdammt witzig.

Paul. Ei behüte! ich handle nicht mit contrebanden Wa=
ren, lauter inländische Fabrik. Kafen Sie mer was ab. Eau
de Cologne für künstliche Ohnmachten — Nähnadeln für
schadhafte Gewissen — Schminkdösgen für blaß gewordene
Tugend — Schnürbänder für die Vaterlandsliebe. — Ich
verkafe alles wohlfeil, aber es braucht's niemand.

Blacksw. Da hast du Recht, Schlaukopf, es braucht's
niemand.

Paul. Mein! man will doch leben. (Zu Arabellen.) Kafen
Sie mir was ab, schöne Maske. Schauen Sie her, ein paar
Ohrgehänge von Perlen, die keine Thränen bedeuten.

Arab. Ich brauche nichts.

Paul. Na, du lieber Gott! wo ich hinkomme, sprechen
die Leute, sie brauchen viel, aber sie hätten kein Geld.

Arab. Auch das.

Blackſw. Wenn die Ohrgehänge Ihnen gefallen —

Arab. Nein, Sir, Sie gefallen mir nicht.

Paul. Wenn Sie nix kafen wollen, ſo werden Sie doch von einem ehrlichen Jüden ein kleines Geſchenk nicht verſchmähen? Schauen Sie, das Ringelgen. Thun Sie mir die Ehre und nehmen Sie's.

Arab. Ha! was ſeh' ich?

Paul. Sie ſeh'n á Ringelgen von aufrichtigem Golde.

Arab. Um Gotteswillen! er iſt's!

Paul. Na, behalten Sie es immer, es iſt in guten Hän= den. (Will gehen)

Arab. Halt, mein Herr! ich beſchwöre Sie! wo haben Sie den Ring her?

Blackſw. Iſt er geſtohlen?

Paul. Ei behüte! in meinem ganzen Kram iſt keine ge= ſtohl'ne Stecknadel.

Arab. Herr Blackſwarth, es iſt derſelbe Ring, von dem ich eben ſprach.

Blackſw. Das wär' der Teufel!

Arab. Derſelbe, durch den ich meinen Gatten einſt die Treue verbürgte!

Blackſw. Und den bekommen Sie jetzt aus fremden Händen zurück? Viktoria!

Arab. (zu Paul). Mein Herr, ich bitte Sie, bei Allem, was Ihnen heilig iſt, treiben Sie den grauſamen Scherz nicht weiter! Entlarven Sie ſich. Bei Gott! ich muß wiſſen, wer Sie ſind.

Blackſw. Allons, mein Herr —

Paul. Maskenrecht.

Arab. Ehren Sie das Recht einer troſtloſen Witwe, entlarven Sie ſich.

Paul (thut es). Nun, Madame?

Arab. (ſtutzt). Ein unbekanntes Geſicht.

Blackſw. Ich habe den Herrn in meinem Leben nicht geſeh'n.

Paul. Das glaube ich wohl, denn ich bin ein Fremder, komme heute hier an, höre zufällig von dieſer Luſtbarkeit, und daß jedermann erlaubt ſei, Theil daran zu nehmen —

Blackſw. Creti und Pleti.

Paul. Um nun auch mein Schärflein beizutragen, kaufte ich den kleinen Kram.

Arab. Von wem dieſen Ring?

Paul. Ein Trödler brachte mir alles.

Arab. Ein Trödler, wo wohnt er?

Paul. Da fragen Sie mich zu viel. Ich glaubte nicht, daß es der Mühe werth ſei, darnach zu forſchen.

Arab. Sie täuſchen mich, mein Herr. Sie haben meinen Gatten gekannt; Er gab Ihnen dieſen Ring; Sie verſprachen ihm, der Todesbote zu ſein; Sie haben ſich dieſes Auftrages auf eine ſchonende Weiſe entledigen wollen; bekennen Sie, ſo iſt es.

Paul. Nein, Madame, ſo iſt es nicht.

Arab. O, wenn Sie in mein zerriſſenes Herz blicken könnten!

Mort. (bei Seite). Sie liebt mich noch!

Paul. Fürwahr, es thut mir leid, Madame, daß ich zufällig unangenehme Erinnerungen in Ihnen geweckt habe —

Arab. Unangenehm? nein, nur tödtlich — aber ſüß!

Mort. (bei Seite). Ja, ſie liebt mich noch!

Blackſw. Tödtlich? Das wollt' ich mir verbitten.

Arab. O, dieſer Ring — er zaubert alle Freuden und

Leiden der Vergangenheit vor meine Seele! Schöner Tag,
an dem ich ihn bebend reichte! Tag des Jammers, an dem
er ihn zum zweiten Male aus den Händen meines Kindes
empfing! — O mein Herr! Sie müssen — (Sie wird nun erst
gewahr, daß Paul sich fortgeschlichen hat.) Wo ist er geblieben?

Blacksw. Er hat sich skisirt.

Arab. Nein, er soll mir nicht entschlüpfen! er muß mir
Rede steh'n. An dieser Stunde hängt die Ruhe meines Le=
bens! (Sie eilt in den Saal.)

Blacksw. (sieht ihr verwundert nach). Na? sie läßt mich
hier steh'n, als ob ich ein armer Poet wäre, oder so etwas
dergleichen. Das sollt' ich wohl übel nehmen? — Wenn ich
nur wüßte, ob sie sich daran kehren würde? aber sie ist kapa=
bel und macht sich nichts d'raus, was thu' ich dann? — Man
muß nichts in der Welt übel nehmen, bis man weiß, daß es
Effekt macht. Wenn ich sie nur gleich wieder finde in dem ver=
dammten Gedränge. (Ab.)

Neunte Scene.

Morton (allein. Er springt auf und demaskirt sich).

Wer genoß je wie ich so martervolle Freuden! — Als
die Erinnerung an mich sie so tief ergriff — in die Arme
hätte ich ihr stürzen mögen! — aber als sie an den reichen
Dummkopf ihre Hand gleichsam verschachern wollte, da zog
sich eine Eisrinde um mein Herz. Ganz rein hoffte ich sie wie=
der zu finden, von keinem treulosen Gedanken befleckt; und
muß hören, daß sie um schnödes Gold sich verkaufen will?
sie, die einzige Tochter reicher Eltern! O möchten immerhin
die feisten Besitzer der Goldklumpen geehrt und geschmeichelt
werden; aber daß sie auch die schönsten, edelsten Frauen da=

mit erkaufen können, das ist ein Pasquill auf die ganze Menschheit.

Behnte Scene.
During. Morton.

Dur. Freund, seße dich wieder in deinen Winkel, stelle dich als ob du schlummertest, Arabelle gibt mir ein Rendezvous.

Mort. Dir?

Dur. Ich bin freilich ein Narr, daß ich dir's sage, und ein dreifacher Narr, daß ich selbst dich ersuche, ein Zeuge unsers Gesprächs zu sein.

Mort. Ich habe leider schon genug gehört.

Dur. Nur meinen Rapport noch nicht. Deine Betty ist ein allerliebstes Kind. Als ich ihr sagte, ich kenne sie und sei ein Freund ihres Vaters, da schmiegte sie sich an mich mit dem kindlichsten Vertrauen. Immer fragte sie nach ihrer Mutter mit einer Aengstlichkeit, die mich zu Thränen rührte. Plötzlich seh' ich Arabellen im dicksten Haufen, wie sie mit herumirrenden Blicken Jemanden zu suchen scheint. Als sie mich gewahr wird, bringt sie zu mir und flüstert mir in's Ohr: erwarten Sie mich im Vorzimmer. Dann eilt sie hastig wieder fort. Das war deine Mutter, sagte ich zu Betty. Ich meinte, das Kind würde ohnmächtig werden. Sie schrie zu mir herauf, ich sollte sie auf den Arm nehmen, damit sie ihr nachsehen könnte. Ich hatte Mühe sie zu beruhigen. Jetzt steht sie nicht fern von der Thüre, und harrt mit Ungeduld des Augenblicks, in dem sie erscheinen darf.

Mort. Mit dir will Arabelle sprechen?

Dur. Nun ja, warum denn nicht? ich glaube, du bist eifersüchtig?

Mort. Was kann sie dir zu sagen haben?

Dur. Herr Bruder, sollte sie mir etwa eine Liebeserklärung machen, so wirst du so gut sein, mausetodt zu bleiben, weil du sonst Gefahr liefest, von mir vergiftet zu werden.

Mort. Du kannst noch scherzen?

Dur. Was sonst? warum fröstelst du noch? ich sehe ja schon von ferne das weiße Tch flattern, welches dir Unwürdigen Begnadigung verkündet. — Still! sie kommt. Geschwind auf deinen Platz.

Mort. (nimmt die Larve wieder vor, setzt sich, stützt den Kopf in die Hand und stellt sich schlafend).

Eilfte Scene.

Arabelle. Die Vorigen.

Arab. Verzeihen Sie, Sir, daß ich sie hieher bemühte. Sie sehen mich in großer Bewegung. Ich bedarf eines Freundes — ich habe keinen andern als Sie.

Dur. Ich bin es. Reden Sie.

Arab. Wir sind nicht allein.

Dur. O die Maske dort im Winkel hat sich durch den Bacchus in die Arme des Morpheus führen lassen, die hört und sieht nicht mehr.

Arab. Was ich Ihnen sagen werde — und daß ich es gerade Ihnen sage — wird Sie befremden. Ich stehe im Begriff mich wieder zu vermählen.

Dur. In der That das befremdet mich.

Arab. Mit Herrn Blackswarth.

Mort. (unwillkürlich, seufzt laut).

Arab. Der Mann hört uns.

Dur. Nein, er träumt nur.

Mort. (bei Seite). Wollte Gott!

Dur. Ich war nie eitel, aber ich bekenne, es verwundet mich tief, daß Sie einen Blackswarth mir vorziehen.

Arab. Aus Liebe kann ich nie wieder heirathen. Für Sie, mein Freund, hegte ich zu viel Achtung, um Ihnen meine Hand ohne Liebe zu reichen.

Dur. Warum müssen Sie denn heirathen?

Arab. Ach!

Dur. Sie haben kein Kind zu versorgen — Sie leben in dem Hause Ihrer wohlhabenden Eltern, deren einzige Erbin Sie sind —

Arab. Mein Vater ist bankerott.

Dur. Wie!?

Arab. Morgen muß er es erklären, wenn ich ihn nicht rette.

Dur. Der alte vorsichtige Mann!?

Arab. Wir leben in Zeiten, wo keine Vorsicht schützt. Vor allen Spekulationen hat er sich gehütet, allein der Fall anderer Häuser zieht auch den seinigen nach sich. Ich habe den alten Mann weinen sehen — muß ich Ihnen noch mehr sagen?

Dur. Jetzt begreife ich Alles.

Arab. Kindespflicht fordert ein schweres Opfer von mir — aber — wenn Blackswarth meinem unglücklichen Vater hilft, so bin ich entschlossen, die Seinige zu werden.

Dur. (drückt ihr die Hand mit Innigkeit). Sie handeln brav.

Arab. Ich bin entschlossen, sagte ich? nein, ich war

es. Der seltsamste Zufall hat mich in die schrecklichste Ver=
wirrung gestürzt. Hier ist eine Maske, ein Jude, mit einem
Tabuletkram — von ihm empfing ich den Trauring meines
Mannes. Denken Sie sich mein Erstaunen, meine Vernich=
tung! — Ich zwang ihn, sich zu entlarven. Er ist ein Un=
bekannter. Er behauptet, nicht zu wissen, durch wen der
Ring in seine Hände gekommen. Er ist verschwunden — ich
suche ihn vergebens — wer löst mir das Räth'el? — wenn
mein Gatte noch lebte — wenn er einst wiederkehrte und
fände mich treulos — ich schaudere! — wie kann ich, von
diesem Zweifel geängstet, den ohnehin so sauren Schritt wa=
gen! — und doch — mein Vater in Thränen — morgen
sein Schicksal entschieden — heute noch in meiner Hand —

Dur. Da wäre es freilich am besten, daß ein deus ex
machina erschiene. (Verstohlen nach Morton blickend.) Ich weiß
auch nicht, warum er zaudert.

Arab. Rathen Sie mir. Sie waren der Freund meines
Mannes, Sie sind der meinige. Ach! ich wähnte, auf dem
Pfade der kindlichen Liebe und Pflicht keines Führers zu be=
dürfen, und sehe mich plötzlich zurückgeschleudert in ein La=
byrinth von Zweifeln!

Dur. Folgen Sie Ihrem Herzen.

Arab. Mein Herz gehört nur meinem Gatten, er sei
lebendig oder todt.

Dur. (ärgerlich). Weil aber dieser gefühllose Gatte durch=
aus nicht hervortreten will, so wäre mein Rath, Sie wür=
den noch diesen Abend Blackswarths Braut und wo möglich
seine Frau.

Arab. Ohne noch zu wissen, wie der Ring in meine
Hand gekommen? Unmöglich! Suchen Sie den Juden im

Gedränge. Ihnen wird es eher gelingen, ihn zu finden, Ihnen wird er Rede stehen.

Dur. Da kommt unser Wirth.

Arab. Ach Gott! in diesem Augenblicke — was soll ich ihm sagen? — und Sie stehen noch da? Sie erfüllen meine Bitte nicht?

Dur. Wohlan, ich will den Juden suchen, und wenigstens nicht eher wieder kommen, bis ich Jemanden gefunden habe, der uns Auskunft geben kann. (Er geht.)

———

Zwölfte Scene.

Blackswarth. Die Vorigen.

Blacksw. (welcher During in der Thür begegnet). Wohin? wohin? Sie sollen Zeuge sein —

Dur. Das will ich auch. (Ab.)

Blacksw. Er will und läuft davon. Curioser Mensch! Endlich, schöne Frau, finde ich Sie wieder. Es ist mir verdammt sauer geworden. Da hat mich Einer in die Rippen gestoßen, dort hat mich Einer auf den Fuß getreten. Ein Apfelbaum wackelt herum, der hat sich mit seinen Zweigen in meinen Turban verwickelt. Ein Scherenschleifer rollt sein Rad vor sich her und ist mir gerade zwischen die Beine gefahren. Kurz, ich habe Kreuz und Leiden Ihrentwegen ausgestanden, und schwitze wie das Faß der Danaiden. Nun hoffe ich aber auch meinen Lohn zu ernten. Wie steht's, schöne Frau? den Ring haben Sie wieder, folglich ist die Bedingung erfüllt, und folglich schlagen Sie ein.

Arab. Lassen Sie mir nur noch eine Stunde Zeit.

Blacksw. Eine Stunde? das sind sechzig Minuten und

jede Minute ist kostbar. Wir können um eine ganze Stunde früher glücklich sein, warum sollen wir's verschieben?

Arab. Ich verspreche Ihnen noch diesen Abend eine be=stimmte Antwort. Ja, diesen Abend noch, denn morgen wäre es zu spät.

Blacksw. Wunderliche Redensarten.

Dreizehnte Scene.

During. Betty (als Zigeunerin). **Die Vorigen.**

Dur. Den Juden hab' ich nicht gefunden, aber hier bringe ich eine kleine Wahrsagerin, die verspricht uns zu ent=decken —

Blacksw. Schon wieder eine Störung! ich glaube, ich war ein Narr, daß ich eine Maskerade gab.

Arab. Sir, wie können Sie in meiner Lage sich einen kalten Scherz erlauben.

Dur. Nun, Sie werden dem Kinde doch vergönnen, seine kleinen Künste zu zeigen? — Munter, liebe Kleine! da steht die Frau, die deiner Kunst bedarf. Rede, rede.

Betty (versucht zu sprechen, kann nicht und umklammert plötzlich Arabellen).

Mort. (steht auf).

Arab. Was ist das? was willst du, Kind? du weinst? du schluchzest? du bewegst mich sonderbar.

Blacksw. Na, was will sie denn? es ist doch nur lauter Komödie.

Betty (sucht sich zu erholen, nimmt Arabellens Hand, sieht hinein und spricht von Thränen unterbrochen). Schöne weiße Frau — du wirst glücklich sein — den Ring hast du gefunden — forsche nicht, wie? — Dir fehlt nur noch ein Brautgeschenk —

Blacksw. Ei, dafür will ich schon sorgen.

Betty. Nimm' es von mir. (Sie nimmt eine goldene Kette von ihrem Halse und reicht sie zitternd Arabellen.)

Arab. Gott! was ist das! die Halskette meiner Betty!

Betty. Deiner Betty! liebst du sie noch?

Arab. (krampfhaft zitternd). Kind! um Gotteswillen! —

Dur. Ein Zauberschlag! die Larven fallen!

(Morton und Betty werfen ihre Larven weg.)

Mort. (mit ausgebreiteten Armen). Arabelle!

Betty (eben so knieend). Mutter!

Arab. (fast ohnmächtig, taumelt in ihres Gatten Arme).

Betty. Mutter! höre die Stimme deiner Betty!

Mort. Deines Eduard!

Arab. Seliger Traum!

Mort. Ich lebe, dein Kind lebt!

Arab. Mein Kind — mein Gatte!

Betty. Nicht wieder trennen! nie wieder!

Blacksw. (der mit offnem Maule zugesehen). Was soll denn das heißen?

Dur. Er ist der Mann.

Blacksw. Und was bin ich denn?

Dur. Der türkische Kaiser.

Blacksw. Strangulirt! (Er läuft davon.)

(Der Vorhang fällt.)

Der arme Poet.

———

Ein Schauspiel

in einem Aufzuge.

Personen.

Lorenz Kindlein, der arme Poet.

Frau Susanne, eine Obsthändlerin.

Therese.

Julius.

Ein Kellner.

(Der Schauplatz ist in einer Seestadt, die Stube der Obsthändlerin, mit einem Tisch, zwei Stühlen und einem leeren Tragkorbe. Auf dem Tische steht eine Scherbe als Dintenfaß und eine Bouteille, die einem Stümpfchen Licht zum Leuchter dient.)

————————

(Anmerkung des Verfassers für solche Schauspieler, welche ihre Rollen bisweilen vergreifen: der arme Poet darf kein Lachen, sondern nur ein Lächeln erregen.)

Erste Scene.

Lorenz Kindlein (hinter seinem Tische sitzend und dichtend).

„Der Schöpfung Meisterstück, der Mensch?" — Nein, das geht nicht — es gibt keinen Reim auf Mensch. — Er ist ein ungereimtes Geschöpf (steht auf) — Ueberhaupt wollen die Verse heute nicht recht fließen. Daran mag wohl der Fasttag Schuld sein, den ich gestern wider meinen Willen feierlich begehen müssen — und heute die Nüchternheit. — Wenn ich noch an meinen reichen Pflanzer in Surinam denke, der das Unglück hatte, nie hungrig zu sein — da bin ich doch weit glücklicher, mich hungert immer. Bisweilen will es wohl einmal zu viel werden, aber ich bleibe gesund dabei und möchte doch mit dem reichen Pflanzer nicht tauschen, der seine Sklaven quälte und seine arme Tochter — — still! still, du ärmster Lorenz! daran darfst du nicht denken! nicht eher bis dir einmal wieder ein Leichenkarmen aufgetragen wird, die gerathen dann am besten.

Zweite Scene.

Lorenz. Frau Susanne (mit einem Regenschirm und einem weißen Tuch in der Hand).

Suf. (hinausredend). Fort, Bube! du hast das Tuch gestohlen. Danke Gott, daß ich eine so mitleidige Person bin; ich sollte dich in's Zuchthaus liefern. (Sie schlägt brummend die Thür zu und setzt ihren Regenschirm bei Seite.)

Lor. Ei, ei, Frau Susanne, auf wen so böse?

Suſ. Auf wen? auf Ihn!

Lor. Warum denn auf mich, meine liebe Frau Suſanne?

Suſ. Weil Er nicht auf Ordnung hält! weil man Ihm Seine Sachen immer nachräumen muß, als ob Er ein Kind wäre —

Lor. Selig ſind die Kindlein!

Suſ. Weil Er ſich alle Augenblick einmal beſtehlen läßt.

Lor. Beſſer beſtohlen werden als ſtehlen.

Suſ. Das iſt nicht wahr. Es taugt beides nicht; aber wenn doch eins von beiden ſein ſoll, ſo halte ich es mit dem Diebe. — Gott verzeih' mir die Sünde! ich habe in meinem Leben nicht geſtohlen. Draußen ſteht ein Bettelbube, hat lauter Lumpen auf dem Leibe, nicht größer als meine Wein= blätter und ſchmutzig dabei wie Stachelbeeren, die ganz un= ten am Strauche wachſen; nur ein hübſches weißes Tuch hatte er um den Kopf gebunden, das ſtach ſo wunderlich ab — ich werde ein Bischen neugierig, trete näher, betrachte die Zi= pfel und reiße ihm das Tuch vom Kopfe.

Lor. Ei, liebe Frau Suſanne, was hat Sie da gemacht?

Suſ. Sapperment! es iſt ja Sein Tuch. Hab' ich's denn nicht mehr als einmal gewaſchen? da ſteht Sein Name: L. K. In's Zuchthaus mit dem Jungen! er hat das Tuch geſtohlen.

Lor. Ach meine werthe Frau Suſanne, das wäre auf je= den Fall überflüſſig, denn wir ſitzen auf dieſer Welt Alle in einem großen Zuchthauſe. Der arme Knabe iſt unſchuldig, das Tuch habe ich ihm geſchenkt.

Suſ. Geſchenkt?

Lor. Er ſprach mich um etwas Geld an; nun weiß Sie wohl, Geld hab' ich nicht.

Suſ. Leider weiß ich das.

Lor. Es regnete so stark, das arme Kind hatte nichts auf dem Kopfe, das Regenwasser träufelte ihm von den Haaren herab, das jammerte mich.

Suf. Und da gab Er ihm das Tuch?

Lor. Ja, liebe Frau Susanne.

Suf. (ihm höhnisch nachspottend). Ja, liebe Frau Susanne.

Lor. Mit Erlaubniß. (Er nimmt ihr das Tuch sanftmüthig aus der Hand und öffnet die Thür) He da! du armer Knabe! komm her! nimm dein Tuch zurück. (Er reicht es hinaus.) Die gute Frau Susanne hat nicht gewußt, daß ich dir's geschenkt hatte. Nu, nu, weine nur nicht, sie wird dir auch einmal ein paar Aepfel dafür geben. (Er macht die Thür wieder zu.)

Suf. Das wird sie wohl bleiben lassen. Soll man sich nun nicht ärgern, als ob ein ganzer Korb voll Zwetschgen faul geworden wäre? Er hat Summa Summarum nicht mehr als drei Tücher.

Lor. Nur noch zwei, liebe Frau Susanne. Ich will mich schon behelfen.

Suf. Und was thut der Bettelbube damit? ob so ein Kopf naß wird oder nicht! es werden in der Welt ganz andere Köpfe gewaschen. Verkaufen wird er das Tuch für ein Spottgeld.

Lor. Nun so kauft er sich Brot dafür. Es ist ein hübscher Knabe, eine arme Waise. Ich stand eben im Begriff Sie zu fragen: ob wir das Kind nicht zu uns nehmen wollen?

Suf. Zu uns nehmen?

Lor. Und erziehen.

Suf. Ich falle aus den Wolken.

Lor. Sie gäbe ihm die Kost, ich den Unterricht. Am

15 *

Ende würde wohl ein braver Mann daraus, der in unsern alten Tagen uns wieder helfen könnte.

Suf. Nun seh' ich, daß der Herr den Verstand verloren hat. Ich hab' es immer nicht glauben wollen, weil Er doch Verse macht; aber alle meine Nachbarn haben mir es wohl gesagt: »Sehe Sie sich vor, Frau Susanne! die Poeten haben immer einen Sparren zu viel.« Hat mich denn der liebe Gott mit einem Poeten gestraft! muthet mir zu, ich soll Bettelkinder in's Haus nehmen?

Lor. Sie hat ja selbst keine Kinder und verdient hüb=sches Geld.

Suf. Aber ich bin Witwe, wer kann denn wissen, ob ich meinen Stand nicht noch einmal verändere? Bei Gott ist kein Ding unmöglich.

Lor. In Ihrem Alter —

Suf. Nu ja, das fehlte mir noch, daß er mein Alter mir vorwirft. Winteräpfel sind die besten, das muß ich ver=stehen. Kurz, Herr Lorenz Kindlein, nun ist's aus mit uns. Heute ist Sein Monat um, bezahl' Er mich und suche Er sich in Gottes Namen eine andere Stube. Aber sage Er ja niemanden, daß Er ein Poet ist, sonst nimmt Ihn kein Mensch in's Haus.

Lor. Nu, nu, wir bleiben wohl noch beisammen.

Suf. Nein, wir bleiben nicht beisammen. Ich dulde keinen Verschwender unter meinem Dache.

Lor. Ich ein Verschwender? du lieber Gott!

Suf. Bezahle mich der Herr und geh' Er seiner Wege. Versteht Er mich?

Lor. Meine beste Frau Susanne, gehen könnt' ich wohl, aber bezahlen nicht.

Suf. Da haben wir's! nichts wird verdient mit der elenden Poeterei. Den ganzen Tag steh'n die Leute um meine Aepfelkörbe, aber zu ihm kommt niemand.

Lor. Ich habe jetzt gute Hoffnung, Frau Susanne. Da drüben bei dem Herrn Grafen liegt ein alter Pudel in den letzten Zügen. Der Schweizer hat mir schon gesagt, die Frau Gräfin habe von einer Grabschrift gesprochen, die der Pudel haben müßte, nämlich wenn er gestorben ist. Der Schweizer will mich rekommandiren. So was wird gut bezahlt.

Suf. Ei ja doch! darauf kann ich nicht warten. Mache der Herr nur andere Anstalten. Er hat noch einen Oberrock, der ziemlich neu ist, den kann Er versetzen.

Lor. Den Oberrock, Frau Susanne!

Suf. Er braucht ihn doch nicht viel, kommt selten aus der Stube, da ist der alte noch gut genug.

Lor. Es gibt aber andere Leute, die ihn brauchen.

Suf. Andere Leute?

Lor. Ich kann es Ihr wohl vertrauen, Sie ist eine brave, mitleidige Frau. Gestern war ein Handwerksbursche hier, ein ehrlicher, armer Teufel, der seine Blöße kaum bedecken konnte, der trägt jetzt meinen Oberrock.

Suf. (schlägt die Hände zusammen). Na, da haben wir's! und Er will kein Verschwender sein? ich glaube, Gott verzeih' mir's! er gäbe das Herz aus dem Leibe weg!

Lor. O ja, Frau Susanne.

Suf. Woran soll ich mich denn nun halten? Sein Bischen Wäsche, du lieber Gott!

Lor. Ich habe noch ein paar Dutzend Neujahrswünsche übrig.

Suf. Bleib' Er mir mit Seinen Neujahrswünschen vom Halse! Papierläppchen! wenn ich borstorfer Aepfel hinein wickle, so halten sie sich nicht bis Weihnachten. Kurz und gut, Herr Lorenz Kindlein, mit Ihm bleib' ich keine Nacht länger unter einem Dache. Schlage Er den Pudel todt und bezahl' Er mich, oder ich rufe die Polizei zu Hilfe. Sapperment, die Polizei! versteht Er mich! (Ab.)

Dritte Scene.
Lorenz Kindlein (allein).

Hm! hm! hm! das ist nicht gut. Die Frau hat freilich Recht, sie verlangt ihr Geld. Aber ich habe auch Recht, daß ich sie nicht bezahle, denn ich habe keins. Na, nu, es wird schon kommen und mehr als ich brauche. Denn erstens der Pudel, der kann doch nicht lange mehr leben. Zweitens, die Neujahrswünsche, wir haben bald Weihnachten. Drittens wird der lahme Schneider, mein alter Gönner, nun nächstens taufen lassen; was gilt's, da bekomm' ich die Gevatterschaft zu schreiben. O meine liebe Frau Susanne! sie wird sich wundern über meinen Reichthum. — Sie meint's auch nicht so böse; im Grunde sind doch alle Menschen gut; man erfährt's nur bisweilen nicht eher bis sie sterben; aber man darf nur die Todesanzeigen lesen: lauter edle vortreffliche Menschen! die Condolenzen werden verbeten. — Was krabelt denn da an der Thür? ich glaube, es klopft jemand. Herein!

Vierte Scene.
Therese und Lorenz.

Ther. (schüchtern hereintretend). Um Verzeihung — ich

suche — (Sie betrachtet flüchtig die Stube.) Nein, das ist nicht
möglich!

Lor. Wen suchen Sie, mein schönes Mamsellchen?

Ther. (bebend). Den Dichter Kindlein.

Lor. Den haben Sie gefunden.

Ther. Hab' ich — hab' ich wirklich?

Lor. Und was hielten Sie denn für unmöglich?

Ther. Daß ein Mann wie Sie — ein Dichter — (Ihre
Blicke irren herum.)

Lor. Ich verstehe Ihre Blicke. Meine Armuth befrem=
det Sie? (Gutmüthig scherzend.) Ja, mein gutes Mamsellchen,
die Musen sind Rabenmütter, wenn ihre Söhne Geld for=
dern, das macht, sie haben selber keins. Hingegen spenden
sie reichlich die Schätze der Einbildungskraft und haben eine
holde Schwester adoptirt, die Zufriedenheit.

Ther. Sie sind zufrieden?

Lor. Mit meiner Lage? o ja. Was fehlt mir denn?

Ther. (mit wehmüthigem Blick auf ihn und seine Umgebung) Ich
denke, so ziemlich Alles.

Lor. Das kommt Ihnen so vor, mein schönes Mamsell=
chen, weil Sie vermuthlich an Luxus verwöhnt sind. Mir
scheint der Luxus nur ein irdisches Gewürz. Beide kannten
unsere Voreltern nicht und lebten doch auch recht glücklich.
Was fehlt mir denn? ich muß die Frage wiederholen. Dieser
Tüffel ist freilich kahl, auch mit einigen fremden Lappen
verbrämt, allein er schmiegt sich sanft an meinen Körper
und deckt jede Blöße. Meine Stube ist kein Museum, ich
muß sie auch mit meiner Wirthin, einer Obsthändlerin, thei=
len, aber die gute Frau ist den ganzen Tag nicht zu Hause
und ich herrsche hier nach Gefallen. Die kleinen Fenster sind

nur in Blei gefaßt, doch Schnee und Regen dringen nicht
herein; hingegen würden die Sonnenstrahlen wohl ihren
Weg finden, wenn nur nicht gerade gegenüber der hohe
Palast stände. Mein Schreibtisch ist nicht elegant, eine
Scherbe mein Dintenfaß; aber wenn ich nur sonst ein Ho=
mer wäre, aus der Scherbe ließe sich schon eine Odyssee
schreiben, und das Stümpfchen Licht auf der Bouteille würde
mir eben so wohl dabei leuchten, als jenem Dichter die Au=
gen seiner Katze. Die Stühle hat der Zimmermann gemacht,
aber es sitzt sich doch recht gut darauf, wenn man nur müde
ist. Ich bitte, versuchen Sie. (Er reicht ihr einen Stuhl.)

Ther. Es gibt noch andere, tägliche Bedürfnisse.

Lor. Essen und Trinken, freilich, damit ist man bis=
weilen ein wenig genirt; besonders mit dem Essen, denn
Wasser gibt's genug. Aber man gewöhnt sich an Alles. Die
reichen Leute glauben, wenn sie nicht täglich drei bis viermal
speisten, so müßten sie zu Grunde gehen. Possen! ich, wie
Sie mich hier sehen, habe jetzt in sechsunddreißig Stunden
keinen Bissen zu mir genommen, und bin doch ganz wohlge=
muth. Der Magen bellt, aber der Kopf ist heiter.

Ther. Wie, Herr Kindlein! Sie haben in so langer
Zeit —

Lor. Gibt's dann wieder einmal etwas, so schmekt's
desto besser.

Ther. Sie haben unfreiwillig —

Lor. O, das kommt wohl bisweilen. Nun, mein schö=
nes Mamsellchen, was steht denn zu Ihren Diensten? Bei
diesem schlechten Wetter haben Sie sich herbemüht? muß
wohl pressant sein? — Befehlen Sie, wenn ich dienen kann
mit meiner geringen Kunst, ich arbeite schnell.

Ther. Sie haben Recht — das Wetter ist sehr un=
freundlich — und ich bin zu Fuße weit hergekommen — das
hat mich so ermüdet — ich war noch nüchtern als ich aus=
ging — mir ist so — wie soll ich es nennen —

Lor. Flau geworden?

Ther. Ja, Herr Kindlein, und ehe ich mein Anliegen
vortrage, würden Sie mich sehr verbinden, wenn Sie mir
einige Erfrischungen verschaffen könnten.

Lor. Erfrischungen? ja mein werthes Mamsellchen, mit
Versen kann ich aufwarten, aber —

Ther. Wohnt hier kein Restaurateur in der Nähe?

Lor. O ja, dicht hier neben an. Der Mann gewährt
meiner Nase bisweilen sehr erquickende Genüsse, und die hab'
ich umsonst.

Ther. Dürfte ich Sie wohl bitten — aber Sie müssen
mir's nicht verübeln.

Lor. Was denn, mein schönes, freundliches Mam=
sellchen?

Ther. Wenn Sie mir von Ihrem Nachbar ein Früh=
stück kommen ließen, und eine Flasche guten alten Wein.

Lor. O, das sollen Sie haben, der Mann ist zu jeder
Stunde bereit.

Ther. Bedienen Sie sich meines Regenschirms.

Lor. Ei was, die paar Schritte. Der Regen erfrischt.
Ich bin den Augenblick wieder bei Ihnen. (Ab.)

Fünfte Scene.

Therese (allein).

Mein Vater! — ist er's? — Der Name trifft zu —
auch das genügsame, kindliche Gemüth, wie man mir's be=

schrieben hat. — Aber diese Armuth!— dieser Mangel am Nothdürftigen — mein Herz empört sich, ihn mir so zu denken! Während ich im Ueberflusse aufgewachsen, hat mein armer Vater — gehungert! — ach! ich konnt' ihm ja nicht helfen!

Sechste Scene.

Lorenz. Therese. (Gleich darauf) **der Kellner.**

Lor. Da bin ich schon wieder, und gleich hinter mir her kommt der Kellner mit einem gebratenen Hühnchen und einer Flasche Wein. Die Leute machten große Augen als ich beides forderte, und sahen mich ein wenig spöttisch an. Nu, ich kann ihnen das nicht verdenken; bei mir wird sonst nicht so vornehm geschmaust.

Kelln. Da bring' ich das Bestellte. Aber mein Herr hat mir befohlen, es nicht eher abzuliefern, bis ich Geld sehe. Zwei Gulden für das Essen, drei Thaler für den alten Rheinwein.

Lor. (bei Seite). Lieber Gott! davon könnte man drei Monate leben.

Ther. Hier ist die Bezahlung, und hier auch ein Trinkgeld für Seine Mühe.

Kelln. Großen Dank! wünsche guten Appetit. (Ab.)

Lor. (bei Seite). Wem wünscht er Appetit? doch nicht mir?

Ther. Wollen Sie sich nicht zu mir setzen?

Lor. Erlauben Sie, ich werde stehen und Sie bedienen.

Ther. (schenkt ein). Ein Glas Wein werden Sie doch nicht verschmähen?

Lor. Verschmähen? das hat Bacchus noch keinem Poeten nachzusagen.

Ther. Nehmen Sie es aus meiner Hand.

Lor. Auf Ihr Wohlergeh'n! (Er trinkt)

Ther. (bei Seite). Ehre deine Eltern, daß es dir wohlgehe auf Erden!

Lor. Wie Feuer! weiß Gott wie Feuer! ich habe lange keinen Wein getrunken.

Ther. (schenkt ein) Noch ein Glas.

Lor. Es möchte zu viel werden.

Ther. Haben Sie niemanden, der Ihnen angehört, auf dessen Wohlergeh'n Sie noch trinken möchten?

Lor. Niemanden! — ich bin ganz allein!

Ther. Auch keine Erinnerungen?

Lor. Erinnerungen? — o ja, die hab' ich! sehr liebe — aber auch sehr schmerzliche —

Ther. Nun so trinken Sie.

Lor. (nimmt das Glas und spricht mit Wehmuth). Den Ruhenden unter dem Grase sei freundlich ein Becher gebracht! (Er trinkt.)

Ther. (bei Seite). Er ist's!

Lor. Es ist doch ein köstliches Ding um einen guten Wein! — selten genossen — selten. Da sei das arme Herz noch so zusammen geschrumpft — es dehnt sich aus.

Ther. (steht ihn bewegt an).

Lor. Aber Mamsellchen, Sie essen ja nicht? Es scheint doch recht gut zubereitet zu sein.

Ther. Ich habe in den Wein genippt und das hat mich sehr erfrischt. Ich kann nicht mehr essen. Wenn ich Ihnen das Huhn anbieten dürfte —

Lor. O ich bitte.

Ther. Der Kellner würde es doch nur wieder weg=
tragen —

Lor. Freilich, aber —

Ther. Sie würden mir eine Freude machen, gewiß eine
große Freude.

Lor. (dessen Bescheidenheit mit dem Hunger kämpft). Wenn Sie
befehlen, so will ich wohl ein Flügelchen — (Er setzt sich und
ißt anfangs furchtsam, dann immer haftiger) Man muß gestehen,
mein Nachbar versteht seine Kunst — ach Gott! es schmeckt
außerordentlich gut!

Ther. (bei Seite). Gibt es auch eine größere Wollust auf
Erden, als die, einen armen Vater zu speisen?

Lor. (erschrocken) Verzeihen Sie, da hab' ich in der Zer=
streuung auch die Brust verzehrt.

Ther. Essen Sie, lieber Herr Kindlein, trinken Sie
noch ein Glas Wein dabei. Sie bedürfen der Stärkung —
Sie werden ihrer bedürfen — ich will Ihnen unterdessen
erzählen, was mich hergeführt.

Lor. Ja, thun Sie das. Wenn ich auch noch ein wenig
essen sollte, ich werde doch aufmerksam zuhören.

Ther. Ich bin eine Fremde — erst gestern angekommen
— und nähre die süße Hoffnung, hier eine Person wieder zu
finden, die ich zwar noch nie gesehen, die mir aber über Alles
theuer ist!

Lor. Nun, Gott erfülle Ihre Hoffnungen!

Ther. Ich suche einen Vater — der mich nicht kennt —
nicht einmal weiß, daß ich auf der Welt bin.

Lor. Ei, er wird sehr glücklich sein, wenn er es er=
fährt.

Ther. Ich wünschte mir ein Gedicht — ein wehmüthig fröhliches Gedicht — an die Hoffnung.

Lor. Ach ja, die Hoffnung! sie wird eine Himmelstochter genannt, vermuthlich weil sie zu manchen Zeiten nur im Himmel wohnt.

Ther. Wollten Sie mir wohl ein solches Gedicht verfertigen?

Lor. Mein gutes Mamsellchen, Sie thut mir da zu viel Ehre an. Freilich, wenn man solchen Wein getrunken hat — aber ich mache sonst nur Gelegenheitsgedichte.

Siebente Scene.
Frau Susanne. Die Vorigen.

Suf. Ei du mein Gott! was erblicken meine Augen! hat mir der Bursche doch die Wahrheit gesagt! ich wollt's nicht glauben. Begegnet mir der Kellner vom Nachbar und grüßt mich an und spricht: ich sollte nur heim gehen, da würd' ich eine saubere Wirthschaft finden und mein blaues Wunder sehen. — Ei was denn? frage ich und denke noch immer nichts Arges. Der Herr Poet mit einem Jüngferchen, Gott steh' mir bei! thun sich gütlich, sind lustig und guter Dinge.

Lor. Ja, meine liebe Frau Susanne, ich bin lustig und guter Dinge; das macht der herrliche Wein.

Suf. So? Wein kann Er trinken? aber die Wäsche bezahlen, das kann Er nicht? he?

Lor. Ich habe ja den Wein nicht bezahlt. Die liebe Mamsell —

Suf. Eine liebe Mamsell! ja eine recht scharmante Mamsell! Nu! das wäre mir eben recht! Ich bin eine honnete Frau, eine ehrbare Witwe, mir kann Niemand etwas

Unrechtes nachsagen, und wenn ich gleich eine einzelne Manns=
person in's Haus genommen habe, so ist's doch nur ein Poet
und in allen Ehren geschehen, das weiß Gott, der Herzen
und Nieren prüft.

Lor. Ja, liebe Frau Susanne, wir leben mit einander
in Zucht und Ehren.

Sus. Aber ist das auch eine Zucht? ein Jüngferchen und
Wein? schämt der Herr sich nicht? hat schon graue Haare.

Lor. Frau Susanne, wo denkt Sie hin! die Mamsell
hat ein Gedicht an die Hoffnung bei mir bestellt.

Sus. An die Hoffnung? Pfui! da möchte man ja den
Kopf mit sammt den Augen in einen hohlen Kürbiß stecken
vor lauter Scham. Nein, solche Gräuel duld' ich nicht in
meinem Hause.

Ther. Sie werden doch nicht glauben —

Sus. Ich glaube was ich will, und sehe recht gut, wenn
das Obst wurmstichig ist. Kurz, Herr Poet, pack' Er sich aus
meinem Hause mit sammt dem schönen Jüngferchen! aber
zuvor bezahl' Er mich bei Heller und Pfennig, oder ich lasse
ihm das Hemd vom Leibe verkaufen und schicke Ihn fort mit
einer Schürze von Feigenblättern.

Lor. Ei ei, Frau Susanne —

Ther. (zieht den Beutel). Wie viel ist der Herr schuldig?.

Sus. (da sie den Beutel erblickt, mit verändertem Tone). Zwei
Thaler zwei Groschen sechs Pfennige. Zwei Thaler macht
der Miethzins und das Uebrige hab' ich ihm aus meiner
Tasche geliehen. Einmal zwei Groschen und das anderemal
sechs Pfennige. Da steht er selbst, er mag es leugnen, wenn
er kann.

Lor. Ich leugne es ja nicht, meine werthe Frau Susanne.

Ther. Hier ist das Geld und noch etwas darüber, auf meine Gesundheit zu verzehren.

Suf. Ach so! das ist ein anderes.

Lor. Mamsellchen, was machen Sie? ich habe Ihnen ja das Gedicht noch nicht geliefert, und auf jeden Fall wird es so viel nicht werth sein.

Ther. Mir unendlich mehr!

Suf. Lasse Er doch das gnädige Fräulein gewähren, das sieht der Herr ja wohl, daß sie eine vornehme Person ist, von wegen der Großmuth. Nehmen's Ihro Gnaden nur nicht übel, wenn mir etwa ein ungebührliches Wörtchen entfahren ist. Ich bin ein Bischen hitzig, aber die hitzigen Leute sind die besten, ich bin auch gleich wieder gut; wenn ich mein Geld sehe, so kann man mich um den Finger wickeln. Nichts für ungut, Ihro Gnaden, ich bin eine arme Witwe, muß Steuern und Gaben bezahlen; Ihro Gnaden werden schon nicht so dumm sein, daß Sie das nicht begreifen sollten. Mein Mann war ein Saufaus, hat alles durchgebracht, Gott hab' ihn selig! so sprech' ich als eine gute Christin, aber wenn er in der Hölle brennt, so geschieht ihm ganz Recht. Denn seh'n Sie nur, es war anno 1774, oder es kann auch wohl anno 1775 gewesen sein —

Ther. Schon gut, liebe Frau Wirthin. Darf ich Sie wohl bitten, mich noch einen Augenblick mit dem Herrn allein zu lassen? in Zucht und Ehren.

Suf. Ei, wer könnte daran zweifeln! so ein armer Schlucker und so eine vornehme Dame! Ihro Gnaden haben zu befehlen über mein ganzes Haus, und wenn Sie Obst kaufen wollen, bei mir finden Sie das beste von allen Sorten. Ich habe Renetten, Borstorfer, Aprikosen, Pfirschen, Ananas,

Muskateller; Reine Claude, lambertſche Nüſſe und Feigen, die auf der Zunge ſchmelzen, Alles zu Dero Befehl, unter=
thänigſte Dienerin! (Ab.)

Achte Scene.
Thereſe. Lorenz.

Ther. Das ſcheint eine böſe Frau zu ſein.

Lor. Ei beileibe! ſie iſt ſonſt recht brav, nur ein Bischen geſchwätzig und ein Bischen knauſerig.

Ther. Um einer ſolchen Kleinigkeit willen ſo grob zu mahnen —

Lor. Verzeihen Sie, für Frau Suſanne und für mich war das keine Kleinigkeit, und ich bin fürwahr ſo tief in Ihre Schuld gerathen —

Ther. Sie könnten mich alſo bald zu Ihrer Schuld=
nerin machen, wenn Sie ſo gefällig ſein wollten, mir Ihre Geſchichte zu erzählen.

Lor. Meine Geſchichte? du lieber Gott! die kann kein Intereſſe für Sie haben.

Ther. Wer weiß — vielleicht das größte! Ich bitte —
erzählen Sie mir —

Lor. Ich muß Ihnen ſagen, Mamſellchen — es kommt allerlei darin vor, was mein Gemüth immer gar wunderlich bewegt — ich thu' es nicht gern.

Ther. Aber wenn Sie die innigſte Theilnahme bei mir fänden?

Lor. Das iſt mir freilich noch nie widerfahren.

Ther. Nun ſo werden Sie zum erſten Male fühlen, wie eine ſolche Theilnahme erquickt.

Lor. Wer könnte Ihrer holden Freundlichkeit wider=

stehen? — nun so hören Sie. Ich bin ein armer Teufel, ge=
boren und geblieben. Weiß Gott, wie die Leute es machen,
daß sie reich werden, mir hat es nie gelingen wollen. Mein
Vater war ein ehrlicher Leinweber, hinterließ ein paar hun=
dert Thaler; mein Vormund ließ mir einen Rock machen
und ein paar Stiefeln, und sagte das Geld wäre zu Ende.
Die Leute meinten, ich sollte ihn verklagen, aber ich wußte
wohl, daß Tuch und Leder theuer sind. Weil nun das Geld
zu Ende war, so ging ich nach Surinam und wurde Schrei=
ber bei einem reichen Pflanzer, der gab mir nichts. Aber
Essen und Trinken hatte ich täglich, wenn auch nicht viel.

Ther. Wie hieß der Pflanzer?

Lor. Brutendorf. Man sagte, er wäre ein harter Mann.
Ich will nichts Böses von ihm reden. Er hatte viele Men=
schen zu regieren, und das geht nicht ohne Strenge. Aber
ich war das nicht gewohnt, und half den Leuten durch, wo
ich konnte. Das mochte wohl unrecht sein, darum schalt er
mich oft und wurde mir gram — weiß Gott; ich konnte
nicht anders. Nun was geschah eines Abends? er hatte eine
schöne Tochter — lebhaft war sie, feurig, aber sehr gut, sehr
gut! Ich sitze in meinem Winkel und kaue ein Stückchen
Zuckerrohr, da trat sie herein zu mir und ihre Augen glühten
wunderbarlich. »Herr Kindlein," sagte sie, »morgen soll ich
unsern Nachbar, den alten, bösen Marfrost heirathen, und
wenn das geschieht, so spring' ich in den Ofen." — Nun
müssen Sie wissen, Mamsellchen, so ein Ofen, in dem Rum
destillirt wird, ist eine wahre Hölle; wer da hinein springt,
der kommt nicht lebendig wieder heraus. »Behüte der Him=
mel!" — sagte ich — aber sie schwur, sie werde springen.
Ich kann Ihnen das nicht so recht beschreiben, wie sie in

XXVIII.   16

Verzweiflung war, und wie mir das Herz blutete, und wie
ich mit Freuden mein Leben für sie geopfert hätte.

»Wollen Sie mich retten?« fragte sie. »Herzlich gern,«
war meine Antwort, »aber wie?« — Sie reichte mir die Hand:
»wir laſſen noch in dieſer Nacht uns trauen.« Der Ton, mit
dem ſie dieſe Worte ſprach — es klang wie eine Bitte, es
klang wie ein Befehl — die holde rührende Geſtalt mit ge=
ſenkten Augenliedern — die ausgeſtreckte weiße Hand —
denken Sie, wie mir zu Muthe wurde! ich hatte immer ſo
viel Reſpekt vor ihr gehegt und ſollte nun auf einmal ihr
Mann werden. Ich ſtotterte allerlei, die Gedanken hatte ich
nicht beiſammen. Der reiche Marfroſt, meinte ich, wäre
doch ein ganz anderer Mann als ich. Sie meinte, er wäre
viel ſchlechter als ich mit meiner Armuth; ſie habe in der
Stille mich lange ſchon beobachtet und gefunden, daß ich gut ſei.

Nun ſeh'n Sie, Mamſellchen, da hatte ſie nicht Unrecht;
gut bin ich, kann mir aber nichts darauf einbilden, denn das
iſt ſo meine Art und Natur. Ich kann Ihnen auch wohl ge=
ſtehen, daß ich bisweilen dumme Streiche mache, aus lauter
Gutmüthigkeit. Seh'n Sie, ich habe lange keinen Wein
getrunken, der Wein löſt die Zunge, ich ſage ſo Alles heraus.

Ther. Sie haben ſich gewiß nichts Böſes vorzuwerfen.

Lor. Doch, doch Mamſellchen, jetzt kommt's; der ſchönen
Hedwig — ſo hieß die Tochter des reichen Blutendorf —
vermocht' ich nicht zu widerſteh'n. In meinem Kopfe ging
es eben ſo bunt zu wie in meinem Herzen. Bald flüſterte der
Stolz mir zu: ſie nimmt dich nur aus Verzweiflung; bald
krähte die Eitelkeit dazwiſchen: ſie hält dich für beſſer als den
reichen Marfroſt, der in der ganzen Gegend hochgeehrt wird
— und ſomit warf ich mein Stückchen Zuckerrohr in den

Winkel und folgte der schönen Hedwig durch Nacht und
Nebel. Sie hatte Alles vorbereitet, wir ließen uns kopuliren
und ich sagte recht von Herzen ja. Seh'n Sie, das war
schlecht. Brutendorf war mein Brotherr — Nummer Eins —
Hedwigs Vater — Nummer Zwei — wie durft' ich eine
Tochter heirathen ohne des Vaters Einwilligung? — Gott
mag mir's verzeihen! ich war ein Mensch und ein recht arger.

Ther. Ach! es wird Ihnen auch kein Glück gebracht haben!

Lor. Ein krankes Gewissen auf Lebenszeit. Wir flüch-
teten zu einem alten Neger, der meiner Hedwig die Freiheit
verdankte. Durch sie besaß er auch ein Stückchen Land und
eine Hütte, in die er uns verbarg. Ein paar Wochen lang
lebt' ich wie im Paradiese — meine Hedwig war so schön;
so gut — wir lernten uns täglich besser kennen — und wir
liebten uns — ja Mamsellchen, wir liebten uns — nehmen
Sie mir's nicht übel, ich habe lange keinen Wein getrunken,
meine Nerven sind sehr gereizt, ich muß etwas weinen.

Ther. O, wenn es mir vergönnt wäre, diese Thränen
zu trocknen!

Lor. Im Vertrauen, sie fließen oft auch ohne Wein in
schlaflosen Nächten. Nun, es geschieht mir schon recht. —
Der Vater hatte unsern Zufluchtsort bald ausgekundschaftet,
wir wurden überfallen und getrennt. — Ich habe meine Hed=
wig nie wieder geseh'n! — lieber Gott! da muß ich schon
wieder weinen — nehmen Sie mir's nicht übel — ich glaube
gar Sie weinen mit?

Ther. Recht vom Herzen.

Lor. Das vergelte Ihnen Gott! — ach! das schlimmste
kommt noch. Ich wurde eingesperrt und mir, als einem
Entführer, der Prozeß gemacht. Das war aber nicht das

Schlimmſte. Hätten ſie mich aufgehangen, mir wäre recht
geſchehen. Aber ſie ließen mich laufen, ich habe nie erfahren
warum? — es kamen in der Nacht etliche vermummte Leute,
die mußten wohl den Kerkermeiſter beſtochen haben. Ich
wurde auf ein Schiff gebracht, das eben fortſegeln wollte.
Man gab mir auch Geld, warnte mich aber, ja nicht wie=
der zu kommen. Es war mir zu Muthe, als ob ich vom
Verdeck in's Waſſer ſpringen müßte. Einer der Vermumm=
ten ſteckte mir ein Zettelchen in die Hand, das erhielt mich
beim Leben. — Meine Hedwig hatte es geſchrieben, es ſtand
darauf: ich folge dir ſo bald ich kann. — O ich habe
das Zettelchen noch, ich betrachte es aber nur ſelten, weil
mir ſonſt etliche Tage die Augen ſchmerzen — Sie verſteh'n
mich wohl — und ich muß viel ſchreiben bei einem Stümpf=
chen Licht, folglich brauch' ich meine Augen.

Ther. Sie ſollen ſie künftig ſchonen.

Lor. Das geht nicht. Das Bischen Brot will verdient
ſein. Es war viel Geld, was die Vermummten mir gaben, ich
glaube ich hätte mein Lebstage genug daran gehabt, aber —
es iſt mir wunderlich damit ergangen, ich hab's verloren.

Ther. Verloren?

Lor. Ja. Die Leute meinten, es wäre mir geſtohlen wor=
den, aber das mag ich nicht glauben. Es waren nämlich lau=
ter Dukaten, in einem ſaubern Käſtchen. Nun beſaß ich aber
etliche ſchöne Schriften von Wieland und dachte: die verdien=
ten wohl eher in dem Käſtchen zu liegen. Da nahm ich die
Dukaten heraus und legte den Wieland hinein und trug das
Gold in den Taſchen herum, die mögen wohl Löcher gehabt
haben — kurz, es war weg. Ich weiß auch nicht wie viel, ich
hatt' es nie gezählt.

Hatt' ich doch mein Zettelchen: **ich folge dir, sobald ich kann**; das lag neben dem Wieland.

Ther. Und so mußten Sie gleich bei Ihrer Ankunft mit der Armuth kämpfen?

Lor. O nein, es ging mir anfangs wohl. Ich bekam ein hübsches Aemtchen, hatte mir auch viel Mühe darum gegeben. Die Lampen auf den Leuchtthurm hatt' ich zu besorgen. Sie können wohl errathen, warum ich das Aemtchen suchte? Da konnt' ich weit hinaus in die See schauen. So oft ich ein Schiff in der Ferne sahe, hu! da pochte mir das Herz. Aber es kamen viele Schiffe und meine Hedwig kam nicht. Endlich wurde ich krank, und weil ich so ganz allein auf dem Thurme lag, so blieben die Lampen in einigen Nächten unangezündet. Da wurd' ich abgesetzt. Es geschah mir recht, denn es hätte großes Unglück daraus entstehen können.

Ther. Abgesetzt? weil Sie krank waren?

Lor. Lieber Gott, Mamsellchen, wenn man in Amt und Pflicht steht, so muß man nicht krank werden; dafür bezahlen die respektiven Patrone nicht gern. — Ich kam doch hernach wieder an, bei einem Telegraphen, aber da passirte mir ein wunderlicher Streich. Ich sollte durch den Telegraphen berichten, daß sechs amerikanische Schiffe zu sehen wären. Ach du mein Himmel! die amerikanische Flagge hatte mich so konfus gemacht, denn ich dachte gleich an meine Hedwig — daß ich feliciter die Worte rapportirte: **ich folge dir sobald ich kann**. Meine Vorgesetzten meinten ich wäre närrisch geworden, und da hatten sie auch wohl Recht. Sie setzten mich abermals ab, das war nicht mehr als billig, und so bin ich denn auch abgesetzt geblieben bis auf den heutigen Tag.

Ther. Armer Mann!

Lor. Arm war ich freilich und außer dem Schreiben hatte ich nichts gelernt. Der Schreiber gibt's hier eine große Menge, folglich mußte ich hungern. Aber verhungert bin ich doch nicht, wie Sie seh'n, denn der liebe Gott eröffnete mir plötzlich eine Quelle in der Wüste. Ein Schneider bat mich um ein Hoch= zeitgedicht. Er meinte, wer schreiben kann, müßte auch Verse zu machen verstehen. Ich hatte in meinem Leben noch keine gemacht, aber der Hunger begeisterte mich. Du kannst es doch versuchen, dachte ich, und siehe da, es ging. Seitdem hab' ich mein reichliches Auskommen, wie Sie sehen, denn der Schneider hat mich rekommandirt und ich bekomme für man= ches Gedicht einen ganzen Gulden. Sie müssen auch nicht den= ken, ich hätte immer so schlechte Kleider auf dem Leibe — o nein — es hat nur diesmal seine Ursachen.

Ther. Haben Sie nie wieder etwas von Ihrer Hedwig erfahren?

Lor. Wollte Gott ich hätte nichts von ihr erfahren! — Täglich saß ich im Hafen und lauerte auf Ankömmlinge aus Südamerika. Wenn einer an's Land stieg, so war ich gleich mit höflichen Fragen hinter ihm her. Da kam einmal ein Naturforscher aus Surinam zurück, ein feiner Mann — der hatte den Herrn Brutendorf gekannt — und auch seine Toch= ter — (Er faltet die Hände in seinem Schooße, sieht mit gesenktem Haupte hinab und spricht mit gebrochener Stimme:) die wäre todt, sagte er.

Ther. Sonst wissen Sie nichts von ihr?

Lor. Sonst nichts! — —

Ther. Sie sind tief erschüttert, erholen Sie sich.

Lor. Verzeihen Sie, Mamsellchen, es wird schon vor=

über gehen. Ach! es ist seitdem manches Jahr vorübergegangen und ich lebe immer noch! — —

Ther. Wann machen Sie mir das Gedicht an die Hoffnung?

Lor. (gleichsam erwachend). Ja, die Hoffnung — ja, das will ich noch heute machen — aber liebes Mamsellchen, es wird nicht viel daraus werden — ich und die Hoffnung — wir kennen einander nicht!

Neunte Scene.
Julius. Die Vorigen.

Jul. Ist es erlaubt herein zu treten?

Lor. (geht ihm entgegen). Ei gehorsamer Diener!

Jul. Ich suche den Dichter Kindlein.

Lor. Der bin ich. Setzen Sie sich. (Er gibt ihm seinen Stuhl.)

Ther. (springt auf und will Lorenz den ihrigen reichen).

Lor. Ei beileibe nicht! wir können uns schon behelfen. (Er holt den leeren Tragkorb, den er umwendet und sich darauf setzt.) Nun was steht denn zu Ihren Diensten?

Jul. Ich komme Sie um ein Hochzeitgedicht zu bitten.

Lor. Herzlich gern. Ich habe deren vorräthig von allerlei Gattung.

Jul. Erlauben Sie, es hat mit meiner Heirath eine ganz eigene Bewandtniß. Es wären eine Menge besondere Umstände in dem Gedichte anzubringen.

Lor. Nun, nun, auch das. Ich bringe alles an, wie es bestellt wird.

Jul. Gewiß, ich werde mich dankbar beweisen.

Lor. (leise zu Theresen). Da kann ich Ihnen vielleicht meine Schuld abtragen.

Jul. Meine Braut ist die Enkelin eines reichen Pflan=
zers in Surinam.

Lor. (läßt beide Arme herab sinken und starrt ihn an). Wie?

Jul. In Surinam.

Lor. Ei, mein Gott!

Jul. Ihre Mutter sollte sich mit einem Manne ver=
mählen, den sie verabscheute. Um diesem Unglück zu entge=
hen, heirathete sie schnell und heimlich einen wackern, armen
Jüngling, der in ihres Vaters Diensten stand.

Lor. Mein Herr —

Jul. Allein sie lebte nur wenige Wochen in dieser glück=
lichen Ehe, die der grausame Vater trennte.

Lor. Trennte!

Jul. Indessen gelang ihr wenigstens, durch Aufopferung
ihres Schmuckes, den Geliebten aus dem Kerker zu retten und
ihm eine sichere Flucht nach Europa zu verschaffen, wohin sie
ihm folgen wollte, so bald sie könnte.

Lor. — ich folge dir sobald ich kann —

Jul. Ja, so hatte sie ihm geschrieben, und, um ihren
Vorsatz auszuführen, wollte sie nur ihre Niederkunft ab=
warten.

Lor. Ihre Niederkunft!?

Jul. Allein sie gebar eine Tochter und starb.

Lor. (auftaumelnd). Sie starb? — sie gebar eine Tochter?
— und diese Tochter, mein Herr — sie lebt? —

Jul. Sie lebt und ist meine Braut.

Lor. Wo ist sie? wo?

Jul. Ein schönes, herrliches Mädchen! die einzige Er=
bin des reichen Brutendorf — ich bin so glücklich von ihr ge=
liebt zu werden; allein sie wollte mir durchaus ihre Hand

nicht eher reichen, bis sie den Aufenthalt ihres Vaters er=
forscht, seinen Segen erbeten hätte. Darum schifften wir
uns ein.

Lor. (fast scherzend). Sie ist hier?

Ther. Zu Ihren Füßen. (Sie wirft sich vor ihm nieder.)

Lor. Ach mein Gott! — das ist zu viel — du meine
Tochter? — (Heftig schluchzend) hahahahaha! — das ist mein
Kind? — Ich hab' ein Kind! hahahahaha! (Er sinkt ohnmäch=
tig in ihre Arme)

Ther. Julius, du warst zu hastig! mein Vater stirbt!

Jul. Es wär' ein schöner Tod. Aber sei ruhig, die Freude
hat ihn übermannt. Er wird zu sich kommen.

Ther. (auf den Tisch deutend). Gib mir Wein — (Julius holt
das Glas, Therese flößt ihrem Vater einige Tropfen ein.)

Lor. (zu sich kommend). Wie ist mir geschehen? — Ist es
wahr? hab' ich nicht geträumt?

Ther. Ich bin Ihre Tochter, die nun erst glücklich ist,
seit der Tod ihres Großvaters ihr vergönnte nach Ihnen zu
forschen.

Lor. (fast kindisch). Du bist meine Tochter — meine schöne,
meine liebliche Tochter! o meine Augen! ich habe nicht Au=
gen genug, um dich zu sehen. — Wie nennst du dich denn?
ich weiß ja noch nicht einmal wie du heißest.

Ther. Therese.

Lor. Therese — meine Therese! — ich bin ein reicher
Mann geworden — ach, wie bin ich denn auf einmal so reich
geworden.

Jul. (bittend). Und mein Hochzeitgedicht?

Lor. (umklammert seine Tochter ängstlich). Nein! nein! ich
lasse dich nun nicht wieder von mir! ich bin so viele Jahre

allein gewesen — todt bin ich gewesen! heute bin ich geboren, soll ich denn heute wieder sterben?

Ther. Wir werden uns nie wieder trennen, wir werden
nur Eine Familie bilden.

Lor. Familie! der arme Lorenz Kindlein wird eine Familie haben! — Kinder — habt Geduld mit mir — mein
Körper ist schwach, ich kann's euch nun wohl sagen; ich habe
oft gehungert — da bin ich schwach geworden.

Ther. Mein guter Vater!

Lor. Vater? Vater bin ich? hört Ihr's Alle? ist denn
Niemand hier? reißt die Fenster auf! ich bin Vater!

Jul. Unser Vater!

Lor. (umfaßt sie Beide). Euer Vater!

Ther. Hoffnung! Hoffnung! sie läßt doch nicht zu Schan-
den werden!

Lor. Hab' ich das auch verdient? (Mit frommer Beschämung
gen Himmel blickend.) O nein! nein! ich hab' es nicht verdient!

(Der Vorhang fällt.)

Das getheilte Herz.

———

Ein Lustspiel
in einem Aufzuge.

Perſonen.

Miſtreß Dalby, eine Witwe.

Pauline, ihre Tochter.

Frau Williams.

Hauptmann Dorſet.

Jakob, ſein Reitknecht.

(Der Schauplatz iſt in einer engliſchen Seeſtadt, ein Zimmer im Hauſe der Miſtreß Dalby.)

Erste Scene.

Die Mutter und **Pauline** (letztere am Stickrahmen).

Mutter.

Pauline, du bist mir ein Räthsel.

Paul. Liebe Mutter, Sie thun mir zu viel Ehre an. Höchstens bin ich eine Charade aus der Morgenzeitung; die Auflösung finden Sie in der nächsten Nummer.

Mutt. Ich habe keine Geduld die nächste Nummer abzuwarten.

Paul. Nun, sie steht Ihnen auch gleich zu Diensten.

Mutt. Der Hauptmann Dorset ist ein wackerer Mann.

Paul. Das ist er.

Mutt. Er soll in Spanien brav gefochten haben.

Paul. Davon zeugen seine Wunden, die ihn nöthigten, zurück zu kehren.

Mutt. Vier Wochen sind es nun, als er hier an's Land stieg und bei uns einquartirt wurde.

Paul. Es sind schon vorgestern vier Wochen gewesen.

Mutt. Und eben so lange ist er auch in dich verliebt.

Paul. Um Vergebung, das sind erst drei Wochen und zwei Tage; denn in der ersten Woche war ich krank und ließ mich nicht vor ihm seh'n.

Mutt. Ganz recht. Du wurdest plötzlich krank, sehr plötzlich.

Paul. Nachdem ich zuvor am Fenster gelauscht und ihn von ferne erblickt.

Mutt. Auch das ist mir noch räthselhaft.

Paul. Es war eigentlich ein Rückfall.

Mutt. Endlich erſchienſt du, und nie hab' ich einen jun=
gen Mann beim erſten Anblick eines Mädchens ſo ergriffen
geſeh'n.

Paul. Wenn er es weniger geweſen wäre, ich hätte ihm
nimmermehr verziehen.

Mutt. Sehr eitel. Kurz, die Eroberung war gemacht,
und — wenn ich nicht irre — dir ſehr ſchmeichelhaft.

Paul. O ja.

Mutt. Du haſt ihn aufgemuntert?

Paul. Ein wenig.

Mutt. Dein Herz ſpricht zu ſeinem Vortheil?

Paul. Fürwahr, es plaudert wie ein beſtochenes Kam=
mermädchen.

Mutt. Nun, warum zögerſt du noch? er iſt von guter
Familie; ſein Vater wohlhabend; mir gefällt er —

Paul. Das freut mich am meiſten.

Mutt. Wenn er alſo Ernſt macht —

Paul. O, er hat ſchon recht ſehr Ernſt gemacht.

Mutt. So quäle ihn nicht länger.

Paul. Ich kann ihm nicht helfen, gequält muß er werden.

Mutt. Iſt das wieder eine von den romantiſchen Gril=
len, die dein Vater auf ſeinem Gewiſſen hat?

Paul. Mein Vater war ein herrlicher Mann!

· **Mutt.** Wer weiß das beſſer als ich? doch daß er bis=
weilen ſehr ſonderbare Grillen hatte, kann auch nicht geleug=
net werden. Am weh'ſten hat er mir gethan, als er vor ſechs
Jahren dich, meine einzige Tochter, mir aus den Armen riß
und mit der alten Frau Williams in eine ferne Grafſchaft
ſandte, um dich dort nicht viel beſſer als eine Bäuerin erzie=
hen zu laſſen.

Paul. Er meinte es gut.

Mutt. O ja, das weiß ich. Er fürchtete, du möchtest von mir verzogen werden, oder zu früh erfahren, daß du reich bist; er wollte verhüten, daß du nicht übermüthig würdest.

Paul. Dem Himmel sei Dank, er hat es verhütet.

Mutt. Er meinte, der Firniß der großen Welt wäre nachher bald übergestrichen.

Paul. Auch darin hat er nicht geirrt. Wer sieht mir denn das Bauernmädchen noch an?

Mutt. Ich aber blieb fünf Jahre lang der Mutterfreuden beraubt!

Paul. Doch nur um die Tochter Ihrer Liebe würdiger zu machen. Und wie? wenn eben diese Trennung das künftige Glück Ihres einzigen Kindes begründet hätte?

Mutt. Gibst du mir wieder Charaden auf?

Paul. Werden Sie mir verzeihen, beste Mutter, wenn ich bis jetzt ein Geheimniß für Sie hatte?

Mutt. Mangel an Vertrauen würde mich tief schmerzen.

Paul. Anfangs, da ich aus meiner Einsiedelei in Ihre Arme zurückkehrte, waren Sie mir noch so fremd —

Mutt. Das möge Gott deinem Vater verzeihen!

Paul. Hernach mischte eine falsche Scham sich darein — Frau Williams fürchtete Ihren Zorn, bat mich zu schweigen — ich selbst meinte, die Begebenheit würde keine Folgen haben.

Mutt. Eine Begebenheit?

Paul. Die Ihnen das Räthsel lösen wird. Ich galt, wie Sie wissen, für eine Nichte des ehrlichen Pachters, dem mein Vater mich anvertraute, weil er ein Bruder von Frau

Williams ist. Ich wurde Sophie genannt und hatte in Kur=
zem selbst vergessen, daß ich je einen andern Namen geführt.
In unserer Nachbarschaft wohnte ein alter Landedelmann,
der Vater eines liebenswürdigen Sohns. Dieser Jüngling
hatte die Güte mich zu bemerken als ich noch ein halbes Kind
war. Das schmeichelte mir und ich machte zum ersten Male
die Entdeckung, es klopfe etwas in meiner Brust. Frau Wil=
liams war damals mit der Gicht behaftet, konnte nicht im=
mer das muntere Mädchen bewachen, und siehe da, es ent=
spann sich ein heimliches Liebesverständniß.

Mutt. Ich will nicht hoffen —

Paul. Hoffen Sie immer, liebe Mutter. Wir waren
und blieben die unschuldigsten Kinder von der Welt. Wir
wechselten zärtliche Redensarten — auch wohl Schwüre —
selten Küsse.

Mutt. Also doch bisweilen?

Paul. Nun ja, einige Küsse mag ich ihm wohl gegeben
haben. Gezählt hab' ich sie nicht; aber nach seinen Klagen
und Vorwürfen zu urtheilen, müssen es doch nur wenige ge=
wesen sein.

Mutt. Pauline! Pauline! was konnte daraus werden?

Paul. Gott weiß, was daraus geworden wäre, wenn
ihn der Vater nicht plötzlich zur Armee geschickt hätte, weil
ihm die Pachters=Nichte keine anständige Partie für seinen
Eduard schien.

Mutt. Er hatte seinem Vater entdeckt —?

Paul. Alles; denn nach seiner Meinung sollten wir,
spätestens in vier Wochen, unsere Vermählung feiern. Doch
wie gesagt, der Vater meinte anders und mein Geliebter
mußte abreisen. Ersparen Sie mir die Schilderung der trau-

rigen Scene unserer Trennung. Sie geschah im Garten unter
dem Schutz einer alten Linde. Er schwur mir ewige Liebe und
daß nur der Tod mir sein Herz entreißen könne. Wenn aber
keine Kugel ihn träfe, so müsse ich die Seinige werden, trotz
allen Mächten des Schicksals, und so schieden wir. — Etwa
ein Jahr nachher starb mein Vater, Sie ließen mich holen,
und nun erst entdeckte mir Frau Williams wer ich sei.

Mutt. Du hast ihn nicht wieder gesehen?

Paul. O doch! errathen Sie noch immer nicht? — die=
ser Hauptmann Dorset —

Mutt. Ist dein alter Liebhaber?

Paul. Mein alter und mein neuer Liebhaber. — Be=
greifen Sie nun, warum ich eine ganze Woche zögerte,
mich vor ihm sehen zu lassen! — Ich schwankte zwischen
tausend Zweifeln. Wird er seine Sophie erkennen? oder,
w e n n er sie erkennt, liebt er sie noch? — oder wird nur
die reiche Pauline ihn vermögen seine Schwüre zu erfüllen?
— wie soll ich mich benehmen? soll ich Sophie oder Pauline
sein? — Alle diese Gedanken beklemmten mich und ich war
in der That ein wenig krank. — Endlich meinte ich doch, ich
dürfe es wohl wagen, ihm als Pauline unter die Augen zu
treten und mich zu stellen, als ob nie eine Sophie in der
Welt gewesen wäre. Daß er die Aehnlichkeit zwischen beiden
augenblicklich bemerken würde, das mußt' ich erwarten; aber
ich bin seitdem drei Jahre älter geworden, kleide und benehme
mich ganz anders; auch kennt er an Sophien die Narbe auf
der Stirne noch nicht, die ich dem ungeschickten Postillon
verdanke, der auf der Reise zu Ihnen, mich in den Graben
warf. Um sie recht zu zeigen, hab' ich mein Haar etwas
mehr gescheitelt. Nach alle dem durfte ich schon vermuthen

XXVIII.   17

— wenn nur Frau Williams sich nicht vor ihm sehen ließe — daß ihm schwerlich einfallen würde, Pauline sei jene Sophie, die er, ein hundert und fünfzig Meilen von hier, unter ihren Schafen gelassen hat.

Mutt. Doch überraschte dein Anblick ihn außerordentlich.

Paul. Konnt' ich doch selbst die Bewegung meines Herzens kaum verbergen; aber ich war vorbereitet, und, nicht wahr? ich spielte meine Rolle gut?

Mutt. Allein, warum spieltest du sie?

Paul. Muß ich das Ihnen, der zartfühlenden Mutter, noch erklären? ich wollte versuchen, ob ich ihn Sophien untreu machen könnte.

Mutt. Dir selbst!

Paul. Ja, mir selbst. Und — wenn mir das gelänge — so meinte ich, er sei meiner Liebe unwerth.

Mutt. Du bist eine Närrin. Er hat dich geliebt, er liebt dich wieder, Sophien in dir, was willst du mehr? — und würdest du sein Herz gerührt haben, wenn er nicht eben in dir das Ebenbild seiner Sophie gefunden hätte?

Paul. Er soll seine Sophie in Niemanden finden, als in ihr selbst.

Mutt. Es wäre doch drollig, wenn du einen wackern Mann ausschlügest, weil er dir treu geblieben ist.

Paul. Nein, liebe Mutter, wenn er mich liebt, so ist er mir nicht treu geblieben. Dies ist eben der Stein des Anstoßes.

Mutt. Eine kindische Neckerei, nimm mir's nicht übel.

Paul. Verzeihen Sie. Vielleicht würden Sie Recht haben, wenn Pauline Dalby ein eben so armes, unbedeutendes Mädchen wäre, als jene Sophie. Aber wer steht mir denn dafür, daß ich nicht durch meine Geburt, durch meinen Reichthum den Sieg über jene davon trage? und in diesem Fall würden — mit Ihrer Erlaubniß — sowohl Sophie als Pauline ihm Körbchen flechten.

Mutt. Wie willst du dich davon überzeugen?

Paul. Sehr leicht, noch heute. Er hat, im traulichen Gespräche, mit der liebenswürdigsten Offenheit mir seine ehemalige Verbindung mit Sophien selbst gestanden, und daß er, gleich nach seiner Ankunft — wohl zu merken, ehe er mich noch geseh'n — seinen Reitknecht als Kourier fortgeschickt, um Nachricht von seinem Vater, eigentlich von Sophien zu erhalten. Freilich, seit ich ihm erschienen, ist sein Verlangen nach dieser Nachricht sehr gemäßigt, und ich glaube fast, ihm bangt ein wenig davor. Indessen hab' ich sein Geständniß benutzt. Gestern Abend ist sein Jakob zurückgekehrt — durch Frau Williams schon vor dem Thore aufgefangen — und durch ein paar Goldstücke willig gemacht worden, Alles zu sagen, was mir beliebt ihm in den Mund zu legen. Er ist die Nacht vor dem Thore geblieben, um seine Rolle zu studiren, und wird erst diesen Morgen mit einem blasenden Postillon, vor das Haus sprengen, als ob er eben angekommen wäre.

Mutt. Und was weiter!

Paul. Das wissen die Götter! kein Schritt soll Ihnen verborgen bleiben. Ich wünsche den Hauptmann noch einmal zu sprechen, ehe Jakob sich einfindet. Darum warf ich gestern Abends die Bemerkung hin, daß das Licht in meinem Zimmer meiner Stickerei nicht günstig sei, und daß ich heute nach dem Frühstück hier im Saale arbeiten wolle. Er hat den Wink aufgefangen. Geben Sie Acht, er kommt.

Mutt. Nun so will ich die Unterhaltung nicht stören. Ich bin eine gefällige Mutter, nicht wahr? — Doch das sage ich dir: zieht er Paulinen vor, so bekommt er Sophien, und erklärt er sich für Sophien, so muß Pauline seine Frau werden. (Ab.)

Zweite Scene.

Pauline (allein).

Drollig und sonderbar, daß ich meine eigene Nebenbuhlerin bin, und fürwahr, ich bin es in allem Ernst. Zwar ist Pauline ziemlich ruhig dabei. Sophie hingegen entsetzlich eifersüchtig auf Paulinen. Beim Licht besehen — Eitelkeit. Wir wollen den Antrag eines Mannes durchaus keinem zufälligen Vorzuge verdanken; wir wollen blos um unser selbst willen geliebt sein. Als ob das Bischen Schönheit nicht auch eine Gabe des Zufalls wäre! — Still! er kommt. Ein wenig Kokettiren ist heute schon erlaubt.

Dritte Scene.

Hauptmann Dorset. Pauline.

Dorf. Ich darf der schönen Pauline heute früher als gewöhnlich meinen guten Morgen bringen.

Paul. Guten Morgen, Herr Hauptmann. Setzen Sie sich zu mir, kritisiren Sie mein Kunstwerk. Die Thränenweide will mir nicht recht gelingen.

Dorf. Sie sollen nur Rosen sticken.

Paul. Und Vergißmeinnicht.

Dorf. Wozu die? wer Sie einmal sah —

Paul. Und so weiter. Ich verbitte alle Komplimente.

Dorf. Wo hätte ich die gelernt? am Tajo?

Paul. Wenigstens nicht v e r l e r n t. Gewiß haben Sie oft Ihrer Sophie dasselbe gesagt und Sie doch vergessen.

Dorf. Vergessen? nein. Aber wenn ich durch den sonderbarsten Zufall die Gestalt meiner ersten Geliebten — a ch ihr Herz, ihre Seele — in Ihnen wieder finde, nur verschönert, veredelt, gebildet; ist es denn ein Wunder, daß ich hingerissen werde? daß ich täglich mehr und mehr der süßen Täuschung mich hingebe, und beide Gestalten sich in meinem Herzen verschmelzen?

Paul. Dabei gewinnen wir aber Beide nicht. Sophie zum Exempel —

Dorf. Sie war noch fast ein Kind als ich sie verließ. Der Eindruck, den ich auf sie gemacht, ist längst verloschen.

Paul. Wie bescheiden doch die Männer sind, wenn sie uns gern los sein möchten.

Dorf. Sagen Sie vielmehr: ich muß wünschen von ihr vergessen zu sein, da ich Paulinens Fesseln trage.

Paul. Arme Sophie! und — wenn ich nicht auf meiner Hut stünde — arme Pauline!

Dorf. Warum das?

Paul. Würde mich diese Sophie nicht wie ein Gespenst verfolgen? — Ich bin Ihnen gut, Herr Hauptmann — nun ja, warum soll ich es leugnen? — ich könnte Sie auch wohl lieben —

Dorf. (entzückt). O Pauline!

Paul. Halt! halt! lassen Sie mich ausreden. An meinem Gatten würde ich mit der schwärmerischsten Zärtlichkeit hängen: jede Falte auf seiner Stirn mir ein geheimer Kummer scheinen — jeder herumirrende Blick ein Verlangen nach ei-

nem fremden Gegenstande — und wenn ich nun wüßte, es
sei wirklich ein Gegenstand vorhanden, der ihm vormals lieb,
sehr lieb gewesen — dessen Vorzüge er blos gekannt, wäh=
rend er nun auch die Fehler seiner Gattin kennen lernt —
würde nicht unaufhörlich der Gedanke mich martern: jetzt
stellt er Vergleichungen an! jetzt bereut er seine Wahl! und,
wenn es heute noch in seiner Wahl stünde, er würde wenig=
stens schwanken! O Herr Hauptmann! fühlen Sie, wie pein=
lich das wäre!

Dorf. Ich fühle nur, wie ungerecht Sie gegen sich selbst
sind. Auch gegen mich, den Sie dafür strafen, daß er offen
und ehrlich alle seine vormaligen Verhältnisse Ihnen bekannte.
Ich will nicht erwähnen, daß Sophiens Geburt der meinigen
so ungleich ist, und daß ich meines Vaters Einwilligung
schwerlich jemals errungen hätte, folglich schon das Schicksal
und meine kindliche Pflicht mir jede Erinnerung verboten —
ich will nur vergleichen, was Sophie war und was Sie
sind. Ein gutes, fröhliches Landmädchen, mit einem reinen
Herzen, einem regen Gefühl; aber ungebildet, unfähig, in
traulichen Stunden, wo das Herz ruht, auch den Geist zu
beschäftigen. Sie hingegen, die an Herz und Geist —

Paul. Genug, Herr Hauptmann, loben Sie mich nicht
auf Sophiens Kosten, das thut mir weh. Bekennen Sie,
daß Sie alle diese Bemerkungen nun erst gemacht haben.
Denn da Sie vor vier Wochen Ihren Jakob als Kourier ab=
fertigten —

Dorf. Nun ja, da kannt' ich Sie noch nicht, das ist
mein ganzes Verbrechen.

Paul. Sie wollen meine Eitelkeit bestechen.

Dorf. Ihr Herz will ich rühren! überzeugen will ich

Sie, daß Sie ungetheilt in dem meinigen herrschen. (Er ergreift ihre Hand.) Reizende Pauline! sehen Sie mir in's feuchte Auge. Weiß Gott! ich heuchle kein Gefühl.

Paul. (zärtlich). Dorset!

Dorf. Vergessen Sie den Irrthum meiner Jugend — werden Sie die Meinige! und nimmer soll eine Falte auf meiner Stirn Sie ängstigen.

Paul. Wenn ich hoffen dürfte —

(Man hört draußen ein Posthorn.)

Paul. Ha! ein Posthorn! Pferdegetrappel — es hält vor unserm Hause — schon gestern erwarteten Sie Ihren Jakob —

Dorf. (der unruhig aufsprang und an's Fenster eilte). Er ist's.

Paul. Dorset!

Dorf. Entscheiden Sie, noch eh' ich meine Botschaft höre.

Paul. Sie wollen es?

Dorf. Ich beschwöre Sie!

Paul. Nun wohl — ich gehe.

Dorf. Sie gehen?

Paul. Um den Segen meiner Mutter zu erbitten. (Ab.)

Vierte Scene.
Der Hauptmann (allein).

Sie ist mein! das liebenswürdigste Weib ist mein! — Nun? — was ist das? — warum zitt're ich? warum ist meine Freude nicht ungemischt? — Sophie! — will deine Gestalt sich vordrängen? — hast du mich nicht längst vergessen? — »O gewiß! gewiß — warum denke ich sie mir immer noch als ein liebliches Kind, das mit ganzer Seele an mir hing, weil ich der Erste war, der sie auszeichnete. Mancher brave Landmann wird unterdeſſen um ſie geworben und ſie ſchon längſt ihre Hand — nicht ohne ihr Herz — verſchenkt haben. Als eine glückliche Hausfrau, vielleicht gar ſchon als Mutter will ich mir ſie denken, und mich freuen, daß ihre Unſchuld mir immer heilig blieb. Sie darf ſich meiner ohne Scham erinnern, ſo wie ich ihrer — mein Andenken wird ihr werth bleiben, wie mir das ihrige.

Fünfte Scene.
Jakob. Der Hauptmann.

Dorf. Biſt du endlich wieder da?

Jak. Ja, Herr Hauptmann, mit Sack und Pack.

Dorf. Ich habe dich zwei Tage früher erwartet.

Jak. Ich habe dreimal den Hals gebrochen, um ſobald als möglich wieder hier zu ſein.

Dorf. Geſchwind! wie ſteht's in unſerer Heimath?

Jak. Alles noch auf dem alten Flecke. Nur den Teich hat der Herr Papa ausgetrocknet, rechter Hand beim Vieh= ſtall hinunter, Sie wiſſen wohl, am Gartenzaune, wo die Judenkirſchen wachſen; und eine neue Windfahne hat er auf das Dach geſetzt, aber die knarrt ein wenig.

Dorf. Narr! das will ich jetzt nicht wiſſen. Mein Vater iſt geſund?

Jak. J nu, er knarrt auch ein wenig. Etwas Gicht, etwas Podagra, etwas Aſthma und einige Koliken, ſonſt be= findet er ſich vollkommen wohl.

Dorf. (unruhig). Weiter!

Jak. Er hatte eine gewaltige Freude über Ihre Hel= denthaten, und daß Sie ſo klug geweſen wären, ſich nicht todtſchießen zu laſſen. Tag und Nacht hab' ich ihm erzählen

müſſen — der gute, alte Herr! — und trinken durft' ich da=
bei ſo viel ich nur immer wollte! von dem ſchönen Portwein,
der im Keller linker Hand im Sande liegt. Unſere alte Haus=
hälterin mußte ihn heraufholen, ſie mochte noch ſo ſcheel dazu
ſeh'n. Ja, die alte Frau Margarethe lebt auch noch und hu=
ſtet noch eben ſo arg als vor drei Jahren. Und der Ketten=
hund, Herr Hauptmann — ach! wenn Sie den Kettenhund
geſeh'n hätten! der brave Mufti! er kannte mich gleich wie=
der, weiß Gott! er ſprang an mir herauf und heulte vor
Freuden ein ordentliches Lied. Aber mager iſt er geworden,
der arme Mufti! man ſah es ihm an, daß Jakob ihn nicht
mehr füttert.

Dorſ. Verdammter Schwätzer! das Wichtigſte —

Jak. Ach Herr Hauptmann! das iſt eben das Wichtigſte.
Alle ſind mager geworden, Menſchen und Vieh, und der
gnädige Papa läßt ſagen, Sie möchten nicht erſchrecken, er
wäre ein Bischen zu Grunde gerichtet.

Dorſ. Wie?

Jak. Hagelwetter, Mißwachs, Viehſeuche, böſe Gläu=
biger, eine ganze Litanei.

Dorſ. Ich will nicht hoffen —

Jak. Er hat's auch nicht gehofft, aber der liebe Gott hat
ihm eins nach dem andern über den Hals geſchickt. Ein Glück,
daß der alte Portwein noch im Keller lag, ſonſt hätte ich kei=
nen Tropfen auf Ihre Geſundheit zu trinken bekommen.

Dorſ. Mein armer Vater!

Jak. Sie ſollen ſich nur nicht grämen, läßt er Ihnen ſagen;
denn was ihn beträfe, ſo hätte er immer noch ſo viel, daß er
täglich ſeinen Plumpudding eſſen könnte. Sie wiſſen wohl,
das war ſein Leibgericht, und da hat er auch ganz Recht, denn

so ein Plumpudding ift eine wahre Gottesgabe. Es wäre ihm
nur leid um Sie, Herr Hauptmann, fagte der gnädige
Papa: Sie follten fuchen eine reiche Heirath zu thun. Das
klang auch fehr vernünftig, denn lieber Gott! Ihre fchöne
Sophie —

Dorf. Haft du fie gefeh'n?

Jak. Das verfteht fich, alle Tage.

Dorf. Sie wird geheirathet haben?

Jak. Noch nicht. Aber nun will fie nächftens heirathen.

Dorf. Dacht' ich's doch. Wen?

Jak. Sie, Herr Hauptmann.

Dorf. Mich? alfo liebt fie mich noch?

Jak. O Jemine! das war ein Spektakel! ich meinte, fie
würde mir felber um den Hals fallen. »Mein guter Jakob!
mein ehrlicher Jakob! was foll ich dir geben? womit foll ich
dich traktiren? warum ift dein Herr nicht felbft gekommen?
ach! ich habe ihn mit Sehnfucht erwartet!« — Er ift ver=
wundet, Mamfellchen. — »Verwundet? ich will hin zu ihm!
will ihn pflegen, verbinden, bei ihm wachen, ihm die Fliegen
abwehren --« — Das wird fich nicht fchicken, Mamfell=
chen — »Nicht fchicken? ich bin ja feine Braut, und werde
nun bald vor aller Welt feine Frau fein! Muhme! liebe
Muhme! wir wollen hin zu ihm!« — Und die alte Frau Wil=
liams wackelte mit dem Kopfe und fagte: »der brave Herr!
er hat es doch ehrlich mit meiner Sophie gemeint. Ja, ja,
wir wollen hin zu ihm. Ich werde dich begleiten und dir
nicht von der Seite gehen, bis du vor dem Altare geftanden.
Ja, ja, mein Kind, wenn ich mit dir reife, fo müffen die bö=
fen Zungen fchweigen, denn ich bin eine alte ehrbare Frau.«
Nun, alt ift fie, das muß man ihr laffen.

Dorf. Sie wollen kommen? hieher kommen?

Jak. Sie sind schon da.

Dorf. Wie?

Jak. Da war kein Halten. »Die Wege sind schlecht, Mamsellchen,« sagte ich, »Sie sind das Reisen nicht gewohnt; es gibt auch Straßenräuber.« — Alles umsonst! sie rannte hin und her wie eine Maus, die ihr Schlupfloch nicht finden kann; sie schnürte ihr Bündelchen, eins, zwei, drei; hüpfte auf den Postwagen, ließ sich rumpeln Tag und Nacht und vor einer halben Stunde ist sie glücklich arrivirt.

Dorf. Meine Sophie hier? wo? wo ist sie?

Jak. Im nächsten Wirthshaus abgetreten. Sie wollte geradesweges zu Ihnen, aber die Muhme meinte, das schicke sich nicht, man müßte sich doch erst ein wenig putzen. Nun, das wird nicht lange währen, denn mit dem Putzen hat es gute Wege; ihr ganzes Gepäck ist nicht größer als mein Mantelsack.

Dorf. Welch ein rührender Beweis ihrer Liebe und Treue!

Jak. O ja, was das betrifft.

Dorf. Sage mir, Jakob, ist sie noch immer so schön.

Jak. Ich denke, sie ist noch viel schöner geworden; ein Bischen gewachsen in die Länge und in die Breite.

Dorf. Ich will zu ihr. Geschwind, Jakob, meinen Hut, meinen Degen —

Jak. Wird nicht vonnöthen sein, denn ich höre die Muhme schon auf der Treppe kenchen.

Dorf. Wie? Sophie käme zu mir in dieses Haus? — ach! mein Gott!

Jak. Da ist sie schon.

Sechste Scene.

Die Vorigen. Frau Williams. Pauline (als Sophie ländlich gekleidet, mit einem großen Strohhut auf dem Kopfe).

Paul. (fliegt in Dorsets Arme). Mein Eduard!

Dorſ. (der ihr entgegen stürzte). Sophie!

Paul. Ich habe dich wieder!

Dorſ. (für sich). Welche Aehnlichkeit! sogar in der Stimme.

Paul. Nun wirst du dich nie wieder von mir trennen, nicht wahr, Eduard? o ich habe traurige Jahre verlebt! keine andere Freude gehabt, als den Rosenstock zu pflegen, den du mir schenktest — unter der Linde zu weinen, wo du Abschied von mir nahmst; doch nun ist Alles vergessen! ich habe dich wieder! künftig werde ich dir folgen, wohin du auch gehst, und wär' es in den Tod, denn ich kann ohne dich nicht leben!

Dorſ. Meine gute, meine herrliche Sophie!

Paul. Dein Jakob hat mich recht erschreckt — du wärst verwundet, sagte er — o nein! nein! Gott sei Dank! ich sehe dich gesund und kann mich nicht satt an dir sehen.

Fr. Will. Das plaudert unaufhörlich wie ein Staar und läßt Einem nicht zum Worte kommen. Gott grüße Sie, Herr Hauptmann! Sie sind ein recht braver Herr. Sie haben die arme Waise nicht vergessen. Nun, Gott vergelt' es im heiligen Eheſtande!

Dorſ. (in Sophiens Anschauen verloren). Sophie, du bist noch schöner geworden.

Paul. Bin ich wirklich? das freut mich um deinetwillen. O ich möchte so schön sein, wie die lieben Engel, aber nur um deinetwillen. Du bist braun geworden, Eduard, als hättest du meinem Oheim auf dem Felde das Korn schneiden

helfen. Aber es steht dir gut. Nur will mich bedünken, du
sähest nicht recht heiter aus. Machst du doch beinahe ein Ge=
sicht wie damals, da du verlegen warst, mir anzukündigen,
daß wir uns trennen müßten! Ach! ich vergesse das Gesicht
in meinem Leben nicht! Sage mir, Eduard, du freust dich
doch, daß ich gekommen bin?

Dorf. Ich liebe dich von ganzer Seele.

Paul. Nun, mehr verlange ich nicht. — Was hab' ich
gesagt, Frau Williams? wer hatte Recht? er liebt mich noch.

Fr. Will. Es ist ein rares Exempel.

Paul. Sie haben mir manchmal bange machen wollen,
du würdest dich ändern, mich vergessen, eine Andere lieben.
Possen! hab' ich gesagt, das ist nicht möglich. Ihr seid ja
nicht dabei gewesen, als er Abschied von mir nahm; ihr
habt seine süßen Schwüre nicht gehört; ich höre sie noch
immer.

Dorf. (für sich) Ich liege auf der Folter.

Paul. Nein, er wird mich nicht verlassen! er weiß ja,
daß es mein Tod wäre.

Dorf. Dein Tod, Sophie?

Paul. Nun freilich, was denn?

Dorf. Wenn nur mein Vater —

Paul. O, dein Vater ist arm geworden, nun sind wir
schon mehr einander gleich. Er hat mich auch in der Kirche
stets recht freundlich gegrüßt. Gib Acht, nun willigt er ein.
O, ich bin so gern in die Kirche gegangen, um ihn zu sehen,
weil er dein Vater ist, und dann wußte ich auch, es waren
wenigstens unserer zwei in der Kirche, die für dich beteten.

Dorf. Gutes Mädchen!

Paul. Hier wohnst du, Eduard? warum wohnst du

hier? — Man hat mich in ein düsteres Haus geführt. Ich werde mich fürchten in dem düstern Hause, wenn du nicht auch darin wohnst. Geschwind, Jakob, schaffe deines Herrn Gepäcke hinüber.

Dorf. Das geht nicht, liebe Sophie. Mir ist mein Quartier angewiesen.

Paul. Wohnst du denn ganz allein in dem großen Hause?

Dorf. Nein, es gehört einer Witwe.

Paul. Einer Witwe? bei der wohnst du? — Ei, Eduard, ist sie jung?

Dorf. Nein, sie ist alt.

Paul. Das war auch eine närrische Frage. Was kümmert's mich denn, ob sie jung oder alt ist? — Vergib mir, lieber Eduard — ich muß dir schon gesteh'n — es ist mir doch lieb, daß sie alt ist.

Dorf. (verlegen). Ich danke dir, Sophie, daß du — der ersten Regung deines Herzens folgend — gleich zu mir gekommen bist — du hast mich hoch erfreut — aber nun muß ich dich auch erinnern — daß es unschicklich wäre, wenn du länger hier verweiltest.

Paul. Unschicklich? bin ich doch deine Braut?

Dorf. Man könnte es übel deuten.

Paul. (bei Seite). Er fürchtet Ueberraschung.

Dorf. Auch wirst du von der Reise ermüdet sein.

Paul. Wohl, ehe ich dich sah, nun nicht mehr.

Dorf. Geh' — erhole dich — schlumm're ein wenig. In einer Stunde komme ich dich zu wecken.

Paul. In einer Stunde? warum so spät?

Dorf. Dienstgeschäfte.

Paul. O die häßlichen Geschäfte! Eile, Eduard! und

denke fleißig daran, daß deine Sophie kein anderes Geschäft hat, als dich zu lieben. (Ab mit Frau Williams.)

Dorf. (zu Jakob). Begleite sie und sorge, daß es ihr an nichts fehle.

Jak. (bei Seite). Sie wird wohl für mich sorgen. (Ab.)

Siebente Scene.
Der Hauptmann (allein).

Wie ist mir gescheh'n? — alle die süßen Erinnerungen an die schönen Tage meiner ersten Liebe sind mit neuer Stärke erwacht. — Dies holde Geschöpf, das mir so kindlich vertraut — ich könnt' es hintergeh'n? Nein, ich liebe Sophien so warm und innig als jemals! — aber Pauline — was ist das? ich erschrecke — denn weiß Gott, ich liebe auch Paulinen! —

Unergründliches Herz! welche Qualen bereitest du mir! Beide schön — Jede die Schönste, wenn sie allein mir gegenüber steht — nur Sophie noch blühender, noch jugendlich reizender — — Aber Pauline — welch ein Anstand! welche Grazie! — Aber Sophie — welche himmlische Anmuth! welche Naivität! — Aber Pauline — ein gebildeter Geist, Kenntnisse, Talente, dabei so anspruchslos! — Aber Sophie — das kindlichste Gemüth, so fromm, so hold — Armer Eduard! du wirst nicht glücklich sein! denn, welche du auch wählen mögest, du wirst die Andere nie vergessen!

Achte Scene.
Mistreß Dalby. Der Hauptmann.

Mutt. Herr Hauptmann, meine Tochter hat mir vertraut, welche Wünsche Sie hegen, und aus dem Munde der Mutter mögen Sie vernehmen, daß Pauline Sie liebt. Ich freue mich eines so wackern Schwiegersohnes und mein Segen ruht auf Ihrer Verbindung.

Dorf. Gnädige Frau — Ihre Güte beschämt — verwirrt mich —

Mutt. Sie verdienen das beste Weib, und, ich darf ohne mütterliche Eitelkeit sagen, Sie empfangen es aus meiner Hand.

Dorf. Möcht' ich ihrer würdig sein!

Mutt. Obgleich Panline schon neunzehn Jahre zählt, so weiß ich doch bestimmt, daß Sie ihre erste Liebe sind, und — glauben Sie nur Herr Hauptmann — die erste Liebe ist dauerhaft.

Dorf. O gewiß! — zwar nicht immer —

Mutt. Freilich kann das Schicksal zwei Herzen trennen, die für einander geschaffen waren —

Dorf. Das Schicksal, ganz recht, gnädige Frau. Es ist zuweilen bizarr.

Mutt. Es können Umstände eintreten —

Dorf. Allerdings — Umstände — die in keines Menschen Gewalt stehen.

Mutt. Um so besser, daß wir hier dergleichen nicht zu fürchten haben. Alles vereinigt sich, um ein liebendes Paar zu beglücken. Ich weiß zwar wohl, Herr Hauptmann, daß Sie zu edel denken, um meiner Tochter Vermögen in Anschlag zu bringen; aber Reichthum ist doch immer ein Mittel für manchen schönen Zweck, und es wird Ihnen nicht unangenehm sein, zu hören, daß ich eben jetzt einen Brief erhalten habe, der mir den Tod eines Verwandten und meiner Pauline eine reiche Erbschaft ankündigt.

Dorſ. Sie laſſen mir Gerechtigkeit widerfahren, gnä=
bige Frau, wenn Sie vorausſetzen, daß dieſe Erbſchaft kei=
nen Einfluß auf meine Geſinnungen hat.

Mutt. Ich glaube Ihren Wünſchen entgegen zu kom=
men, wenn ich Ihnen ſage, daß ich einige Freunde zu mir ge=
laden, um noch dieſen Abend Ihre Verlobung zu feiern.

Dorſ. Schon dieſen Abend?

Mutt. S ch o n? ei ei! laſſen Sie meiner Tochter dieſes
ſ ch o n nicht hören.

Dorſ. Verzeihen Sie —ein unbedeutender Ausdruck —
(er küßt ihr die Hand) ich habe keine Worte für mein Dank=
gefühl. (Bei Seite.) Sophie! Sophie!

Mutt. (bei Seite). Er ſchwankt.

Neunte Scene.
Pauline. Die Vorigen.

Paul. Nun, lieber Dorſet! Sind Sie zufrieden mit
mir?

Dorſ. Pauline! ſchöne Pauline!

Paul. Meine Mutter — ich darf ja ſagen unſere Mut=
ter — iſt ſo gut, ſo freundlich, es bleibt uns nichts zu wünſchen
übrig — Aber was iſt das? eine Wolke auf Ihrer Stirne?

Dorſ. Ich leugne es nicht — mein Jakob — er hat
mir traurige Nachrichten von meinem Vater gebracht.

Paul. Iſt er krank?

Dorſ. Das nicht — aber,— es iſt meine Pflicht, Ihnen
Alles zu ſagen. — Mein Vater iſt durch Unglücksfälle ver=
armt — ich habe nichts von ihm zu hoffen — vielleicht be=
darf er ſogar m e i n e r Unterſtützung.

Paul. Deſto beſſer. Hat meine Mutter Ihnen nicht er=

XXVIII.   18

zählt? ich bin plötzlich ein reiches Mädchen geworden. Ein alter Vetter hat die Güte gehabt zu sterben, und mich zur Erbin einzusetzen. Im ersten Augenblicke empfing ich diese Nachricht ziemlich gleichgültig. Wird Dorset mich darum mehr lieben? dachte ich, nein! gewiß nicht. Aber nun, nun bin ich herzlich froh darüber. Glück auf, mein Freund! uns winkt das süße Vergnügen, Ihres Vaters letzte Tage von allen Sorgen zu befreien.

O, wie meine Einbildungskraft mir das so lieblich malt! Sie werden mich zu ihm führen, ich werde mich bei ihm einschmeicheln, seine Liebe gewinnen, ihm Alles an den Augen abseh'n wie er's gern hätte; seine kleinen Liebhabereien im Stillen erlauschen, und was ihm Freude macht, still herbei schaffen. Sie haben mir gesagt, er hinge mit Leib und Seele an seinem väterlichen Gute, er habe dort mitunter kostspielige Anlagen gemacht. — Vielleicht ist Manches unvollendet geblieben, weil das Glück ihm den Rücken gekehrt — nun, mein Freund, das wollen wir vollenden, heimlich, fleißig, dann ihn überraschen, und wenn wir ihn zufrieden seh'n, an seinem Herzen ein Kleeblatt bilden.

Dorf. (hingerissen). Zauberin! dich werd' ich ewig lieben!

Paul. So wird Ihre Liebe um keinen Tag länger dauern als die meinige. (Sie zieht ihn etwas bei Seite.) Aber wie steht's, Herr Hauptmann? keine Nachricht von Sophien?

Dorf. Nein — ja — doch — ich muß darüber noch mit Ihnen sprechen.

Paul. Nun, nun, ich bin nicht eifersüchtig. Auf Ihr Vertrauen darf ich zählen, nicht wahr?

Dorf. Nie sollen Sie eine Falte in meinem Herzen finden.

Mutt. Habt ihr schon Geheimnisse?

Paul. Nicht doch, wir sind ja noch nicht einmal verlobt. Gut daß ich daran denke. Stellen Sie sich vor, Herr Hauptmann! meine Mutter will, ich soll noch diesen Abend vor vielen ehrbaren Personen das feierliche Ja aussprechen — und ich — ich mag ihr nicht zum ersten Male ungehorsam werden.

Dorf. Sie beschleunigt mein Glück.

Paul. Aber in diesem einfachen Gewande? nein, das geht nimmermehr. Damit nimmt Amor wohl vorlieb, doch Hymen ist ein Pedant, vor dem muß man sich putzen. Geschwind zur Toilette! (Sie wirft dem Hauptmann einen Kuß zu und hüpft fort.)

Mutt. Wenn Sie von Ihrer Seite, Herr Hauptmann, noch Zeugen bei der Verlobung wünschen, so bringen Sie mit, wen Sie wollen. Um sechs Uhr erwarte ich Sie. (Ab.)

_____

Zehnte Scene.
Der Hauptmann (allein).

Zeugen? — welche? — Sophien? — das wäre ihr Tod! sagte sie nicht so? — liebe gute Sophie! so soll ich deine Treue dir vergelten? — und kann ich anders? — noch ehe ich deine Ankunft erfuhr, hatte ich bereits um Paulinen geworben. — Hätte ich nur ahnen können, daß du kommen würdest! — Freilich, du kannst mir vorwerfen, ich hätte wenigstens Jakobs Rückkunft abwarten sollen — hab' ich denn nicht zwei Tage auf ihn gewartet? schon vorgestern konnt' er hier sein, warum kam er nicht? —

Freilich, du kannst mir einwenden, das sei nicht deine Schuld — aber ist es denn die meinige? — Das Schicksal,

18 *

gute Sophie! das Schicksal trennt uns! wer kann dagegen?
— Es hat meinem armen Vater durch Paulinens Reichthum
ein sorgenfreies Alter bereiten wollen. — Auf deine Kosten,
wirst du seufzend antworten — o Sophie! leide ich denn nicht
selbst unaussprechlich, indem ich dir entsage? —

Eilfte Scene.

Frau Williams. Der Hauptmann.

Fr. Will. Verzeihen Sie, Herr Hauptmann, daß ich
so unangemeldet hereintrete —

Dorf. (erschrocken). Ist Sophie auch hier?

Fr. Will. Nein, ich habe von dem guten Kinde mich
weggestohlen, um in der Eile mein Gewissen zu entladen.

Dorf. Ihr Gewissen?

Fr. Will. Ja, Herr Hauptmann, ich bin der Meinung,
wenn zwei ehrliche Personen einander heirathen wollen, so
dürfen Sie einander nichts verschweigen. Da nun aber
Sophie, wie ich seufzend bemerkt, nicht mit der Sprache
rein herausgegangen, so muß ich wohl, als ihre Muhme,
Ihnen sagen was sich ziemt, so sauer es mir auch wird.

Dorf. Ha! Sophie ist mir untreu gewesen?

Fr. Will. Ach nein! das nicht, nur gar zu treu! und
eben darum muß ich reden, denn es hat schlimme Folgen
gehabt.

Dorf. Reden Sie, Frau Williams.

Fr. Will. Sie wissen, Herr Hauptmann, daß mein
Bruder ein wohlhabender Pächter ist und kinderlos. Er hatte
Sophien zur einzigen Erbin ernannt — ein hübsches Vermö=
gen, weiß Gott, da hätten Sie schon über den Unterschied

der Geburt hinweg seh'n dürfen, zumal da Ihr Herr Vater, wie ich vernehme, nicht in den besten Umständen sich befindet. Aber mein Bruder ist ein eigensinniger alter Mann — er hat Sophien nach einander vier Partien vorgeschlagen, aus welchen sie wählen sollte. Brave, junge Männer, das muß man sagen, es war nichts an ihnen auszusetzen. Doch als sie hartnäckig darauf beharrte, nicht von Ihnen lassen zu wollen — ja, lieber Herr Hauptmann, da hat er sie enterbt und gleichsam aus dem Hause gestoßen.

Dorf. Er hat sie enterbt um meinetwillen?

Fr. Will. Sie hat nichts mehr als die paar Kleiderchen auf dem Leibe, denn ich bin auch eine arme Frau.

Dorf. Verstoßen hat er sie?

Fr. Will. Wäre ich denn sonst mit her gereist? wir wußten ohnehin nicht, wo wir bleiben sollten. Aber das hab' ich unterwegs ihr hundertmal gesagt: dem Herrn Hauptmann mußt du alles offenbaren. Er ist selbst ein armer Herr, wovon wollt ihr leben? Das muß wohl überlegt werden, und wundere dich gar nicht, wenn er eine Andere nimmt, denn seine Frau wird eigentlich keine Frau, sondern eine Gemahlin, und die kosten Geld. So hab' ich gesprochen.

Dorf. Es ist wahr, Frau Williams, es wird mir sauer werden, von meinem kargen Gehalt eine Gattin anständig zu ernähren, aber — Sophie ist hilflos — mir bleibt keine Wahl.

Fr. Will. Ei ei, Herr Hauptmann, es ist eine schöne Sache um die Großmuth, aber —

Dorf. Großmuth! ich großmüthig gegen Sophien? pfui! sie hat mein Wort, ich thue nur meine Pflicht.

Fr. Will. Ach die Verliebten meinen immer, sie hätten

nur Pflichten unter einander, und die ganze übrige Welt ginge sie gar nichts an.

Dorf. Sie sollten sich schämen, Frau Williams, daß Sie selbst von Ihrer Nichte mich abwendig machen wollen. Ist das mütterlich?

Fr. Will. Ehrlich ist's, Herr Hauptmann. Ehrlich muß man handeln, wenn man auch nebenher sein eigenes Glück zertreten müßte.

Dorf. Nun ja, auch ich werde ehrlich handeln, es koste, was es wolle.

Fr. Will. Ich habe mein Gewissen salvirt.

Zwölfte Scene.

Pauline als Sophie. Die Vorigen.

Paul. (tritt hastig herein und schmiegt sich zitternd an Dorfet). Ach Eduard!

Dorf. Sophie! was ist dir? warum zitterst du?

Paul. Du hast mir nicht die Wahrheit gesagt — du wohnst nicht bei einer alten Witwe — es ist ein junges, schönes, reiches Mädchen hier im Hause — ach Eduard! warum hast du mir nicht die Wahrheit gesagt?

Dorf. Sei ruhig. Was fürchtest du?

Paul. Nichts mehr. Man fürchtet ja nur das Ungewisse und ich weiß Alles!

Dorf. Alles?

Paul. Ich saß einsam in meinem Zimmer, da wurde an die Thür geklopft. Ich rufe herein! es war ein fremder Bedienter, im Wirthshaus irre gegangen, wollte zu einer Dame, die neben mir an wohnt, hielt mich für diese Dame

und brachte mir ein Kompliment von Mistreß Dalby, und
lud mich ein auf diesen Abend zur Verlobung ihrer Tochter
mit dem Hauptmann Dorset.

Dorf. Ha! welch ein hämischer Zufall!

Paul. Ich starrte ihn an. Ich meinte, weil ich deinen
Namen immer im Herzen trage, so wäre es mir nur so vor=
gekommen, als ob ich ihn aussprechen gehört. Aber ich hatte
ganz recht vernommen. Der geschwätzige Mensch erzählte
mir Alles. — Ich stand am Fenster und sah hinauf zum hei=
tern Himmel und wunderte mich, daß ich keine Gewitterwol=
ken erblickte, denn mir war zu Muthe, als ob mich Blitz auf
Blitz durchzuckte.

Dorf. Sophie, höre mich, ehe du mich verdammst.

Paul. Ich dich verdammen? mein Eduard! nur daß
du mir die Wahrheit verschwiegen, das war nicht gut. Ich
hätte es doch lieber von dir, als aus dem Munde eines Be=
dienten erfahren. Du meintest wohl, ich liebte dich zu wenig,
um dir ein freiwilliges Opfer zu bringen! — du hast mich
verkannt; dein Glück ist mein höchster Wunsch! mein heißestes
Gebet! — du wirst glücklich sein, was will ich mehr? —
Eduard, ich komme um Abschied von dir zu nehmen. —
Kehre dich nicht an meine Wehmuth — ich bin doch im Her=
zen froh — gedenke meiner im Glücke — ich habe dich wahr=
haft geliebt!

Dorf. Sophie, du entsagst mir?

Paul. Ja, ich entsage dir.

Dorf. Schönes, edles Geschöpf! und ich sollte dich ver=
lassen? nimmermehr!

Paul. Ich bin eine arme Waise, ich kann dir nichts bie=
ten als mein Herz.

Dorf. Ein Verworfener wäre ich, wenn dieses Kleinod nicht alle Schätze der Erde mir aufwöge! — Sophie, ich bekenne dir, ich habe einen Augenblick an dir gefrevelt. Ein reizendes, vortreffliches Mädchen erschütterte meine Treue. Doch es wäre ihr nimmer gelungen, wenn nicht ihre Gestalt durch den sonderbarsten Zufall der deinigen gliche, wie ein Wassertropfen dem andern. Das fesselte mich zuerst an sie — mein Herz wurde irre — es schlug für keine andere — es war dein Ebenbild. Doch verschwunden ist nun jede Täuschung. Ich habe dich wieder. Ich weiß, was du um meinetwillen gelitten. Vergiß deine Leiden, vergiß meine Irrthümer — ich knüpfe den jetzigen Augenblick an jenen unter der Linde, wo du zum letzten Male in meinen Armen weintest. Du sollst nicht mehr weinen. Was ich damals dir geschworen, das will ich halten, so wahr ein Gott uns hört!

Paul. Die arme Sophie, das reiche Fräulein —

Dorf. Du thust mir wehe!

Paul. Und wenn auch sie dich liebt, was wird aus ihr?

Dorf. Wir kennen uns erst seit wenigen Wochen, sie wird ihre Ruhe leicht wieder finden.

Paul. Und die Verlobung?

Dorf. Pauline ist edel, sie wird verzeihen. (Er setzt sich haftig an den Schreibtisch.)

Paul. Was willst du thun?

Dorf. Laß mich. (Er schreibt.)

Paul. Eduard, übereile dich nicht.

Dorf. Diesmal nicht. Noch einen Augenblick, Sophie, und ich verlasse mit dir dies Haus für immer.

Paul. (zeigt verstohlen Frau Williams ihre Freude).

Mutt. (öffnet leise die Thür).

Paul. (winkt ihr, noch zurück zu treten. Sie thut es).

Dorf. Jakob!

Paul. Was soll Jakob?

Dorf. Er soll mir Licht bringen, das Billet zu ver=
siegeln.

Paul. Darf ich es lesen?

Dorf. Lies.

Paul. (liest). »Sophie ist hier. Sie hat niemanden auf
der Welt als mich. Sie hat mir vertraut. Edle Pauline!
muß ich Ihnen mehr sagen? — denken Sie ohne Groll an
mich, als Ihren redlichen Freund. Dorset.«

Dorf. Bist du zufrieden?

Paul. (sehr bewegt). Ja, ich bin zufrieden.

Dorf. Geschwind! Jakob soll es ihr bringen.

Paul. Es ist ihr schon gebracht — von lieber Hand.

Dorf. Wie?

Paul. (nimmt den Strohhut ab). Sie wollen mich nicht,
Herr Hauptmann?

Dorf. Ha! auch die Narbe!?

Paul. Nun wohl, Pauline entsagt Ihnen — (Sie setzt
den Hut wieder auf) Sophie ist die Ihrige.

Dorf. Was ist das? träume ich?

Dreizehnte Scene.

Mistreß Dalby. Die Vorigen.

Paul. Herein, liebe Mutter! Sophie hat gesiegt!

Dorf. Mutter?

Mutt. Begreifen Sie noch nicht, Herr Hauptmann?

Dorf. Sophie — Pauline —

Paul. Sind nur eine Person, haben nur ein Herz, und verlangen auch nur eins, ein ungetheiltes.

Dorf. Ist's möglich! Wie ist's möglich?!

Mutt. Sie sollen Alles erfahren.

Paul. Und der Quälerin verzeihen.

Dorf. (stürzt in ihre Arme). Pauline mein!

Paul. Und Sophie.

Dorf. So hat mein Herz mich doch nicht getäuscht!

Paul. Diesmal nicht. Doch künftig, Herr Hauptmann, wenn Sie eine Dame seh'n, die mir ähnlich ist, so geh'n Sie ihr fein aus dem Wege, denn ich möchte nicht mit jeder mich so gut vertragen, als mit Sophien.

(Der Vorhang fällt.)

Die
respektable Gesellschaft.

———

Eine Posse

in einem Aufzuge.

———

Personen.

Frau von Altenhayn,
Frau von Schwerfuß,
Frau von Knochen,
Frau von Zitterhaupt, } sämmtlich über sechzig Jahre.
Herr von Wiese,
Herr von Schneehaar,
Herr von Wackelbach,
Herr von Greisenthal,

Henriette, Enkelin der Frau von Altenhayn.

Barbara Runzel, Kammerfrau der Frau von Altenhayn.

Rittmeister von Wiese, Neffe des Herrn von Wiese.

Striegel, sein Reitknecht.

Klärchen, des Gärtners Enkelin.

Ein paar alte Bediente.

(Der Schauplatz ist ein Zimmer im Hause der Frau von Altenhayn.)

Erste Scene.

Henriette. Barbara.

Henriette.

Ich sage dir, ich halt' es nicht länger aus, ich laufe davon.

Barb. In Gottes Namen! es wird sich schon jemand finden, der Ihnen nachläuft.

Henr. O ja.

Barb. Ich wette, der Rittmeister —

Henr. Wenigstens wird man doch mit ihm sprechen dür=
fen. War das nicht ein Lärm gestern Abend, als ob ich einen
Mord begangen hätte.

Barb. Ei, worüber denn?

Henr. Ich geh' in aller Unschuld in der Kastanien=Allee
spaziren. Ich kann doch nichts dafür, daß sie gerade an die
Wiese stößt, wo die Dragonerpferde weiden?

Barb. Es ist ja ein hohes eisernes Gitter dazwischen.

Henr. Nun, längs diesem Gitter spazirt eben der Ritt=
meister auf und nieder, das kann ihm doch niemand wehren?

Barb. Wo seine Pferde weiden, da darf er auch spazi=
ren geh'n.

Henr. Er sieht mich, er grüßt mich, er redet mich an —

Barb. Das kann ihm auch niemand wehren.

Henr. Ich antwortete in aller Unschuld —

Barb. Durch das Gitter, wie eine Nonne.

Henr. Zufällig steck' ich meine Hand ein wenig durch
das Gitter —

Barb. Da wird er zufällig seinen Mund darauf gedrückt
haben.

Henr. Ja, so war's.

Barb. Ganz natürlich.

Henr. Und in dem Augenblicke steht meine Großmutter hinter uns.

Barb. Das Uebrige kann ich mir denken.

Henr. Hilf Himmel! Wie schalt sie mich aus! Gleich mußte ich wieder hinauf unter die Alten. Da hab' ich denn beim Spieltisch gesessen, und gestrickt und gegähnt und aus Verzweiflung die Lichter geputzt —

Barb. Armes Kind! es wollte doch für Sie nicht hell werden.

Henr. O doch. Der Rittmeister sprach sehr vernünftig.

Barb. Vernünftig? wovon denn?

Henr. Nun — von der Liebe — und vom Ehestande.

Barb. Mit Ihnen?

Henr. Mit mir. Bin ich denn nicht alt genug dazu?

Barb. Vierzehn Jahre und sieben Wochen.

Henr. Kurz, ich wiederhole es dir: muß ich den kommenden Winter hier im Hause bleiben, so sterb' ich vor langer Weile.

Barb. Ei, wir werden ja nun Komödie spielen.

Henr. Hahaha! du hast Recht, das wir zum Todtlachen sein.

Barb. Also sterben auf jeden Fall.

Henr. Oder heirathen. (Ab.)

Barb. (allein). So? — und wird sie denn im Ehestande keine lange Weile haben? — das Vöglein im Käficht, das ist der Weiber Loos. Wir hüpfen Jahr aus Jahr ein von einer Sprosse auf die andere, und höchstens haben wir den Zeitvertreib, ein Federchen zu Neste zu tragen.

Zweite Scene.
Striegel. Barbara.

Strieg. (schleicht schüchtern herein).

Barb. Was seh' ich! Striegel, bist du es?

Strieg. Ei! wer redet mich hier so vertraut an?

Barb. Kennst du mich nicht mehr?

Strieg. Was zum Henker! — bei meiner armen Seele — ich glaube, das ist Lieschen Freundlich?

Barb. So hieß ich vor drei Jahren, als du mir in Berlin die Cour machtest. Jetzt bin ich eine ehrbare Person, und heiße Barbara Runzel.

Strieg. Verheirathet?

Barb. Keineswegs. Ich bin noch immer eine sittsame Jungfrau.

Strieg. Mit einem andern Namen?

Barb. Das hat seine Ursachen.

Strieg. Warum hast du dich denn vermummt wie ein altes Mütterchen.

Barb. Weil ich sechzig Jahr alt bin.

Strieg. Du sechzig Jahr? da bist du verzweifelt schnell alt geworden.

Barb. Hast du denn noch gar nichts von der Frau von Altenhayn gehört?

Strieg. Nichts weiter, als daß sie hier im Hause wohnt und eine allerliebste Enkelin hat; das muß ich alle Tage hören.

Barb. Eine steinreiche Frau, aber mit seltsamen Grillen behaftet. Sie kann durchaus nichts leiden, was unter sechzig Jahren ist. Springinsfelde von fünfzigen dürfen nicht über ihre Schwelle. Sie hat vierzehn Domestiken, die zusam-

men nahe an neun hundert Jahre zählen. Ihr jüngstes Kutsch=
pferd ist über dreißig und ihr Papagei über hundert. Wollt'
ich den fetten Dienst erhaschen; so mußt' ich mich entschließen,
einen falschen Taufschein zu produziren, und darum siehst du
mich hier als eine ehrbare Matrone.

Strieg. Curios!

Barb. O ich könnte dir noch manches Curiose mitthei=
len. Sie hat die Residenz verlassen, weil ihr die Leute dort
viel zu jung sind. Dies kleine Städtchen wählte sie zu ihrem
Aufenthalt, weil hier die ältesten Menschen im ganzen Lande
wohnen. Sie liebt Gesellschaft, aber nur Alte. Bei ihrem
Reichthum ist es ihr nicht schwer geworden, drei alte Da=
men und vier alte Herren zu finden, die — weil sie alle nicht
viel zum Besten haben — mit Freuden ihr nachgezogen sind,
wie die Schneehühner dem Winter. Für diese respektable
Gesellschaft gibt sie täglich offene Tafel und hundertjährigen
Wein.

Strieg. Vermuthlich schlafen sie alle gleich nach Tische?

Barb. O ja und das ist dein Glück, sonst wärest du
schon zum Henker gejagt worden, denn wir dulden keinen im
Hause, der nicht wenigstens anno 1750 geboren ist.

Strieg. O weh! unsere ganze Schwadron ist von 1789.

Barb. Eben deßwegen mein Söhnlein. Pack' dich nur
bei Zeiten fort. Wir sind ohnehin gewaltig erschrocken, als
eure Schwadron hier plötzlich in's Quartier rückte. Meine
gnädige Frau sah euch vorbei reiten und wurde fast ohn=
mächtig über die vielen jungen Leute.

Strieg. Wir werden ihre Tugend nicht antasten.

Barb. Sie gab sogleich Befehl unser Haus zu sperren,
als ob die Pest in der Stadt wäre.

Strieg. Hört, ihr müßt ja rasende lange Weile haben?

Barb. O ganz und gar nicht. Wir spielen täglich zwanzig Robber Whist und nun sind wir gar gesonnen, Komödie zu spielen.

Strieg. Komödie?

Barb. Ja ja, ein förmliches Liebhabertheater.

Strieg. Da möcht' ich Zuschauer sein.

Barb. Das wirst du wohl bleiben lassen, du elender Mensch von fünfundzwanzig Jahren.

Strieg. Aber die hübsche Enkelin, was macht denn die?

Barb. Die sitzt und strickt.

Strieg. Höre, Lieschen, sei doch so gut und steck' ihr dieses Briefchen in den Strickbeutel.

Barb. Ein Briefchen? von wem?

Strieg. Von meinem Herrn, dem Rittmeister von Wiese.

Barb. Vermuthlich der nämliche, der gestern am Gartengitter mit dem Fräulein gesprochen?

Strieg. Der nämliche. Wir sind rasend verliebt.

Barb. Das laßt euch nur vergehen. Nach dreißig oder vierzig Jahren könnt ihr euch wieder einfinden. Wir haben schon einen Freier aus der Residenz verschrieben; er soll seine runden Siebenzig zählen. Das ist noch ein Mann.

Strieg. Vor solchen Nebenbuhlern fürchten wir uns nicht. Ueberdies haben wir einen Oncle, auf den wir uns verlassen.

Barb. Ist Herr von Wiese euer Oncle?

Strieg. Ja, ein recht guter hilfreicher Oncle.

Barb. Kann euch schwerlich helfen.

Strieg. Nimm du nur das Briefchen. (Er reicht es ihr hin)

Dritte Scene.

Frau von Altenhayn (öffnet die Thür).

Barb. (die, eben als sie das Briefchen empfangen will, die Alte gewahr wird, verändert plötzlich den Ton). Was, mein Herr? wo denken Sie hin, mein Herr? (Sie hustet, um Striegeln aufmerksam zu machen.) Ich sollte einen Brief von Ihnen annehmen? Was muthen Sie mir zu? (Sie hustet wieder.)

Strieg. (der ihre Winke nicht versteht). Bist du toll? mein Herr ist freigebig.

Barb. Und wenn er ein Crösus wäre, ich bin meiner Herrschaft getreu. Es ist abscheulich, in meinem Alter mir dergleichen anzusinnen! (Hustet.)

Strieg. Ich glaube wahrhaftig, du spielst Komödie mit mir? nimm, nimm.

Fr. v. Altenh. (die sich leise näherte, reißt ihm den Brief aus der Hand). Her damit!

Strieg. Alle Hagel!

Fr. v. Altenh. Wer ist der Mensch?

Barb. Gott weiß! ich sehe ihn zum ersten Mal in meinem Leben.

Strieg. (bei Seite). Brav! die kann lügen wie gedruckt.

Fr. v. Altenh. He! wer ist Er?

Strieg. Ich heiße Garlieb Fürchtegott Striegel; mein Vater war ein Gelehrter und nannte sich Strigilius.

Fr. v. Altenh. Von wem ist dieser Brief?

Strieg. Hm! das kann ich so eigentlich nicht sagen —

Fr. v. Altenh. Wenn ich meine Leute rufe, so wird man ihm die Zunge lösen.

Strieg. Ach lieber Gott! gnädige Frau, ich habe das Unglück, ein starker junger Bengel zu sein; Ihre hundertjährigen Domestiken nehme ich, mit Respekt zu melden, alle auf eine Faust. (Ab.) ———

Vierte Scene.
Frau von Altenhayn. Barbara.

Fr. v. Altenh. So unverschämt kann nur die Jugend sein.

Barb. Ich bin recht erschrocken über die männliche Kreatur!

Fr. v. Altenh. Es sind auch schreckbare Kreaturen, die Männer, so lange sie noch ohne Krücke gehen können. Wer hat den Bengel hereingelassen?

Barb. Vermuthlich der Schweizer.

Fr. v. Altenh. Man muß ihn fortjagen.

Barb. Der arme Teufel konnte bisher noch immer auf einem Auge sehen, aber seitdem er die achtzig passirt ist, hat er nur noch einen Schimmer, und da kann es leicht gescheh'n sein —

Fr. v. Altenh. An wen schreibt denn der Satan?

Barb. (setzt ihre Brille auf). Die Adresse lautet an Fräulein Jettchen.

Fr. v. Altenh. (sucht gleichfalls ihre Brille hervor). Die noch kaum Geschriebenes lesen kann.

Barb. O ich wette, diesen Brief würde sie schon herausbuchstabiren. Es gibt kein sichereres Mittel, ein Mädchen in zwei Stunden lesen zu lernen, als wenn man ihr einen Liebesbrief schreibt.

Fr. v. Altenh. Ein Liebesbrief! ich schaudere! — (Sie liest ihn leise.) Ja ja, es ist ein solcher — und zwar ohne Unterschrift; aber der Mensch, der ihn geschrieben, ist sicher noch in den Zwanzigen.

19 *

Barb. Der Unglückliche!

Fr. v. Altenh. Sonder Zweifel ein gewisser Dragoner=
Offizier, den leider meine Augen gestern erblicken müssen.

Barb. Wohl möglich. Die Herren schimpfen zwar im=
mer auf die Federhelden, aber wenn es einen Liebesbrief zu
schreiben gibt, so sind sie flugs mit der Feder bei der
Hand.

Fr. v. Altenh. Ich werde diesen Kriminal=Fall mei=
ner respektablen Gesellschaft vortragen und dann die Ver=
brecherin vor Gericht ziehen. — Jetzt, meine liebe Barbara,
bin ich ein Viertelstündchen früher als meine werthen Gäste
aufgestanden, um meine Rolle zu repetiren. Ich muß dir sa=
gen, sie will mir noch gar nicht recht in den Kopf.

Barb. Die gnädige Frau sind ein wenig aus der Uebung
gekommen.

Fr. v. Altenh. In einem Schäferspiel von Gellert
hab' ich vor vierzig Jahren zum letzten Mal die Sylvia ge=
spielt.

Barb. Aber nun — ein Schauspiel von Lohenstein —
das fordert eine höhere Kraft.

Fr. v. Altenh. Besonders dieser Ibrahim Sul=
tan. Es ist ein gewaltiges Stück Arbeit. (Sie zieht ihre Rolle
hervor.) Man schaudert, wenn man liest: »der Schauplatz
stellet für einen Kerker. Ibrahim — der Ambre Geist —
vier Stumme — sechs Geister ermordeter Baſſen.«

Barb. Hu! die ganze Unterwelt!

Fr. v. Altenh. Und nun Stellen wie folgende:

»Ibrahim.

Laß, eh' auf unsern Hals die Henker sich erboßen,
An diesen Mauern uns beherzt den Kopf zerstoßen.

Der Ambre Geist.

Halt Bluthund! halt!"
und nun denke dir, wie diesem Ibrahim zu Muthe sein muß,
als die durch ihn Gemordete also fortfährt:

»Urtheilst du Hund, daß Ambre sich stellt' ein,
Begierig durch die Seife deiner Aschen
Das Brandmahl ihrer Keuschheit abzuwaschen?«

Barb. Ist mir's doch als ob ich eins unserer neuesten
Trauerspiele hörte.

Fr. v. Altenh. Wo denkst du hin? solche Kraft wohnte
nur in dem alten Lohenstein.

Barb. Die gnädige Frau sind vermuthlich der Geist?

Fr. v. Altenh. Ja ich bin der Geist, und werde Alles
aufbieten, ihn recht schauerlich darzustellen. Nur mit dem
Auswendiglernen hält es noch ein wenig schwer. Darum
kann ich auch unmöglich im Nachspiel die Rolle der naiven
Liebhaberin übernehmen.

Barb. Auch ein Nachspiel?

Fr. v. Altenh. Ein unbedeutendes Ding, in neuern
Zeiten geschrieben. Es heißt die Entführung. Wir sind
wegen Besetzung der Rollen noch nicht ganz einig. Bei der
Tafel wurde beschlossen, nach dem Mittagsschläfchen die
Sache ernstlich zu debattiren. Ich höre bereits auch die Frau
von Knochen husten. Diesen Abend beim Auskleiden sollst du
mir den Geist überhören.

Barb. Wenn ich nur nicht furchtsam werde (bei Seite)
vor dem leibhaftigen Gespenst.

Fünfte Scene.

(Nach und nach treten aus mehrern Zimmern): **Frau von Kno=
chen, Frau von Schwerfuß, Frau von Zitterhaupt,
Herr von Wiese, Herr von Wackelbach, Herr von
Schneehaar, Herr von Greisenthal. Die Vorigen.**

Fr. v. Altenh. Willkommen, meine Damen! ich
hoffe, Sie haben gut geschlafen.

Fr. v. Knoch. So so.

Fr. v. Zitterh. La la.

Fr. v. Schwerf. Der Spazirgang von diesem Mor=
gen hatte mich zu sehr ermüdet.

Fr. v. Zitterh. Es war auch ein terribler Spazir=
gang! die ganze Kastanien=Allee!

Barb. (bei Seite). Sie ist zweihundert Schritt lang.

Fr. v. Schwerf. Mein Blut war sehr in Wallung.
Ich höre sonst meinen Mops nie schnarchen, aber heute ver=
nahm ich das liebe Thier sehr deutlich.

Fr. v. Knoch. Mich hat mein Husten etwas inkom=
modirt.

Fr. v. Zitterh. Und mich die Fliegen.

Fr. v. Altenh. Ja die Fliegen! es ist ein unverschäm=
tes Volk! aber jung! lauter diesjährige vermaledeite Brut!
Gäb' es Fliegen von dreißig Jahren, wie meine Kutschpferde,
sie würden längst verständiger geworden sein. — Ah sieh da,
unsere Herren haben sich endlich auch den Armen des Mor=
pheus entwunden.

Wiese. Mein Morpheus war des Gärtners Bullenbei=
ßer, der hat gebellt, als ob er eine Diebesbande witterte.

Barb. (bei Seite). Ein Dieb hatte sich wirklich einge=
schlichen.

Hr. v. Wackelb. Ich mochte wohl bei der Tafel dem

alten köstlichen Rheinwein ein wenig zu oft zugesprochen haben, dafür hat mich mein Zipperlein etwas gezwickt.

Hr. v. Greif. Ich lag mit dem Kopfe zu tief, mein alter Stickfluß wollte sich melden.

Hr. v. Schneeh. Ich hatte einen kleinen unbedeutenden Magenkrampf.

Wiese. Und mir gingen alle Rollen aus der Entführung im Kopfe herum.

Fr. v. Altenh. Ehe wir die Angelegenheiten unsers Liebhabertheaters in Ordnung bringen, muß ich bitten, sich in eine Comité zu verwandeln und über ein Kriminalverbrechen zu entscheiden.

Alle. Ein Kriminalverbrechen!

Fr. v. Altenh. Barbara, man rufe meine Enkelin vor Gericht.

Wiese. Fräulein Jettchen?

Fr. v. Altenh. Ja, Herr von Wiese. Ich halte für dienlich, sie einer öffentlichen Beschämung auszusetzen, damit sich die Gräuel der Jugend tief in ihr Gemüth prägen.

Wiese (bei Seite). Was gilt's, da hat mein Neffe einen dummen Streich gemacht. Ei ei, warum so voreilig? er wird mir meinen ganzen Plan verderben.

———

Sechste Scene.
Henriette. Barbara. Die Vorigen.

Fr. v. Altenh. Komm näher, Henriette. Hier ist ein Brief an dich.

Fr. v. Knoch. Ein Brief?

(Alle setzen die Brillen auf und beschauen den Brief.)

Fr. v. Schwerf. Ei! ei!

Fr. v. Zitterh. Das Fräulein korrespondirt?

Fr. v. Altenh. Kennst du die Hand?

Henr. Nein, gnädige Großmama. Erlauben Sie, daß ich ihn lese.

Fr. v. Altenh. Man wird ihn dir vorlesen.

Henr. Vermuthlich ist er aber nur für mich geschrieben?

Fr. v. Altenh. Schweig'! lesen Sie, meine Herren. (Sie gibt den Brief an die Herren von Wackelbach und Schneehaar).

Hr. v. Wackelb. Wie Sie befehlen. (Beide fassen den Brief, jeder an einem Zipfel und wollen zugleich ihn lesen, aber der eine will ihn dicht vor die Augen halten, der andere weit davon.)

Hr. v. Schneeh. Erlauben Sie, ich bin nahsichtig.

Hr. v. Wackelb. Aber ich bin sehr fernsichtig.

Hr. v. Schneeh. Ich muß das Blatt dicht vor die Augen halten.

Hr. v. Wackelb. Ich muß es mir so weit als möglich vom Leibe halten. (Bei dem Hin- und Herzerren zerreißt der Brief in zwei Hälften.)

Hr. v. Schneeh. O weh! um Verzeihung!

Hr. v. Wackelb. Es hat nichts zu sagen. Nun ist uns beiden geholfen. Lesen Sie Ihr Stück, ich lese das meinige. (Er liest.) »Mein schönes —»

Hr. v. Schneeh. »Fräulein!»

Hr. v. Wackelb. »Ich liebe Sie unaus-»

Hr. v. Schneeh. »sprechlich mit dem ganzen»

Hr. v. Wackelb. »Feuer der Jugend.»

Fr. v. Altenh. Die verdammte Jugend!

Wiese (bei Seite). Ja ja, es ist mein Neffe.

Hr. v. Schneeh. (liest). »Wenn ich hoffen darf —»

Hr. v. Wackelb. »Ihnen nicht gleichgültig zu sein —»

Hr. v. Schneeh. »so kehren Sie sich nicht —»

Hr. v. Wackelb. »an Ihre steinalte Frau Großmutter —»

Hr. v. Schneeh. »noch weniger an die Unholde —”

Hr. v. Wackelb. »von welchen Sie umgeben ſind.”

Hr. v. Schneeh. Die Unholde, Herr Bruder. Vermuth=
lich ſind wir gemeint?

Hr. v. Wackelb. So ſcheint es, mein wertheſter Herr
Bruder.

Hr. v. Schneeh. (lieſt). »Wie eine Roſenknoſpe —”

Hr. v. Wackelb. »unter verdorrten Neſſeln”

Hr. v. Schneeh. »erſcheinen Sie, holdes Mädchen —”

Hr. v. Wackelb. »unter den Antiquitäten —”

Hr. v. Schneeh. »aus der Mitte des vorigen Jahr=
hunderts.”

Fr. v. Knoch. Verdorrte Neſſeln?

Fr. v. Schwerf. Antiquitäten?

Fr. v. Zitterh. Ich glaube, er meint uns.

Hr. v. Wackelb. (lieſt). »Zerbrechen Sie Ihre Feſſeln —”

Hr. v. Schneeh. »und retten ſich in meine Arme. —”

Fr. v. Altenh. O du Satan!

Hr. v. Wackelb. (lieſt). »Ich habe einen wackern
Oheim —”

Wieſe (bei Seite). O weh, nun kommt's an mich!

Hr. v. Schneeh. »der Ihnen die Reinheit meiner
Ge= —”

Hr. v. Wackelb. »ſinnungen verbürgen wird. Ihre
Reize —”

Hr. v. Schneeh. »bürgen für meine e= —”

Hr. v. Wackelb. »wige Liebe.” Punktum.

Fr. v. Knoch. Wie heißt der Böſewicht?

Fr. v. Altenh. Er hat ſich nicht genannt.

Wieſe (bei Seite). Daran hat er ſehr wohl gethan.

Fr. v. Altenh. Meine Enkelin wird ohne Zweifel wissen —

Henr. Nein, gnädige Großmama, ich weiß von nichts.

Fr. v. Altenh. Gestern Abend am Gartengitter hat sie mit einem Offizier gesprochen.

Die Damen. Mit einem Offizier?

Fr. v. Altenh. Und wenn es nur noch ein Invaliden-Offizier gewesen wäre! aber nein, ein blutjunger Mensch!

Fr. v. Knoch. (mitleidig). Blutjung? ach Gott!

Fr. v. Altenh. Und die Hand hat sie hinaus gestreckt!

Alle. Die Hand!?

Fr. v. Altenh. Die hat er geküßt, ich hab's gesehen.

Die Damen. Ach Gott! ach Gott!

Die Herren. Ei ei ei!

Fr. v. Altenh. Nun richten Sie über die Verbrecherin.

Hr. v. Wackelb. (räuspert sich mit Gravität). Haben Sie wirklich die Hand hinausgesteckt?

Henr. Ja, mein Herr.

Hr. v. Schneeh. Ohne Handschuh?

Henr. Ja, mein Herr.

Hr. v. Greif. In welcher Absicht?

Henr. Es wuchs da eine schöne Feldblume, die wollt' ich pflücken.

Hr. v. Greif. (zu den Uebrigen). Eine Feldblume, die wollte sie pflücken.

Fr. v. Altenh. Warum zogst du denn die Hand so schnell zurück, als du mich erblicktest?

Henr. Es kroch eine Spinne auf der Blume.

Hr. v. Wackelb. (zu den Uebrigen). Eine Spinne.

Hr. v. Schneeh. Und während Sie besagte Blume pflücken wollten, wurde die Hand geküßt?

Henr. Ich glaube ja.

Hr. v. Schneeh. (zu den Uebrigen). Sie glaubt, ja.

Hr. v. Wackelb. Was fühlten Sie dabei?

Henr. Eine sanfte Berührung.

Hr. v. Wackelb. Berührung.

Hr. v. Schneeh. Rührung.

Hr. v. Greif. Blieb die besagte Rührung draußen vor dem Gitter, oder ging sie zwischen den Stäben durch die Arme bis in das Herz?

Henr. Ich glaube fast das Letztere.

Hr. v. Wackelb. Pochte selbiges Herz?

Henr. Ziemlich schnell.

Hr. v. Wackelb. Es pochte, so so?

Hr. v. Greif. Dieses Pochen ist bedenklich.

Hr. v. Wackelb. Sehr bedenklich.

Hr. v. Schneeh. Auch ich bin mit Herzpochen geplagt, aber mein Arzt behauptet, es sei ein Polyp.

Hr. v. Greif. Hier scheint es aber kein Polyp zu sein.

Hr. v. Wackelb. Es sind vielmehr Symptome — Sie versteh'n mich.

Hr. v. Schneeh. Vollkommen, Herr Bruder.

Hr. v. Wackelb. Und als Sie nun die Gegenwart Ih=rer gnädigen Frau Großmama verspürten, war Ihnen solches angenehm?

Henr. Hm! das kann ich eben nicht sagen.

Hr. v. Wackelb. Das kann sie nicht sagen.

Hr. v. Greif. Warum können Sie das nicht sagen?

Henr. Weil — weil —

Hr. v. Schneeh. Inquisitin stockt.

Henr. Mein Herr, das ist eine wunderliche Frage.

Fr. v. Altenh. Sie seh'n, meine Herren und Damen,

daß diese Person, die bisher ein Kind war, nunmehro bereits an der leidigen Jugend laborirt, und folglich aus unserem ehrbaren Zirkel entfernt werden muß.

Fr. v. Knoch. Ja, sie muß fort.

Fr. v. Schwerf. So bald als möglich.

Fr. v. Zitterh. Je eher je lieber.

Henr. (bei Seite). Desto besser.

Wiese. Je nun, da wird sich schon Einer finden.

Fr. v. Altenh. Ich habe bereits darauf gedacht, ihr einen braven alten Mann zu verschaffen. Am liebsten hätte ich freilich einen der hier anwesenden Herren dazu erkoren —

Hr. v. Wackelb., Hr. v. Schneeh. und **Hr. v. Greif.** (spitzen freundlich die Ohren. Der Eine sagt): Ei! (der Andere): Nu nu; (der Dritte): Gehorsamer Diener! (alle zugleich).

Fr. v. Altenh. Allein da ich ihr Attachement für mich kenne, und überzeugt bin, daß keiner von Ihnen geneigt sein würde, mich zu verlassen —

Hr. v. Wackelb. Freilich, unser Attachement ist inviolable und eben aus Achtung für Sie, meine Gnädigste, könnte man sich entschließen —

Hr. v. Greif. Um Ihr mütterliches Herz zu beruhigen —

Hr. v. Schneeh. Der Freundschaft bringt man große Opfer.

Henr. (mit einem spöttischen Knix). Ich bedanke mich meine Herren.

Fr. v. Altenh. Mit nichten, meine werthen Freunde. Ich weiß, was eine Trennung von mir Sie kosten würde, und die müßte doch erfolgen unsern Statuten gemäß.

Hr. v. Wackelb. Man könnte allenfalls —

Hr. v. Greif. Ja, man könnte —

Fr. v. Altenh. Nichts könnte man. Es bleibt beim Alten. Ich erkenne übrigens dankbar Ihre großmüthige Bereitwilligkeit.

Hr. v. Wackelb. Ja, weiß Gott, Sie seh'n mich bereit.

Fr. v. Altenh. Ich erwarte in wenigen Tagen den alten Amtshauptmann von Bruckſen. Er hat keinen andern Fehler, als daß er mit ſeiner Gicht immer noch ſo gern unter jungen Leuten lebt. Nun ſo mag er denn ſehen, wie er mit dieſer jungen Perſon fertig wird.

Henr. (bei Seite). O weh!

Fr. v. Altenh. Bis zu ſeiner Ankunft, bitte ich Sie, Herr von Wieſe, uns Ruhe zu verſchaffen vor dem jungen unverſchämten Briefſteller, vermuthlich ein Fähnrich oder Lieutenant. — Ich höre, Ihr Neffe iſt Rittmeiſter von der Schwadron, ſo wird er ſeine Offiziere doch wohl im Zaume halten können.

Wieſe. Das ſoll geſcheh'n, verlaſſen Sie ſich darauf.

Fr. v. Knoch. Mich dünkt, in dem Briefe ſtand auch etwas von einem Oheim? Es wird doch wohl nicht gar der Herr Rittmeiſter ſelbſt ſein?

Fr. v. Altenh. Wär' es möglich?

Wieſe. Beileibe nicht, gnädige Fran! Mein Neffe iſt ein wahrer Cato. Wenn er nicht das Unglück hätte, noch ſo verdammt jung zu ſein, er würde eine Zierde unſerer reſpektablen Geſellſchaft werden können.

Fr. v. Altenh. So machen Sie ihm Hoffnung, daß — ſobald er das ſechzigſte Jahr erreicht haben wird —

Wieſe. O er lebt jetzt ſchon mit allen Kräften darauf los, um ſo bald als möglich der Ehre würdig zu werden.

Fr. v. Altenh. (zu Henrietten). Vor der Hand iſt dir jeder Spazirgang in dem Garten unterſagt, bis der Herr von

Bruckſen am Gitter ſteht, dann magſt du nach Gefallen beide Hände hinaus ſtrecken.

Barb. (bei Seite). Dann werden die Feldblumen ſchon verblüht ſein.

Fr. v. Altenh. Nachdem dieſe Störung beſeitigt worden, laſſen Sie uns nunmehr mit Ernſt an unſer kleines Theater denken. Die Rollen in Lohenſteins Ibrahim Sultan ſind bereits vertheilt. Frau von Knochen ſpielt die Fatime, Frau von Schwerfuß die Kupplerin, Frau von Zitterhaupt die Suſigambis und ich ſelbſt die junge Ambre.

Wieſe. Vortrefflich.

Fr. v. Altenh. Herr von Wieſe hat den Sultan übernommen, Herr von Wackelbach den Mufti, Herr von Schneehaar den Oberſten der Verſchnittenen und Herr von Greiſenthal den thraziſchen Bosphorus. Meines Gärtners Enkelin hab' ich als den Gott der keuſchen Liebe ausſtaffirt. Sie wiſſen, daß dieſer Gott zu Ende des zweiten Akts erſcheinen muß.

Wieſe. Ja ja, er ſoll erſcheinen.

Fr. v. Altenh. Das Kind hat viel Talent. Seine Rolle wird gute Wirkung thun.

Wieſe (bei Seite). Das hoffe ich.

Fr. v. Altenh. Damit wären wir alſo ziemlich auf's Reine. Aber das Nachſpiel, meine Herren, das Nachſpiel!

Wieſe. Ja, die Entführung.

Fr. v. Altenh. Ich habe an meiner Ambre ſo viel zu ſtudiren, daß ich die naive Liebhaberin unmöglich ſpielen kann. Ich trete ſie der Frau von Schwerfuß ab.

Fr. v. Schwerf. Mir war ja das Kammermädchen beſtimmt?

Fr. v. Altenh. Eine unbedeutende Rolle, die mag Henriette ſpielen.

Wiese. Es ſtößt ſich alſo nur noch an den Liebhaber.

Hr. v. Wackelb. Ja, der Liebhaber iſt ein ſaures Stück Arbeit.

Hr. v. Schneeh. Er muß auf einer Leiter zum Fenſter hinaus ſteigen.

Hr. v. Greiſ. Ein ganzes Stockwerk hoch.

Fr. v. Altenh. Wozu ein Stockwerk? hier iſt ja nur ein kleiner Sprung bis in den Garten.

Hr. v. Wackelb. Aber doch ein Sprung.

Fr. v. Altenh. Das können wir gleich probiren. Barbara, laß eine kurze Leiter hereinbringen. (Barbara ab.)

Hr. v. Wackelb. Ich fürchte, ſie werde immer noch ein wenig zu lang ſein.

Fr. v. Altenh. Ei, meine Herren! Sie ſind ja rüſtige Männer. Der älteſte von ihnen zählt höchſtens dreiundſechzig Jahre, was will das ſagen?

(Zwei alte Bediente ſchleppen ächzend eine kurze Leiter herein.)

Fr. v. Altenh. Stelle ſie hieher an das Fenſter — So. — Nun, meine Herren, machen Sie einen Verſuch. Wer noch am beſten klettern kann, ſpielt den Liebhaber in der Entführung.

Die Damen. Allons, meine Herren!

Hr. v. Wackelb. Wir gehorchen — aber es wird nicht geh'n.

Wiese (bei Seite). Deſto beſſer.

Hr. v. Wackelb. (erklimmt mit großer Angſt eine Stufe der Leiter).

Fr. v. Altenh. Seh'n Sie wohl? eine Sproſſe iſt ſchon erſtiegen.

Hr. v. Wackelb. Ja, dabei bleibt's aber auch.

Fr. v. Altenh. Warum?

Hr. v. Wackelb. Weil mein Podagra mit solchen Expeditionen sich nicht vertragen will. Uf! es sticht gewaltig. (Er klimmt herab.)

Die Damen. Nun Sie, Herr von Schneehaar!

Hr. v. Schneeh. (versucht es). Ich bin ein Sklave der Damen, das weiß Gott! aber meine Korpulenz — ich verliere das Gleichgewicht, wie die Jungfrau von Europa. (Er fällt von der zweiten Sprosse.) Da haben wir's! wer hoch steigt, fällt hoch.

Die Damen. Aber Sie, Herr von Greisenthal?

Hr. v. Greis. (lächelnd). Ich denke wohl, den Preis zu erringen. (Er klettert mühsam einige Sprossen hoch.)

Alle. Bravo! bravo!

Fr. v. Altenh. Nun ein kleiner Sprung zum Fenster hinaus.

Hr. v. Greis. Ein Sprung? meine Knochen sind morsch, ich bräche sicher beide Beine. (Er kommt herunter.)

Fr. v. Knoch. Könnte man das Springen nicht allenfalls weglassen?

Fr. v. Altenh. Mein Gott, die Entführung muß ja vor sich geh'n.

Wiese. Freilich.

Fr. v. Altenh. Herr von Wiese, sein Sie unser Held.

Wiese. Unmöglich, gnädige Frau. Ich habe den Schwindel. Auf der ersten Sprosse bräch' ich den Hals.

Fr. v. Schwerf. Apropos! wenn ich die naive Liebhaberin spielen soll, muß ich denn nicht mit zum Fenster hinaus springen?

Fr. v. Altenh. Das versteht sich.

Fr. v. Schwerf. Erlauben Sie, das wird einige Schwierigkeiten haben. — Mein Embonpoint — das Fenster ist bei weitem nicht breit genug, wie soll ich da hinaus kommen?

Fr. v. Knoch. Nene Verlegenheiten.

Fr. v. Zitterh. Mit der Entführung will es nicht recht fort.

Hr. v. Wackelb. Wir werden ein anderes Stück wählen müssen.

Fr. v. Altenh. Die Zeit ist zu kurz. Allenfalls könnte man aus der Noth eine Tugend machen, und Frau von Schwerfuß mit Henrietten die Rollen vertauschen.

Wiese (bei Seite). Erwünscht!

Fr. v. Altenh. Aber der Liebhaber — der fatale Lieb=haber, mit dem bleiben wir immer in der größten Verle=genheit.

Wiese. Vielleicht wäre ich im Stande — zwar nicht durch meine Person — aber durch einen meiner Bekannten auszuhelfen, der eben hier durchreist. (Henrietten verstohlene Winke gebend.) Einen Herrn von Gitter. Er hat seinen Wa=gen zerbrochen, muß nothwendig einige Tage hier verweilen, ist ein lustiger Kauz, und wird sich eine Ehre und Vergnü=gen daraus machen, aus allen Fenstern im ganzen Hause zu springen, wenn es darauf ankommt, die Entführung recht natürlich vorzustellen.

Die Damen. O lassen Sie ihn kommen!

Fr. v. Altenh. Halt! halt! hat er auch die statuten=mäßigen Jahre?

Wiese. Ach, gnädige Frau! da hapert's. Er ist erst fünf und fünfzig.

Fr. v. Altenh. Das thut mir leid, so kann ich ihn nicht bei mir aufnehmen.

Fr. v. Knoch. O meine Theure!

Fr. v. Schwerf. Meine Scharmante!

XXVIII.   20

Fr. v. Zitterh. Meine aimable!

Fr. v. Knoch. Könnte man nicht von der Strenge der Gesetze in diesem einzigen Falle etwas nachlassen?

Fr. v. Schwerf. Ich dächte —

Fr. v. Zitterh. Da wir in Noth sind —

Wiese. Und Noth hat kein Gebot.

Fr. v. Altenh. Nun, es mag d'rum sein. Da er nur ein Durchreisender ist — denn davon müssen Sie ihn gleich preveniren, Herr von Wiese, er wird blos als Gast eingeführt. Ein Mitglied unf'rer respektablen Gesellschaft kann er erst in fünf Jahren werden.

Wiese. Er wird auch schon damit zufrieden sein, denn er hat verdammte lange Weile in seinem Wirthshause. Ich gehe ihn zu holen. Er logirt im rothen Fuchs, gleich hier neben an. In zwei Minuten bringe ich ihn. (Ab.)

Siebente Scene.
Die Vorigen ohne Wiese.

Fr. v. Knoch. Ich freue mich auf das neue Gesicht.

Hr. v. Wackelb. Sie kleine Flatterhafte!

Fr. v. Altenh. Wir wollen hoffen, daß er die fehlenden Jahre durch Ehrbarkeit ersetzen werde.

Fr. v. Schwerf. Er ist ja nur ein Zugvogel.

Hr. v. Greif. Darum paßt er schwerlich in unsern Taubenschlag.

Fr. v. Zitterh. Die Herren sind eifersüchtig.

Hr. v. Schneeh. Leider ist zur Genüge bekannt, daß die Damen eine gewisse Neigung zur Veränderung mit auf die Welt bringen.

Hr. v. Wackelb. Und auch mit aus der Welt nehmen.

Fr. v. Knoch. Merken Sie wohl? es wird gestichelt.

(Die Damen lachen und zischeln unter einander.)

Henr. (leise zu Barbara). Ist dir nicht aufgefallen, daß Herr von Wiese mir verstohl'ne Winke gab?

Barb. (leise). Und der Name von Gitter? er wird doch nicht mit dem Dragoner-Offizier unter einer Decke spielen?

Henr. Gib Acht, er ist doch der Oheim.

Achte Scene.

Herr von Wiese. Der Rittmeister (alt gekleidet mit einer Perücke). **Die Vorigen.**

Wiese. Da bring' ich den Herrn von Gitter. Er war entzückt über die Einladung.

Rittm. Ich muß um Verzeihung bitten, daß ich in Reisekleidern vor einer so ehrwürdigen Versammlung erscheine. (Zu Frau von Altenhayn.) Vermuthlich die Dame vom Hause? wer könnte einen Augenblick zweifeln? Dieser Anstand, diese Würde verrathen auf den ersten Blick die Frau Baronin von Altenhayn.

Henr. (leise). Er ist's.

Fr. v. Altenh. Mein Herr, Ihr Benehmen ist so verständig, daß ich in der That bedaure, Sie nicht um fünf Jahr älter zu seh'n.

Rittm. O es kommt mir auf eine Hand voll Jahre nicht an, wenn ich das Glück damit erkaufen kann, von Ihnen geduldet zu werden. Ich bitte mich den Damen vorzustellen.

Fr. v. Altenh. Frau von Knochen — Frau von Schwerfuß — Frau von Zitterhaupt —

Rittm. Wenn ich Paris wäre, so würde ich sehr verlegen sehen, den goldenen Apfel zu spenden.

20 *

Fr. v. Knoch. (zu den Andern). Ein recht artiger Mann.

Fr. v. Schwerf. Ein galanter Mann.

Fr. v. Zitterh. Und hat sich sehr wohl conservirt.

Rittm. (sich gleichgültig zu Henrietten wendend). Und diese junge Person?

Fr. v. Altenh. Ist meine Enkelin. Sie würde noch gar nicht der Ehre würdig sein, Ihnen präsentirt zu werden, wenn sie nicht bei der Entführung die Rolle Ihrer Geliebten spielen müßte.

Rittm. So? das befremdet mich. In der That — ich wünschte — sollte keine von diesen Damen so gefällig sein, die Rolle zu übernehmen?

Wiese (bei Seite). Der Spitzbube!

Fr. v. Altenh. Es hat Schwierigkeiten — es sind gewisse körperliche Anstrengungen zu exekutiren —

Rittm. Nun, ich füge mich in Alles.

Fr. v. Altenh. Hier ist Ihre Rolle. Henriette, nimm die deinige. Herr von Gitter wird die Gefälligkeit haben, die Hauptscene mit dir zu probiren.

Rittm. Von Herzen gern. (In seiner Rolle blätternd.) Aber ich sehe, hier kommt auch eine Leiter vor?

Fr. v. Altenh. Die ist schon angelegt.

Rittm. Schön, schön. Ich bin Ihnen sehr verbunden, gnädige Frau, daß Sie alles so trefflich vorbereitet haben. (Zu Henrietten.) Wenn es Ihnen gefällig ist —

Fr. v. Altenh. Nun, Henriette, sei nicht blöde.

Henr. Ich befinde mich in der That in einer so wunderbaren Situation —

Rittm. Muth gefaßt, mein Fräulein. Ich werde Ihnen schon heraus helfen.

Wiese. Ich denke, wir setzen uns und bilden ein Publikum.

Alle. Ja, ja, wir sind die Zuschauer.

Hr. v. Wackelb. Da müssen wir auch ein wenig kritisiren.

Hr. v. Greif. Sonst könnte man glauben, wir verständen es nicht. (Alle setzen sich.)

Rittm. (seine Rolle deklamirend). »Emilie! der schöne Augenblick ist da, in dem ich von der verhaßten Tirannei Sie befreien werde.«

Henr. (aus ihrer Rolle lesend). »Ach, Ferdinand! ich fürchte —«

Rittm. »Was fürchten Sie?«

Henr. »Ihren Unbestand.«

Rittm. »Ein Blick in dieses treue Herz würde jeden Zweifel verscheuchen.«

Henr. »Ich kenne Sie noch zu wenig.«

Rittm. (kniend). »O Emilie! zu Ihren Füßen schwöre ich, ewig Ihr treuer Gatte zu sein!«

Fr. v. Knoch. Er spielt gut.

Fr. v. Zitterh. Recht gut.

Fr. v. Schwerf. Mit vielem Feuer.

Fr. v. Altenh. Erlauben Sie, Herr von Gitter, sollten Sie bei dieser Stelle nicht Emiliens Hand fassen?

Rittm. Ganz recht, gnädige Frau, ich danke für die Erinnerung. (Er faßt Henriettens Hand.)

Fr. v. Altenh. Nun, ziere dich nur nicht.

Henr. »Ferdinand! wenn Sie meine Schwachheit mißbrauchten —«

Fr. v. Altenh. Zärtlicher!

Hr. v. Wackelb. Weit zärtlicher!

Henr. »Wenn diese wenigen Reize verblüht sein werden —«

Rittm. »Dann bleibt mir Ihr Herz! o Emilie! ein gutes Weib altert nie.«

Fr. v. Altenh. Eine schöne Stelle.

Fr. v. Knoch. Recht poetisch.

Rittm. »Auf! die Minuten sind kostbar. Folgen Sie mir! Ich bringe Sie zu meinem wackern Oheim —«

Fr. v. Altenh. Erlauben Sie, V a t e r steht in der Rolle.

Rittm. Ich bitte um Verzeihung. »Nun, Emilie! ich bringe Sie zu meinem wackern Vater, er wird als eine ge= liebte Tochter Sie empfangen, und morgen sind wir unzer= trennlich verbunden!«

Henr. »Aber meine Mutter? wird sie mir verzeihen?«

Rittm. »Unsere Bitten werden sie rühren.«

Henr. (mit Nachdruck wiederholend). Wird sie mir verzeihen?

Fr. v. Altenh. Das haben wir ja schon gehört. Mach' nur fort. Die Verzeihung kommt nachher.

Henr. »Nun wohl, ich folge Ihnen. Liebe und Un= schuld mögen mich beschützen!«

Fr. v. Altenh. Jetzt kommt die Hauptsache.

Rittm. »Ich steige kühn voran.« (Er klettert die Leiter hinauf.)

Alle. Bravo! bravo!

Rittm. »Ein Sprung und ich bin im Freien.« (Er springt hinaus.)

Alle. Bravissimo!

Henr. Soll ich ihm folgen?

Fr. v. Altenh. Albernes Ding! das steht ja gar nicht in der Rolle. (Sie reißt ihr die Rolle weg und deklamirt.) »Mir klopft das Herz — Muth! Muth! — Mein Los ist geworfen!«

Henr. »Mir klopft das Herz — Muth! Muth! Mein Los ist geworfen.« (Sie klimmt die Leiter hinauf.)

Fr. v. Altenh. Nicht so schwankend, nicht so ängstlich.

Wiese. Das arme Kind wird zum ersten Male entführt.

Rittm. (draußen). Springen Sie keck in meine Arme!

Henr. (springt).

Alle. Bravo! bravo! (Sie applaudiren aus Leibeskräften.) Recht gut gemacht, recht natürlich. (Sie stehen auf.)

Neunte Scene.

Die Vorigen ohne den Rittmeister und Henrietten.

Fr. v. Altenh. Ich denke, meine Herren und Damen, so wird es geh'n.

Wiese (bei Seite). Ich denke, es ist schon gegangen.

Fr. v. Altenh. Noch ein paar Proben und wir können auftreten.

Fr. v. Zitterh. In der That der Herr von Gitter ist für sein Alter noch recht flink.

Wiese. O, als ich in seinem Alter war, da wäre ich, um eines schönen Mädchens willen, allenfalls vom Dache herab gesprungen.

Fr. v. Altenh. (tritt an's Fenster). Nun, Kinder, kommt nur wieder herein. Ihr habt eure Sachen gut gemacht. (Hinausschauend.) Wo sind sie geblieben?

Fr. v. Knoch. (hinausschauend). Sind sie nicht mehr da?

Fr. v. Zitterh. (hinausschauend). Nein, sie sind nicht mehr da.

Hr. v. Schneeh. (hinausschauend). Sind sie fort?

Hr. v. Wackelb. (hinausschauend). Ja, sie sind fort.

Wiese (bei Seite). Ueber alle Berge.

Fr. v. Altenh. Sie werden durch die Gartenthür sich wieder herein verfügt haben. (Sie geht und öffnet die Thür.) Herr von Gitter! Henriette! nur hier herein.

Fr. v. Schwerf. (an die Thür gehend). Sind sie da auch nicht?

Fr. v. Knoch. (ihr folgend). Nein, da sind sie auch nicht.

Fr. v. Altenh. Was soll das heißen? — Barbara, geh' und hole sie.

Barb. (für sich). Da werde ich wohl unverrichteter Sache zurückkommen. (Ab.)

Fr. v. Altenh. Es kommt mir doch ein wenig unanständig vor, daß der Herr von Gitter mit meiner Enkelin im Garten herum läuft.

Wiese. Er hat gemeint, wenn er springen dürfte, so dürfte er auch wohl laufen.

Fr. v. Altenh. Man merkt es doch gleich, daß er die Sechzig noch nicht erreicht hat.

Fr. v. Knoch. Die schönen Sechzig.

Hr. v. Wackelb. Ich lobe mir drei und sechzig, das ehrwürdige Stufenjahr.

Fr. v. Altenh. Ganz recht, Herr von Wackelbach, der schöne Herbst des menschlichen Geistes, in dem die Früchte reifen.

Wiese. (bei Seite). Und abfallen.

Behnte Scene.
Barbara. Die Vorigen.

Barb. Ach, gnädige Frau! ach, was hab' ich sehen müssen!

Fr. v. Altenh. Nun? was hast du denn sehen müssen?

Barb. Draußen vor dem rothen Fuchs——

Fr. v. Altenh. Was haben wir mit dem rothen Fuchs zu schaffen!

Barb. Der Reisewagen des Herrn von Gitter muß wohl noch so ziemlich im Stande sein, denn er war angespannt mit vier raschen Hengsten, und sechs Dragoner zu Pferde umgaben ihn — — und der Herr von Gitter hatte Uniform angezogen — und Fräulein Jettchen sprang in den Wagen, noch leichter als hier von der Leiter hinunter, und als sie mich sah, rief sie mir zu: »Sage meiner guten Großmutter, ich gehorche ihren Befehlen, ich lasse mich entführen.«

Fr. v. Altenh. Wie! was! im Ernst?

Barb. Im ganzen Ernst.

Alle. Ei ei ei ei!

Fr. v. Altenh. Ich falle in Ohnmacht. (Sie thut es.)

Fr. v. Knoch. Ich auch.

Fr. v. Schwerf. Ich auch.

Fr. v. Zitterh. Ich auch. (Sie fallen sämmtlich in Ohnmacht.)

Wiese. Meine Herren! meine Herren! geschwind mit den Riechfläschchen heraus! (Sie besprengen die Damen.)

Fr. v. Altenh. (springt auf). Herr von Wiese, ich halte mich an Sie! Sie haben den Räuber bei mir eingeführt.

Wiese. Mein Gott! gnädige Frau, die Räuber seh'n heut zu Tage so honnet aus, daß man leicht irren kann.

Fr. v. Altenh. Sie müssen mir Henrietten wieder schaffen!

Wiese. Ich bin noch ziemlich gut zu Fuße, aber vier Hengsten kann ich nicht nachlaufen.

Fr. v. Altenh. Und sagtest du nicht, der Herr von Gitter hätte sich in einen Dragoner-Offizier verwandelt?

Barb. In einen leibhaften Dragoner-Offizier.

Fr. v. Altenh. Dann gebe ich Ihnen auf den Kopf Schuld: es war Ihr Neffe.

Wiese. Und wenn er es gewesen wäre — er ist ein ehrlicher Mann — Rittmeister — wohlhabend —

Fr. v. Altenh. Er ist ein junger Laffe, den ich verfolgen werde bis vor des Königs Thron. Meine Herren — ich bitte — setzen Sie sich schnell zu Pferde, reiten Sie nach, holen Sie ihn ein, schießen Sie sich mit ihm — fort! fort!

Hr. v. Wackelb. Ei, ei, gnädige Frau, wo denken Sie hin? mein Podagra —

Hr. v. Greis. Mein Asthma.

Hr. v. Schneeh. Mein Polyp —

Hr. v. Wackelb. Wir sind in dem schönen Alter, wo wir zu dergleichen Expeditionen nicht mehr tauglich sind.

Hr. v. Greif. Ein und sechzig.

Hr. v. Schneeh. Zwei und sechzig.

Hr. v. Wackelb. Drei und sechzig.

Barb. (bei Seite). Macht zusammen ein hundert sechs und achtzig.

Fr. v. Altenh. Barbara, lauf! der Kutscher, der Jäger und alle meine Bedienten sollen aufsitzen.

Barb. Der Kutscher, gnädige Frau! ach der braucht eine Viertelstunde, um auf den Bock zu kommen. Der Jäger kann seinen jungen Hühnerhund nicht mehr an der Leine halten, und die Bedienten sind athemlos, wenn sie nur die Treppe herauf steigen.

Fr. v. Altenh. Bin ich denn ganz verlassen? — ich selbst will fort! die Damen werden mich begleiten.

Wiese. Die liegen alle in Ohnmacht.

Fr. v. Altenh. Auf, meine Damen! jetzt ist nicht Zeit, in Ohnmacht zu liegen. Ein Marder ist hier eingebrochen, will die Unschuld erwürgen!

Fr. v. Knoch. (erwachend). Ach, meine Unschuld!

Fr. v. Altenh. Von I h r e r Unschuld ist hier gar nicht die Rede.

Fr. v. Schwerf. (erwachend). Welche Gräuel!

Fr. v. Zitterh. (erwachend). Welcher Schimpf!

Hr. v. Wackelb. Da möchte man in allem Ernst ein Mufti werden.

Wiese. Gemach, meine Herren und Damen. Lassen Sie uns beweisen, daß wir lauter Sechziger sind, und mit kaltem Blute die Sache überlegen. Zu geschehenen Dingen soll man das Beſte reden. Der Rittmeiſter Wieſe iſt ein braver Mann, er liebt Henrietten, Henriette liebt ihn. Er hat ſie entführt, weil die gnädige Frau es durchaus verlangte. Sie hat aber auch geſagt: die Verzeihung kommt hinterdrein. Nun möge ſie Wort halten.

Fr. v. Altenh. Mein Gott! wir ſpielten ja nur Komödie.

Wieſe. Mit der Liebe ſpielen junge Leute nie Komödie da wird immer Ernſt daraus.

Fr. v. Altenh. Dieſen Schimpf überleb' ich nicht!

Wieſe. Schimpf, gnädige Frau? er iſt mein Neffe, und ſicher hat er nicht vergeſſen, was er Ihrer Familie ſchuldig war. Ich wette, er iſt nicht weit.

Fr. v. Altenh. Nicht weit? Aber die Poſtchaiſe vor dem rothen Fuchs?

Wieſe. Alles nur pro forma. — Da hier doch einmal Komödie geſpielt wird, ſo werden Sie erlauben, daß ein Für=ſprecher hereintrete und für die jungen Leute ein gutes Wort einlege. (Er öffnet die Thür.)

Eilfte Scene.

Klärchen (als Amor). **Die Vorigen.**

Wieſe. Nur näher, du ſchönes, geflügeltes Kind. Auch alte Leute ſehen dich gern.

Alle. A a a a ah!

Fr. v. Altenh. Was ſoll das heißen? des Gärtners Enkelin?

Wieſe. Sie ſelbſt haben ja das niedliche Klärchen zum Amor gemacht.

Fr. v. Altenh. Für den Ibrahim Sultan.

Wieſe. Den ſpiele ich und bitte, ihr eine Proberolle zu vergönnen. (Er winkt.)

Klärchen (die bis jetzt im Hintergrunde blieb, schreitet mit drolliger
  Gravität hervor, nickt Allen zu und beginnt nach einer kleinen Pause).

Den Sterblichen, die hier zugegen,
Unsern gnädigen Gruß zuvor,
Und was wir Liebes und Gutes vermögen,
Als euer geneigter S e n i o r.
Daß ich der Aelteste unter euch Allen,
Wird mir von niemand abdisputirt;
Ich konnte schon ganz artig lallen,
Da man Troja bombardirt.
In allen Geschichten, in allen Fabeln,
Hab' ich das große Wort geführt.
Darum in eurer respektabeln
Gesellschaft mir ein Platz gebührt.
Auch sind wir ja lauter alte Bekannte,
Und es ist keiner unter euch,
Der nicht mit Ehrfurcht einst sich nannte:
V a s a l l in Amors Reich.
Darum, ihr edlen Herren und Frauen,
Erinnert euch der schönen Zeit,
Und schenket mir das alte Vertrauen
Bei dieser betrübten Gelegenheit.
   Zwar ist gar viel von Krieg zu lesen,
Den Alter mit Liebe stets geführt,
Doch ist's nicht meine Schuld gewesen,
Daß wir nicht besser harmonirt.
Bald wollt' es in mein Gebiet sich drängen
Und meine Blumen mit Schnee besprengen;
Bald meinen Unterthanen wehren,
Das Unterste zu Oberst zu kehren;
Bald ließ es sich wohl gar gelüsten,

Die jungen wandernden Kolonisten
Von meiner Grenze abzuweisen
Und sie mit kalter Vernunft zu speisen.
Fürwahr! es spielte mir manchen Possen,
Den ich mit Großmuth überseh'n.
Doch endlich haben wir beschlossen:
Es soll ein ewiger Friede besteh'n.
Den Alten hab' ich, ungebeten,
Das Land der Ruhe abgetreten.
Das hohe Gebirge der Vernunft
Soll künftig uns're Grenzen scheiden,
Damit wir jede Zusammenkunft
In meinen Thälern klüglich meiden.
Es wird hinfort zwischen beiden Staaten
Weder Handel noch Wandel getrieben;
Dem Alter bleibt Weisheit, Erfahrung, Dukaten,
Der Jugend bleibt Scherzen und Küssen und Lieben.
Von beiderseitigen Unterthanen,
Darf keiner die fremde Grenze betreten:
Wer desertirt von seinen Fahnen,
Den geißeln meine Poeten.
Es wird des Alters schneereiche Tugend
Bei hoher Strafe nicht mehr bethört;
Hingegen auch meine muntere Jugend
Ihr Wesen treiben soll ungestört.
      So haben wir's verschrieben, besiegelt,
Am ersten Dezember, am ersten Mai,
Und wer dagegen sich aufwiegelt,
Der ist von nun an vogelfrei.
Doch hängen wir dem Friedenstraktate
Noch eine geheime Klausel an:

Hat ein Verliebter in meinem Staate
Dem Alter aus Leichtsinn weh' gethan;
So muß ich in Person erscheinen,
Den Frevel büßen, vertreten die Schuld,
Und die Gemüther in Liebe vereinen
Durch Bitten, Sanftmuth und Geduld.

So steh' ich denn hier, fein wohl gezogen,
Und flatt're nicht mit leichtem Gefieder,
Und lege Köcher, Pfeil und Bogen
Bescheiden zu Ihren Füßen nieder —

(Vor Frau von Altenhayn knieend.)

Und knie daneben — und falte die Hände —
Wie ich vor Zeiten oft gethan.
Auch Sie, vor Ihrer Sonnenwende,
Sahen bisweilen mich freundlich an!
Wie könnten Sie mich heute verstoßen?
Mir ist Ihr Herz ein Unterpfand:
Sie werden nicht trennen ein Band von Rosen,
Wie ich's auch Ihnen vor Zeiten wand.
Wenn diese Rosen selbst zu pflücken
Das Alter gleich entbehren muß,
So ist doch, Liebende zu beglücken,
Auch im Alter ein süßer Genuß.
Ach! ängstlich harrend an der Pforte
Steh'n die Verbrecher lange schon,
Und lauschen dem Versöhnungsworte —
Sie k o n n t e n flieh'n — sind nicht gefloh'n.
Sie werden die durch m i c h Verirrten
Reuig zu Ihren Füßen seh'n.
O reichen Sie selbst den Kranz von Mirten!
Verzeihen ist so schön!

Alle. O ja, gnädige Frau! Verzeihung! Verzeihung!

Fr. v. Altenh. Steh' auf, du drolliges Kind. Sie mö=
gen kommen.

Klärchen (aufspringend).

Triumph! es hat mein kindliches Lallen
Die Strenge des Alters eingewiegt. (Läuft zur Thür.)
Herein! herein! ihr meine Vasallen!
Der bittende Amor hat gesiegt.

Zwölfte Scene.

Rittmeister. Henriette. Die Vorigen.

(Rittmeister und Henriette werfen sich Frau von Altenhayn
zu Füßen.)

Henr. Ihren Segen, beste Großmutter!

Rittm. Ihren Segen, gnädige Frau!

Fr. v. Altenh. Mein Gott! wie jung er ist!

Rittm. Ich verspreche Ihnen, mit jedem Tage älter
zu werden.

Fr. v. Altenh. Steht auf. Es mag d'rum sein — doch
unter einer Bedingung: am Vermählungsfeste darf, außer
e ch beiden, kein Hochzeitgast unter sechzig Jahren erscheinen.

Barb. (bei Seite). Das wird einen prächtigen Ball geben.

Klärchen (zwischen die Liebenden tretend und ihre Hände in
einander legend).

Freut e ch des Lebens in Lieb' und Wonne!
Freut euch des Lebens im rosigen Licht!
Doch neigt am Abend sich eure Sonne,
Verkümmert der Jugend den Morgen nicht.

(Der Vorhang fällt.)

Inhalt.

Gedruckt bei J. P. Sollinger.

Lightning Source UK Ltd.
Milton Keynes UK
UKHW021827090119
335261UK00013B/1275/P